Verbreiterte Breitenwirkung: Thomas Kling, seine Vorgänger, Zeitgenossen und Nachfolger

# Amsterdamer Beiträge zur neueren Germanistik

TRANSDISCIPLINARY APPROACHES TO GERMAN STUDIES

*Series Editors*

Norbert Otto Eke (*University of Paderborn, Germany*)
Priscilla Layne (*The University of North Carolina at Chapel Hill, USA*)
Gaby Pailer (*The University of British Columbia, Canada*)

*Editorial Board*

David D. Kim (*University of California Los Angeles, USA*)
Lynn Kutch (*Kutztown University, USA*)
Marion Schmaus (*Philipps-Universität Marburg, Germany*)
Godela Weiss-Sussex (*University of London, UK*)

*Founded by*

Gerd Labroisse

VOLUME 99

The titles published in this series are listed at *brill.com/abng*

# Verbreiterte Breitenwirkung: Thomas Kling, seine Vorgänger, Zeitgenossen und Nachfolger

*von*

Izabela Rakar

BRILL

LEIDEN | BOSTON

Umschlagbild: Foto mit freundlicher Genehmigung von Renate von Mangoldt.

Library of Congress Cataloging-in-Publication Data

Names: Rakar, Izabela author
Title: Verbreiterte Breitenwirkung : Thomas Kling, seine Vorgänger, Zeitgenossen und Nachfolger / von Izabela Rakar.
Description: Leiden ; Boston : Brill, 2025. | Series: Amsterdamer Beiträge zur neueren Germanistik, 0304-6257 ; volume 99 | Includes bibliographical references and index.
Identifiers: LCCN 2025014282 (print) | LCCN 2025014283 (ebook) | ISBN 9789004724976 hardback acid-free paper | ISBN 9789004724983 ebook
Subjects: LCSH: Kling, Thomas, 1957–2005—Appreciation | Kling, Thomas, 1957–2005—Influence | German poetry—20th century—History and criticism | German poetry—21st century—History and criticism | Experimental poetry, German—History and criticism | LCGFT: Literary criticism
Classification: LCC PT2671.L526 Z86 2025 (print) | LCC PT2671.L526 (ebook) | DDC 831/.914—dc23/ENG/20250407
LC record available at https://lccn.loc.gov/2025014282
LC ebook record available at https://lccn.loc.gov/2025014283

Typeface for the Latin, Greek, and Cyrillic scripts: "Brill". See and download: brill.com/brill-typeface.

ISSN 0304-6257
ISBN 978-90-0472497-6 (hardback)
ISBN 978-90-0472498-3 (e-book)
DOI 10.1163/9789004724983

Copyright 2025 by Koninklijke Brill BV, Plantijnstraat 2, 2321 JC Leiden, The Netherlands.
Koninklijke Brill BV incorporates the imprints Brill, Brill Nijhoff, Brill Schöningh, Brill Fink, Brill mentis, Brill Wageningen Academic, Vandenhoeck & Ruprecht, Böhlau and V&R unipress.
All rights reserved. No part of this publication may be reproduced, translated, stored in a retrieval system, or transmitted in any form or by any means, electronic, mechanical, photocopying, recording or otherwise, without prior written permission from the publisher. Requests for re-use and/or translations must be addressed to Koninklijke Brill BV via brill.com or copyright.com.
For more information: info@brill.com.

This book is printed on acid-free paper and produced in a sustainable manner.

> *verbrei*
> *terte breitn-*
> *wirkun'?*
> *laß doch laß, bleibendes falsn, g*
> *felstes, ja: felsn*
> THOMAS KLING, brennstabm (1991)

# Inhalt

Dank XI

Einführung 1

**Sondierung eines Werkes** 41
1 *erprobung herzstärkender mittel* (1986) 41
2 *geschmacksverstärker* (1989) 43
3 *brennstabm* (1991) 47
4 *nacht. sicht. gerät* (1993) 50
5 *wände machn* (1994) 54
6 *morsch* (1996) 55
7 *Das Haar der Berenice* (1997) 59
8 *wolkenstein. mobilisierun'* (1997) 61
9 GELÄNDE *camouflage* (1997) 62
10 *Fernhandel* (1999) 64
11 *Sondagen* (2002) 68
12 *Auswertung der Flugdaten* (2005) 74

1 **Ein neuer Raum: Thomas Kling und die Traditionen der deutschsprachigen Lyrik** 79
  1 Poetologische Statements 80
    1.1 *Expressionistische Lyrik: Trakl* 81
    1.2 *„der westdeutsche sakrallyriker stefan george"* 83
    1.3 *Benns Artistik und Montagetechnik* 85
    1.4 *Konkrete Poesie: das einzelne Wort* 90
    1.5 *Die Montagen der Wiener Gruppe: „aus einem kausalen begriffszusammenhang gelöst"* 94
    1.6 *Pastior: das akustische Moment* 98
    1.7 *Priessnitz: vom Sprachbau zum Redefluss* 102
    1.8 *H.C. Artmann: vergessene Traditionen* 106
    1.9 *Brinkmanns Montage der Umgebung* 111
    1.10 *Die „Höhenlinie" von Celan über Trakl zu Hölderlin* 114
    1.11 *Mayröckers assoziative Montage* 116
    1.12 *Klings Montage: „ratinger hof, zettbeh (3)"* 125
  2 Lyrik-Performance 129
    2.1 *Tonaufnahmen der 70er Jahre: Brinkmann* 130
    2.2 *Die Gruppe 47: Abbrüche* 132

2.3 *Die „literarischen cabarets" der Wiener Gruppe* 134
 2.4 *1983: Kling in Wien* 137
 2.5 *Jandl: das performative Potential des Gedichts* 140
 2.6 *Klings Sprachinstallation* 142
3 Zusammenfassung 147

## 2 Eine neue Dichterschule? Thomas Kling und die Lyrik der 90er Jahre 149
1 Der Paradigmenwechsel 149
2 Thomas Kling und die „Neue Kölner Dichterschule" 151
 2.1 *Dieter M. Gräf: die Kling-Obsession* 153
 2.2 *Norbert Hummelt: Bedürfnis nach Distanz* 159
 2.3 *Marcel Beyer: eine souveräne Position* 164
 2.4 *Die Problematik des Begriffs* 170
3 Thomas Kling in Hombroich 172
 3.1 *Kuratorische Arbeit: Akzente (1996) und „Hombroich: Literatur"* 174
 3.2 *Die Freundschaft mit Franz Josef Czernin* 178
4 Thomas Kling und sein Antipode Durs Grünbein 195
 4.1 *Gemeinsame Anfänge: US-amerikanische Lyrik und Rolf Dieter Brinkmann* 196
 4.2 *Benn und die Naturwissenschaften* 200
 4.3 *Widerstreitende Poetologien* 203
 4.4 *Polemische Antikenrezeption* 208
 4.5 *Unterschiedliche Missionen* 216
5 Thomas Kling und Raoul Schrott: Die Suche nach der verlorenen Mitte 219
 5.1 *Gemeinsame Anfänge: die Avantgarden* 219
 5.2 *Eine eigene Position: die Reise in die Mythologie* 223
 5.3 *Lyrik- und Traditionsverständnis* 228
 5.4 *Unterschiede: Darstellungen alpiner Landschaften* 233
6 Zusammenfassung 237

## 3 Mentor, Förderer, Navigationshilfe: Thomas Kling und die jüngere Generation von Lyriker*innen 239
1 Die jüngere Generation und ihre Bezugspunkte 239
2 Klings Einfluss und Präsenz im Lyrik-Feld 240
3 Bourdieu: Interaktion im Lyrik-Feld 242
4 Klings Konsekrationsmechanismen 245

## INHALT

    5    Sabine Scho *Album* (2001)   247
         5.1   *Montagetechnik*   249
         5.2   *Schos Lyrik-Performance*   250
         5.3   *„Schreiben mit und über das Medium der Fotografie"*   251
         5.4   *Beschäftigung mit der deutschen Geschichte*   252
         5.5   *Schreiben nach einem Plan*   254
         5.6   *Fazit*   255
    6    Anja Utlers *münden – entzüngeln* (2004)   255
         6.1   *Die Heterogenität der Sprache*   256
         6.2   *Klanglichkeit und Sprachrhythmus*   257
         6.3   *Mündlichkeit*   259
         6.4   *Utlers Lyrik-Performance*   260
         6.5   *Russische Lyrik: Marina Zwetajewa*   262
         6.6   *Fazit*   270
    7    Zusammenfassung   271

**4  Resümee und Ausblick**   273

**Anhang**   281
1   „[...] ich mache erstmal die Kiste zu": Gespräch mit Marcel Beyer: Göttingen, 13.11.2014   281
2   „[...] einen gewissen Abstand zu wahren": Gespräch mit Norbert Hummelt, Berlin, 29.09.2015   286
3   „[...] von Kling wegzukommen": Gespräch mit Dieter M. Gräf, Berlin, 21.01.2019   292
4   „Man ist nicht souverän im Hinblick auf Tradition": Gespräch mit Anja Utler, Regensburg, 15.09.2015   297
5   „[...] dann wurden auch die Klingen gekreuzt": Gespräch mit Durs Grünbein, Ptuj, 26.08.2021   302

**Bibliographie**   309
**Namensregister**   322
1   Autor*innen   322
2   Begriffe   323
3   Gedichte und Werke   324

# Dank

Ich danke Dr. Georgina Paul für ihre Betreuung und ihre langjährige Unterstützung dieser Arbeit; Prof. Dr. Jutta Müller-Tamm und der Friedrich Schlegel Graduiertenschule für die wichtigen Forschungsaufenthalte und den gemeinsamen Austausch in Berlin; Dr. Ricarda Dick und Ute Langanky für die anregende Recherche im Thomas Kling-Archiv; Marcel Beyer, Dieter Gräf, Norbert Hummelt, Sabine Scho, Anja Utler, Durs Grünbein und Raoul Schrott für die Gespräche, auf denen diese Arbeit basiert; Prof. Dr. Frieder von Ammon für die Unterstützung und die Gelegenheit, einen Teil dieser Arbeit im Rahmen des Thomas Kling-Symposiums in Hombroich vorzustellen; Maximilian Gilleßen für das sorgfältige Lektorat und die wertvollen Hinweise; Johann Reißer für die Lektüre des dritten Kapitels; meinen Freunden und meiner Familie, insbesondere meinen Eltern und meinen Großeltern, Dr. Atilij (†) und Katarina Rakar.

Das Forschungsprojekt wurde vom Arts and Humanities Research Council und der Stadtgemeinde Ljubljana finanziert und konnte dank der Hilfe meiner Familie und meiner Verwandten, insbesondere Felicitas Strohmeyer, vollendet werden. Mein Dank gebührt darüber hinaus dem St. Hilda's College.

Die Arbeit erhielt den zweiten Preis beim Wettbewerb *Women in German Studies* Book Prize (2020). Ein Teil des ersten Kapitels wurde im Aufsatz „‚ich ernährte mich vom Eßpapier'. Thomas Klings Auseinandersetzung mit Friederike Mayröcker" in der *Zeitschrift für Germanistik* (Bd. 3, 2021), S. 513–532 veröffentlicht. Teile des zweiten und dritten Kapitels erschienen in Aufsatzform unter dem Titel „‚verbrei-terte breitn-/wirkun'? Klings Bedeutung für nachfolgende Lyriker-Generationen" im Tagungsband *worte. und deren hintergrundstrahlung. Thomas Kling und sein Werk*, hg. von Raphela Eggers, Ute Langanky und Marcel Beyer, Düsseldorf 2022, S. 88–122.

# Einführung

Wie fängt man mit dem Schreiben von Gedichten an? Für die Annahme, dass das Lesen von Gedichten in dieser Hinsicht von großer Bedeutung ist, findet man überall Bestätigungen. Die britische National Poetry Library erteilt als „Advice for emerging poets" an erster Stelle den Rat: „Read and listen to as much poetry as you can. That way, you will learn, what went before you, what works for reader."[1] Der amerikanische Dichter Billy Collins beantwortet die Frage wie folgt: „It really lies in the simple act of reading tons of poetry [...] if you really want to be trained in poetry you need to read Milton – you need to read *Paradise Lost*. You need to read Wordsworth – you need to read Wordsworth's *Prelude*."[2] Solche Richtlinien werden von Fragen der Kanonisierung bestimmt: Als Ausgangspunkte des Schreibens (Wordsworth, der exemplarische Dichter der Romantik, und Milton, den man als Vorläufer der Romantik sehen kann) nennt Collins eine stark kanonisierte poetische Tradition, die der englischen Romantik, und reduziert sie auf zwei Werke. Ausgehend von dieser Tradition entwickelte auch Harold Bloom, der die Literaturgeschichte als Bekämpfung literarischer Vorfahren versteht, seine Theorie der „Einflussangst".[3] Für Bloom beginnt das Schreiben mit dem Lesen, nämlich mit dem bedrohlichen Bewusstsein eines anderen dichterischen Selbst, welches der starke Dichter mittels verschiedener Abwehrmechanismen in das eigene Werk zu integrieren hat. Damit verwandt ist der Gedanke, die Qualität eines Gedichts hänge mit dem Vermögen eines Dichters zusammen, die eigene Persönlichkeit im Text auszudrücken. So antwortet z. B. Rilke dem jungen Dichter Franz Xaver Kappus, dass seine Verse „noch keine eigene Art haben, wohl aber stille und verdeckte Ansätze zu Persönlichem."[4] Ähnlich heißt es bei Benn in einem Brief an Carl Werckshagen: „Was fehlt, ist die alle Einzelheiten tragende, rechtfertigende, fesselnde, faszinierende, tragische Persönlichkeit, die dahinterstehen soll."[5] Sollte dies jedoch *immer* der Fall sein? Was für ein Rat wäre denen zu geben,

---

1 „Advice for emerging poets", Internetseite National Poetry Library, URL: https://www.nationalpoetrylibrary.org.uk/write-publish/advice-emerging-poets, letzter Zugriff: 03.08.2022.
2 „Billy Collins on how to become a poet, and why poetry can be a game", Internetseite National Public Radio, URL: https://www.npr.org/2016/12/14/504716937/billy-collins-on-how-to-become-a-poet-and-why-poetry-can-be-a-game, letzter Zugriff: 03.08.2022.
3 Siehe Harold Bloom: *The anxiety of influence. A theory of poetry*, Oxford 1997.
4 „Rainer Maria Rilke an Franz Xaver Kappus", in: Helmut Göbel, Hermann Eckel, Kirsten Gleinig, Monika Meffert (Hg.): *Briefe an junge Dichter*, Göttingen 1998, S. 76–89, hier: S. 76.
5 „Gottfried Benn und Carl Werckshagen", in: ebd., S. 116–120, hier: S. 118.

die an die lyrische Tradition des Ausdrucks von Persönlichkeit nicht explizit anknüpfen möchten, die sich also jenseits des tradierten Kanons bewegen und für Traditionen interessieren, die auf eine bestimmte Zahl kanonisierter Werke schwer zu reduzieren wären?

Dieses Buch beschäftigt sich mit der Rezeption und der Fortschreibung avantgardistischer Traditionslinien im deutschsprachigen Kontext des späten 20. und frühen 21. Jahrhunderts. Anders als für die Vertreter*innen der Nachkriegsavantgarden, die nach dem Nationalsozialismus auf „verstreute dürftige privatbestände angewiesen" waren,[6] konnten die Lyriker*innen dieser Generationen ebenso die Arbeiten der historischen Avantgarden wie die wichtigsten Werke der Nachkriegsavantgarden studieren.[7] Die Lektüre prägt die frühe Entwicklung dieser Poetiken tatsächlich auf entscheidende Weise. So erinnerte sich Thomas Kling (1957–2005), der die Avantgarden bereits als Jugendlicher rezipierte:

> Du mußt dein Lesen ändern!
> Das war in der humanistischen Kreidezeit: als ein durchgeschwitzter Lehrer in blauem Trainingsanzug brontosaurisch-kugelstoßerhaft sich in die Klasse wuchtete, und, weil er, mehr durch Zufall – diesen Anschein wußte er jedenfalls zu erwecken – auch noch Deutsch unterrichtete, seine letzten Kräfte dahingehend mobilisierte, den Schülern Trakl und Jandl abzugewöhnen, dessen »lechts und rinks« von jenem Vierkant an die Tafel geknirscht wurde. In dieser Phase, 1972 in etwa, kam ich (wie nur? Das weiß ich nicht mehr) auf den *lilienweißen brief aus lincolnshire* von H.C. Artmann, und dieser Brief, aus mehreren hundert abgefahrenen Gedichten bestehend, ging ganz klar an mich. Darüber hinaus eröffnete er mir den Zugang zur Literatur Österreichs; aus dem Schneeballsystem wurde ein systematischeres Nimm-und-Lies – ich änderte mein Lesen. Und wenige Jahre später meine Adresse: ich zog um auf die Lerchenfelder Straße im 7. Wiener Gemeindebezirk.[8]

Kling schildert den Zusammenstoß der avantgardistischen Lyrik mit einem traditionellen Lyrikverständnis, welches der Gymnasiallehrer verkörpert.

---

6 Siehe Gerhard Rühm: „vorwort", in: Friedrich Achleitner, H.C. Artmann, Konrad Bayer, Gerhard Rühm, Oswald Wiener: *Texte, Gemeinschaftsarbeiten, Aktionen*, Reinbek bei Hamburg 1967, S. 7–36, hier: S. 7.

7 Siehe Ulf Stolterfoht: „Noch einmal. Über Avantgarde und experimentelle Lyrik", in: BELLA triste. *Zeitschrift für junge Literatur* 17 (2007), S. 189–200, hier: S. 189.

8 Thomas Kling: „[o.T., ›Du mußt dein Lesen ändern!‹]", in: *Werke in vier Bänden, Bd. 4. Essays 1974–2005*, hg. und mit einem Nachwort von Frieder von Ammon, Berlin 2020, S. 641.

Als Konfliktpunkte werden die Lyrik des Expressionisten Georg Trakl und das Gedicht „lichtung" aus der 1966 erschienenen Sammlung *Laut und Luise* von Ernst Jandl genannt. Außerdem wird der 1969 erschienene Band *ein lilienweißer brief aus lincolnshire* von H.C. Artmann erwähnt, der zusammen mit Jandls Band wohl zu den wichtigsten Büchern der Wiener Nachkriegsavantgarde zählt. Kling bringt die Konfrontation mit einer ihm bis dahin unbekannten Art von Texten auf den Punkt, indem er die berühmte Sentenz aus Rilkes Gedicht „Archaïscher Torso Apollos" mittels einer einzigen Buchstabenpermutation variiert. Damit verweist er zugleich auf Jandls Spiel mit dem Konsonantenwechsel („manche meinen / lechts und rinks / kann man nicht velwechern / werch ein illtum!"[9]) und geht auf seine Weise der Lust an sprachlichen Irritationsmomenten nach. Die neue Lektüre ist getrieben vom Interesse an der Materialität der Sprache, ihrer klanglichen und visuellen Seite, die den alltäglich-empirischen Zusammenhang der Wörter durchbricht. Indem sie die Leser*innen aktiv mit einbezieht, steht sie in einem Gegensatz zur automatisierten, von der semantischen Referenz getragenen Lektüre. Die Lyrik des persönlichen Selbstausdrucks weicht, wie es die Gedichte H.C. Artmanns zeigen, der Inszenierung eines Sprechens durch Masken und Rollen. Das Wortmaterial besitzt eine gewisse Autonomie, die so weit reichen kann, dass es sich der rationalen Kontrolle durch das Schreibsubjekts entzieht. Hier zeigen sich Unterschiede gegenüber einem traditionellen Verständnis von Lyrik: Zum einen wird die Genieästhetik mit ihrem starken Begriff von Subjektivität radikal in Frage gestellt, zum anderen werden die traditionellen Gedichtformen zugunsten einer Auseinandersetzung mit dem Sprachmaterial aufgegeben. Diese Texte setzen sich ebenso von einem traditionellen Lyrikverständnis wie von den herrschenden westdeutschen Lyrik-Diskursen der 70er Jahre ab, für die insbesondere die sogenannte Lyrik der Neuen Subjektivität steht: Gegen eine als weniger elitär geltende Haltung gegenüber der Lyrik, die sich in der Direktheit der Mitteilung und in der Öffnung des Gedichts auf die Umgangssprache zeigen soll, betonen diese avantgardistischen Texte die aktive Sprachreflexion. Seinen neuen Lektüren lässt Kling unmittelbar – und als direkte Konsequenz – den Umzug nach Wien folgen, der es dem jungen Dichter erlaubt habe, nicht nur eine bestimmte Art von Literatur kennenzulernen, sondern den Autor*innen darüber hinaus persönlich zu begegnen und allmählich in das literarische Feld der Zeit einzutreten.

Dass dem Lesen und der Kenntnis der Tradition in diesem Prozess eine so große Rolle zugeschrieben wird, ist nicht selbstverständlich. Die historischen

---

9  Ernst Jandl: *Laut und Luise*, Frankfurt a. M. 1990, S. 169.

Avantgarden teilten mit der Neuen Subjektivität der 60er und 70er Jahre eine gewisse Geste der Ablehnung der poetischen Tradition(en). „Entzündet das Feuer in den Regalen der Bibliotheken!",[10] proklamierte Marinetti in seinem „Manifest des Futurismus" (1909) und listete unter der Nummer 10 eines Katalogs von Forderungen die Absicht, „alle nur denkbaren Museen, Bibliotheken und Akademien zerstören" zu wollen.[11]

Für Rolf Dieter Brinkmann beginnt das Schreiben mit dem Versuch, alle „Vorurteile, was ein Gedicht darzustellen habe und wie es aussehen müsse, [...] herauszuschreiben",[12] d. h. mit einer Auslöschung der literarischen Vorbilder. Anstatt die Toten zu bewundern, sollte man „vergessen, dass es so etwas wie Kunst gibt und einfach anfangen."[13] Obwohl auch seine Lyrik in keinem vollkommenen Vakuum entstanden ist und sich dem Einfluss Frank O'Haras verdankt, lässt Brinkmann das Schreiben mit der eigenen Erfahrung des unmittelbar Gegenwärtigen und nicht mit den vorgegebenen Möglichkeiten der Traditionen beginnen: Es gehe darum, „eine nur in einem Augenblick sich deutlich zeigende Empfindlichkeit als snap-shot festzuhalten".[14] Eine ganz andere Richtung schlagen die Mitte der 80er Jahre im deutschsprachigen Raum entwickelten Poetiken ein. Die Kenntnis der Vergangenheit wird für Thomas Kling zur Voraussetzung des Schreibens, wenn er z. B. Catull als den „einzelne[n], der sich über dichterische Tradition*en* als einzig angemessene Voraussetzung eigenen Schreibens im klaren ist",[15] beschreibt. Das affirmative Traditionsverhalten zieht eine veränderte Traditionsrhetorik nach sich: Das Schreiben beginnt mit dem Lesen und der allmählichen Kenntnis aller literarischen Traditionen, wobei bestimmte Autor*innen die Werke der Vergangenheit, insbesondere die der Avantgarden, nicht als bedrohlich, sondern als bestärkend empfinden. Dieses veränderte Traditionsbewusstsein hat Jonathan Lethem wie folgt beschrieben:

> Most artists are brought to their vocation when their own nascent gifts are awakened by the work of a master. That is to say, most artists are converted to art by art itself. Finding one's voice isn't just an emptying and purifying oneself of the words of others but an adopting and embracing of filiations, communities, and discourses. Inspiration could

---

10   Filippo Tommaso Marinetti: *Manifeste des Futurismus*, Berlin 2018, S. 16.
11   Ebd., S. 13.
12   Rolf Dieter Brinkmann: *Standphotos. Gedichte 1962–1970*, Reinbek bei Hamburg 1980, S. 186–187.
13   Ebd.
14   Ebd.
15   Thomas Kling: *Botenstoffe*, Köln 2001, S. 142.

be called inhaling the memory of an act never experienced. Invention, it must be humbly admitted, does not consist in creating out of void but out of chaos. Any artist knows these truths, no matter how deeply he or she submerges that knowing.[16]

Die folgenden Seiten werden diese veränderte Auffassung von literarischer Kreativität und Tradition am Ende des zwanzigsten Jahrhunderts anhand einzelner deutschsprachiger Poetiken erforschen und mit verschiedenen theoretischen Ansätzen in einen Zusammenhang bringen. Diese Veränderung wird besonders dann deutlich, wenn man Lethems Überlegungen aus seiner unter dem programmatischen Titel *Ecstasy of influence* (2012) erschienenen Essaysammlung mit Harold Blooms Definition der Einflussangst vergleicht. Die romantische Genieästhetik, die von einem einheitlichen, an Solipsismus grenzenden „poetic self" ausgeht und die Reinigung („purgation") von Einflüssen als eine Möglichkeit der Bekämpfung literarischer Vorfahren versteht, weicht bei Lethem (und vielen anderen) zunehmend konstruktivistischen Auffassungen von Kreativität. „Seine eigene Stimme zu finden", bedeutet unter anderem herauszufinden, mit welchen Autor*innen und Gruppierungen man sich affiliieren – mit anderen Worten: an das Werk welcher Autor*innen man anknüpfen möchte. Dabei scheint es zugleich sinnvoll, sich zu überlegen, was die bloße Imitation von einer gelungenen Aneignung unterscheidet. Was heißt es also, gegenüber dem Werk von Autor*innen die notwendige Distanz einnehmen zu können? Und wie entsteht trotz der Anknüpfung an bereits Vorhandenes das Neue in der Lyrik?

Das vorliegende Buch versucht, ein Gegenmodell zu Blooms umkämpftem und in mancher Hinsicht antiquiertem Konzept der Traditionsbildung[17] zu entwickeln. Es geht von einem pluralistischen Verständnis der literarischen Tradition aus und nimmt Traditionen in den Blick, die aus Blooms romantischem Kanon ausgeschlossen bleiben: Dazu gehören die Avantgarden, weibliche Stimmen, aber auch ältere literarische Traditionen. Auf die Lyrik außerhalb eines im Sinne Blooms tradierten Kanons lässt sich die Idee einer direkten genealogischen Nachfolge von „starken Dichtern" schwer anwenden. Es ist eine eklektische, sprunghafte und höchst idiosynkratische Suche nach Vorläufern, die jegliche Hierarchien unterläuft und sich

---

16  Jonathan Lethem: *The ecstasy of infuence. Nonfictions, etc.*, New York 2011, S. 97–98.
17  Blooms Sicht auf die Literaturgeschichte wurde nicht zuletzt von der feministischen Literaturwissenschaft stark kritisiert. Siehe z. B. Sandra M. Gilbert, Susan Gubar: *The madwoman in the attic. The woman writer and the nineteenth-century literary imagination*, New Haven, London, 1979.

nicht auf eine bestimmte Zahl von Schlüsselwerken reduzieren lässt. Blooms Einflussangst hat ihren Ursprung im Bedürfnis nach Originalität. Was für ein Traditionsverhalten charakterisiert aber die Werke von Lyriker*innen, die auf vollkommene Originalität keinen Anspruch erheben, sich der formalen und technischen Ähnlichkeiten mit Vorläufer*innen und Zeitgenoss*innen vollends bewusst sind – und es womöglich auf sie anlegen? Das vorliegende Buch will eine affirmative Sicht auf literarischen Einfluss und Tradition am Beispiel der deutschsprachigen Lyrik des 20. und 21. Jahrhunderts aufzeigen. Dabei werden Werke von Lyriker*innen untersucht, die ihre Vorbilder in Gegenwart und Vergangenheit bewusst gewählt haben und in diesem Verhältnis eine Bestätigung und einen konstitutiven Grund ihres Schreibens erblicken.

Thomas Klings Poetik bildet einen geeigneten Ausgangspunkt für die Thematisierung dieser Fragen. Als ein äußerst produktiver Lyriker, der die jüngeren Generationen in vielerlei Hinsicht beeinflusste und als innovativ wahrgenommen wurde,[18] hob er zugleich die Einflüsse, die sein eigenes Werk prägten, bewusst hervor. Stets bewegte sich Kling außerhalb des offiziellen Kanons seiner Zeit und rezipierte dabei nicht ausschließlich die Avantgarden, sondern die Literatur aller Epochen.[19] An seinem Beispiel lassen sich aber nicht nur die innerliterarischen, textuellen Verhältnisse zwischen einzelnen Lyriker*innen untersuchen, sondern auch – unter Bezugnahme auf Pierre Bourdieus Feldtheorie – die kultursoziologischen Zusammenhänge dieser Interaktion. Die Lyriker*innen um Kling begegnen einander nicht nur in Gedichten, sondern auch als Akteur*innen im literarischen Feld der Zeit. Zum ersten Mal soll Einfluss auch als soziologisches Phänomen in Abhängigkeit von der Macht und der Position von Autor*innen betrachtet werden. Dabei lassen sich zwei verschiedene Arten von Verhältnissen beobachten: das asymmetrische Verhältnis zwischen etablierten und nicht-etablierten jungen Lyriker*innen einerseits und das symmetrische Verhältnis zwischen etablierten Zeitgenoss*innen andererseits, welche indessen beide der Ausbreitung, Sicherung und Stärkung einer poetischen Position dienen.

---

18  So lobte z. B. Dieter M. Gräf in seiner Rezension des Lyrikdebüts Klings „sehr innovative[] Gedichte" und zählte den Band vor allem wegen der darin entwickelten Sprechhaltung „zu den interessantesten Lyrikbänden der 80er Jahre". Dieter M. Gräf: „Thomas Kling, ‚Erprobung herzstärkender Mittel'", in: *Litfass* 46 (1989), S. 185.

19  „Ich möchte noch vorausschicken, dass ich kein Avantgarde-Fetischist bin, dass dieser Ausschnitt an Tradition mir gleichwohl immer verteidigenswert erschienen ist. [...] [Ich habe das] Interesse an Dichtung aller Sprachen und Epochen, auch wenn ich den Sinn, in Übertragungen transportiert, oft nur erahnen kann." Thomas Kling: *Botenstoffe*, Köln 2001, S. 9.

EINFÜHRUNG

Diese Arbeit widmet sich der Frage nach der Bedeutung Thomas Klings für die deutsche Lyrik, indem sie sein Werk in ein Verhältnis zu zwei Generationen von Lyriker*innen setzt: zunächst zu seinen Zeitgenoss*innen, d. h. zu den Lyriker*innen, die ungefähr derselben Generationen wie Kling angehören; sodann zu den Lyriker*innen der jüngeren Generation, die seit dem Jahr 2000 aktiv sind. Das Auftreten dieser Lyriker*innen koinzidiert zwar mit zwei Paradigmen- bzw. Generationenwechseln, aber der Versuch, diese Lyriker*innen zwei Generationen zuzuordnen und sie dann genauer zu definieren, stößt auf konzeptuelle Schwierigkeiten. Maren Jäger wäre im Allgemeinen zuzustimmen, dass „[d]er Generationsbegriff allein als Ursache für den Paradigmenwechsel nicht haltbar [ist]".[20] Diesen oft pauschal verwendeten Generationsbegriff haben bereits einige Kritiker*innen in Frage gestellt, zuletzt etwa Marius Hentea, der in seiner Kritik den Begriff historisierend als Produkt der spezifischen Zeitumstände herausstellt – der Demokratisierung, Zentralisierung und Technologisierung des 19. Jahrhunderts –, wobei er auf seine häufige Verwendung in Zeiten der politischen Unsicherheit hinweist.[21] Hentea betont die ideologische Formbarkeit des Begriffs und bemängelt das Fehlen einer klaren literaturwissenschaftlichen Definition.[22] Das Konzept der Generation ist brauchbar, insofern es einen Rahmen für den Moment der Veränderung in der Literaturgeschichte bietet, problematisch bleibt jedoch vor allem der vereinheitlichende Gestus des Generationsbegriffs, der mögliche Unterschiede zwischen den Lyriker*innen innerhalb „einer" Generation nivelliert – die politisch-ideologischen Unterschiede sind im Rahmen dieser Arbeit auf weniger offensichtliche Weise relevant als die ästhetisch-poetologischen. Ebenso problematisch ist der Gedanke, dass Generationen als distinkte, idealtypische Einheiten aufeinanderfolgen, womit sich die Frage nach der Möglichkeit von Kontinuitäten stellt. Für die vorliegende Studie erweist sich das Konzept dennoch als brauchbar, insofern es die Thematisierung struktureller und sozialer Veränderungen erlaubt.

Was Lyriker*innen der jüngeren Generation von Thomas Kling unterscheidet, ist ein anderer historischer Kontext mit neuen Möglichkeiten der Veröffentlichung und Vernetzung, der sie als Lyriker*innen der „gleichen Generation" verbindet und definiert.

---

20  Maren Jäger: „Die deutschsprachige Lyrik im Jahr 1995", in: *Wendejahr 1995. Transformationen der deutschsprachigen Literatur*, hg. von Heribert Tommek, Matteo Galli, Achim Geisenhanslüke, Berlin, Boston 2015, S. 267–300.
21  Siehe Marius Hentea: „The problem of literary generations. Origins and limitations", in: *Comparative Literature Studies* 50:4 (2013), S. 567–588.
22  Ebd.

Darüber hinaus überprüft diese Arbeit den Begriff des Neuen, der so oft mit Klings Werk zu dessen Lebzeiten in Verbindung gebracht wurde, indem sie das Verhältnis seiner Poetik zu den literarischen Traditionen, auf die er sich explizit oder implizit bezogen hat, analysiert. Was in der Lyrik zu einer bestimmten Zeit als „innovativ", „neu" oder „originell" gilt, erweist sich oft als eine Entdeckung bzw. Wiederentdeckung verschütteter, unbekannter, vergleichsweise wenig rezipierter Traditionen. Die Rezeption solcher vergessener Traditionen und der mit ihnen verbundenen Schreibverfahren kann zu einem „Paradigmenwechsel" führen. Klings Wirkung hat sich in einer Interaktion mit Lyriker*innen entfaltet, die sehr unterschiedlich auf seine Position reagiert haben: Das Spektrum reicht von einer Orientierung an seinem Schreibstil, die bisweilen an Imitation grenzt, bis zu einer Arbeit innerhalb gemeinsamer Sprachbereiche unter Verwendung ähnlicher Verfahren, die jedoch einem eigenen Stil angepasst werden. Damit verbunden ist die Frage, wie sich Lyriker*innen im größeren Feld[23] der Zeit positionieren: In welchem Verhältnis stehen sie den Zeitgenoss*innen sowie der jüngeren Generation gegenüber und auf welche Weise spiegeln sich in ihm die unterschiedlichen, möglicherweise verwandten poetologischen Positionen? Klings Wirkungsmacht erweist sich dabei insbesondere im Hinblick auf die jüngere Generation nicht nur als ein poetologisches Phänomen, sondern auch als ein soziologischer Faktor, der mit der Macht einherging, die er als Lyriker besaß. Die Fortsetzung der Tradition ist selbst kein einheitlicher Prozess, sondern vereint in sich heterogene Elemente, die alle gleichzeitig präsent sind und sich zu immer neuen Mustern, zu neuen Poetologien verbinden. Die Fragen nach der Fortsetzung der Tradition, nach dem Neuen, nach dem Einfluss und der Wirkung von Lyriker*innen lassen sich anhand von Klings Werk exemplarisch analysieren: nicht nur weil er als ein innovativer und wirkmächtiger Lyriker gilt, der sich auf eine Vielzahl von Traditionen berief, sondern auch weil er sich nicht als Einzelgänger inszenierte und stattdessen einen Kreis von Gleichgesinnten um sich bildete. Derart etablierte er eine spezifische Art von Lyrik und verhalf ihr zur Sichtbarkeit.

Im Rahmen dieser Einleitung wird zunächst der aktuelle Stand der Kling-Forschung hinsichtlich der Fragestellung dieser Untersuchung dargelegt. In einem zweiten Schritt wird das Spezifische an der deutschsprachigen und angloamerikanischen Lyrik der 80er und 90er Jahre vor einem mediengeschichtlichen Hintergrund näher erläutert. In einem dritten Schritt gibt diese Einleitung einen Überblick über die bisherigen Konzepte, mit deren

---

23  Dieser soziokulturelle Terminus Bourdieus wird im Laufe der Einleitung näher definiert.

Hilfe die Literaturwissenschaft den literarischen Einfluss, die Rezeption poetischer Traditionen und die Entstehung von Neuem thematisiert hat. Dabei soll Thomas Klings Poetik im Verhältnis zu diesen Konzepten positioniert werden. Insgesamt entwickeln die folgenden Seiten nicht nur den notwendigen theoretischen Rahmen für eine innerliterarische, textuelle Auseinandersetzung mit der Frage nach der Wirkung von Lyriker*innen, sondern bereiten auch eine soziologische Herangehensweise bezüglich dieser Frage vor. Zuletzt sollen methodologische Aspekte und die Struktur der vorliegenden Arbeit erläutert werden.

...

Mehr als 15 Jahre nach Thomas Klings Tod bewegt sich die ihm gewidmete Forschung auf einem weiten Feld von Fragestellungen. Nach den ersten wissenschaftlichen Auseinandersetzungen, die in einem *Text+Kritik*-Band (2000) und in dem Sammelband *Das Gellen der Tinte* (2012) enthalten sind, sowie nach einzelnen Beiträgen zu verschiedenen Themen wie Geschichte,[24] Körperlichkeit,[25] Performativität,[26] Intermedialität[27] und Antikenrezeption[28] hat sich die Forschung auf weitere Bereiche ausgedehnt: In den ersten Dissertationsprojekten über Kling (und andere Lyriker*innen) wurden die geschichtslyrischen Aspekte seines Werkes[29] und die

---

24  Karen Leeder: „‚spritzende brocken: der erinnerung / versteht sich'. Thomas Kling's poetry of memory", in: *Forum for Modern Language Studies* 41:2 (2005), S. 174–186. Carolin Duttlinger: „‚Grobkörnige Mnemosyne'. Picturing the First World War in the poetry of Thomas Kling", in: *Oxford German Studies* 34 (2005), S. 103–19.

25  Anne-Rose Meyer: „Physiologie und Poesie. Zu Körperdarstellungen in der Lyrik von Ulrike Draesner, Durs Grünbein und Thomas Kling", in: *Gegenwartsliteratur* 1 (2002), S. 107–133.

26  Matthias Bickenbach: „Dichterlesung im medientechnischen Zeitalter. Thomas Klings intermediale Poetik der Sprachinstallation", in: Harun Maye, Cornelius Reiber, Nikolaus Wegmann (Hg.): *Original/Ton. Zur Mediengeschichte des O-Tons*, Konstanz 2007, S. 191–216.

27  Katharina Grätz: „Ton. Bild. Schnitt. Thomas Klings intermediale ‚Sprachinstallation'", in: *literatur für leser* 2 (2005), S. 127–146.

28  Frieder von Ammon: „‚originalton nachgesprochen'. Antike-Rezeption bei Thomas Kling", in: Kai Bremer, Stefan Elit, Friederike Reents (Hg.): *Antike – Lyrik – Heute. Griechisch-römisches Altertum in Gedichten von der Moderne bis zur Gegenwart*, Paderborn 2010, S. 209–240.

29  Peer Trilcke: *Historisches Rauschen. Das geschichtslyrische Werk Thomas Klings*, elektronische Dissertation, Göttingen 2012, URL: webdoc.sub.gwdg.de/diss/2012/trilcke, letzter Zugriff: 30. 1. 2019.

„Antikenkonfigurationen"[30] in größerem Rahmen untersucht. Erste Beiträge, die auf das bestehende Archivmaterial eingehen, wurden ebenfalls vorgelegt,[31] darüber hinaus wurde ein erster Sammelband zu Klings Kollaborationen insbesondere im Bereich der Musik und der bildenden Kunst veröffentlicht[32] sowie eine kleinere Studie zur Intermedialität und Materialität.[33] Parallel zu dem 2015 erschienenen Hörbuch „Die gebrannte Performance"[34] wurden im Rahmen eines weiteren Dissertationsprojekts unter dem Titel „Hörlyrik der Gegenwart. Theorie und Aisthesis auditiver Poetik in digitalen Medien" Theorieansätze zur auditiven Dimension von Lyrik entwickelt, die auch das Werk Thomas Klings berücksichtigen.[35] 2019 ist zudem ein Sammelband mit umfassenden Interpretationen zu einzelnen seiner Gedichte erschienen.[36] Weitere Dissertationsprojekte beleuchten Klings Poetik vor dem Hintergrund kultureller und medialer Umbrüche,[37] widmen sich dem Spektrum der schriftpoetischen Ausdrucks- und Darstellungsmittel in seinen Gedichten[38] sowie ihrer Verwurzelung in der Geschichte der Bonner Republik.[39] Eine 2020

---

30  Aniela Knoblich: *Antikenkonfigurationen in der deutschsprachigen Lyrik nach 1990*, Berlin 2014.

31  Gabrielle Wix: „Stratigraphic soundings. A genetic approach to the German Poet Thomas Kling", in: *Variant. The Journal of European Society for Textual Scholarship* 12/13 (2016), URL: https://journals.openedition.org/variants/334, letzter Zugriff: 30.01.2019; Thorsten Ries: „The rationale of the born-digital dossier génétique. Digital forensics and the writing process. With examples from the Thomas Kling Archive", in: *Digital Scholarship in the Humanities* 33 (2018), S. 391–424.

32  Enno Stahl (Hg.): *Duo-Kreationen. Thomas Kling und Frank Köllges gemeinsam und mit anderen*, Düsseldorf 2016; Charlotte Karbjuhn: „Vom physiognomischen Fragment zum Röntgenatlas. Invasive Visualität bei Thomas Mann, M. Blecher, Thomas Kling und Durs Grünbein", in: *KulturPoetik* 16:2 (2016), S. 227–252.

33  Sophia Burgenmeister: *Der „Blick auf Beowulf". Eine Spurensuche zwischen Medialität und Materialität bei Thomas Kling und Ute Langanky*, Bielefeld 2018.

34  Thomas Kling: „Die gebrannte Performance", hg. von Ulrike Janssen, Norbert Wehr, Düsseldorf 2015.

35  Siehe Claudia Benthiens Forschungsprojekt „Performing Poetry. Mediale Übersetzungen und situationale Rahmungen zeitgenössischer Lyrik", URL: https://www.bw.uni-hamburg.de/uebersetzen-und-rahmen/forschungsprojekte/teilprojekt-1.html, letzter Zugriff: 22.04.2019.

36  Frieder von Ammon, Rüdiger Zymner (Hg.): *Gedichte von Thomas Kling. Interpretationen*, Leiden 2019.

37  Johann Reißer: *Archäologie und Sampling. Die Neuordnung der Lyrik bei Rolf Dieter Brinkmann, Thomas Kling und Barbara Köhler*, Berlin 2014.

38  Lisa Müller: *Schriftpoesie. Eigenbedeutung lyrischer Schriftlichkeit am Beispiel Thomas Klings*, Paderborn 2021.

39  Helene Wczesniak: *Thomas Kling. A poet in the late Bonn Republic*, University of Oxford 2020, URL: https://ethos.bl.uk/OrderDetails.do?uin=uk.bl.ethos.816625, letzter Zugriff: 16.09.2022.

erschienene vierbändige Werkausgabe, die viele unbekannte Gedichte und Essays sowie eine Auswahl bislang unveröffentlichter Arbeiten versammelt, hat der Kling-Forschung zahlreiche neue Arbeitsgebiete eröffnet.[40]

Mit diesen Interpretationen teilt die vorliegende Arbeit die Absicht, den literaturgeschichtlichen Ort Thomas Klings und die technischen Aspekte seiner Arbeit ebenso wie die Themen und Motive seiner Gedichte zu erläutern; die Herangehensweise ist jedoch eine andere: Den Ausgangspunkt bildet nicht die Interpretation einzelner Gedichte, sondern eine Reihe hier bereits aufgeworfener theoretischer Fragen, die unter besonderer Berücksichtigung Klings beantwortet werden sollen.

Die technischen Seiten von Klings Poetik, die Schreibverfahren, die er verwendet, sowie die von ihm betriebene Auseinandersetzung und Positionierung innerhalb der Literaturgeschichte sind in der Forschung keineswegs vernachlässigte Aspekte, doch sind sie zumeist nur ansatzweise und unabhängig voneinander erforscht worden. Einen der ersten Schritte in diese Richtung stellt Hermann Kinders Beitrag für den bereits genannten *Text+Kritik*-Band dar, der sich als ein früher Interpretationsversuch liest und am Beispiel von „ratinger hof, zettbeh (3)" einige zentrale Charakteristiken der „Klingschen Poetizität" herausarbeitet: Assoziationen, Neologismen, Zeilenbruch, Wiederholung und Variation, die Verbindung von Mündlichkeit und Schriftlichkeit sowie die souveräne Positionierung des lyrischen Ichs angesichts postmoderner Subjektnegationen.[41] Die technische Seite von Klings Lyrik soll im Rahmen dieser Arbeit noch genauer präzisiert werden, zum einen mit Blick auf seine Verwendung der Montagetechnik, diesem zentralen avantgardistischen Verfahren, zum anderen durch eine Suche nach den Ursprüngen dieser Poetik und ihren Verbindungen zu anderen Autor*innen. Bereits in der Ausgabe 46 des *Schreibhefts* interpretiert Erk Grimm einige Gedichte von Kling vor dem Hintergrund der Traditionen deutschsprachiger Lyrik und bemerkt dabei:

> das Kennenlernen spezifischer Techniken der „Wiener Gruppe", z. B. Konrad Bayers Wortstockexperimente, verdeckt den Umstand, dass der Weg zum Gedicht als Kunstwerk vor allem über eine ganz andersgestalte Dichtung verlief, nämlich diejenige Paul Celans und damit die via Trakl zu Hölderlin zurückverlaufende Höhenlinie. Das ist zu beachten, weil bei der beharrlich angestrengten Suche nach vermeintlichen Vorbildern

---

40 Thomas Kling: *Werke in vier Bänden*, hg. von Marcel Beyer, Gabriele Wix, Peer Trilcke, Frieder von Ammon, Berlin 2020.
41 Hermann Kinder: „Zwei-Phasen-Lyrik. Bemerkungen zu Thomas Klings „ratinger hof, zettbeh (3)" in: *Text + Kritik* 147 [Themenheft: Thomas Kling], München 2000, S. 79–91.

der avancierten Dichtung immer wieder Namen von experimentellen Autoren fallen, die zwar als Positionsbojen wichtig waren, deren Lyrik aber kein schulbildendes Wirkungspotential hatte.[42]

Grimm deutet einige zentrale Fragestellungen dieser Arbeit an, nämlich die differenzierte Betrachtung von Klings Selbstpositionierung innerhalb der verschiedenen poetischen Traditionen, die er allerdings noch vor der Veröffentlichung und Berücksichtigung von Klings Essaybänden kommentiert hat. Dabei spielt in seiner Studie nicht nur das „schulbildende Wirkungspotential" anderer, älterer Lyriker*innen auf Kling, sondern auch dessen eigenes „Wirkungspotential" auf andere Lyriker*innen der ungefähr gleichen bzw. etwas jüngeren Generation eine Rolle. Diese verschiedenen Traditionslinien und Lyriker*innen sollen im Rahmen dieser Arbeit genauer betrachtet werden, um Klings Selbstaussagen und die in der Forschung vertretenen Annahmen zu überprüfen.

Die im Band *Das Gellen der Tinte* versammelten Aufsätze werfen Schlaglichter auf einzelne literarische Herkunftsorte Klings: Wien und die österreichische literarische Tradition,[43] das Mittelalter,[44] das Barock[45] und die Lyrik Paul Celans.[46] Vor allem Daniela Strigl liefert einen Überblick über das gesamte Spektrum literarischer Bezüge (Konrad Bayer, Georg Trakl, Walter Serner, H.C. Artmann, Reinhard Priessnitz, Ernst Jandl, Friederike Mayröcker, Abraham a Sancta Clara, Paul Celan, Christine Lavant, Ingeborg Bachmann), die Schreibverfahren Klings und der von ihm rezipierten Autor*innen stehen dabei jedoch nicht im Vordergrund. Eine umfassende Auseinandersetzung mit den Schreibverfahren und den prägenden Einflüssen auf die Entwicklung von Thomas Klings Poetik hat noch nicht stattgefunden. Ähnliches gilt für den zweiten Aspekt dieser Studie: Trotz der oft behaupteten Bedeutung Thomas Klings als „Impulsgeber" für die Lyriker*innen der ungefähr gleichen und der jüngeren Generation ist dieser Aspekt bislang unerforscht geblieben.[47] Obwohl

---

42  Erk Grimm: „Materien und Martyrien", in: *Schreibheft* 47 (1996), S. 124–130.
43  Daniela Strigl: „Kling in Wien. Zu einem literarischen Myzel", in: Frieder von Ammon, Peer Trilcke, Alena Scharfschwert (Hg.): *Das Gellen der Tinte*, Göttingen 2012, S. 81–112.
44  Michael Waltenberger: „‚paddelnde mediävistik'. Über Thomas Klings Umgang mit mittelalterlichen Texten", in: ebd., S. 137–161.
45  Stefanie Stockhorst: „‚Geiles 17. Jahrhundert'. Zur Barock-Rezeption Thomas Klings", in: ebd., S. 163–196.
46  Markus May: „Von der ‚Flaschenpost' zum ‚Botenstoff'. Anmerkungen zu Thomas Klings Celan-Rezeption", in: ebd., S. 197–213.
47  Heribert Tommek fasst die „schulbildende Wirkung" Thomas Klings in einer ausführlichen Liste zusammen, geht aber auf die einzelnen Autoren nicht näher ein: „In den

sein Werk in dieser Arbeit vor dem Hintergrund einer vorwiegend avantgardistischen Traditionslinie betrachtet werden wird, soll diese Positionierung wesentlich komplexer ausfallen als in anderen Studien, die sich lediglich mit dem Verhältnis einer Lyrikerin oder eines Lyrikers zu *einer* bestimmten Tradition (z. B. Mittelalter oder Barock) beschäftigen: Eine Vielzahl von verschiedenen Lyriker*innen und poetischen Traditionen, die sich nur grob in bestimmte Schemata einordnen lassen, bildet den Gegenstand der vorliegenden Studie. In diesem Sinne zielt sie auch nicht auf einen „Dialog der Dichter"[48] – etabliert also kein Verhältnis zwischen ausschließlich zwei Lyriker*innen –, sondern versucht sich an einer Positionierung Klings gegenüber einer Vielzahl von Lyriker*innen und Traditionen.

• • •

Die Poetik Thomas Klings entwickelt sich dennoch nicht ausschließlich aus der Auseinandersetzung mit poetischen Traditionen, sondern ist ebenso sehr das Produkt einer bestimmten Zeit und der ihr eigenen medialen Veränderungen oder Charakteristiken. Insofern stellt Klings Poetik keinen Einzelfall dar, sondern ist innerhalb allgemeiner, transkontinentaler Entwicklungen zu sehen. Die deutschsprachige Lyrik der 80er Jahre weist tatsächlich wichtige Parallelen zur amerikanischen Lyrik derselben Zeit auf, die als beispielhaft für die Entwicklung der Lyrik im späten 20. Jahrhundert gelten dürfen. 1990 betrachtete Marjorie Perloff einige Beispiele der „radikaleren Arbeit" aus der zweiten Hälfte des 20. Jahrhunderts, darunter vor allem Lyriker*innen aus dem Umfeld der *Language Poetry*,[49] aber auch ältere Lyriker*innen sowie Musiker*innen und Künstler*innen wie George Oppen oder John

---

achtziger und neunziger Jahren entwickelte sich Thomas Kling zu einem der maßgeblichen Akteure der neuen sprachartistisch-avantgardistischen Lyrik. Er wirkte schulbildend (so z. B. für Peter Waterhouse, Marcel Beyer, Barbara Köhler, Ulrike Draesner und Sabine Scho)." Heribert Tommek: *Der lange Weg in die Gegenwartsliteratur. Studien zur Geschichte des literarischen Feldes in Deutschland von 1960 bis 2000*, Berlin 2015, S. 454. Dem Verhältnis zwischen den Poetiken Thomas Klings und Marcel Beyers nähert sich ansatzweise Achim Geisenhanslüke an: „Zum Rhythmus des modernen Gedichts bei Francis Ponge, Thomas Kling und Marcel Beyer", in: Christian Klein (Hg.): *Marcel Beyer. Perspektiven auf Autor und Werk*, München 2018, S. 63–73.

48  Siehe z. B. Erik Schilling: *Dialog der Dichter. Poetische Beziehungen in der Lyrik des 20. Jahrhunderts*, Bielefeld 2015.

49  Die Rezeption der *Language Poetry* in Deutschland scheint zu einem wesentlich späteren Zeitpunkt stattgefunden zu haben – Charles Bernsteins Gedichte wurden z. B. erst 2013 ins Deutsche übersetzt; dennoch gibt es Ähnlichkeiten hinsichtlich der Positionierung gegenüber Medien und Lyriktraditionen.

Cage vor dem Hintergrund der Mediengeschichte. Gemeint sind vor allem die Medien der 8oer Jahre, das Fernsehen mit spezifischen Sendeformaten wie der Talkshow, außerdem Videofilme, Plakatwerbung, Nachrichten auf Anrufbeantwortern usw., durch die sich die Sprachkommunikation zu einem zunehmend medialisierten Phänomen wandelte. In Anlehnung an Michel de Certeau definiert Perloff die moderne Gesellschaft als eine „erzählte", durch Narrative und Zitate umrahmte Gesellschaft. Solche medialisierten Narrative formen den Hintergrund einer Poetik, die sich Perloff zufolge sowohl von der Lyrik der 6oer Jahre, die sich auf Authentizität und eine möglichst „natürliche", unmittelbare Ausdrucksweise des Individuums berief, als auch von der Umgangssprache als einem wesentlichen Eckpfeiler der modernistischen Poetik – wie etwa derjenigen T.S. Eliots in *The Waste Land* – abgrenzt. Diese Abgrenzung ist eine Tendenz, die Perloff auf den Begriff des „radical artifice" – einer radikalen Kunstfertigkeit oder eines radikalen Kunstgriffs – bringt:

> the more radical poetries of the past few decades, whatever their particular differences, have come to reconceive the "opening of the field," not as an entrance into authenticity, but, on the contrary, as a turn toward *artifice*, toward poetry as making or praxis rather than poetry as impassioned speech, as self-expression.[50]

Darin liegen wichtige Parallelen zur deutschen Lyrik der späten 8oer Jahre, die sich von der Lyrik der 6oer und 7oer Jahre, der sogenannten Neuen Subjektivität und Alltagslyrik, stark abgrenzt. Beeinflusst von der US-amerikanischen Lyrik der 6oer Jahre, strebten die deutschen Lyriker*innen der 6oer und 7oer Jahre nach Authentizität und Unmittelbarkeit. Die Auffassung des Gedichts als etwas Künstlichem, Konstruiertem, Gemachtem – Perloff spricht vom Text als „made thing – contrived, constructed, chosen",[51] womit sie zugleich die Auswahl und anschließende Arbeit mit bereits bestehendem Material andeutet – gewinnt daraufhin Ende der 8oer Jahre (und dann zunehmend in den 9oer Jahren) auch für die deutsche Lyrik eine entscheidende Bedeutung.

Die deutschsprachige Tradition nimmt allerdings gegenüber der klassischen Moderne und dem Gebrauch von „common speech" ein anderes Verhältnis ein als die US-amerikanische: Die Entdeckung milieubedingter Sprechweisen, von Sozio- und Dialekten fällt in der deutschen Literatur bereits in die Periode des Naturalismus, dessen Vertreter*innen sie jedoch primär in der Prosa und im Drama verwendeten. Mit Ausnahme einiger Lyriker*innen der Neuen

---

[50] Marjorie Perloff: *Radical artifice. Writing poetry in the age of media*, Chicago 1990, S. 45.
[51] Ebd., S. 28.

Sachlichkeit, die jedoch für die in dieser Arbeit behandelten Autor*innen keinen Bezugspunkt bilden, findet nur wenig gesprochene Sprache Eingang in die deutsche Lyrik der klassischen Moderne. Das Konzept von Lyrik als „speech", als Rede taucht in der deutschen Lyrik im Vergleich zur englischsprachigen Lyrik relativ spät auf. Was Perloff am Beispiel von Eliot behauptet, ließe sich eher an einem Werk wie *Berlin Alexanderplatz* (1929) bestätigen: Dialekte und milieubedingte Sprechweisen suggerieren in diesem Werk eine sozial individualisierte, authentische Existenz der Figuren, verlieren jedoch Ende des 20. Jahrhunderts unter dem Einfluss der Medien allmählich ihre Partikularität. Eine wichtige Rolle bezüglich der Verwendung gesprochener Sprache dürfte den Vertreter*innen der Wiener Nachkriegsavantgarde zukommen: Ihre Experimente mit der Wiener Mundart beruhten auf der Voraussetzung, Distanz zum Sprachmaterial zu schaffen,[52] eine Verfahrensweise, durch die der künstliche, konstruierte Charakter des Gedichts betont wird.

Doch erst in den 80er Jahren verdichten sich die verschiedenen Sprechweisen und Sprachregister innerhalb eines einzelnen Gedichts: Die Standardsprache vermischt sich – nicht zuletzt in den Gedichten Thomas Klings – mit der Umgangssprache, dialektalen Einsprengseln, einzelnen Jargons und Fachsprachen. „Lokale" Sprechweisen werden bei Kling mittels Montage in die Gedichte inkorporiert und zeigen die künstliche, konstruierte Seite seiner Lyrik: Handelt es sich doch selten oder womöglich nie um tatsächlich gehörte Gesprächsfragmente, sondern um einen O-Ton – kurz für „Originalton", ein Begriff aus dem Radiojournalismus, der eine Authentizität vermittelnde akustische Aufnahme vor Ort bezeichnet, eine Art akustisches Zitat also, das seit den 60er Jahren auch im Bereich der literarischen Produktion verwendet wird[53] –, der als solcher inszeniert wird und eine gewisse Exemplarität vermitteln soll. Obwohl Thomas Klings Gedichte oft von konkreten alltäglichen Situationen ausgehen, verweist die filmische Montagetechnik selbstreferenziell auch auf den Schnitt zwischen den einzelnen Szenen und Details und hebt so die Künstlichkeit der Beschreibung hervor. Perloffs mediengeschichtliche Kontextualisierung der *Language Poetry*-Poetik findet in Thomas Klings medienreflexiver Poetik (und derjenigen seiner Zeitgenoss*innen) eine Bestätigung: So spielt bei Kling die Ausbreitung der gesprochenen Sprache und ihrer akustischen Dimension im medialen Umfeld

---

52 Siehe Friedrich Achleitner: „wir haben den dialekt für die moderne dichtung entdeckt ...", in: Gerhard Fuchs, Rüdiger Wischenbart (Hg.): *H.C. Artmann*, Graz 1992, S. 37–40, hier: S. 40.

53 Siehe Nikolaus Wegmann, Harun Maye, Cornelius Reiber (Hg.): *Original / Ton. Zur Mediengeschichte des O-Tons*, Konstanz 2007.

eine wichtige Rolle – seine Lyrik rekurriert auf Geräte wie Vocoder, Voice Recorder, später auf das Satellitentelefon, auf Headsets usw.[54]

Die Lyrik der 80er und 90er Jahre bezieht sich auf eine Vielzahl elektronischer Medien – allerdings noch vor dem Internet-Zeitalter: ein Aspekt, der wesentlich die ästhetisch-poetologische Dimension ihrer Werke prägt. Tatsächlich haben wir es hier noch nicht mit einer Poetologie zu tun, die Perloff später mit dem Begriff des „unoriginal genius"[55] umschreiben sollte. Die Lyriker*innen der 80er Jahre waren noch nicht mit den digitalen Medien und den bisher unbekannten Mengen von verfügbarem Textmaterial im Internet konfrontiert. Ausgehend von dieser Entwicklung sind in den letzten Jahren neue Poetologien entstanden, die das Schreiben nicht mehr als Kreation begreifen, sondern als Prozessualisierung, Recycling oder Appropriation bereits existierender Texte. So eröffnet Kenneth Goldsmith seine Poetik des „uncreative writing" mit der folgenden Paraphrase (des Konzeptkünstlers Douglas Huebler): „The world is full of texts, more or less interesting; I do not wish to add any more."[56] In dem Sinne sind die Gedichte Thomas Klings und der auf ihn folgenden Lyriker*innen immer noch der Hinzufügung von neuen Texten verpflichtet; obwohl sie mit Zitaten aus dem medialen Umfeld arbeiten, werden diese letztlich in einen mehr oder weniger kohärenten Text mit einem klar erkennbaren eigenen Stil eingearbeitet. Die angesichts der digitalen Medien entstandenen Schreibpraktiken – im nordamerikanischen Kontext sind die Arbeiten aus dem Umfeld des konzeptuellen Schreibens,[57] der Flarf-Poesie[58] und digitalen Poesie[59] zu nennen – verlängern also auf gewisse Weise die Arbeiten der 80er und 90er Jahre; neu an ihnen ist jedoch die radikale Infragestellung des Begriffs der Originalität.

...

---

54  Zu diesem Aspekt siehe auch Erk Grimm: „Mediamania? Contemporary German poetry in the age of new information technology. Thomas Kling and Durs Grünbein", in: *Studies in Twentieth Century Literature* 21:1 (1997), S. 275–301.

55  Marjorie Perloff: *Unoriginal genius. Poetry by other means in the new century*, Chicago 2010.

56  Kenneth Goldsmith: *Uncreative writing. Managing language in the digital age*, New York, 2011, S. 1.

57  Siehe ebd.

58  Gardner, Gordon, Mesmer, Mohammed, Sullivan (Hg.): *Flarf. An anthology of flarf*, Washington, D.C. 2017.

59  Siehe z. B. das Electronic Poetry Center des 1994 von Loss Pequeño Glazier und Charles Bernstein gegründeten Poetics Program SUNY-Buffalo, Internetseite Electronic Poetry Center, URL: http://writing.upenn.edu/epc, letzter Zugriff: 21.04.2019.

Die von Harold Bloom in *The anxiety of influence. A theory of poetry* (1973) und in weiteren Studien entwickelte Lyriktheorie bildet immer noch den wichtigsten theoretischen Hintergrund, vor dem Fragen der literarischen Tradition und des Einflusses diskutiert werden. Bloom begreift das Verhältnis zwischen dem aufstrebenden jungen Dichter[60] und seinem literarischen Vorfahren als einen ödipalen Konflikt, der die Dynamik der Literaturgeschichte bestimmt: Der starke Dichter, unter der Einflussangst leidend, bekämpft seinen literarischen Vorfahren, indem er dessen Texte einem Akt des „creative misreading" unterzieht. Diese Theorie erweist sich nicht nur in Bezug auf die spezifische Lyrik-Konstellation in der deutschen Lyrik ab Ende der 8oer Jahre, sondern auch für viele andere Lyriker*innen und Traditionen als problematisch. Blooms antagonistisches Lyrikmodell, welches das Verhältnis zwischen dem Dichter und seinem Vorfahren als Konflikt beschreibt, bleibt blind für all jene Dichter*innen, die aus ihrem Verhältnis zu unterschiedlichen literarischen Traditionen eine produktive und bestärkende Wirkung gezogen haben.

Thomas Kling ist im deutschsprachigen Kontext das paradigmatische Beispiel eines Lyrikers, der seinen Traditionsbezug offen und bewusst thematisiert hat: Bereits mit dem Zyklus „stifterfiguren, charts-gräber" aus *brennstabm* (1991) widmet Kling einzelnen Lyriker*innen und Künstler*innen, die für sein Schreiben grundlegend waren – Paul Celan, Joseph Beuys, Friederike Mayröcker, Andy Warhol, Konrad Bayer, Blinky Palermo und Reinhard Priessnitz – jeweils ein Gedicht. Das gesamte essayistische Werk Thomas Klings liest sich als eine erweiterte Präsentation und Auseinandersetzung mit seinen „Stifterfiguren", die zumeist nicht dem offiziellen literarischen Kanon angehören. Von einer starken Verdrängung und Verneinung seiner literarischen Vorgänger kann also bei Kling schwerlich die Rede sein. Auf verschiedenen Ebenen entwickelt er eine Poetik, die durch eine Geste des expliziten Verweisens auf literarische Vorgänger und Verwandtschaften gekennzeichnet ist und

---

60    In Bezug auf Harold Bloom, T.S. Eliot und Ezra Pound wird in dieser Arbeit ausnahmsweise das generische Maskulinum verwendet. Die Gründe dafür liegen in der oft fehlenden Thematisierung der Prämissen einer weiblichen Autorschaft im Werk dieser Autoren: Obwohl Bloom zu seinem Kanon auch weibliche Dichterinnen wie Emily Dickinson oder Elizabeth Bishop zählt, ist es zunächst unklar, wie diese in sein Konzept einer ödipalen Literaturgeschichte, die vom Vater-Sohn-Verhältnis ausgeht, passen würden. Obwohl auch Ezra Pound weibliche Dichterinnen wie Sappho und H.D. zu seinem Kanon zählt, ist seine Sprache sehr genderdeterminiert. So z. B. im weiter unten zitierten Abschnitt aus *ABC of Reading*, das von verschiedenen Typen von Lyrikern und deren Innovativität handelt, auf die er sich immer als „men" bezieht. Auch bei Eliot ist das mit dem „poet" einhergehende Personalpronomen stets „he": „[W]e praise a poet, upon those aspects of his work in which he least resembles anyone else".

damit die Grundlage für ein ganz anderes Modell des literarischen Einflusses und des Traditionsbezugs bilden kann. Das heißt allerdings nicht, dass die Verhältnisse innerhalb der spezifischen Konstellationen von Lyriker*innen um Kling frei von Antagonismen und Konflikten gewesen wären. Vor allem aus dem am Ende dieser Arbeit präsentierten Interview-Material wird klar, dass Kling als Person eine charismatische, oft problematische Auswirkung auf seine Zeitgenoss*innen ausübte und bisweilen mit emphatischer Anerkennung oder heftiger Kritik und Ablehnung auf sie reagierte. Die Stärke seiner Position war für viele seiner Zeitgenoss*innen eine Herausforderung, zu der sie sich verhalten mussten. Einfluss ist stets auch mit Konflikten verbunden. Dennoch würde keiner der auf den folgenden Seiten vorgestellten Lyriker*innen den Einfluss Thomas Klings verneinen oder verdrängen, vielmehr betrachten sie ihn als konstitutiven Teil ihrer Entwicklung. Hier erweist sich der literarische Einfluss als ein grundsätzlich anderes Phänomen als das von Bloom beschriebene, nämlich nicht als ein Mechanismus, der das *gesamte* Werk eines Dichters definiert – Bloom kennt in dieser Hinsicht keine graduellen Unterschiede des Einflusses –, sondern vielmehr als eine bestimmte *Phase* in der frühen Entwicklung fast aller Lyriker*innen.

Auch Peer Trilcke und Frieder von Ammon bezeichnen in ihrer Einleitung zum Sammelband *Das Gellen der Tinte* Klings Autorschaft als „stark". Damit meinen sie folgendes: „Stark heißt dabei zunächst, dass man es bei Kling mit einem Autor zu tun hat, der stets bestrebt war, die Situationen, in die er involviert war, zu kontrollieren, sie auf sich selbst als den nun Sprechenden auszurichten."[61] Diese These versuchen sie mit Beispielen aus Klings Selbstinszenierung auf der Bühne, mit seinem Vortragsstil, aber auch mit der „Selbstbehauptung des Gedichts wie des Dichters"[62] zu belegen. Sie zitieren darüber hinaus den Text „Sprachinstallation Lyon", in dem der Dichter via Petrarca Aufmerksamkeit für sich selbst und seine Poesie einfordert. Zugleich behaupten von Ammon und Trilcke, Klings Subjektivität und Autorschaft seien programmatisch frei von Bloom'scher Einflussangst.[63]

An dieser Stelle möchte ich diese einfache Trennung von „starker Autorschaft" und Bloom'scher Einflussangst in Frage stellen. Gewiss ist Blooms Theorie außerstande, das Traditionsverhalten, das für Kling und die Lyriker*innen aus seinem Kreis typisch ist, befriedigend zu erklären, und diese

---

61   Frieder von Ammon, Peer Trilcke: „Einleitung", in: Frieder von Ammon, Peer Trilcke, Alena Scharfschwert (Hg.): *Das Gellen der Tinte. Zum Werk Thomas Klings*, Göttingen 2012, S. 9–22, hier: S. 13.
62   Ebd., S. 14.
63   Ebd.

Punkte sollen im folgenden Teil weiter ausgeführt werden. Dennoch ist selbst Kling nicht gänzlich frei von Einflussangst gewesen. So erklärt er etwa, er habe zur Lyrik Paul Celans Abstand gesucht, um nicht in ihren Bann zu geraten.[64] Es gilt also festzuhalten, dass die Einflussangst neben anderen, bewussteren und offeneren Formen des Umgangs mit Einflüssen fortbestehen kann. Im Rahmen dieser Arbeit soll das Verhältnis zwischen Kling und seinem rheinländischen Vorgänger Rolf Dieter Brinkmann (1940–1975) in den Blick genommen und dabei gezeigt werden, inwiefern es von jener stimulierenden Last gekennzeichnet ist, die Bloom ins Zentrum seiner Theorie gestellt hat: Brinkmann wird als ein starker Vorgänger von Kling zumeist herabgesetzt und gescholten, obwohl er in seiner eigenen Poetik viel von Brinkmann übernimmt und sein Programm zugleich – durch die Rezeption anderer Einflüsse – erweitert. Ich gehe also von zwei Linien des Beeinflussens oder Tradierens aus: Die eine Linie konstituieren Lyriker*innen, von denen sich Kling als Beispiel eines Lyrikers des späten 20. und frühen 21. Jahrhunderts auf bewusste und offene Weise poetologische Ansätze aneignete; die zweite, parallel dazu laufende Linie wird von Referenzen gebildet, bei denen er heimlich und entgegen seiner eigenen Bekundungen Anleihen machte. Klings Poetik wäre hinsichtlich dieser zweiten Linie auch im Sinne Blooms als „stark" zu bezeichnen: und zwar als Produkt eines inneren Mechanismus, das dem Dichter sowohl Bewunderung als auch Distanzierung von starken Vorgänger*innen ermöglicht. Interessanterweise besteht diese zweite Linie vor allem aus westdeutschen Lyrikern und bezieht sich somit, geographisch betrachtet, auf Klings primäre, „unfreiwillige" literarische Sozialisierung. Dass er sich aber nicht nur von seinen unmittelbaren Vorgänger*innen, sondern auch von seinen Zeitgenoss*innen distanzierte, ja dass er sie zuweilen polemisch angriff, zeugt von einer Stärke, die Blooms ödipalen, auf das Verhältnis zwischen Vorgänger und Nachfolger beschränkten Rahmen sprengt.

In dieser Arbeit wird also die Frage des Einflusses am Beispiel eines Lyrikers thematisiert, dessen Traditionsbezug sich grundsätzlich von den von Bloom beschriebenen Phänomenen unterscheidet, obwohl Linien der Einflussangst weiterhin wahrnehmbar bleiben; dabei soll zugleich eine historisch spezifische Konstellation von Lyriker*innen, deren Auseinandersetzung mit Kling andere Einflussmechanismen aufweist, in den Blick genommen werden.

Das zentrale Problem von Blooms Theorie liegt in seiner Bezugnahme auf eine spezifisch angloamerikanische Tradition. Er beschäftigt sich mit den

---

64  Siehe Thomas Kling: „Sprach-Pendelbewegung. Celans Galgen-Motiv", in: *Text+Kritik* 53/54 [Themenheft: Paul Celan, 3. Aufl.], München 2002, S. 25–37.

„major poets of English and American Romanticism"[65] sowie den auf sie folgenden Dichtern des „American Sublime" (Goethe ist als Ausnahme für Bloom, ähnlich wie Milton und Emerson, frei von Einflussangst, während Thomas Mann mit seinem *Doktor Faustus* das Modell bestätigt), mit einer Tradition also, die programmatisch vom Subjekt und seiner Erfahrung ausgeht. Insofern ist die Einflussangst innerhalb von Blooms Modell eng mit dem Lyrischen, dem Subjektiven und dem Ausdruck der Persönlichkeit verbunden: „[...] anxiety of influence is strongest where poetry is most lyrical, most subjective, and stemming directly from personality."[66] Einflussangst ist die Angst eines sich dem Solipsismus annähernden Selbst: „Poetic Influence in the sense [...] of *other poets*, as felt in the depths of the all but perfect solipsist [...]. For the poet is condemned to learn his profoundest yearnings through an awareness of *other selves*."[67] Für bestimmte Traditionslinien, vor allem für diejenigen der Avantgarden, die den Subjektivismus der auf die Aufklärung folgenden Romantik am radikalsten in Frage gestellt haben, sowie für vormoderne poetische Traditionen erweist sich dieser Punkt als sehr problematisch. Schreiben beginnt nicht mit der Wahrnehmung eines anderen Selbst; am Ausgangspunkt des Rezeptions- und Schreibprozesses steht vielmehr die Arbeit mit der Materialität von Sprache. Bei Bloom wird Einflussangst unmittelbar mit der romantischen Genieästhetik in Verbindung gebracht: „[...] with the post-Enlightenment passion for Genius and the Sublime, there came anxiety too, for art was beyond hard work."[68] Werke der avantgardistischen Linie hingegen stellen die Idee des selbstschaffenden, vom Gefühl her geleiteten Geniekünstlers grundlegend infrage.[69]

---

65   Harold Bloom: *The anxiety of influence. A theory of poetry*, Oxford 1997, S. 12.
66   Bloom: *The anxiety of influence*, S. 62.
67   Ebd., S. 26.
68   Ebd., S. 27.
69   Siehe z. B. die folgende Aussage des digitalen Poeten Jörg Piringer: „im gegensatz zur dadaistischen und post-dadaistischen lautpoesie verwende ich in meiner arbeit aus zwei gründen ausschließlich ‚angeeignetes' sprachmaterial: um einerseits die illusion des geniehaft schaffenden künstlers zu hinterfragen: in einer gesellschaft, in der selbst autogeräusche einem sounddesignprozess entstammen und popmusik zu umweltgeräusch wird, scheint es nur natürlich, auch in der dichtung auf mediale sprachklänge zurückzugreifen [...]." Jörg Piringer: „wieder. sprechen. lernen", Internetseite ORF-Kunstradio, URL: http://www.kunstradio.at/2001A/29_04_01.html, letzter Zugriff: 21. 4. 2019. Einer Standarddefinition zufolge ist die Montage ein „konstitutives Prinzip der künstlerischen Avantgarde", das nicht nur die Grenze zwischen Kunst und Nicht-Kunst, sondern auch die Vorstellung von Künstler*innen als schöpferischen Genies relativiert. Siehe *Reallexikon der deutschen Literaturwissenschaft, Band 2*, hg. von Harald Fricke, Berlin/New York 2000, S. 631.

Blooms Theorie des Einflusses geht zudem davon aus, dass der Dichter dem Einfluss des Vorgängers unbeabsichtigt ausgesetzt ist, er also seinen Vorgänger nicht frei wählen kann. Die Bedeutung des Wortes „influence" wird auf ihre astrologische Wurzel als astrale Macht zurückgeführt: „a power [...] exercised itself, in defiance of all that had seemed voluntary in one."[70] „Poetic influence" ist für Bloom eine Form von Krankheit, „a disease of self-consciousness".[71] Mit Blick auf das breite Spektrum von Lyriker*innen, auf die sich Thomas Kling bezieht, um sie in einem Akt der kritischen Auseinandersetzung und Rezeption zu poetischen Vorfahren zu erklären, zeigt sich ein gravierender Unterschied zu Blooms Theorie der Einflussangst: Ähnlich wie seine Zeitgenoss*innen setzt sich Kling aktiv mit der literarischen Tradition auseinander, er wählt seine Vorfahr*innen. Rückblickend auf seinen ersten Essayband bemerkte Kling: „In meinem Buch *Itinerar* habe ich mich gleich eingangs, genealogische und ästhetische Rhizome abtastend, als, sagen wir mal, Wahl-Wiener geoutet."[72] Kling entscheidet sich als „Wahl-Wiener" bewusst für eine Anknüpfung an die österreichische literarische Tradition, vor allem an die Tradition der Avantgarden, die für ihn damals, im Westdeutschland der 80er Jahre, wohl nicht die naheliegendste literarische Tradition war. Zugleich wird in dem bereits zitierten Statement die literarische Tradition nicht als bedrohlich oder gar als Last empfunden, sondern als etwas absolut Notwendiges wahrgenommen: „Ohne Tradition ist das Gegenwartsgedicht aufgeschmissen."[73]

Ebenso problematisch ist auch Blooms grundlegende Idee der Literaturgeschichte als einer Form des „creative correction" bzw. als Manifestation des „modern revisionism": Die Literaturgeschichte wird von ihm als eine Fortsetzung von ausschließlich „intra-poetic relationships" verstanden, inner-literarischer Verhältnisse also zwischen einzelnen Dichtern, die sich mit ihren jeweiligen Vorgängern auseinandersetzen. Nicht nur die Poetik Thomas Klings, sondern im Prinzip jede Autorenpoetik zeigt, dass für das eigene Schreiben viel mehr als nur die Auseinandersetzung mit der literarischen Tradition nötig ist: Kling definiert das Gedicht als etwas, das die Verfasstheit von Gegenwart und Tradition wiedergibt[74] – als Replik auf Bloom könnte man behaupten, dass das Gedicht auch ohne Gegenwart aufgeschmissen ist.[75] Dabei zeugt Kling von einer außerordentlichen Wahrnehmungsfähigkeit, er betrachtet das Gedicht

---

70   Bloom: *The anxiety of influence*, S. 26–27.
71   Ebd., S. 29.
72   Kling: *Botenstoffe*, S. 70.
73   Küchemann: „Der Dichter Thomas Kling. Gegen die Lehrer-Lempelhaftigkeit".
74   Ebd.
75   Ebd.

als „optisches und akustisches Präzisionsinstrument", mit dem am Anfang alltägliche Situationen oder später geographische und kulturelle Räume registriert und inszeniert werden. Es ist vielleicht dieser fehlende Aspekt der Auseinandersetzung mit der Gegenwart, die dazu führt, dass Bloom die Literaturgeschichte als ein andauerndes „diminishment of poetry"[76] sieht und nicht etwa als eine Entwicklung mit Phasen der Erneuerung.

Eine wesentlich andere Perspektive auf das Verhältnis zwischen dem Dichter und der literarischen Tradition nimmt T.S. Eliot in seinem Essay „Tradition and the individual talent" (1919) ein. Er fasst die Tradition in einem affirmativen, eindeutig positiven Sinne auf, für ihn ist sie ein unentbehrlicher Aspekt eines dichterischen Werkes. Eliot spricht vom Schatz der Tradition („treasure of tradition") und fast von einer Sehnsucht nach Tradition – als wäre die Gegenwart von einem Traditionsverlust bedroht, was Blooms Idee der Bedrohung *durch* Tradition kaum stärker widersprechen könnte. Eliot grenzt sich absichtlich von der frühen Phase der Entwicklung eines Dichters ab, er fokussiert den „mind of the mature poet", denjenigen, der über sein 25. Jahr hinaus Lyrik schreibt. Den Begriff der Individualität stellt er dabei anfangs infrage und wendet ihn auf paradoxe Weise, denn das Individuellste an einem Dichter, so erklärt er, erweist sich gerade als jener Teil seines Werks, in dem sich die poetischen Vorfahren am stärksten behaupten. Von solchen Begriffen wie Individualität und Subjektivität, die Bloom bei der Entwicklung seiner Theorie leiten, distanziert sich Eliot bereits fünfzig Jahre vor ihm. Ebenso grenzt sich Eliot von einem Verständnis der Tradition ab, demzufolge diese etwas Gegebenes und von der vorangegangenen Generation Überliefertes sei, von der Vorstellung also, wir seien in die Tradition hineingeboren. Es geht ihm um andere Formen des „handing down" – um etwas, das nicht ererbt, sondern durch harte Arbeit erworben wird. Tradition beinhalte einen historischen Sinn, „historical sense", den Eliot wie folgt definiert:

> the historical sense involves a perception, not only of the pastness of the past, but of its presence; the historical sense compels a man to write not merely with his own generation in his bones, but with a feeling that the whole of the literature of Europe from Homer and within it the whole of the literature of his own country has a simultaneous existence and composes a simultaneous order.[77]

---

76  Bloom: *The anxiety of influence*, S. 10.
77  T.S. Eliot: „Tradition and the individual talent", in: *The sacred wood. Essays on poetry and criticism*, London 1960, S. 49.

Im Gegensatz zu Bloom fokussiert Eliot nicht intra-poetische Relationen zwischen einzelnen Dichtern, sondern die literarische Tradition in einem viel breiteren Sinne – und darüber hinaus nicht nur die *literarische* Tradition, sondern das Verhalten gegenüber der Tradition im Allgemeinen. Grundsätzlich versucht er eine Kontinuität zwischen der Vergangenheit und der Gegenwart herzustellen: Die Vergangenheit sei nie endgültig vergangen, sondern könne weiterhin gegenwärtig bleiben. Da man sich die literarische Tradition zumeist als etwas Immaterielles vorstellt, gewinnt diese Idee an Verständlichkeit, wenn man an geschichtliche Artefakte oder Monumente denkt. Sie sind als Relikte der Vergangenheit in der Gegenwart präsent, und in einem ähnlichen Sinne sollte laut Eliot auch die literarische Tradition im Kontext der Gegenwart, in einem Zusammenhang mit neuen literarischen Werken gedacht werden. Dieser entscheidende *doppelte* Fokus, der sich zugleich auf die Vergangenheit und die Gegenwart richtet, fehlt in Blooms revisionistischer Lyriktheorie.

Eliot spricht von der literarischen Tradition als einem einheitlichen Phänomen, für ihn gibt es *eine* europäische Tradition von Homer bis in die Gegenwart, innerhalb deren er die englische Lyriktradition verortet. Die Lyrik des späteren 20. Jahrhunderts geht dagegen von einem Bewusstsein der Pluralität von literarischen Traditionen mit jeweils unterschiedlichen Hierarchisierungs- und Kanonisierungsprozessen aus – die Dichter*innen können sich nicht auf eine Kenntnis der ganzen Literaturgeschichte berufen, ihnen stehen stets nur Ausschnitte zur Verfügung, die aus einem bestimmten Grund rezipiert werden,[78] und dies erfordert einen bewussten, reflektierten Umgang mit den literarischen Traditionen.

Ein demjenigen Eliots verwandtes und dennoch viel radikaleres Verständnis von literarischer Tradition liegt dem Werk Ezra Pounds zugrunde. Als Bezugspunkt spielt Pound für Kling im Vergleich zu den bislang erwähnten theoretischen Überlegungen (Bloom, Eliot) die wichtigste Rolle, schon deshalb, weil sich in seinem späteren Werk eine Pound-Rezeption nachweisen lässt.[79] Ähnlich wie Eliot nimmt auch Pound ein sehr positives, affirmatives Verhältnis zur literarischen Tradition und seinen literarischen Vorgängern ein; in seinen theoretischen Texten, die auf einer genauen Analyse der

---

78    Siehe Anhang, Gespräch mit Anja Utler, Regensburg, 15.09.2015.
79    Bereits der Aktaeon-Zyklus aus *Sondagen* beginnt mit einer Pound-Übersetzung, die Bezüge verstärken sich insbesondere im letzten Band *Auswertung der Flugdaten* (2005). Zur gleichen Zeit arbeitet Kling an weiteren Pound-Übersetzungen (siehe *Neue Rundschau* 1 (2006)). Es lässt sich zudem vermuten, dass die Essayistik Thomas Klings zu einem bestimmten Grad von Pounds theoretischen Texten beeinflusst wurde: Klings Aufsätze weisen an einigen Stellen (insbesondere in *Botenstoffe*) stilistische Ähnlichkeiten auf.

eigenen und fremden Schreibpraxis gründen und vor allem Momente der Erneuerung in der Geschichte der Lyrik in den Vordergrund stellen, fordert er seine Zeitgenossen zu einer genauen Lektüre der überlieferten Werke und zu einer aktiven Auseinandersetzung mit der Tradition auf. Doch während sich Eliots Orientierungspunkte meistens innerhalb des zu seiner Zeit gültigen literarischen Kanons bewegen – u. a. Shakespeare, Dante, William Blake –, ist Pounds Tradition viel idiosynkratischer und subversiver. Pound umgeht die Tradition der englischen Romantiker vollkommen und führt die europäische Dichtung auf zwei für ihn entscheidende Traditionen zurück: die Tradition der melischen Dichter und der Provence.[80] So gewinnt die provenzalische Troubadourdichtung sowie die Lyrik des Mittelalters eine große Bedeutung für Pound, insbesondere der weniger bekannte Troubadour Arnaut Daniel, darüber hinaus die elisabethanische Lyrik und der französische Dichter Jules Laforgue.[81] Auf Milton, für Bloom das paradigmatische Beispiel des starken Dichters ohne Einflussangst, wirft Pound dagegen einen kritischen Blick, vor allem auf seinen Latinismus, der die englische Sprache verzerre und sie von den ihr angemessenen, vertrauteren Ausdrucksformen entferne.[82]

Pounds Werk kennzeichnet sich nicht nur durch ein eigenes Traditionsbewusstsein, sondern auch durch einen spezifischen Umgang mit Einflüssen, wodurch er selbst einen starken Einfluss auf die folgenden Generationen ausübte. In seiner Studie über die „Pound Tradition", in die er eine Reihe amerikanischer Lyriker*innen stellt (u. a. Charles Olson, Robert Duncan, Denise Levertov, Gary Snyder, Allen Ginsberg), zählt Christopher Beach die zentralen Charakteristiken von Pounds Traditionsverständnis auf:

> Pound's sense of a live tradition was based on a fundamentally incorporative poetics that allowed him to explore a radically expansive range of models and sources for his own work. In excavating both the literary archives of various languages, cultures, and traditions and the materials and discourses of nonliterary disciplines, and in adapting as a primary poetic method the ideogrammatic juxtaposition of these borrowings, Pound developed a mode of poetic composition that would have a lasting impact on American poetic practice in this century. Underlying Pound's poetic mode, and to varying degrees those of his

---

80   Siehe Ezra Pound: „The Tradition", in: *Literary essays of Ezra Pound*, hg. von T.S. Eliot, London 1954, S. 91.
81   Siehe ders.: *Make it new. Essays*, Cambridge 1949.
82   Ebd., S. 109–110.

descendants, is a model of influence in which the poet consciously chooses literary predecessors and traditions as well as traditions of social, political, historical, economic, and scientific thought with which to interact in a freely defined intertextual space. This model assumes an active, positive, and mutually illuminating relationship between the poet's work and that of both predecessors and contemporaries.[83]

Für Pound ist literarische Tradition etwas Lebendiges. Im Canto LXXXI spricht er davon, „To have gathered from the air a live tradition",[84] er spricht also von einer Tradition, die gleichsam in der Luft liegt und sich derart von Eliots Vorstellung von Tradition als einer Reihe von statischen Monumenten („the existing monuments form an ideal order among themselves") unterscheidet: Für Eliot ist Tradition nichts Lebendiges und Organisches, sie ist für ihn etwas Essentielles, das außerhalb der Persönlichkeit des Dichters existiert, während bei Pound ein natürlicher Zusammenhang zwischen der Tradition und der eigenen Erfahrungsebene besteht. Um zu verstehen, was Pound mit der Idee einer lebendigen Tradition meint, ist es hilfreich, auf seine Replik auf Eliots „Tradition and the individual talent" zu verweisen. Im Vorwort zu seiner *Active anthology* (1933) schreibt Pound:

> ‚Existing monuments from an ideal order among themselves.' It would be healthier to use a zoological term rather than the word monument. It is much easier to think of the *Odyssey* or *Le Testament* or Catullus' *Epithalamium* as something living rather than a series of cenotaphs. After all, Homer, Villon, Propertius, speak of the world as I know it, whereas Mr. Tennyson and Dr. Bridges did not. Even Dante and Guido with their so highly specialised culture speak of a part of life as I know it. ATHANATOS.[85]

„Living" hat etwas mit der Literatur zu tun, die Pound für sich anerkennt, während er Traditionen oder Dichter, von denen er sich abgrenzt, die Lebendigkeit abspricht, weil sie den Test der Zeit nicht überstanden hätten: Sie seien nicht „athanatos" (unsterblich). Pound schätzt etwa Homer für „the

---

83  Christopher Beach: *ABC of influence. Ezra Pound and the remaking of the American poetic tradition*, Berkley 1992, S. 42.
84  Ezra Pound: *Selected poems and translations*, hg. von Richard Sieburth, London 2011, S. 226.
85  Ezra Pound: *Selected prose*, hg. von William Cookson, London 1973, S. 360. Used by permission of New Directions Publishing Corp.

authentic cadence of speech; the absolute conviction that the words used [...] are in the actual swing of words spoken."[86] Tennyson und die viktorianische Lyrik hingegen sind für Pound „unpräzise", was die Schilderung subjektiver Zustände und objektiver Phänomene angeht.[87] Sie würden sich vom „Leben" entfernen, da sie es technisch nicht akkurat genug festhalten könnten.

Pounds Vorstellung von Tradition als etwas Lebendigem gründet auf der Idee des unzertrennlichen Zusammenhangs von Kunst und Lebenspraxis: In einem anderen Aufsatz, den er der Lyrik der Troubadoure widmet, will er den Text als Konstruktion verstanden wissen, knüpft an den Gedanken von Lyrik als Handwerk an und verweist darauf, dass die Lyrik der Troubadoure aus konkreten Lebensverhältnissen erwachsen sei und eine große Rolle in Liebes- und Kriegsintrigen gespielt habe.[88] Literatur ist eins mit dem Leben, auch in dem Sinne, dass das Schreiben immer aus einer genauen, möglichst konkreten und direkten Verbindung zur Welt entsteht. Die Schreibaufgaben im *ABC of Reading* gehen von der detaillierten Wahrnehmung eines Gegenstands, eines Menschen oder Raumes aus, sie richten sich gegen Abstraktion, indem sie den Leser zur genauen Wahrnehmung und einem damit verbundenen Sprachgebrauch auffordern. „[T]his impulse toward the real shapes the poetic enterprise of the Pound tradition",[89] schreibt Beach und behauptet weiter, Pounds poetische Sprache entwickele sich in unmittelbarer Beziehung zur Welt, zum Realen. Darin besteht ein entscheidender Unterschied zur Poetik der zweiten Hälfte des 20. Jahrhunderts, die die Unmöglichkeit einer unmittelbaren Beziehung zur Welt postuliert. In Pounds enger Beziehung zur Realität, in seiner gleichsam empiristischen Poetik, die sich an der Gegenständlichkeit und Objektivität der Welt orientiert, lässt sich jedoch auch eine Parallele zur Poetik Thomas Klings erkennen. Blooms revisionistische Theorie kommt in dieser Frage zu ganz anderen Ergebnissen: Für ihn sind Texte immer nur Korrekturen der ihnen vorangehenden Texte; das Reale ist keine relevante Kategorie. Der von Pound ebenso wie von Kling behauptete Zusammenhang zwischen Schreibpraxis und Weltbezug, den im Prinzip jedes Gedicht herzustellen hat, führt zu einem davon abweichenden, eigenständigen Konzept der Tradition, des Einflusses und des Neuen.

Beach spricht in Bezug auf Pound von einer inkorporierenden Poetik, die es ihm ermöglicht habe, ein breites Spektrum von Quellen und Modellen für sein

---

86  Pound: *Make it new*, S. 127.
87  Siehe Ezra Pound: „A Retrospect", in: *Literary essays of Ezra Pound*, hg. von T.S. Eliot, London 1954, S. 11.
88  Pound: *Make it new*, S. 23–24.
89  Beach: *ABC of influence*, S. 57.

Schreiben zu erforschen. Dies zeige sich z. B. in Pounds Auseinandersetzungen mit der Form des dramatischen Monologs. Dichterfiguren der vergangenen literarischen Epochen liefern zum einen historisch-biographisches Material, das zum Ausgangspunkt für ein Gedicht oder zu einem Lebensmodell für den modernen Dichter werden kann; zum anderen sind sie aber auch ästhetische Modelle einer vergangenen Epoche, die erneuert werden können. Der „Stoff" von Pounds Gedichten ist also selten vollkommen eigenständig; auch hinsichtlich der stilistischen Ebene sind die Einflüsse und Orientierungspunkte stets präsent und werden offen herausgestellt.[90] Pounds oft zitierter Satz, vollkommene Originalität sei unmöglich, bildet nicht nur die Grundlage der modernen, sondern einer jeden Poetik: „It is only good manners if you repeat a few other men to at least do it better or more briefly. Utter originality is of course out of question."[91] Als Kategorie sei Originalität allerdings nicht zu verwerfen. In seinem Vorwort zu Pounds Gedichten entwickelt Eliot die folgende Definition von Originalität:

> The poem which is absolutely original is absolutely bad; it is, in the bad sense, ‚subjective' with no relation to the world to which it appeals [...] True originality is merely development; and if it is right development it may appear in the end so *inevitable* that we almost come to the point of view of denying all ‚original' virtue to the poet. He simply did the next thing [...]. Pound's originality is genuine in that his versification is a *logical* development of his English predecessors [...]. Pound is often most ‚original' in the right sense, when he is most ‚archaeological' in the ordinary sense.[92]

Eliot bestreitet den Anspruch auf absolute Originalität und definiert sie stattdessen aus stilistisch-genealogischer Sicht als Weiterentwicklung der Ansätze poetischer Vorfahren. Bezüglich eines anderen Aspekts von Pounds Lyrik argumentiert er auch, zu seinen originellsten Arbeiten gehörten gerade jene seiner Gedichte, die am stärksten mit den Quellen und Modellen der Vergangenheit arbeiten, nicht zuletzt seine Erneuerungen der provenzalischen

---

90  Im *ABC of reading* wird Browning als Erneuerer der Form des dramatischen Monologs explizit genannt. Siehe Ezra Pound: *ABC of reading*, London 1951, S. 78.

91  Zitiert aus einem Brief Ezra Pounds an William Carlos Williams vom 21. Oktober 1908, in: Ezra Pound, William Carlos Williams: *Selected letters of Ezra Pound and William Carlos Williams*, hg. von Hugh Witemeyer, New York 1996, S. 7.

92  T.S. Eliot: „Introduction: 1928", in: Ezra Pound: *Selected poems and translations*, hg. von Richard Sieburth, London 2011, S. 363–364.

und frühen italienischen Lyrik. Diese Art von Originalität beschreibt Eliot als Extrakt des wesentlich Lebendigen („he extracts the essentially living"[93]).

Anders als Bloom begreift Pound die Literaturgeschichte nicht als einen kontinuierlichen Prozess des „diminishment of poetry"[94]; sie verläuft für ihn vielmehr in unterschiedlichen Phasen, die Pound in ABC of Reading immer wieder hervorhebt: die Phase der Stagnation, in der die Literatur eines bestimmten Landes kein wesentliches Werk hervorbringt,[95] und die Phase der Erneuerung und der Erfrischung.[96] Pound lehnt auch den später von Bloom reformulierten Gedanken ab, neue literarische Werke würden sich gegen „starke" oder gute Werke der Vergangenheit wenden:

> The reactions and ‚movements' of literature are scarcely, if ever, movements against good work or good custom. Dryden and the precursors of Dryden did not react against *Hamlet* [...] only the mediocrity of a given time can drive the more intelligent men of that time to „break with tradition".[97]

Auch im Fall von Thomas Kling ist die Frage relevant, wie die Literatur der Gegenwart den Blick auf vergangene Epochen verändert, die Frage also, welche Phasen in der deutschen Lyrik des 20. Jahrhunderts durch die Lyrik der Gegenwart neu bewertet werden.

Pound vergleicht miteinander verschiedenartige, hauptsächlich europäische literarische Traditionen, vor allem die der englischen, französischen und italienischen Literatur.[98] Dabei betreffen seine Vergleiche nicht nur einzelne Nationalliteraturen, sondern beziehen unterschiedliche Medien und Kunstformen mit ein, so etwa die bildende Kunst, das Theater und den Film.[99]

Pounds Blick auf die Literaturgeschichte unterscheidet sich von demjenigen Blooms auch darin, dass ihn weniger das Verhältnis zwischen Vorgängern und Nachfolgern interessiert als vielmehr die Interaktion zwischen zeitgenössischen Autoren; seine Aufmerksamkeit gilt dem Querschnitt durch ein literarisches Feld zu einem bestimmten Zeitpunkt. Dabei unterscheidet er zwischen sechs Klassen oder Kategorien von Lyrikern und Schriftstellern:

---

93 Ebd.
94 Bloom: *The anxiety of influence*, S. 10.
95 Siehe Pound: ABC of reading, S. 78.
96 Ebd., S. 78.
97 Ezra Pound: „Notes on Elizabethan Classicists", in: ders.: *Make it new*, S. 95. Used by permission of New Directions Publishing Corp.
98 Siehe Pound: ABC of reading.
99 Ebd., S. 76.

1. Inventors. Men who found a new process, or whose extant work gives us the first known example of a process.
2. The masters. Men who combined a number of such processes, and who used them as well as or better than the inventors.
3. The diluters. Men who came after the first two kinds of writers, and couldn't do the job quite as well.
4. Good writers without salient qualities. Men who are fortunate enough to be born when the literature of a given country is in good working order, or when some particular branch of writing is ‚healthy'. For example, men who wrote sonnets in Dante's time, men who wrote short lyrics in Shakespeare's time or for several decades thereafter, or who wrote French novels and stories after Flaubert had shown them how.
5. Writers of belles-lettres. That is, men who didn't really invent anything, but who specialized in some particular part of writing, who couldn't be considered as ‚great men' or as authors who were trying to give a complete presentation of life, or of their epoch.
6. The starters of crazes.[100]

Diese Unterscheidung gründet auf der genauen Kenntnis der Schreibpraktiken, die im Laufe des Buches vorgestellt werden, und betrifft nicht etwa vermeintlich psychische Mechanismen oder Revisionen vergangener Werke, die bei Bloom zu einer groben Unterscheidung zwischen „starken" und „schwachen" Dichtern führen. Der von Pound beschriebene Entwicklungsprozess verläuft dagegen folgendermaßen: Dem Moment der Innovation durch einige wenige Künstler folgt eine allmähliche Verbreitung und Ausbreitung der Techniken, die diese „Erfinder" eingeführt haben.

Das Neue ist eine wichtige Kategorie in Pounds Essayistik; sein Motto „Make it new" zählt zu einer der bekanntesten, grundlegenden Ideen des Modernismus. Die Aufsatzsammlung *Make it new* (1934) enthält unter anderem Aufsätze über die Dichtung der Troubadoure, Arnaut Daniel, elisabethanische Klassizisten und griechische Lyrik als Modelle für eine Erneuerung der poetischen Traditionen. Pound propagiert also keine radikale Abgrenzung von den Werken der Vergangenheit, wie sie z. B. die Manifeste der historischen Avantgarden fordern – „There is nothing like futurist abolition of past glories in this article",[101] erklärt Pound in seinem frühen Aufsatz „Renaissance" –, sondern eine Erneuerung durch die Rückkehr zu älteren, oft vormodernen poetischen Traditionen. Wie Michael North bemerkt, ist Pounds häufigstes Modell der

---

100   Ebd., S. 40. Used by permission of New Directions Publishing Corp.
101   Ezra Pound: „The Renaissance", in: *Literary essays of Ezra Pound*, hg. von T.S. Eliot, London 1954, S. 216.

Erneuerung die Renaissance und in diesem Sinne gehören die Aufsätze in *Make it new* zur Tradition der kulturgeschichtlichen Wiederentdeckung und Erneuerung der italienischen Renaissance.[102] Im gerade erwähnten „Renaissance"-Aufsatz, der die Bedingungen für eine mögliche „Renaissance" der Lyrik in den USA vorbereiten oder thematisieren soll, stellt Pound die Literaturgeschichte als eine Reihe von Renaissancen dar. Der Import neuer Modelle für die Literatur sei der erste Schritt zu einer Renaissance der Lyrik: „The first step of a renaissance, or awakening, is the importation of models for painting, sculpture or writing."[103] Pounds Literaturgeschichte beginnt mit den Latinisten des Quattrocento und Cinquecento, die eine im elisabethanischen Theater kulminierende Bewegung hervorgebracht hätten; er verweist auf die Bedeutung der Gesänge des fiktiven Autors Ossian für die romantische Bewegung und spekuliert darüber, ob das 20. Jahrhundert sein neues Griechenland in China finden könnte. Das Erneuerungskonzept Pounds, eines als innovativ geltenden Dichters, der das Innovative erkannte und schätzte, ist eng verbunden mit der Wiederentdeckung vergangener, zeitlich und räumlich bisweilen weit voneinander entfernter Literaturen sowie mit der Entstehung eines transnationalen Kulturtransfers.

In welchem Verhältnis zu Pounds Konzept von Tradition, Einfluss und Erneuerung steht nun Thomas Klings Poetik? Seine Essays zeugen zunächst von einem sehr positiven, affirmativen Verhältnis zu den ihm vorangegangenen literarischen Traditionen. Sein Traditionsbezug entwickelt sich, ähnlich wie bei Pound, aus einer genauen Kenntnis der Schreibtechniken und des Sprachgebrauchs der Vergangenheit; sie ist die Voraussetzung für eine Umwertung des akzeptieren literarischen Kanons. Ähnlich wie Pound setzt sich Kling mit akzeptierten Größen der Literatur kritisch auseinander und streitet für die marginalisierten Traditionen der Avantgarden und der Frühen Neuzeit. Ein Abschnitt aus dem Essayband *Itinerar* (1997) resümiert Klings gesamte Poetik und liefert zugleich ein charakteristisches Beispiel für seine Auseinandersetzung mit der Tradition:

> Bei Jean Paul findet sich folgendes Exzerpt: „Mit dem letzten Athemzug gehen die vorher geschlossenen Augen und Mund wieder auf. Autenrieth." Nun war der Medizin-Professor und Klinikchef Ferdinand Autenrieth 1806 der Arzt Hölderlins, und er behandelte seinen Patienten

---

102 Michael North: „The making of ‚make it new'", in: *Guernica Magazine*, 15.08.2013, Internetseite Guernica, URL: https://www.guernicamag.com/the-making-of-making-it-new/, letzter Zugriff: 04.09.2024.
103 Ebd.

> wohl mit der von ihm zur Stillstellung Tobsüchtiger entwickelten Gesichtsmaske; Prognose: noch drei Jahre Lebenszeit. Laut Rezeptbuch erhielt der Dichter Belladonna- und Digitalispräparate, beruhigende, aber auch: *herzstärkende Mittel.*
>
> „… gehen die vorher geschlossenen Augen und Mund wieder auf." Ich lese das Notat des Psychiaters als Aufforderung zum Weiterhinsehen, zur weiteren Sprachenfindung; zum Fortsetzen dichterischer Traditionslinien im Rückgriff auf teils weit zurückreichende Rhizomanordnungen und als Aufruf zu exzessiven Recherchen philologischer wie journalistischer Art, die vor jeder Niederschrift, vor dem Schreibakt stehen – seien sie nun literal oder oral bestimmt. Die Einbeziehung *aller* existierenden Medien ist gefragt. Die Augen des Dichters gehen auf, der Mund öffnet sich, um nach Gegebenheiten zu fragen, Phänomene zu registrieren, Erkundigungen über Lebensläufe einzuholen; mitgemeint sind selbstverständlich Lebensläufe auch von Worten, von Soziolekten.[104]

Kling beginnt nicht mit einem Zitat aus einem der zu Lebzeiten veröffentlichten Werke des romantischen Schriftstellers Jean Paul (1763–1825), sondern mit einem Exzerpt, mit einem Satz also, auf den Jean Paul in einer Abhandlung des Mediziners Johann Heinrich Ferdinand Autenrieth (1772–1835) gestoßen sein muss und den er in seine umfangreiche, für die eigene Schreibpraxis unentbehrliche Sammlung von Exzerptheften eingetragen hat. Damit entwirft Kling mehr als nur eine eigene Poetik, die den Originalitäts- und Geniegedanken infrage stellt; zugleich deutet er an, dass diese Gegentendenz nicht erst im 20. Jahrhundert – mit den avantgardistischen Bewegungen oder mit dem Modernismus von Eliot und Pound – beginnt, sondern spätestens im 18. Jahrhundert. Wie Magnus Wieland gezeigt hat, kann bereits Jean Paul, der im Zeitalter der Genie- und Originalitätsästhetik seine Kreativität aus der Kombination von Bücherlektüren gewinnt, als Vorgänger des avantgardistischen Schreibens angesehen werden.[105] Jean Pauls Exzerpte und Arbeitsnotizen, die zum ersten Mal 2013 in der Berliner Ausstellung „Dintenuniversum" einer breiteren Öffentlichkeit gezeigt wurden, bilden jedoch nicht die einzige Parallele zu Klings Schreiben. Zeitlich viel näher ist seinem Werk die Schreib- und Arbeitsweise von Friederike Mayröcker (1924–2021), die ebenfalls mit exzerpiertem, vornotiertem (und im Vergleich zu Jean Paul

---

104 Thomas Kling: *Itinerar*, Frankfurt a. M. 1997, S. 15–16.
105 Siehe Magnus Wieland: „Exzerpte aus Eden. Sekundäre Schöpfung bei Jean Paul", in: *KulturPoetik. Zeitschrift für kulturgeschichtliche Literaturwissenschaft* 13/1 (2013), S. 26–40.

weniger systematisiertem) Sprachmaterial arbeitet.[106] Mayröcker ist für Kling die „größte Dichterin der deutschen Sprache"; allerdings stellt er sie nicht an den Anfang seiner Poetik: zum einen weil sein erster Essayband *Itinerar* die gesamte Literaturgeschichte durchmisst, um auch ältere literarische Epochen zu sondieren, zum anderen weil ihm die assoziative Analyse des Exzerpts ermöglicht, seine spezifische Arbeitsweise vorzustellen. Für ihn zählt nicht allein der Rückgriff auf Exzerpte und Quellen, sondern die damit verbundene Arbeitsweise, die (literatur-)historische und biographische Zusammenhänge herstellt.

Kling assoziiert Autenrieths Namen mit demjenigen Hölderlins und ruft damit eine bestimmte poetische Tradition auf. Doch während Autenrieths Satz über das Öffnen der Augen und des Mundes nach dem letzten Atemzug sich auf den Tod, auf den Moment des Sterbens bezieht, lässt Kling bei der zweiten Verwendung des Zitats den „letzten Athemzug" aus und verschiebt derart den Sinn des Zitats: Aus einem Satz, der im ursprünglichen Kontext den Akt des Sterbens schildert, wird bei Kling ein Prozess der Belebung und Bestärkung (von Hölderlin) durch „Belladonna- und Digitalispräparate". Dieses Verfahren ist exemplarisch, insofern sich der neue Sinn des Satzes auch auf die Belebung literarischer Traditionen übertragen lässt: Für Kling ist Tradition etwas Lebendiges, das als „rhizomatische Anordnung" wächst und in der Geschichte wurzelt. Die Rhizom-Metapher, ein zentrales Konzept in der Philosophie von Gilles Deleuze und Félix Guattari, das sich an dem unterirdischen Wurzelgeflecht von Pflanzen orientiert und für ein Wissensmodell steht, das hierarchisierte, dichotome Strukturen ersetzt,[107] ist auch für Klings Traditionsverhältnis wichtig: Als Lyriker bewegt sich Kling außerhalb geltender Hierarchien und schlägt Querverbindungen zwischen entfernten Traditionen. So erweist sich sein Bezug zur Tradition als eine verflochtene Struktur. Anders als bei Pound geht es Kling nicht mehr um ein einfaches Sich-Hineinversetzen in literarische Texte der Vergangenheit, die plötzlich als „zeitgenössisch" wahrgenommen werden[108] und „of the world as I know it"[109] sprechen. Mehr als ein halbes Jahrhundert nach Pound entsteht in der Lyrik ein viel differenzierteres historisches Bewusstsein für Texte und literarische Traditionen, die möglicherweise als vergangen, als tot gelten, aber

---

106 Siehe Friederike Mayröcker, Marcel Beyer: „Eigentlich ist es nichts anderes als ein poetischer Synthesizer", Internetseite Urs Engeler, URL: http://www.engeler.de/beyermayroecker.html, letzter Zugriff: 13.02.2019.
107 Siehe Gilles Deleuze, Félix Guattari: *Tausend Plateaus. Kapitalismus und Schizophrenie*, Berlin 1992, S. 12–42.
108 Siehe Eliot: „Introduction: 1928".
109 Siehe Pound: *Selected prose*, S. 360.

von einzelnen Lyriker*innen wiederbelebt werden können: allerdings nur zu einem bestimmten Grad – das Problem der historischen Überlieferung wird stets reflektiert. In der Lyrik nach 1945 entsteht ein stärkeres Bewusstsein für historische Zäsuren und für die Unmöglichkeit einer direkten, unmittelbaren Anknüpfung an die Vergangenheit. Klings emphatischer Traditionsbezug lässt sich – parallel zu Eliot – als Reaktion auf die Phase der 60er Jahre deuten, in denen sich viele Künstler*innen, wie schon zu Zeiten der historischen Avantgarden, von der Tradition durch Verneinung und Ablehnung zu befreien versuchten. Klings Herangehensweise ist, ähnlich wie Pounds Poetik, eng an die Realität, die „Welt" gebunden: Die Prozesse, die er zur Beschreibung seiner Arbeitsweise heranzieht, betonen die visuelle Wahrnehmung (Augen) und mündliche Kommunikation (Mund), das „Registrieren von Phänomenen". Doch der größte Unterschied zu Pound liegt wohl in der gesteigerten Tendenz zur Objektivierung: Nur an einer einzigen Stelle des obigen Zitats taucht bei Kling das Subjekt, ein „ich" auf, und zwar im Satz: „Ich lese das Notat [...]". Ansonsten bleibt das Subjekt hinter Passivkonstruktionen verborgen, während das Subjekt bei Pound (sowohl in der Lyrik als auch in der Essayistik) stärker präsent ist; er interessiert sich für Texte, die von einer Welt (oder Erfahrung) sprechen, die *er* kennt („the world as *I* know it").

Die von Pound und Kling dargestellten Arbeitsweisen unterscheiden sich also nicht grundsätzlich. Kling differenziert zwischen einzelnen Aspekten, die Pound als „Quellen" bezeichnet: Zu den wahrgenommenen Details kommt die Kenntnis der „Gegebenheiten" (oder der sozialen, historischen Zustände), der „Lebensläufe" (biographisches Material) und „Erkundungen". Kling verwendet eine objektivierende Terminologie, die eine nicht subjektzentrierte Vorgehensweise, aber auch die Notwendigkeit eines enormen Wissens im Hinblick auf den Schreibprozess suggeriert. Dichterische Arbeit besteht im Zusammenfügen von Material, das den verschiedensten Bereichen entstammt. In *Itinerar*, das Klings Wende zu einer zunehmend historisierenden, „spracharchäologischen" Poetik markiert, wird diese Arbeit als (literatur-)historischer Prozess verstanden. Kling spricht von einer Wiederaufnahme, vom „Relaunching" älterer, vergessener oder mittlerweile obsolet gewordener Wörter, die zu Bestandteilen eines Gedichts werden können.[110] Diese historisch-spracharchäologische Dimension prägt Klings Werk jedoch nicht von Anfang an. Das Sprachmaterial, das seiner früher Poetik zugrunde liegt, stammt vor allem aus seiner eigenen Gegenwart, gleicht einem Querschnitt durch Gesprächsfragmente, Gehörtes, Referenzen auf

---

110  Siehe Kling: *Itinerar*, S. 27–28.

die Populärkultur usw. Die Recherche, das Sammeln von Material aus verschiedenen historischen wie auch gegenwärtigen Quellen, bleibt dennoch für Kling und die an ihn anknüpfenden Lyriker*innen charakteristisch. Durch die Analogie, die er zwischen philologischer und journalistischer Recherche herstellt, distanziert sich Kling deutlich von einer gewissen Auffassung des Schreibens als inspirationsbasierter Arbeit: Das Schreiben beginnt für Kling mit einer genauen Wahrnehmung und mit dem Sammeln historischer, biographischer, sprachlicher Materialien – eine Idee, die sich über Pound und die Moderne bis ins 18. Jahrhundert zurückverfolgen lässt.

•••

Nach dieser Analyse dreier wichtiger Theorien des literarischen Einflusses – derjenigen Blooms, Eliots und Pounds, wobei für die Schreibpraxis Thomas Klings vor allem Pounds Überlegungen von Relevanz gewesen sind – soll im Folgenden die Bedeutung des sozialen Kontexts, innerhalb dessen Lyriker*innen miteinander agieren, betrachtet werden. Pounds Differenzierung zwischen Innovatoren und ihren Nachahmern, die auf mehr oder weniger gelungene Weise an diese Innovationen anknüpfen, ist hilfreich, um die Wirkung von Lyriker*innen zu beschreiben – und ihren Einfluss nicht nur, wie Bloom es tut, als Verhältnis zwischen Vorgängern und Nachfolgern zu denken. Dies ist jedoch nicht der einzige Aspekt, den diese Arbeit in Bezug auf das Wirkungspotential von Lyriker*innen hervorheben will. Diese Wirkung kann als textueller, innerliterarischer Prozess begriffen werden; doch zugleich kann die Wirkungsmacht, das Tradierungspotential von Lyriker*innen mehr als nur ein Produkt ihrer Innovativität sein. Auf ein damit verbundenes Problem verweist Anja Utler:

> Man hat nicht den Zugriff auf eine tatsächliche Vergangenheit, in der so und so viele Sachen geschrieben sind und man kann nicht alles rezipieren, man rezipiert immer einen Ausschnitt und dieser Ausschnitt ist immer willkürlich. Und ich denke, es ist nicht der Ausschnitt, den man rezipiert, von dem man sagt, man rezipiert es, weil es das Beste war. Man rezipiert aus Zufall. Man rezipiert, weil bestimmten Stimmen Nachmachpositionen zugeteilt wurden, man rezipiert nichts unvoreingenommen (ohne Vorurteile). Man ist nicht souverän im Hinblick auf die Tradition. Man ist auch sehr, glaube ich, dumm.[111]

---

111    Siehe Anhang, Gespräch mit Anja Utler, Regensburg, 15.09.2015.

Diese Problematisierung des Traditionsbegriffs und des Rezeptionsvorgangs stellt die Idee eines bewussten, aktiven und souveränen Verhältnisses gegenüber den eigenen literarischen Vorgänger*innen, wie es am Beispiel von Pound und Kling thematisiert wurde, infrage. Was bedeutet es aber, dass bestimmten Stimmen „Nachmachpositionen zugeteilt" werden? Worin besteht die mangelnde Souveränität gegenüber literarischen Traditionen, die sich in Utlers Antwort andeutet? Die Idee der aktiven Auseinandersetzung mit literarischen Traditionen soll nicht grundsätzlich widerlegt werden, aber sie soll mit Blick auf den sozialen Kontext, in dem sich eine Poetik entwickelt, relativiert werden. Obwohl sich Autor*innen als Individuen auf aktive und bewusste Weise durch literarische Traditionen bewegen können, findet dieser Rezeptionsvorgang doch immer auch in einem bestimmten sozialen Kontext statt.

Diese Arbeit will den Einfluss und das Wirkungspotential bestimmter Lyriker*innen am Beispiel von Thomas Kling auch als ein sozial bedingtes Phänomen beschreiben und so zeigen, dass die Ausbreitung der Techniken des „Innovators" auch mit seiner Macht und seiner Position innerhalb des literarischen Feldes zusammenhängt. Die Hypothese lautet, dass der Souveränitätsverlust gegenüber der Tradition umso größer ist, je größer die soziale Macht von Autor*innen ist, die bestimmte Rezeptionsvorgänge steuern und kontrollieren. Dieser Aspekt soll vor dem theoretischen Hintergrund von Pierre Bourdieus Feldtheorie umrissen werden, vor allem anhand seiner kultursoziologischen Werke *Die Regeln der Kunst. Genese und Struktur des literarischen Feldes* (1992) und *The field of cultural production. Essays on art and literature* (1993). Dabei richtet sich der Fokus dieser Arbeit auf einen spezifischen, kleinen Teil dessen, was Bourdieu „literarisches Feld" nennt und je nach Gattung in verschiedene Unterfelder teilt (Drama, Prosa und Lyrik),[112] nämlich auf das „Lyrik-Feld" – ein Begriff, der sich an Bourdieu orientiert, obwohl er als solcher bei ihm nicht genauer untersucht wird. Dabei sei betont, dass es sich im Folgenden um eine nur an bestimmten Punkten Bourdieus orientierte Argumentation handelt und nicht um eine vollständige Analyse des literarischen Feldes. Mit Bourdieus eigener exemplarischer Lektüre – seiner Interpretation der *Erziehung der Gefühle* als Flauberts Selbstanalyse des literarischen Feldes – teilt diese Arbeit wenige Gemeinsamkeiten. Es geht nicht um die Frage, wie die sozialen Bedingungen in einem bestimmten Werk oder einer bestimmten Poetik reflektiert werden, sondern um die Wechselbeziehungen zwischen einflussreichen Poetiken, Schreibtechniken, Arbeitsweisen und der Macht, die bestimmte Lyriker*innen innerhalb des

---

112   Siehe Pierre Bourdieu: *The field of cultural production. Essays on art and literature*, New York 1993, S. 46–52.

Lyrik-Feldes gewinnen, wenn sie die „Spielregeln" des Feldes gut beherrschen. Mit einer gewissen zeitlichen Distanz lässt sich feststellen, dass Thomas Klings intensiver Einfluss in geographischer Hinsicht beschränkt blieb und an eine spezifische Periode der deutschen Lyrik gebunden ist. Angesichts des abnehmenden Einflusses, den er auf die Generation von *Lyrik von Jetzt 3* (2015) ausübt, könnte man argumentieren, dass seine poetische Wirkung zumindest bis zu einem bestimmten Grad mit seiner persönlichen Präsenz und seiner Macht im Lyrik-Feld seiner Zeit zusammenhing.

Der Bezug auf Bourdieus Theorie ermöglicht es, die Wirkung bestimmter Autor*innen, aber auch die mit ihrem Werk verbundene Veränderung und Erneuerung des literarischen Feldes nicht nur als literarisches und textuelles, sondern auch als ein soziales Phänomen aufzufassen. Der Nutzen von Bourdieus Terminologie besteht vor allem darin, dass sie charakteristische Merkmale des literarischen Feldes, in dem wir uns mit Kling und seinem Kreis bewegen, zusammenfasst und deren Struktur sowie ihre Veränderungsmechanismen erhellt.

Wie Bourdieu in seinen einleitenden Bemerkungen zu *The field of cultural production* erklärt, ermöglicht die Konstruktion des Forschungsgegenstands „literarisches Feld" einen radikalen Bruch mit all jenen Denkweisen, die den Fokus auf das Individuum als Schöpfer*in oder auf die Interaktionen zwischen Individuen auf Kosten der strukturellen Verhältnisse lenken. Zugleich bietet diese Konstruktion aber auch einen Ausweg aus dem mechanistischen Determinismus der marxistischen Literaturtheorie, indem sie die Handlungen eines Individuums innerhalb objektiver sozialer Verhältnisse, d. h. innerhalb des literarischen Feldes zu untersuchen erlaubt. Das literarische Feld ist ein Raum von Positionen (die die Akteur*innen im Feld einnehmen) und von Positionierungen (d. h. Manifestationen der Akteur*innen durch Werke oder Kundgebungen), die das Ergebnis permanenter Konflikte sind:

> Das literarische (usw.) Feld ist ein Kräftefeld, das auf alle einwirkt, die es betreten, und zwar je nach Position, in die sie sich begeben (etwa, um Extrempunkte zu benennen, die eines Boulevardstückeschreibers oder eines avantgardistischen Lyrikers), in verschiedener Weise; und zugleich ist es eine Arena, in der Konkurrenten um die Bewahrung oder Veränderung dieses Kräftefeldes kämpfen. Und die Positionierungen (Werke, politische Bekundungen oder Kundgebungen usw.) [...] resultieren nicht aus irgendeiner Form „objektiver Übereinstimmung", sondern sind Ergebnis und Einsatz eines fortwährenden Konflikts.[113]

---

113 Pierre Bourdieu: *Die Regeln der Kunst. Genese und Struktur des literarischen Feldes*, Frankfurt a. M. 1999, S. 368.

Jede Position ist nach Bourdieus relationaler Feldtheorie durch andere Positionen im selben Feld definiert und somit von ihnen abhängig. Die Struktur des Feldes ist die Struktur der Distribution von Kapital, das die Beherrschung eines Feldes ermöglicht. Alle Akteur*innen im Feld bemühen sich, entweder ihre Position zu verteidigen oder zu verbessern, und die Kräfte, die sie dabei ausüben, sind von ihrem Kapital abhängig – Bourdieu unterscheidet dabei zwischen ökonomischem, sozialem, kulturellem und symbolischem Kapital.

Das literarische Feld ist innerhalb des Machtfeldes positioniert, besitzt aber in Bezug zu ihm eine relative Autonomie. Es wird von zwei Prinzipien hierarchisiert: dem heteronomen Prinzip des ökonomischen, kommerziellen Erfolges (gemessen durch Buchverkäufe, die Zahl der Aufführungen oder Auftritte, Honorare usw.) und dem autonomen Prinzip der Konsekration oder Weihe (literarisches oder künstlerisches Prestige), d. h. der Anerkennung durch diejenigen, die kein anderes Legitimationsprinzip anerkennen. Je autonomer das Feld, desto mehr neigt es dazu, die Logik des ökonomischen und politischen Erfolges zu suspendieren. Im autonomsten Sektor des Feldes basiert die Praxis auf der systematischen Umkehrung der fundamentalen Prinzipien der Ökonomie: des Geschäfts, der Macht und der institutionalisierten kulturellen Autorität.[114]

Die Struktur des Feldes wird aber nicht nur von dem Gegensatz zwischen diesen beiden unterschiedlichen Hierarchisierungsprinzipien bestimmt. Innerhalb des autonomen Pols spielt auch der Gegensatz zwischen den neuen und den alten Akteur*innen, zwischen der eingeweihten Avantgarde und der etablierten Avantgarde, d. h. zwischen verschiedenen literarischen Generationen, eine zentrale Rolle. Ein normaler, interner Wechsel findet statt, wenn die neue Generation durch die alte – und umgekehrt – anerkannt wird. Wenn die neuen Dispositionen den alten widersprechen, können jene manchmal nur mittels externer Veränderungen durchgesetzt werden, z. B. durch politische Brüche oder Revolutionen.[115] Die Geschichte des Feldes ist laut Bourdieu von einem permanenten Konflikt geprägt, den die nicht-etablierten Autor*innen mit den bereits etablierten Figuren austragen. „Sich einen Namen zu machen", bedeutet, sich von anderen Produzenten abzuheben und erfolgreich Anerkennung für diese Differenz zu beanspruchen.

Bourdieu unterscheidet auch zwischen den Positionen der einzelnen Gattungen im literarischen Feld: Das Drama steht ganz oben in der Hierarchisierungsliste, während Lyrik als dasjenige Genre, das mit wenigen Ausnahmen oft keinen Profit garantiert, am unteren Ende positioniert wird; zwischen den beiden steht der Roman, der bisweilen zu einem großen Erfolg

---

114  Pierre Bourdieu: *The field of cultural production*, S. 37–45.
115  Ebd., S. 57–58.

werden kann und nicht nur innerhalb von Schriftstellerkreisen gelesen wird. Dabei handelt es sich um grobe Generalisierungen, die hervorheben, dass Lyrik tendenziell die autonomste Gattung ist, der noch stärker als dem Drama oder dem Roman eine andere Hierarchisierungslogik zugrunde liegt.[116]

Bourdieus Theorie erweist sich als besonders hilfreich für die folgenden Aspekte dieser Arbeit: Alle Akteur*innen dieser Arbeit, insbesondere Thomas Kling, agieren innerhalb eines literarischen Feldes, desjenigen der Lyrik, das von einem starken autonomen Prinzip bestimmt wird. Das bedeutet, dass sich die Position der Akteur*innen nicht nur anhand ihres ökonomischen Kapitals bestimmen lässt, sondern vor allem anhand ihrer symbolischen Macht oder Fähigkeit, literarische Werke und Lyriker*innen zu weihen. Kommerzieller Erfolg ist unwichtig im Etablierungsprozess der Lyriker*innen, eine viel größere Rolle spielen die Weihe- oder Konsekrationsmechanismen, die internen, feldspezifischen Prozesse der Anerkennung. Bourdieu verwendet in diesem Zusammenhang stets eine religiöse Terminologie (Konsekration, Zelebrierung), weil künstlerischer Wert das Produkt eines Glaubenssystems und keine objektive Kategorie an sich ist. Gerade in solchen Momenten der Konsekration und der gegenseitigen Anerkennung (beispielsweise zwischen Kling und den älteren Vertreter*innen der Wiener Avantgarde oder zwischen Kling und den Lyriker*innen der jüngeren Generation, die um 2000 auftritt) lässt sich das Fortbestehen einer Tradition verfolgen. Zugleich bietet Bourdieus Theorie einen Rahmen zum Verständnis des Generationswechsels und seiner konstitutiven Charakteristiken: die Entwicklung einer neuen Position, die Notwendigkeit der Differenzierung und die durch sie verursachte Verschiebung der bereits existierenden Positionen. Dabei soll Bourdieus Theorie an einer Stelle erweitert werden: Vor allem im weiteren Etablierungsprozess sind nicht nur Momente der Differenzierung wichtig, sondern auch Momente der Annäherung an die Positionen der anderen Lyriker*innen, die eine Präzisierung der eigenen Position ermöglichen.

•••

Das erste Kapitel untersucht Klings poetologische Selbstpositionierungen und Betrachtungen, insbesondere den Katalog literarischer Referenzen, den er in *Itinerar* präsentiert. Kling wird dabei mit einer Reihe deutschsprachiger Lyriker*innen und Traditionen verglichen – mit expressionistischer Lyrik

---

116  Pierre Bourdieu: *The field of cultural production*, S. 46–52.

(Georg Trakl, Gottfried Benn), Konkreter Poesie, Konrad Bayer, Reinhard Priessnitz, H.C. Artmann und Rolf Dieter Brinkmann, die alle eine Art Grundlage seiner Poetik bilden. Die wichtigsten Impulse schöpft Kling aus der Tradition der Wiener Nachkriegsavantgarde; was die Kompositionstechnik betrifft, haben wohl, wie gezeigt werden soll, Friederike Mayröckers Textmontagen den stärksten Einfluss auf Kling ausgeübt. Ebenso wichtig ist die Tradition der „Solo-Lyrik-Performer" wie Ernst Jandl, die ein Modell für Klings performative Praxis bilden. Die Methodologie der Arbeit orientiert sich dabei zum einen an der vergleichenden Analyse, dem „close reading" der Gedichte, zum anderen am poetologisch-historischen Material (Selbstaussagen, Berichte, Gespräche mit den Lyriker*innen).

Das zweite Kapitel thematisiert (und relativiert) den Einfluss Thomas Klings auf die Lyriker*innen der ihm nachfolgenden Generation. Vor allem zwischen ihm und den Lyrikern, die Anfang der 90er Jahre mit der Begriff der „Neuen Kölner Dichterschule" assoziiert wurden – Dieter M. Gräf, Norbert Hummelt, Marcel Beyer –, lassen sich in unterschiedlichem Maße technische Ähnlichkeiten wahrnehmen. Darüber hinaus thematisiert das Kapitel Klings Positionierung im breiteren Lyrik-Feld der 90er Jahre: Momente der Annäherung und Distanzierung werden am Beispiel der Freundschaft mit Franz Josef Czernin analysiert und geben zugleich Aufschluss über Klings Affinität zur österreichischen Lyriktradition; ebenso von Interesse ist das Verhältnis zu seinem Rivalen Durs Grünbein, der um die Jahrtausendwende herum eine starke Gegenposition vertritt, sowie zu Raoul Schrott, der die Mitte zwischen Klings und Grünbeins Position sucht.

Das dritte Kapitel beschäftigt sich mit einem weiteren Generationswechsel in den 2000er Jahren, der durch einen Moment der gegenseitigen Anerkennung (der jüngeren Lyriker*innen seitens der bereits etablierten Avantgarde und umgekehrt) gekennzeichnet ist. Thomas Kling ist zu diesem Zeitpunkt nicht nur eine Orientierungsfigur, sondern auch ein Mentor und Förderer jüngerer, noch nicht etablierter Autor*innen. Am Beispiel der Lyrikerinnen Sabine Scho und Anja Utler lassen sich, insbesondere in der frühen Phase ihrer Entwicklung, die Anknüpfungen an Thomas Kling sowie die Abweichungen von seinem Werk beschreiben. Das Kapitel untersucht die technischen Ähnlichkeiten zwischen Kling, Scho und Utler sowie andere prägende Einflüsse auf ihr frühes Werk, die es ihnen ermöglichten, eine eigene, unverkennbare Position im Lyrik-Feld einzunehmen.

Die drei Kapitel widmen sich den stilprägenden Einflüssen auf Thomas Klings Lyrik und gehen seiner – oft behaupteten, aber nie gründlich nachgewiesenen – Bedeutung für die deutsche Lyrik ab den 80er Jahren nach. Diese beiden Aspekte werden durch detaillierte Gedichtanalysen und exemplarische Konstellationen von Lyriker*innen umrissen, zugleich aber in ihrer Breitenwirkung relativiert. Am Beispiel der Lyrik Thomas Klings lässt sich ein Modell des Traditionsbezugs entwickeln, das im starken Gegensatz zu Blooms immer noch verbreitetem Modell steht und in vielen Aspekten dem Traditionsbezug Ezra Pounds ähnelt, obwohl es sich einem ganz anderen sprachlich-kulturellen und auch zeitlich viel späteren Kontext verdankt: ein positives, affirmatives Verhältnis gegenüber literarischen Traditionen, die auf ebenso offene wie eklektische Weise gegen den akzeptierten literarischen Kanon miteinander verknüpft werden.

Der Anhang bietet fünf, zwischen 2014 und 2023 entstandene Gespräche mit Lyriker*innen, die zu Thomas Kling Kontakt pflegten und sich mit seinem Werk eingehend beschäftigt haben: Marcel Beyer, Norbert Hummelt, Dieter M. Gräf, Anja Utler und Durs Grünbein. In ihnen kommen einzelne Aspekte von Klings Poetik, seine Entwicklung, seine strategische Positionierung im Lyrik-Feld seiner Zeit und nicht zuletzt seine Persönlichkeit zur Sprache. Es handelt sich somit um wichtige Zeitdokumente, die zwar als subjektive Zeugnisse kritisch zu betrachten sind, aber auch neues historisches Material liefern: zur Person Thomas Klings, seinem Werk und seinen Zeitgenoss*innen.

# Sondierung eines Werkes

Abgesehen von *der zustand vor dem untergang*, einem frühen Band aus dem Jahr 1977, von dessen Stil er sich später distanzierte und den er „lange Zeit selbst Freunden gegenüber nur unter Vorbehalt erwähnt[e]",[1] umfasst Thomas Klings Werk zwölf Gedichtbände – vier davon wurden als Künstlerbücher veröffentlicht und sind in Zusammenarbeit mit der bildenden Künstlerin Ute Langanky, seiner Frau und Witwe, entstanden.

## 1  *erprobung herzstärkender mittel* (1986)

Sein erstes offizielles Debüt, *erprobung herzstärkender mittel*, veröffentlichte Kling 1986 bei der Eremiten-Presse – in einem kleinen Verlag, der aber wichtige deutschsprachige Autor*innen und Künstler*innen veröffentlichte wie Martin Walser, Friederike Mayröcker, oder Ulrich Erben. Der Band erlangte schnell Kultstatus und zählte vor allem „durch die entwickelte Sprechhaltung zu den interessantesten Lyrikbänden der 80er Jahre",[2] wie Dieter M. Gräf in einer Rezension schrieb. Im Gegensatz zur deutschen Lyrik der 60er und 70er Jahre, war die Sprache der Gedichte, in denen Friederike Mayröcker eine „Vermeerung der Sprache"[3] erkannte, nicht leicht zugänglich. Das lag auch an der Technik der Montage, die literarische Zitate, Popmusik, umgangssprachliche Elemente und Jugendslang verbindet und die es Kling ermöglichte, eine als besonders innovativ rezipierte Schreibweise zu entwickeln. Klings „kaputtes pidgin"[4] reagiert auf die Verknappung und Hybridisierung der Alltagssprache, reicht aber durch sein Montageverfahren in semantischer Hinsicht weit über sie hinaus. Auch der Standpunkt des lyrischen Ichs als eines distanzierten Betrachters steht im Gegensatz zur sogenannten Lyrik der Neuen Subjektivität, die die 70er Jahre prägte. In anderer Hinsicht entsprach der Band gerade den Wahrnehmungsweisen einer jüngeren Generation, indem er die Wirklichkeit als zunehmend medial vermittelte präsentierte:

---

1  Thomas Kling: *Gesammelte Gedichte*, hg. von Marcel Beyer und Christian Döring, Köln 2006, S. 933.
2  Dieter M. Gräf: Thomas Kling, „Erprobung herzstärkender Mittel", in: *Litfass* 46 (1989), S. 185.
3  Gabriele Wix: „Nachwort", in: Thomas Kling: *Werke in vier Bänden, Bd. 1. Gedichte 1977–1991*, hg. und mit einem Nachwort von Gabriele Wix, Berlin 2020, S. 463–487, hier: S. 464.
4  Kling: *Gesammelte Gedichte*, S. 17.

Es gibt „sintflutvideos",[5] „rasche bildwechsel",[6] das „hagelbild",[7] den „bild / schirm auf dem die premierenkritik kurz / aufleuchtet".[8] Das Schreiben über das Medium der Fotografie (siehe das Gedicht „foto photo") sowie das Genre des „Gemäldegedichts",[9] das in engem Dialog mit Werken bildender Kunst entsteht, darunter solchen von Pieter Bruegel (siehe das Gedicht „tarnfarbe.(höllen-)bruegel"), ziehen sich seitdem durch Klings gesamtes Werk. Die gesellschaftlich-politischen Themen, die im Band aufgegriffen werden, umfassen Tierversuche, Umweltverschmutzung und Atomenergie. Das Eröffnungsgedicht, das dem Band seinen Titel gibt, stellt eine Laborszene dar:

> nagel gespannt? von der größe
> eines eines (flammenlosen) herzens
> eines meeresherzens eines echten
> herzens von daumennagelgröße; eben
> falls von der häkchengröße im
> harzmeer, jawohl! und obendrein
> (natur des herzens): vom vom da
> durchgetropft dadurchgetropftwerden
> durch dies umsichtig aufgespannte
> vorsichtig dahingehängte meerschweinherz;
> ja stimmt, muß man gesehn haben
> so ein (rankenloses) herz mit häkchen
> auf einem stillen laboraltar[10]

Das Gedicht beginnt mit einer Frage, auf die eine für Kling typische Reihe von Beschreibungen mit leicht variierenden und sich wiederholenden Wörtern bzw. Wortteilen im Nominalstil folgt. Die für die gesprochene Sprache charakteristischen Ausrufe und Interjektionen („jawohl!", „ja stimmt") haben eine emphatische Funktion; bestimmte Wortwiederholungen („vom vom") und Vokalauslassungen („gesehn") ahmen die gesprochene Sprache nach. Schon hier zeigt sich Klings Absicht, die Schriftsprache aufzubrechen und eine höchst idiosynkratische phonetische Schreibweise zu entwickeln. Die phonetische Nähe zwischen „herz" und „harz" wird zum Motor der

---

5   Kling: *Gesammelte Gedichte*, S. 12.
6   Ebd., S. 53.
7   Ebd., S. 54.
8   Ebd., S. 11.
9   Siehe Thomas Kling: „Zum Gemäldegedicht. Düsseldorfer Vortrag", in: Thomas Kling: *Auswertung der Flugdaten*, Köln 2005, S. 109–122.
10  Kling: *Gesammelte Gedichte*, S. 9.

Assoziation. Es ist ein distanzierter Beobachter, der diese Szene beschreibt und kommentiert. Die herkömmliche Herzmetaphorik, die für Liebe und Gefühle steht, bleibt ausgespart: Das Herz ist flammenlos und rankenlos, was *ex negativo* wiederum auf das herzförmige Blatt des Efeus verweist, der bereits in der Antike als Symbol der ewigen Liebe galt. Das Gedicht ist eine Absage an die Tradition der Romantik und der „lyric poetry", die von persönlichen, zumeist in der ersten Person Singular vorgetragenen Gefühlen lebt. Ein kühler, fast medizinischer Blick nimmt dem Herzen seine traditionelle Symbolik und zeigt es als Organ und fleischliches Objekt. Der Bruch mit literarischen Konventionen wird zum Programm, dem „stumm[en] kon / gress der genitivmetaffern"[11] eine Kampfansage erteilt. Dennoch bleibt das Herz ein poetischer Gegenstand, nur auf andere Weise, wie die letzte Zeile des Gedichts beweist: Das Herz befindet sich „auf einem stillen laboraltar". Mit dieser Anspielung auf den sakralen, kultisch-rituellen Raum (die Azteken opferten ihren Göttern z. B. Menschenherzen) inszeniert sich Kling nicht als Figur des *poeta vates* oder als prophetischer Dichter. Doch der Verweis auf die rituelle Sphäre bricht zumindest den medizinisch-wissenschaftlichen Kontext. Die Möglichkeiten des prophetischen Sprechens erkundete Kling in seinen späteren Gedichtbänden, wobei er die kultisch-rituellen Ursprünge der Dichtung hervorhob. Im Essayband *Itinerar* (1997) stellte Kling zudem eine Verbindung zwischen dem Gedichttitel und der Biographie Hölderlins her, dem 1806 während seiner Internierung in der Autenriethschen Anstalt laut Rezeptbuch Belladona- und Digitalispräparate verabreicht wurden – oder in Klings Worten: „beruhigende, aber auch: *herzstärkende Mittel*".[12] Durch diese Bezugnahme auf ein Inbild des prophetischen Dichters reiht Kling sein Gedicht trotz seines kritischen Umgangs mit der Herzmetaphorik in die deutschsprachige poetische Tradition ein.

2   *geschmacksverstärker* (1989)

Mit seinem zweiten Band *geschmacksverstärker*, der 1989 bei Suhrkamp erschien, wurden Klings Gedichte einem breiteren Publikum bekannt. Die Gedichte gehen von Städten und Landschaften aus: Ähnlich wie bereits in *erprobung herzstärkender mittel* sind viele im Köln-Düsseldorfer Raum verankert („ratinger hof, zettbeh (3)", „düsseldorfer kölemik", „stollwerck: köln 1920"), ein anderer Zyklus dagegen in Österreich („wien. arcimboldieisches

---
11   Ebd., S. 13.
12   Thomas Kling: *Itinerar*, Frankfurt am Main 1997, S. 15.

zeitalter") und zwei Gedichte in Finnland. Geographisch lokalisierbare Szenerien und historische Ereignisse bilden den Ausgangspunkt dieser Gedichte. In anderen stehen gesellschaftliche Situationen und Institutionen im Vordergrund: die kleinbürgerliche Grillparty, das Altersheim, die Psychiatrie, öffentliche Verkehrsmittel oder das Schwimmbad. Diese Gedichte, die soziale Milieus an den Rändern der Gesellschaft beleuchten und nicht selten „latente private und öffentliche Faschismen"[13] sichtbar machen, funktionieren als „Mikroerzählungen".[14] Obwohl die Situation genau beschrieben wird und die Auflistung ein wichtiger Teil der Stilmittel ist, eignet diesen Gedichten auch ein unübersehbares narratives Element, das Kling trotz seiner Nähe zu den Avantgarden von den älteren Vertreter*innen einer avantgardistisch orientierten Lyrik in Deutschland stark unterscheidet. Hinsichtlich seines narrativen Ansatzes unterscheidet sich Kling aber auch von anderen Lyriker*innen der 60er und 70er Jahre wie Rolf Dieter Brinkmann. Der Begriff des Polaroids, der in einigen Titeln von Gedichten in *geschmacksverstärker* auftaucht („psychotische polaroids", „deutschsprachige polaroiz"), evoziert nicht nur die Visualität des Schreibens, sondern dient auch als Metapher für den Schreibprozess selbst: Kling geht es nicht um eine Aneinanderreihung von Fotografien, sondern „um diese Doppelbelichtungen, also tief in die Sprach- und Wortgeschichte, in die Kulturgeschichte hinein."[15] Die Ansätze dieser historischen Bewegung findet man tatsächlich schon in *geschmacksverstärker*. Folgendes Gedicht aus dem Zyklus „wien. arcimboldieisches zeitalter" gehört sicherlich nicht zu Klings bekanntesten Gedichten, dennoch lassen sich an ihm einige für Klings Stil typische sprachliche Bewegungen aufzeigen.

1
WARNUNG VOR TASCHNDIEM! susi
heidi, sgraffito im seitenschiff;
chorgestühl bekritzelt, schwach;
herumgefahren werden die ewign-
lichter, bärtig im wespengekrächz:
»präludierende lichtbrause!«;
die kahle

---

13  Manfred Ratzenböck: „Gegen die ‚Dichterzombies'", Planet Lyrik, URL: https://www.planetlyrik.de/thomas-kling-geschmacksverstarker/2011/04/#:~:text=geschmacksversтärker%20ist%20nicht%20Klings%20erster,in%20den%20Jahren%201985%2D1988, letzter Zugriff: 10.08.2024.
14  Thomas Kling: *Botenstoffe*, Köln 2001, S. 204.
15  Kling: *Botenstoffe*, S. 216.

strenge, gebetssträinge, strangulierte (»in
b?«) märtyrien; gott mars!, abgefeierte
donnerstage! im umstürzlerischen wald,
krongeseufz, die krachenden eichen;
das vier-, das vielfache: entfachte
parler, »betet an«, die saitn, über
ladene in die -altäre (»etw. zum klingn bri-
gn«);
wo koksdämon, gräßliches plakat
(bonbonpapiere, italienisch hingepappt), wo
ungenügende abwehr frazze und pu
pillenteller, hat (wenn er da gekauert!)
hatte er, TRAKL, dahier (»in g-dur«),
vielleicht hockend in entzugskrümmung .. das
erstarkn der orgel (obnhoch), daraus
der flammwerfer speit, wilderndes
herz und ab-
bruch[16]
*für Friederike Mayröcker*

Auffällig an diesem Gedicht ist zunächst die Abwesenheit der ersten Person. Der Dichter ist der scheinbar objektive Beobachter einer urbanen Szenerie, doch die spezifische Art der Wahrnehmung erlaubt zugleich Rückschlüsse auf das beobachtende Subjekt. Das Gedicht bezieht sich auf einen konkreten Ort, den Innenraum einer Kirche, der zunächst als touristisches Ziel, sodann hinsichtlich seiner akustischen und visuellen Dimensionen wahrgenommen wird: In den Vordergrund treten die Orgelmusik und das Licht – ganz gemäß Klings Definition des Gedichts als eines „optische[n] und akustische[n] Präzisionsinstrument[es]", das der Wahrnehmung der Sprache dient.[17] Dieser Konzentration auf das unmittelbar Gegenwärtige folgt in einem nächsten Schritt eine literarische Referenz: der Gedanke, ob sich möglicherweise der expressionistische Dichter Georg Trakl in derselben Kirche aufgehalten hat. Die Parallelisierung von Orgelklang und Flammenwerfer, einer Waffe, die im Ersten Weltkrieg massenhaft zum Einsatz kam, eröffnet eine für Klings Schreiben typische historische Dimension. Diese Bewegung, die ausgehend von

---

16 Kling: *Gesammelte Gedichte*, S. 78.
17 Kling: *Botenstoffe*, S. 142.

der Oberfläche einer Stadt oder Landschaft zunehmend in ihre historischen Tiefenschichten vordringt, ist für die weiteren Bände wegweisend.[18]

Auf der sprachlichen Ebene arbeitet Kling mit Fundstücken, etwa mit Aufschriften wie der einleitenden „WARNUNG VOR TASCHENDIEM!", deren Orthographie durch eine Annäherung an die gesprochene Sprache auf charakteristische Weise verfremdet wird. Die Syntax ist elliptisch, der Nominalstil überwiegt. Immer wieder wird der Textfluss von Einschüben, Fragen, Ausrufen unterbrochen, deren Wirkung durch die visuelle Fragmentierung des Textes verstärkt wird: Klammern werden geöffnet und geschlossen, bestimmte Phrasen durch Anführungszeichen vom Rest des Textes getrennt. Auch die Wortebene ist von Fragmentierungen und harten Zeilenumbrüchen geprägt, wie es der abschließende „ab-bruch" oder der polysemantische „pu / pillenteller" zeigt. Der Klang erweist sich als Motor der sprachlichen Assoziationen, so in der Aufzählung „strenge, gebetssträng, strangulierte" oder in der Verbindung zwischen den „märtyrien" und dem Gott Mars. Anhand des selbstreflexiven Einschubs („etwas zum klingn bri- / gn") und des „wespengekrächz", welches auf das Wappentier des Dichters verweist,[19] wird das Kling-Gedicht sofort erkennbar. Neologismen und Umwandlungen von Substantiven in Verben wie im Syntagma „präludierende Lichtbrause" tauchen bei Kling eher selten auf. Es bleibt zu vermuten, dass diese in Anführungszeichen gesetzte Wortverbindung, die offenbar kein Zitat ist, eine Nähe zu bestimmten Techniken Friederike Mayröckers suggerieren soll, der das Gedicht auch gewidmet ist. Noch stärker als in *erprobung herzstärkender mittel* spiegeln die Widmungen ein lebendiges Netzwerk von Freundschaften zu Dichter*innen, Künstler*innen, Musiker*innen, Verwandten und vielen anderen, aus dem die Gedichte entstanden sind. Poetische Traditionen werden indessen nicht nur durch die Widmung, sondern auch durch das Spiel mit der Trakl-Assoziation im letzten Teil des Gedichts hervorgerufen: Hier zeigt sich Klings Interesse nicht nur für das Werk bestimmter Dichter*innen, sondern auch für ihre Lebensläufe und die historischen Zusammenhänge ihres Schaffens, die in seinen späteren Gedichten eine noch größere Bedeutung erlangen.[20] Dieser Schreibstil geht mit einer expressiven Vortragsweise einher, die von einer großen Artikulationsbreite gekennzeichnet ist: „vom vornehmen

---

18  Siehe z. B. den Zyklus „mittel rhein" aus *nacht. sicht. gerät* (1993), oder „manhattan. mundraum" aus *morsch* (1996).
19  Siehe dazu z. B. Achim Geisenhanslüke: „Der Stachel der Dichtung. Thomas Kling, der europäische Wespendichter", in: Frieder von Ammon, Rüdiger Zymner (Hg.): *Gedichte von Thomas Kling. Interpretationen*, Paderborn 2019, S. 37–48.
20  So z. B. in Zyklen „wolkenstein. mobilisierun'" (1997) oder „Spleen. Drostemonolog" (1999).

Flüstern über den klassischen Bühnenton bis zum kontrollierten Wutausbruch, vom Wiener Schmäh über den rheinischen Dialekt und Szenejargons bis hin zum Kasernenhofton".[21]

## 3  *brennstabm* (1991)

Klings zweiter bei Suhrkamp erschienener Band *brennstabm* (1991) versammelt die radikalsten Beispiele seiner auf orthographische Verfremdung, harte Zeilenumbrüche, Wortfragmentierung und semantische Aufladung zielenden Poetik. Durch die klangliche Nähe von Buchstaben und Brennstäben evoziert der Titel sowohl die Materialität der Sprache als auch Prozesse der Kernphysik, die mit Spaltung und Freisetzung von Energie verbunden sind. „[...] dieses zerlegen, um zu rekonstruieren, ist das *brennstabmhafte der sprache*",[22] erläutert Kling in *Itinerar*. Das Zerlegen wird in *brennstabm* auch zum Inhalt des Gedichts „blikk durchs geöffnete garagentor":

> [...] und aufgebro-
> chn ausgeweidet ausgeräumter leib BO-
> RSTIGE RAUMTEILUN' bei weggeräumtm
> innereieneimer stark!!riechende -wände (g-
> ruchsklaffung): der da so hinge-
> hängter hingeklaffter hirsch[23]

Die durch Zeilenumbrüche befreite Energie der harten Konsonanten wird durch expressive Interpunktion und alternierende Klein- und Großschreibung gesteigert. Die Verfremdung der Orthographie reicht noch weiter als in den vorherigen beiden Bänden und entspricht damit dem „blikk durch [ein] geöffnete[s] garagentor"[24] auf einen ausgeweideten Hirschkadaver und die Kulisse, die sich hinter dem „11jährign / rükkn" auftut.[25]

*brennstabm* ist Klings Großvater gewidmet, der am Ersten Weltkrieg teilgenommen hat und dessen Erfahrungen den Ausgangspunkt für das eröffnende Gedicht „di zerstörtn. ein gesang" bilden. Es ist das erste längere Gedicht

---

21  Norbert Hummelt: „Nachwort. Annäherung an die Poesie Thomas Klings", in: Thomas Kling: *schädelmagie. Ausgewählte Gedichte*, hg. von Norbert Hummelt, Stuttgart 2008, S. 69–81, hier: S. 73.
22  Kling: *Itinerar*, S. 23, im Original kursiv.
23  Kling: *Gesammelte Gedichte*, S. 201.
24  Ebd.
25  Ebd.

Thomas Klings, das dem Ersten Weltkrieg gewidmet ist: Es wechselt zwischen Gegenwart und Vergangenheit, zwischen kollektivem und individuellem Gedächtnis, zwischen erlebnisnaher, narrativer Erzählung und höchst artifizieller Rede. Das „wir" blickt aus den „schwer zerlebtn trauma-höhlen" zurück:

> WIR LAGEN IN GROBEN GEGENDN. WIR PFLANZTN
> TOD. WIR PFLEGTN DEN GESANG / WIR AUF-
> PFLANZER VON EWIGEM MOHN / DER SCHOSS
> AUS UNSERN HÄUPTERN UNS IN DEN GESANG
> DAS NANNTN WIR: herzumlederun'! + schrienz[26]

Die Sequenz entfaltet die bereits in der ersten Strophe angelegte Assoziationsreihe um das Verb „pflanzen" und den aus dem Militärjargon kommenden Begriff des „aufpflanzen[s]", womit das Befestigen einer Stichwaffe, eines Bajonetts, gemeint ist: Die Aktivität des Pflanzens wird mit der Abstraktheit des Todes und dem Motiv des Mohns in Verbindung gebracht, welcher den Tod, den Schlaf und den Frieden symbolisiert. Das Bild des aus den Köpfen in den Gesang schießenden Mohns veranschaulicht die Folgen des Krieges. Der Neologismus „herzumlederun'" bringt das wiederkehrende Herzmotiv mit dem Leder als Symbol der Stärke und Ausdauer in Verbindung und schafft damit eine Variation auf das Motiv der „herzstärkende[n] mittel". Auch der Zyklus „Aufnahme Mai 1914" verweist auf das Thema des Ersten Weltkriegs, er bringt eine Fotoserie, Bilder der k. u. k. Kriegsmarine, mit der bekannten Fotografie von Georg Trakl aus dem Jahr 1914 in Zusammenhang. Dieser Zyklus, der Fotografien aus dem Krieg mit Bildbeschreibungen kombiniert, nimmt Klings spätere Arbeiten im intermedialen Bereich vorweg, die in Zusammenarbeit mit der bildenden Künstlerin Ute Langanky entstanden sind: die vier Buchprojekte *wände machn* (1993), *Das Haar der Berenice* (1997), *wolkenstein. mobilisierun'* (1997), GELÄNDE *camouflage* (1998) und das Mappenwerk *Zinnen* (2002); sowie die in Zeitschriften und wissenschaftlichen Publikationen veröffentlichten Zyklen „Blick auf Beowulf" (2002), „Mahlbezirk" (2003), „Petrarca an den Kardinal Colonna" (2004) sowie „The Seafarer" (2006).

Der zweite Teil des Bandes trägt den Titel „kölndüsseldorfer (rheinische schule)" und versammelt Gedichte, die von bestimmten Städten und Landschaften (Köln, Rheingau, Düsseldorf, Eifel, Taunus) oder intimen Räumen wie der eigenen Wohnung ausgehen. Überraschenderweise tritt das Ich in bestimmten Gedichten nicht mehr nur indirekt oder als eine am Rande

---

26 Kling: *Gesammelte Gedichte*, S. 195.

erwähnte Instanz, sondern als ein zentraler Bezugspunkt in Erscheinung. Im Gedicht „anmutige gegend, zertrümmerter mai" taucht zum Beispiel die Phrase „denk ich"[27] vier Mal auf, „mein kopf" immerhin ein Mal.[28] Dass solche autobiographischen Referenzen, die ja bereits im ersten Band vorkommen und sich in den weiteren Bänden häufen (der Tod des Vaters, die Kriegserfahrungen der Großeltern, der Tod des Großvaters) im Widerspruch zu Klings früher Poetik und seiner programmatischen Abgrenzung von der Lyrik der Neuen Subjektivität stehen, ist schon bemerkt worden.[29] Obwohl diese Gedichte nie eine zentrale Position in den Bänden einnehmen, beweisen sie, dass Klings Poetik keinem streng eingehaltenen Programm gehorcht, sondern sich mit jedem Werk wandelt.

Parallel zu seiner Herkunft erkundet Kling in *brennstabm* auch seine poetologischen Wurzeln: Im Zyklus „stifterfiguren, charts-gräber" widmet er verschiedenen Dichter*innen und bildenden Künstlern Porträts, die von ästhetischen Wahlverwandtschaften und persönlichen Begegnungen handeln: Zu diesen Stifterfiguren zählen Paul Celan, Joseph Beuys, Friederike Mayröcker, Andy Warhol, Konrad Bayer und Blinky Palermo. Diese Form des lyrischen Porträts verwendet er auch in seinem späteren Werk, z. B. im Band *Fernhandel* (1999), das Gedichte über Catull, Oswald von Wolkenstein, Leopardi und Heiner Müller enthält.

Das letzte Gedicht aus dem Band *brennstabm*, „di weite sucht", bringt das poetologische Programm auf die bekannte und oft zitierte Formel: „den sprachn das sentimentale / abknöpfn".[30] Es ist ein Gedicht, das, für Kling untypisch, gänzlich mit Redewendungen arbeitet. Diese Redewendungen – „jemandem etwas abknöpfen", „alles im Eimer", „im Bausch und Bogen", „die Weite suchen" – haben, wie es für Redensarten aller Art üblich ist, im alltäglichen Gebrauch etwas Ernstes und Ehrwürdiges. Indem Kling die Redewendungen beim Wort nimmt und mit der buchstäblichen Bedeutung der einzelnen Elemente spielt, schafft er Distanz zu ihrem erstarrten Pathos. Diese Distanznahme gelingt ihm nicht nur durch das Spiel mit der Materialität der Sprache, sondern – und das in diesem Gedicht radikaler als in anderen des Bandes – auch durch die Trennung von Emotionen und Subjektivität. Indem der Bausch im hohen Bogen in ein OP-Behältnis fliegt, wird das Assoziationspotential der Redensart

---

27   Kling: *Gesammelte Gedichte*, S. 231.
28   Ebd.
29   Siehe z. B. Gabriele Wix: „Nachwort", in: Thomas Kling: *Werke in vier Bänden, Bd. 1. Gedichte 1977–1991*, hg. und mit einem Nachwort von Gabriele Wix, Berlin 2020, S. 463–487, hier: S. 469.
30   Kling: *Gesammelte Gedichte*, S. 328.

externalisiert und versachlicht, doch zugleich sind ein eigentümliches Pathos –
die Rede ist vom „Heftigste[n]"[31] – und der Anspruch auf Totalität unübersehbar. Der Bogen ist „hoch",[32] und hier zeigt sich, dass Kling bewusst an Gottfried
Benns Maxime, ein Gedicht müsse „exorbitant sein oder gar nicht",[33] anknüpft
und mithin einem ganz anderen Maßstab folgt als viele Poetiken der 60er und
70er Jahre.

## 4   *nacht. sicht. gerät* (1993)

Der Zyklus „TIROLTYROL, 23-teilige landschaftsphotographie" aus *brennstabm*
geht den in *nacht. sicht. gerät* (1993) versammelten Zyklen über größere geographische Geschichtsräume voraus. Tirol rückt als eine kulturgeschichtliche, von den beiden Weltkriegen ebenso wie vom jagdlichen Brauchtum
geprägte Landschaft in den Blick. Nicht nur die touristischen Auswüchse
des Alpinismus erscheinen jedoch in Klings Gedichten, ihn faszinieren
auch dessen riskante, ja lebensgefährliche Seiten. Der Fokus des Zyklus liegt
aber nicht ausschließlich auf kulturellen Spuren in der Naturlandschaft,
sondern auch auf der gesellschaftlichen Struktur und dem urbanen Raum.
Diese Tendenz verstärkt sich in Klings folgendem Band, *nacht. sicht. gerät*
(1993). Wie schon der Klappentext ankündigt, öffnet er sich „immer stärker
[...] dem Landschafts- und Historienraum".[34] Dabei wird ein wesentlich
größerer Raum als in den früheren Bänden durchmessen: Der in sechs Teile
gegliederte Band erforscht Russland (St. Petersburg), Brandenburg (Potsdam),
Thüringen (Gotha), die Landschaften des Mittelrheins und der Alpen. Wie
Kling später erklärte, ist er für die Arbeit an diesem Band „auch zu einzelnen
Orten gefahren und ha[t] recherchiert".[35] Diese – auch für die späteren Bände
grundlegende – Arbeitsweise bildet ein Kernstück der Kling'schen Poetologie.
Sie schafft Distanz zu der romantischen Genieästhetik und ihrer Idee eines auf
purer Inspiration gründenden Schreibaktes.

Wie schon die Worttrennung im Titel des Zyklus „mittel rhein" andeutet,
spielt die – ästhetische, ideologische – Instrumentalisierung der Landschaft

---

31  Ebd.
32  Ebd.
33  Gottfried Benn: *Probleme der Lyrik*, Wiesbaden 1951, S. 18.
34  Siehe *nacht. sicht. gerät* auf Planet Lyrik, URL: https://www.planetlyrik.de/thomas-kling-nacht-sicht-gerat/2011/04/, letzter Zugriff: 10.08.2024.
35  Kling: *Botenstoffe*, S. 226.

des Mittelrheins, dieses Inbegriffs deutscher Romantik, eine entscheidende Rolle.[36] Der Titel macht aber auch klar, dass die Rheinlandschaft auch Kling als Mittel zu einem Zweck dient: zur Demonstration seiner poetisch-historischen Auseinandersetzung mit historischen Orten und Landschaften. Das erste Gedicht des Zyklus, „geschientes volkslied", wirft einen kritischen Blick auf die Gegend um Bingen, wo Kling geboren und aufgewachsen ist. Es verbindet Kindheitserinnerungen mit Reflexionen über die Kulturlandschaft, die für ihren Obstbau und als Heimat der mittelalterlichen Mystikerin Hildegard von Bingen bekannt ist. Von einem Nachbarn – „*ein echt netter / nazi*"[37] – heißt es, sein Gedächtnis reiche bis zu den gefrorenen Zehen seines „looser ahne[n]",[38] der 1812 an Napoleons Russland-Feldzug teilgenommen hat. Auch gegenüber Hildegard von Bingen äußert Kling seinen „antisemitismusverdacht".[39] Ein „volkslied" ist das Gedicht durch seine – freilich ironische – Inszenierung eines Kollektivgedächtnisses. Vom raschen Vergessen zeugen die Phrasen des von einer nicht näher bezeichneten Stimme als Onkel angesprochenen Nachbarn: „ei, nachm / kriech sofodd SPD gewählt"'.[40] Für all das Verdrängte und Verschwiegene, das solch ein Gedächtnis umgibt und es vielleicht überhaupt erst ermöglicht, steht bei Kling die Geste des Obstpflückens: „eisenkrone des pflückers, im / birnenlaub raschelnd, der stiel / bleibt dran".[41]

Die für Kling typische Auseinandersetzung mit Geographie und Geschichte veranschaulicht das zweite Gedicht des Zyklus, das den programmatischen Titel „notgrabun"' trägt. Es geht also um rasch improvisierte Grabungen zur Sicherung dessen, was wertvolle Einsichten in die Vergangenheit erlaubt:

[...] geöffnet di
nahe, der rhein überm geöffnetn zufluß;
mündung endung schlehen, winters, di
im luftzug stehen als höbe sich etwas
ab: überflogener, beabsichtigter sprach-
raum, dem, zugesprochn, schattn, aller
schattn, herausgeröntgt gehört. auf-

---

36  Siehe Peer Trilcke: *Historisches Rauschen. Das geschichtslyrische Werk Thomas Klings*, URL: https://ediss.uni-goettingen.de/handle/11858/00-1735-0000-0006-AEDE-3, letzter Zugriff: 10.08.2024, S. 191–214.
37  Kling: *Gesammelte Gedichte*, S. 383.
38  Ebd.
39  Ebd.
40  Ebd.
41  Ebd.

gerissne sprachräume, alte pflanznkupfer;
notgrabungen in achtsam sich umblätter
umblätternder luft. [...][42]

Die Verse beziehen sich auf die Nahe, einen Nebenfluss des Rheins, der bei Bingen in den Rhein mündet. Auch in diesem Gedicht ist Erntezeit, denn Schlehen werden im Winter reif. Ein bestimmter geographisch-kultureller Raum, die Landschaft um Bingen, wird hier, wie es die archäologische Metapher der Notgrabung suggeriert, in einer sprachlich-poetischen Denkbewegung aufgerissen, geöffnet und der historischen Untersuchung dargeboten. Obwohl die Archäologie in Klings späterem Werk eine wichtige Rolle spielt, dient sie hier eher als Metapher für eine Auseinandersetzung mit den verborgenen, dunklen Seiten der Geschichte. Zu ihren „schattn" gehören zum einen die NS-Geschichte, die dem Wort „Volk" und den aus ihm abgeleiteten Komposita wie dem „Volkslied" einen schalen Beigeschmack verleiht (siehe das Gedicht „-lied, -sturm), zum anderen die mittelalterlichen Pogrome gegen die jüdische Bevölkerung (siehe das Gedicht „tornister. augenturenberichte"). Die Metapher des „herausröntgn[s]" steht für eine objektiv-analytische Durchdringung des unter der Oberfläche Verborgenen. Die „umblätternde[] luft" verweist auf die beschriebene Seite als Symbol der Schriftkultur und mithin auf die Archivarbeit des Lyrikers. Das dritte Gedicht, „rochushund und -berg" erinnert zum Beispiel an Goethes Beschreibung des Sankt-Rochus-Festes zu Bingen, das er 1814 besuchte; das sechste Gedicht, „normale sage", erzählt die Sage vom Mäuseturm bei Bingen im Stil mündlicher Rede. Klings geopoetische Erkundungen kennen keine Grenzen zwischen Schriftkultur und mündlicher Überlieferung. Das vierte Gedicht des Zyklus, „kopfständerleine", das von der einstigen Flößerei und deren Fachsprache handelt, steht auf diese Weise im Zeichen der Oralität.

Diese Gleichzeitigkeit der poetischen Auseinandersetzung mit der Tradition und mit einer konkreten Landschaft verkörpert für Kling auch Sigmar Polkes 1982 entstandenes Gemälde *The Copyist*, dem sein Gedicht „-paßbild (polke, ‚the copyist', 1982)" im dritten Teil des Bandes gewidmet ist. Das Bild zeigt eine Schreibszene, einen Mönch, der an einem Pult sitzt und einen Text abschreibt, allerdings nicht in einer Bibliothek, sondern inmitten einer Landschaft, mit Blick auf eine kleine Stadt. Auf die Leinwand wurde eine zweite, farbige und abstrakte Schicht aus Pigment, Lack und Glasuren aufgetragen, die eine auch für Klings Gedichte typische Spannung zwischen Figuration und Abstraktion erzeugt: Konkrete Orte und Gegenstände sind erkennbar, doch das Gedicht

---

42   Ebd., S. 385.

bleibt aufgrund seiner thematischen und semantischen Vielschichtigkeit stets auch ein „abstraktes Textgebilde".[43]

Ein solcher Raum vielfältiger Überlagerungen sind auch die Alpen, die in „stromernde alpmschrift" nicht als reine Naturlandschaft dargestellt werden, sondern als Textur von kulturellen, historischen, soziologischen und technologischen Einflüssen. Zum einen beziehen sich die Gedichte auf die literarische Tradition der Auseinandersetzung mit den Alpen, zum Beispiel auf Albrecht von Haller, der mit seinem Gedicht „Die Alpen" (1729) als Begründer des Alpentopos gilt. Zum anderen beziehen sie sich auf die bildliche Darstellung der Alpen, vor allem durch Leni Riefenstahls Filme und das Genre der Alpenmalerei. Ausgehend von der Gegenwart, die im Zeichen von Tourismus, Alpinismus und technischer Geräte steht, welche die Wahrnehmung der Landschaft prägen, blicken die Gedichte auf die Geschichte des 20. Jahrhunderts, die auch eine der ideologischen Vereinnahmung des Bergsteigens ist.

Das Rheinland und die Alpen sind wiederkehrende Topoi im Werk Thomas Klings, *nacht. sicht. gerät* wird jedoch von Zyklen eröffnet, die vom historischen Umbruch nach dem Ende der Sowjetunion geprägt sind. Schon in früheren Gedichten war die DDR präsent. *brennstabm* versammelt drei 1978 in Weimar entstandene Gedichte unter dem Titel „retro". Derselbe Band enthält auch das Gedicht „LEIPZIG IM SCHUMMER (11.3.1990)", das die Umbruchstimmung in Leipzig dokumentiert. Erst *nacht. sicht. gerät* zeugt jedoch von einer eingehenderen Beschäftigung mit Osteuropa und dem Ende des Ostblocks. Das gilt vor allem für den ersten Teil des Bandes, „russischer digest", und die Gedichte im dritten Teil, „sachsnkriege oder was". Die drei Gedichte „russischer digest 1", „russischer digest 2" und „zweite petersburger hängun'" sind nach einer Reise Klings in Begleitung anderer deutschsprachiger Dichter nach Moskau und Leningrad 1991 entstanden. Ausgehend von der touristischen Gegenwart der zwei Metropolen Russlands thematisiert Kling die ideologischen, kulturellen, gesellschaftlichen und ökonomischen Veränderungen und Kontinuitäten kurz vor dem Zerfall der Sowjetunion. Eine ähnliche Tendenz prägt auch den dritten Teil des Bandes, dessen Titel sich auf die Sachsenkriege Karls des Großen bezieht. Der darin enthaltene Zyklus „brandenburger wetterbericht" versammelt Erinnerungen an eine Reise nach Potsdam Anfang der 90er Jahre und dreht sich um folgende Orte: das Filmstudio Babelsberg (die UFA-Kantine), die besetzten Häuser Potsdams (Gutenbergstraße), verschiedene preußische Residenzorte und Denkmäler. Er beleuchtet kritisch die Figur Friedrichs des Großen und zieht Parallelen zwischen der preußischen Geschichte und der NS-Zeit.

---

43  Siehe Detlef F. Neufert: *Brennstabm und Rauchmelder. Porträt Thomas Kling*, WDR 1992.

## 5   *wände machn* (1994)

Auf *nacht. sicht. gerät* (1993) folgt mit *wände machn* (1994) ein Band, der sich durch seine Entstehung, Form und Gestaltung von seinen Vorgängern unterscheidet. Diese erste Zusammenarbeit zwischen Kling und Langanky ist in einer kleinen Auflage bei Kleinheinrich, einem bekannten Verlag für Künstlerbücher, erschienen. Der Band enthält Gedichte und 21 Aquarelle. Auf der ersten Seite finden sich folgende Entstehungsdaten genannt: „Rimpf Hof / Italien + Köln 1993", woraus zu vermuten ist, dass der Band nach einer gemeinsamen Reise nach Südtirol (der Rimpf Hof befindet sich in der Südtiroler Gemeinde Schlanders) entstanden ist. Der Topos Tirol und das Thema des Alpinismus sind zu diesem Zeitpunkt bereits vertraute Motive für Kling, werden von ihm jedoch in diesem Band um neue Aspekte erweitert. Das programmatische Gedicht „wände machn" liest sich als eine Reflexion auf die eigene dichterische Arbeit und die daran anschließende Zusammenarbeit im Bereich der bildenden Kunst:

> wände machn
>
> > di erstbegehungn. allein-
> > gänge. ein- und durchstiege.
> > sw-flanke, zettel unterm
> > überhang: „hier stürzte
> > preuß." seilquergang, inner-
> > koflerturm-südwandpfeiler; 6
> > hakn pro klettermeter. rotwand-
> > verschneidun'.
> > > wände machn.[44]

Der Alpinismus wird zur Metapher für die künstlerische, dichterische Arbeit und Karriere. Das Akronym „sw" hat mindestens zwei mögliche Bedeutungen: Süd-West oder Schwarz-Weiß. Wenn sich die Flanke, also der Steilhang eines Berges, im übertragenen Sinne auf die schwarz-weiße, also textuelle Arbeit bezieht, so geht es auch um die Herausforderungen des Schreibens, worauf das nächste Element, der „zettel unterm / überhang" hinweist. Stürze und Fälle gehören zu Klings bevorzugten Motiven und kehren noch im Titel des letzten, 2005 veröffentlichten Bandes wieder: Zur *Auswertung der Flugdaten*

---

44   Kling: *Gesammelte Gedichte*, S. 419.

kommt es meistens nach einem Flugzeugabsturz. Anders als das Gedicht „löschblatt. bijlmermeer" aus *nacht. sicht. gerät* kreist „wände machen" nicht um ein bekanntes Unglück, etwa die Flugzeugkatastrophe in Bijlmeer, sondern um den potentiellen alpinistischen Absturz, um ein Risiko also, das jeder Alpinist in Kauf zu nehmen hat. Der im Gedicht erwähnte „seilquergang" hat auch etwas vom Drahtseilakt, als den Kling sein Leben als Dichter beschrieb: „Der Künstler muss sich immer mit Haut und Haar einlassen. Der spielt also mit höchstem Einsatz, rentenfrei, sozusagen. Diese Grenzgängerschaft, dieser Drahtseilakt ist eine Sache, die einfach dazu gehört. Normales Berufsrisiko."[45] Auch daher das Gefährliche und Krisenhafte in Klings Gedicht; nicht umsonst gilt der „inner- / koflerturm" als ein nicht zu unterschätzender, „schöner und langer Gratklassiker".[46] Das Gedicht endet jedoch mit einer anderen Bewegung, nämlich mit einer Verschneidung: Das Wort bezeichnet den Zusammenstoß zweier Felswände mit einer innenliegenden Kante. Eine programmatische Begegnung also: Innerhalb eines Buches kommt Lyrik mit bildender Kunst zusammen. Die im Titel des Bandes erscheinenden Wände sind Felswände, aber auch Leinwände, und das Aufspannen der Leinwand ist der erste Schritt zur künstlerischen Zusammenarbeit.

## 6 *morsch* (1996)

1996 veröffentlicht Kling seinen vierten Gedichtband *morsch*, der ebenfalls bei Suhrkamp erscheint und für den er 1997 den Peter-Huchel-Preis verliehen bekommt. Das Zerlegen und Rekonstruieren von Sprache wird hier durch eine etymologische oder in Klings Worten „spracharchäologische"[47] Komponente erweitert, denn mit „morsch" ist „der ‚Mörser', das Gefäß zum Zerstoßen und Zerkleinern von harten Stoffen [wortverwandt]"[48] sowie das Wort „Mörtel', Bindemittel zum Bauen".[49] Obwohl fast alle Gedichte Klings immer auch von sich selbst handeln, erreicht kein anderer seiner Gedichtbände einen solchen Grad an Selbstreflexivität: Die Gedichte kreisen um den Begriff des Textes, der Schrift, der gesprochenen Sprache, aus der sie schöpfen, und um das Verhältnis zwischen Textualität und außerliterarischem Raum. Die sprachliche

---

45  Siehe Neufert: *Brennstabm und Rauchmelder. Porträt Thomas Kling.*
46  Siehe Koflerturm Südwestgrat auf bergsteigen.com, URL: https://www.bergsteigen.com /touren/klettern/koflerturm-suedwestgrat/, letzter Zugang: 10.08.2024.
47  Siehe Kling: *Botenstoffe*, S. 206.
48  Klappentext in Thomas Kling: *morsch*, Frankfurt am Main 1996.
49  Ebd.

Erkundung von Landschaften und historischen Epochen reicht in diesem Band jedoch noch weiter: Die Gedichte beginnen im New York der Gegenwart und enden in der römischen Antike. Der Titel des den Band eröffnenden Zyklus „Manhattan Mundraum" ist Programm:

> die stadt ist der mund
> raum. die zunge, textus;
> stadtzunge der granit:
> geschmolzener und
> wieder aufgeschmo-
> lzner text. [...][50]

Die Assoziation von Manhattan und Mundraum beruht auf der geographischen Lage Manhattans, das sich als Landzunge zwischen dem Hudson und dem Harlem River erstreckt. Diese Landzunge führt zur Zunge als Sprechorgan und im übertragenen Sinne zur Mehrsprachigkeit New Yorks. Der urbane Raum, die Natur, die Sprachen und das Gewebe der literarischen Traditionen sind untrennbar miteinander verbunden. Bewusst stellt Kling seinen Text in die Tradition der europäischen Großstadtdichtung, die sich mit New York befasst, indem er Lorca und Majakowski zitiert und den Begriff des Palimpsests einführt: „palimpsest ist ding, vom schabereinsatz / abgekratzt ist palimpsest: was fiel majakovskij / auf, was lorca".[51] Der Akt des Schabens, der verborgene Schichten des Textes freilegt, erscheint in mehreren Gedichten des Bandes, so auch in „gewebeprobe":

> der bach der stürzt
> ist nicht ein spruchband
> textband weißn rau-
> schnz;
>       schrift schon,
> der sichtliche bach di
> textader, einstweilen
> ein nicht drossel-, nicht
> abstellbares textadersystem,
> in rufweite; in auflösender
> naheinstellun'.
>       bruchstücke,

---

[50] Kling: *Gesammelte Gedichte*, S. 435.
[51] Ebd., S. 437.

> ständig überspült; über-
> löschte blöcke, weiße schrift-
> blöcke und glitschige, teils,
> begreifbare anordnungn: ein un-
> unterbrochn ununterbrochenes.
> am bergstrich krakelige unruhe
> und felsskalpell. schäumendes
> ausschabn.
>       bezifferbarer bach,
> der bach der stürzt: guß,
> megagerinnsel, hirnstrom.[52]

Das Gedicht, die Dichtung überhaupt wird mit dem Strom eines Baches verglichen. Der Idee, Sprache solle Botschaften wie eine Spruchband übermitteln, begegnet Kling mit dem Begriff des „weißn rau- / schnz": ein asemantisches akustisches Ereignis, zumeist eine Störung im Nachrichtenverkehr. Als visuelles Element der Lyrik ist die Schrift hingegen der „sichtliche bach", die „textader", die einem größeren „textadersystem" angehört. Wie in „Manhattan Mundraum" und anderen Texten verknüpft Kling Städte und Landschaften mit poetologischen Metaphern. So wie der Bach Geröll mit sich führt, ist auch der Text keine geschlossene Einheit, kein organisches Ganzes, er ist heterogen, ist Fragment. Diese ununterbrochene Bewegung, diese „krakelige unruhe", erinnert an wesentliche Motive des Poststrukturalismus, worauf schon Trilcke hingewiesen hat.[53] Wie die Hyperbole in der letzten Zeile des Gedichts andeutet („guß, / megagerinnsel, hirnstrom"), intensiviert ein solcher Text durch die Negation eines totalisierenden Sinns seine Lektüre, seine Rezeption.

Die Gedichte des dritten Teils von *morsch*, der den Titel „elegn" trägt, versammelt in zweizeiliger Strophenform verfasste Elegien, die eine Vielzahl an Themen behandeln: von der Wendezeit und ihrer bereits eingetretenen Musealisierung („grenzmuseum 1.0", „grenzmuseum 1.1"), über die Kolonialgeschichte („kolonialwaren 1.0", „kolonialwaren 1.1"), bis hin zu antiken Anspielungen auf Empedokles und die Vulkanlandschaft des Ätna („empedokles. endorphinausschüttung") oder die Verwüstungen des trojanischen Krieges („troerinnen"). Der vierte Teil, „lachsscheiben. hängung" betitelt, versammelt Gedichte, die im Dialog mit Werken der bildenden Kunst entstanden sind, darunter Goyas Stillleben mit drei Lachsscheiben, das Breisacher Altar und Piero della Francescas Porträt einer augustinischen

---

[52] Ebd., S. 442.
[53] Siehe Trilcke: *Historisches Rauschen*, S. 336.

Nonne. Der fünfte Teil, der Zyklus „vogelherd mikrobucolica", entstand dem Autor zufolge in der Absicht, „ein längeres Gedicht in dem [...] höchstmöglichen Abstraktionsgrad vorzulegen. Ein Großformat Marke Jackson Pollock, also gesteuerte Drippings".[54] Auch hier vermischen sich Begriffe des Textes und der Schrift mit landschaftlichen Elementen, Reflexionen über das Sehen und Ausführungen über Vogelgesang und Vogelfang.

Das nicht nur für *morsch*, sondern für das gesamte Werk Klings typische Spiel mit intertextuellen Referenzen und historischen Quellen findet einen weiteren programmatischen Ausdruck im Gedicht „quellenkunde" im zweiten Teil des Bandes. Für Trilcke kreist *morsch* um die „Sinn-Leere, die bleibt, wenn die Quellen verbaut, verdreckt, verlassen, wenn ihr Sinn gänzlich gestört worden ist."[55] Doch auch auf konkrete Wasserquellen beziehen sich die Gedichte, die freilich stets eine metapoetische Dimension ihres Gegenstandes suggerieren. Eine verfallene Badkapelle steht im Mittelpunkt von „quellenkunde", und der Mönch von Montaudon, ein provenzalischer Troubadour, dessen Gedicht Kling im sechsten Teil des Bandes ins moderne Deutsch überträgt, liebt es, sich „an quelle oder fluß"[56] aufzuhalten. Auf das Bild eines undichten Hydranten in New Work, aus dem Wasser hervorschießt, lässt Kling in „Manhattan Mundraum" die Frage folgen: „is dasn haufn klunker nur, zu füßn: hippokrene?"[57] Die Anrufung Hippokrenes, der dem Apollon und den Musen heiligen Wasserquelle, die zum Dichten inspiriert, ist ebenso ironisch, wie sie Klings Beschäftigung mit den mythischen Ursprüngen der Poesie bezeugt.

Im letzten Zyklus des Bandes, „romfrequenz", wird Rom für Kling zum Anlass, sich kritisch mit dem antiken Erbe auseinanderzusetzen. Im ersten Gedicht, es trägt den Titel „ruma. etruskisches alphabet", widmet er seine Aufmerksamkeit zunächst der etruskischen Kultur, vor allem ihrem Schriftsystem, das die Bewohner Latiums, die späteren Römer, ebenso wie den Getreideanbau und die Tierhaltung übernommen haben: „getreide, die pferde etruriens, alles / gekauft".[58] Wie es das dem Zyklus als Motto vorangestellte Zitat des Historikers Theodor Mommsen andeutet („die älteste etruskische schrift kennt / noch die zeile nicht und windet sich / wie die schlange sich ringelt"[59]), war die Übernahme des etruskischen Alphabets mit dessen Normierung verbunden.

---

54   Kling: *Botenstoffe*, S. 238.
55   Trilcke: *Historisches Rauschen*, S. 325.
56   Kling: *Gesammelte Gedichte*, S. 494.
57   Ebd., 438.
58   Kling: *Gesammelte Gedichte*, S. 521.
59   Ebd., S. 520.

So wie sich das etruskische Alphabet vom römischen unterscheidet, so Klings phonetische Schreibweise vom geschriebenen Standarddeutsch; seine verfremdete Orthographie verleiht der Sprache neues Leben, lässt altbekannte Wörter neu hervortreten, als sähe man sie zum ersten Mal. Poetologische Reflexionen gehen mit historischen einher: Die römische Kultur erscheint bei Kling nicht als homogene Einheit, nicht als reiner Ursprung der westlichen Zivilisation, sondern als Produkt der Kolonialisierung, der Assimilation und Auslöschung anderer Kulturen. Wenn „ruma. etruskisches alphabet" die Zubereitung einer Zunge in der Küche des Colli Emiliani, eines bekannten Restaurants in Rom, evoziert, so bezieht es sich auch auf die Geschichte der italienischen Sprache. Denn die Wurzeln des Latein, das infolge der römischen Expansion zur dominanten Sprache auf der italienischen Halbinsel wurde, reichen zurück zum Eroberten Etrurien, das zum sprachlichen Einfluss auf das sich entwickelnde Latein beitrug, auch wenn das Etruskische allmählich verschwand. Mit „I MODI DI DIRE ROMANSESCHI"[60] bezieht sich Kling auch auf Romanesco, den heutigen römischen Dialekt, der Aufgrund der Zuwanderung im 16. Jahrhundert dem toskanischen Dialekt näher ist als jenem des Umgebenden Latiums. Das „romgezüngel"[61] meint also die sprachliche Heterogenität, die das antike Rom und die Entwicklung der italienischen Sprache prägt, und mit der imperialen Politik Roms verbunden ist.

## 7 Das Haar der Berenice (1997)

Angesichts der antiken Referenzen in *morsch* überrascht es nicht, dass Kling ein Jahr später seine bereits 1991/1992 begonnenen Übersetzungen von Catull unter dem Titel *Das Haar der Berenice* veröffentlicht.[62] Aquarelle von Ute Langanky illustrieren den Band und machen ihn so zu einer weiteren Zusammenarbeit des Paares an der Schnittstelle von Literatur und Kunst. Wie Hans Jürgen Balmes in seinem Nachwort erläutert, hat die Catull-Rezeption oft zwischen zwei Dichterpersönlichkeiten unterschieden: dem „traditions- und formbewußten [Catull] der großen Elegien, der Epigramme und Sinngedichte" und dem „groben Krakeeler der kleinen Gedichte, hinter dessen erotischer

---

60  Ebd.
61  Ebd.
62  Hans Jürgen Balmes: „Pantheon-Auge", in: Thomas Kling, Catull: *Das Haar der Berenice*, Ostfildern vor Stuttgart 1997, S. 47–56, hier: S. 55.

Direktheit man Erlebtes vermutete".[63] Kling möchte diese Trennung unterlaufen. An verschiedenen Stellen seiner Essays preist er Catull dafür, eine an der Umgangssprache geschulte Stimme entwickelt zu haben, so auch in „Zu den deutschsprachigen Avantgarden", wo er neben Walter Serner auch Catull anführt, der schon „*street talk* als angemessenes Instrument erkannte, um das Gedicht städtisch zu machen."[64] Es geht also um den Gebrauch der Umgangssprache, der Catull zu einem Dichter der römischen Großstadt macht. Kling übersetzt Catull daher nicht wörtlich, sondern sucht Äquivalente für die römische Umgangssprache im modernen Deutsch. Wo viele Übersetzungen aus dem Lateinischen den hohen Ton der Schriftsprache anstreben, setzt Kling auf die Lebendigkeit des gesprochenen Wortes.

Catull · 51

> der kommt mir vor, wie gott. achwo, die
> götter (und wenns blasphemie ist) noch
> übertrumpfend: wer immer und immer dir
> gegenübersitzt, einfach so, dich anschaut,
>
> dir zuhört, wie du so klasse lachst. und
> das nimmt mir armem den verstand. sobald,
> LESBIA, ich dich nur seh, bin ich garnichts
> mehr fähig ............................
>
> die sprache versagt mir, verdünnisiert sich,
> wird knapp, und feuer durchfährt mich. die
> ohren k-, klingen mir: nix wie ge-
> räusche. und nachtverhülltes augenlicht.
>
> nichtstun, CATULL, ist mist für dich.
> nichtstun lässt dich voll ausrasten.
> nichtstun hat schon glückliche staats-
> chefs und hauptstädte voll ruiniert.[65]

---

63 Ebd.
64 Kling: *Botenstoffe*, S. 28.
65 Kling: *Gesammelte Gedichte*, S. 549.

Wörter aus der Umgangssprache durchziehen Klings Übersetzung: Lesbias Lachen ist „klasse", die Sprache „verdünnisiert sich", das Nichtstun ist „mist" und in den letzten Zeilen wird „voll" gleich zweimal als Mittel hyperbolischer Steigerung verwendet. Unverkennbar – und für Kling typisch – sind die beiden Verse: „ohren k-, klingen mir: nix wie ge- / räusche". Im „Klingen" steckt bereits der Name des Autors, aber auch der metapoetische Verweis auf das Gedicht als Klangkörper. Fragmentierte Wörter und einzelne Buchstaben, die umgangssprachliche Orthographie, all das ist aus Klings eigenem Werk bekannt. Der Lyriker verschwindet also nicht hinter dem Übersetzer, vielmehr verwischt er die Grenze zwischen Übersetzung und dichterischer Aneignung. Nun ist das zitierte Catull-Gedicht selbst eine Überarbeitung von Sapphos lyrischem Fragment 31. Catull behält das sapphische Metrum bei, ersetzt aber den Namen der Geliebten Sapphos durch den Namen Lesbia, der wiederum auf die Heimat der Dichterin verweist. Vermutlich denkt Kling an solche intertextuellen Referenzen, wenn er Catull einen „gebildete[n] Dichter"[66] nennt: „Catull ist ein einzelner, der sich über dichterische Traditionen als einzig angemessene Voraussetzung eigenen Schreibens im klaren ist."[67] Aussagen wie diese machen Catull ganz deutlich zu einem literarischen Vorgänger. Indem er sich auf ihn beruft, erweitert Kling seine in den Avantgarden verankerte Position um neue Bezugspunkte.

## 8 *wolkenstein. mobilisierun'* (1997)

Derselben Strategie folgt der 1997 wiederum in Zusammenarbeit mit Langanky veröffentlichte Band *wolkenstein. mobilisierun'*. Er ist der Person und dem Werk des spätmittelalterlichen Dichters Oswald von Wolkenstein gewidmet. Der zuerst 1993 in einer *Schreibheft*-Ausgabe erschienene Text diente als Vorlage für Thomas Witzmanns im selben Jahr aufgeführtes experimentelles Musikstück „wolkenstein. mobilisierun'" für mobile Musikinstrumente, drei Tänzerinnen und einen Sprecher.[68] Die Form des Monologs integriert zwei unterschiedliche Textsorten: längere, von Kling verfasste Gedichte, in denen Wolkenstein, hochbetagt, zumeist in der ersten Person Singular auf sein Leben zurückblickt, sowie von Kling aus dem Frühneuhochdeutschen übersetzte Gedichte Wolkensteins (oder Auszüge aus ihnen). Die Sprache Wolkensteins, der Klang, der Rhythmus und die Mehrsprachigkeit seiner Gedichte faszinieren Kling

---

66  Kling: *Botenstoffe*, S. 142.
67  Ebd.
68  Kling: *Gesammelte Gedichte*, S. 938.

ebenso wie die historische Persönlichkeit, die ihm nicht als ein kohärentes Individuum, sondern als fragmentiertes „daten-patchwork" erscheint. Wolkensteins abenteuerlichen Reisen zeichnet Kling vor dem Hintergrund der Kriege des frühen 15. Jahrhunderts nach. Das Gedicht „TANNENTELE" bezieht sich auf die Schlacht von Ceuta/Sephta im Jahr 1415. Wolkenstein war unter den portugiesischen Truppen, die die strategisch bedeutsame, auf der Spitze einer Halbinsel gelegene nordafrikanische Stadt eroberten. Kling erwähnt die Ermordung der einheimischen Bevölkerung, der „sarazenen",[69] und zieht Parallelen zwischen körperlicher Fragmentierung und der Aneignung sprachlicher Fragmenten: „teile, teile, überall teile. / reiseteile, was / zu sprachmitbringseln führt."[70] Die sprachliche Heterogenität der Gedichte Wolkensteins ist für Kling eine Folge von Kriegen und Konflikten. Dieser Zusammenhang wird auch von anderen Gedichten bekräftigt: „TANNENTELE" erwähnt Wolkensteins Teilnahme an kriegerischen Expeditionen der Deutschordensritter in Osteuropa (Litauen), „POSTEN IM BÖHMISCHEN" beschreibt die Schlacht bei Taus im Jahr 1431 gegen die Reformbewegung der Hussiten in Westböhmen. Auch „GEDENKSTEIN. RIEDENTHAL-CHRONIK" thematisiert den Glaubenskrieg sowie die Hinrichtung von Jan Huss auf Beschluss des Konstanzer Konzils von 1415, an dem Wolkenstein teilnahm. All das gehört zu Wolkensteins „mitbringsel[n]", zur Widersprüchlichkeit seiner Person. Wie Michael Waltenberger gezeigt hat, ist Klings Wolkenstein „Gewalt-Täter und Gewalt-Opfer; er ist fasziniert vom Fremden und bekämpft es zugleich; er behauptet seine Individualität und gliedert sich andererseits fallweise ein ins Kollektiv."[71]

## 9    GELÄNDE camouflage (1997)

Krieg und Militärgeschichte sind auch die Themen des letzten im Jahr 1997 veröffentlichten Bandes, einer weiteren Zusammenarbeit mit Ute Langanky, die den Titel GELÄNDE camouflage trägt. Dieser Gedichtzyklus erkundet die Landschaft der Raketenstation Hombroich, auf die Kling und Langanky im Jahr 1995 auf Einladung des Kunstsammlers und Mäzens Karl-Heinrich Müller gezogen sind. Von 1967 bis 1990 diente das Gelände belgischen Militärstreikkräften als

---

69   Kling: *Gesammelte Gedichte*, S. 569.
70   Ebd., S. 570.
71   Michael Waltenberger: „paddelnde mediävistik'. Über Thomas Klings Umgang mit mittelalterlichen Texten", in: Frieder von Ammon, Peer Trilcke, Alena Scharfschwert: *Das Gellen der Tinte. Zum Werk Thomas Klings*, Göttingen 2012, S. 137–161, hier: S. 158.

Basis: Auf der Raketenstation wurden mit Nuklearsprengköpfen bestückte Raketen mit einer Reichweite von bis zu 150 Kilometern bereitgehalten.[72] Nach Müllers Erwerb des Geländes wurde die Basis zu einem Ort für Kunst und Wissenschaft umgestaltet. In einer Auseinandersetzung mit den Formen und Materialen des Kalten Krieges eröffnen Klings zwischen 1995 und 1996 entstandene Gedichte einen beunruhigenden Raum: Das erste Gedicht (das wie alle anderen des Bandes keinen Titel trägt) beginnt zwar mit dem Motiv des aufleuchtenden Feuers, das die Energie eines neuen Anfangs heraufbeschwört. Doch dieses Feuermotiv ist eng mit der Kulturgeschichte und ihren destruktiven Seiten verbunden: „die feuergehärtete keule, lichtwaffe. der blick- // vernichtende bohrer des odysseus der den augapfel, / in drehung, verdampfn läßt des feindes."[73] Odysseus und seine Männer blenden den Zyklopen Polyphem mit einem spitzten Pfahl, den sie in glimmender Asche erhitzten. Odysseus fabriziert also eine rudimentäre Waffe; Klings „lichtwaffe" und der „bohrer" evozieren dagegen moderne Technologie: Vom Mythos zu den modernen Flugabwehrwaffen ist es nur ein Sprung. Die Blendung des Polyphem, eine „rammbewegung", wird, wie Kling betont, „raumgreifend ausgeführt",[74] womit er, vermittelt über den Raum, bereits auf die Gewalt gegen die Natur verweist, von der die beiden folgenden Gedichte handeln. Die Organisation der einstigen Raketenstation, darum kreist das zweite Gedicht, hat noch immer ihre Spuren in der Landschaft hinterlassen: Linden wurden gerodet, Alleen angelegt. Die Eingriffe des Menschen in die Natur überziehen die Landschaft mit kulturellen Assoziationen: „sichtlich zerrende winde, die sprachn anfachen, sprache // der öfen, der schmieden, der austretenden schmelzprodukte."[75] Die Schmiedekunst, die ihren Ursprung in der Bronzezeit hat, diente der Herstellung verschiedenster Werkzeuge, darunter auch Waffen; mit ihr zusammen entstand eine der ältesten Fachsprachen der Welt. Eine andere Schicht dieser Gedichte, die von Fotografien Ute Langankys begleitet werden, bilden Reflexionen über die Fotografie, über das Licht und die Farben. Im letzten Gedicht des Bandes tritt die Raketenstation am prominentesten in den Vordergrund: ihre Architektur, der hinterlassene Schutt und Abfall. Die Gegenwart von Menschen wird nur aus Spuren in der Landschaft und den Prozessen der Wahrnehmung erschlossen. Die Militärarchitektur selbst ist auch ein Ausdruck von Machtverhältnissen. Protokollartige Beschreibungen und anthropomorphisierende Metaphern wechseln sich gegenseitig ab:

---

72  Siehe Wiljo Piel: „Nato-Kaserne geräumt", *Neue Grevenbroicher Zeitung*, 11.10.2007.
73  Kling: *Gesammelte Gedichte*, S. 584.
74  Ebd.
75  Kling: *Gesammelte Gedichte*, S. 585.

Weggeworfener Elektroschrott wird mit amputierten Körperteilen assoziiert. Das Gedicht schließt mit der unruhigen Bewegung der Greifvögel und der Ungeschütztheit der Militäranlagen – ein Bild, das die spätere Eroberung des Geländes durch die Natur, das zum Thema der „Hombroich-Elegie" wird, vorwegnimmt. Das schöpferische Potential des Ortes scheint auch durch ein Sonett des italienischen Dichters und Alchemisten Francesco Maria Santinelli (1627–1697) bekräftigt zu werden, das Kling für den Band übersetzt hat. Es handelt vom Chaos und vom ihm korrespondierenden alchemistischen Begriff der *prima materia*.

## 10    *Fernhandel* (1999)

Klings nächster Gedichtband, *Fernhandel*, erscheint 1999 bei DuMont mit einer CD, die die Aufnahme einer Lesung bietet. Der Titel bezeichnet den Austausch von Waren über große Entfernung, wobei die Ferne hier vor allem im zeitlichen, historischen Sinne zu verstehen ist. Zum einen geht es um Themen wie den Ersten Weltkrieg, mit dem sich Kling in diesem Band intensiv auseinandersetzt, zum anderen um weit in die Literaturgeschichte zurückreichende literarische Referenzen: Ovid, Catull, Oswald von Wolkenstein, August von Platen, Leopardi, Annette von Droste-Hülshoff und Heiner Müller. Klings Schreibstil hat sich gewandelt, so bemerkt Nikolai Kobus: „Kaum eine Spur mehr, so scheint es, von der verbissenen Arbeit am Phonem, von der Reduktion auf die mikroskopischen Strukturen eines Textes wie seinerzeit noch in ‚morsch'."[76] Das Montage-Verfahren ist dasselbe, neu ist jedoch ein „Hang zum ausgreifenden Geschichtenerzählen".[77]

Der eröffnende Zyklus, „Der Erste Weltkrieg", beginnt mit dem Gedicht „Die Modefarben 1914", in dem in kürzeren, unregelmäßigen Strophen Farben den Verlauf und die Atmosphäre des Krieges durch ihre Symbolik und die mit ihnen verbundenen Konnotationen andeuten. Darauf folgen 13 Gedichte in einer anderen Form: lange, dreizeilige Strophen, die wesentlich narrativer erscheinen. Kling zog Parallelen zwischen der Form dieser Texte und dem Krieg: „in Langzeilen, kolonnenhaft, das ist der Hinweis auf die Menschenwalze des Krieges".[78] Wie es bereits das dem Zyklus vorangestellte Motto, ein Zitat aus Karl Kraus' *Menschheitsdämmerung*, ankündigt, spielen

---

76   Nikolai Kobus: „Das Röcheln der Archive. Thomas Klings Gedichtband ‚Fernhandel'", literaturkritik.de, URL: https://literaturkritik.de/id/824, letzter Zugriff: 11.08.2024.
77   Ebd.
78   Kling: *Botenstoffe*, S. 238.

die Medien und die von ihnen geprägten Empfindungen eine zentrale Rolle in Klings Auseinandersetzung mit diesem Thema: „Ein Schlachtfeld. Man sieht nichts. Im fernen Hintergrund hin und wieder Rauchentwicklung. Zwei Kriegsberichterstatter mit Breeches, Feldstecher, Kodak."[79] Hubert Winkels zieht diese Stelle als Beleg für seine These heran, die Gedichte vollzögen „eine Bewegung, die von der Perspektive der Nachgeborenen über die Medien und Milieus der Erinnerung in die Eltern- und Großelterngeneration"[80] zum Krieg zurückführt. Diese Perspektive des Nachgeborenen spiegelt sich in der Beschäftigung mit unterschiedlichen Arten von historischem Material: Der Zyklus beruht auf Gesprächen, die Kling in den 80er Jahren während seines Zivildienstes in einem Altersheim mit Zeugen des Krieges führte.[81] Dazu gehören auch die Erfahrungen der eigenen Großeltern. Eine weitere Ebene bilden familiäre Zeugnisse: Briefe, Postkarten und private Fotos aus der Zeit des Ersten Weltkrieges.[82] Aber Kling verwendet auch offizielle Bildquellen (Bilder, Fotos, Stummfilme) des Militärhistorischen Museums Wien.[83] Das erste Gedicht beginnt mit einer Photographie der Front:

> DIESE PHOTOGRAPHIE, DIESES PHOTO: fernanzeige 1916. durchs scherenfernrohr
> getroffene: feststellungen, fernzündungen. spritzende brocken: der erinnerung,
> versteht sich. während sie sich photographieren läßt.[84]

Kling unterstreicht den zeitlichen Abstand: das Jahr 1916 wird aus großer Ferne, von der Gegenwart aus betrachtet. Der Blick wendet sich zwei parallelen Ereignissen zu: der Situation an der Front und einem Mädchen, das sich zu Hause fotografieren lässt. Das Syntagma „spritzende brocken" lässt an Erdbrocken und Schlamm denken, die von Granatexplosionen in die Luft gewirbelt werden und die in diesen Versen eine metaphorische Verbindung mit der Erinnerung eingehen. Die griechische Göttin der Erinnerung, Mnemosyne, erscheint im Zyklus an mehreren Stellen, so ist etwa die Rede von einer „grobkörnige[n] Mnemosyne, die das frostdia in perspektivischer verzerrung über kantige flächen wirft fransig."[85] Die Gedichte schildern das Schicksal beider

---

79  Kling: *Gesammelte Gedichte*, S. 591.
80  Hubert Winkels: „Weltkrieg im Bleiglanz", in: *Frankfurter Rundschau*, 21.04.2001.
81  Kling: *Botenstoffe*, S. 235.
82  Ebd.
83  Ebd.
84  Kling: *Gesammelte Gedichte*, S. 600.
85  Ebd., S. 610.

Brüder des Mädchens, der Großmutter Klings: Während der eine Bruder den Krieg überlebt, fällt der andere in Verdun. Das lebenslange Trauma der Schwester ist das Thema der Gedichte:

> *der kopf des bruders im kopf* wird ihr, in einigen monaten, zerschilfert zu platten.
> und immer tritt der schwester, nie gesehen, die kugel in den ältren bruder ein.
> und über jahrzehnte wieder aus. auf innerlich durchsichtig gewordener platte.[86]

Diese Geschwisterkonstellation hat eine Parallele in „das bildbeil", dem neunten Gedicht, das die Beziehung zwischen Georg Trakl, einem weiteren Opfer des Ersten Weltkrieges, und seiner Schwester Grete inszeniert. Zwei andere Gedichte („monarchen aus der entfernung gesehen" und „habsburg, aus letzter hand") nehmen ihren Ausgang von einem Besuch der Wiener Kapuzinergruft, der Begräbnisstätte der Habsburger. Der Erste Weltkrieg bedeutete das Ende der Monarchie. Aber nicht darum geht es Kling. Die beiden Gedichte kreisen um eine Informationstafel in Nähe der Sarkophage und schöpfen aus dem Sprachmaterial einer chemischen Analyse ihrer Beschichtung. Der neutrale, wissenschaftliche Ton hebt sich vom Rest des Zyklus ab. Das Gedicht „ihr hinterleib in ständiger bewegung" verwandelt dagegen den Anblick des pulsierenden Leibes einer Wespe auf der Armbanduhr des Autors in ein Symbol der überhistorischen, zyklischen Zeit der Natur: Es ist Oktober, die ersten Frostnächte kündigen sich an, das Tier kämpft gegen die Zeit. Das letzte Gedicht, „es stützen mit den toten schultern", ist in der Gegenwart des Autors verankert und schildert einen Besuch des alten jüdischen Friedhofs in Wien: Die Spuren führen zurück in die Zeit des Ersten Weltkriegs und weiter zum Zweiten Weltkrieg. So verzweigt und vervielfacht sich Klings Blick in die Vergangenheit.

Die Kriegsthematik verbindet den Zyklus „Der Erste Weltkrieg" auch mit dem „Aktaeon"-Zyklus, den eine von Kling angefertigte Übersetzung von Ezra Pounds „The coming of war: Actaon" einleitet. Den Mythos vom Jäger, der Diana, die Göttin der Jagd, und ihre Begleiterinnen, die Nymphen, zufällig beim Baden erblickt und dafür als Strafe in einen Hirsch verwandelt wird, den die eigenen Jagdhunde zerreißen, verdichtet Kling im zweiten Gedicht des

---

[86] Ebd., S. 602.

Zyklus in zwei Versen: „ein schlechtgetarnter und ertappter voyeur, der haar / und haut der badenden genau betrachtet hat".[87] Wie die von ihm angeführten Ovid-Zitate nahelegen, ist es vor allem der im Mythos dargestellte Verlust der Sprache, der im Mittelpunkt von Klings Adaption steht. Zur Strafe für seine Tat in einen Hirsch verwandelt, hat Aktaeon die menschliche Stimme verloren, die Hunde jagen den Jäger: „gebisse, risse / gehen durch Actaeon; die beinah stumme männer- / gurgel".[88] Oder wie es im vierten und im fünften Gedicht heißt: „nicht / gehorchen dem Actaeon die worte mehr",[89] „rasant führt das zu sprachverlust".[90] Der antike Mythos wird zum Anlass weitausgreifender Assoziationen: Das dritte Gedicht überblendet ein Gulaschessen mit der Ausweidung eines Hirsches (als wollte Kling auf sein Hirschgedicht aus *brennstabm* zurückverweisen), das vierte spielt in einer Art Kühlhaus voller erlegter Hirsche, die eine Säge zerteilt. Dabei spart Kling nicht an metapoetischen Kommentaren zu seiner Aneignung des antiken Stoffes, den er in komprimierter Gestalt in die Gegenwart versetzt: „antike, / beschleunigt, als jagdstück".[91]

Neben den vielen Gedichten über einzelne Autor*innen, die bereits genannt wurden – sei noch das längere Gedicht „Der Schwarzwald 1932" erwähnt. Wie der Zyklus „Der Erste Weltkrieg" kreist es um die Frage nach der Lesbarkeit alter Familienfotos: Das Gedicht schildert die Sichtung privater, historischer Fotografien, die 1932 im Schwarzwald entstanden: Landschaftsaufnahmen, Bilder von Einheimischen. Im Zentrum des Gedichts, so Trilcke, steht die Frage, wie solche Fotografien, die „keinem, der jetzt lebt / von der familie etwas sagen",[92] die also „totes material"[93] sind, durch Einbildungskraft vergegenwärtigt werden können.[94] Diesem Prozess haftet notwendig etwas von Fälschung an – ein Umstand, den Kling zur poetologischen Definition steigert:

gedicht ist immer ahnenstrecke. fotostrecke, angereichert und,
ganz klar: gefälscht. wodurch die ahnenstrecke wahr wird erst.[95]

---

87   Ebd., S. 644.
88   Ebd.
89   Ebd., S. 646.
90   Ebd., S. 647.
91   Ebd.
92   Ebd., S. 684.
93   Ebd., S. 682.
94   Siehe Trilcke: *Historisches Rauschen*, S. 471–476.
95   Ebd., S. 685.

Teil dieser Ahnenstrecke, die sich metaphorisch durch einzelne Gedichte und Gedichtzyklen des Bandes zieht, ist auch der letzte Zyklus „Spleen. Drostemonolog". Der Zyklus besteht aus fünfzehn Gedichten, die, abgesehen von „Westphälisches Kehlchen", in durchnummerierter Form die Titel „Findling", „Kartographie" und „Daguerreotyp" tragen: Kling entwickelt sein „Porträt"[96] der Dichterin Annette von Droste-Hülshoff unter Rückgriff auf Geologie, Landkunde und Photographie. „wolkenstein. mobilisierun"' war in Monologform geschrieben, Klings Droste spricht dagegen nicht in der Ich-Form; es ist vielmehr das Ich des Autors, der den Blick auf das Leben der Dichterin richtet. Hier, so Mirjam Springer, spricht „ein selbstbewusstes Ich, das sich der eigenen Imaginationsfähigkeit und Zugriffmöglichkeit auf sämtliche Archive sicher ist".[97] Herangezogen werden Porträts der Dichterin (Bilder, Daguerreotypien), biographisches Material, das dichterische Werk, Manuskripte. Springer argumentiert, Klings „Drostemonolog" sei eine „Fortschreibung der *Mergelgrube*",[98] eines der bekanntesten Gedichte Droste-Hülshoffs; Klings Steine und Fossilien seien die kulturhistorischen Referenzen, die er heranzieht. Doch Klings Recherche geht über das Leben und Werk der Droste hinaus, sie ist auch eine historische Auseinandersetzung mit der westfälischen Landschaft, die das Werk der Dichterin prägt: „Vierte Kartographie" erinnert an den Dreißigjährigen Krieg, die „Letzte Kartographie" an die „kriegsgeschichten"[99] des 20. Jahrhunderts.

## 11 *Sondagen* (2002)

2002 erscheint Klings zweiter bei DuMont veröffentlichter Gedichtband *Sondagen*, der umfangreichste Band nach *Fernhandel*. Eröffnet wird der Band vom Zyklus „Manhattan Mundraum Zwei", der von den Terroranschlägen auf das World Trade Center am 11. September 2001 ausgeht und zugleich den in *morsch* veröffentlichten Zyklus „Manhattan Mundraum" fortschreibt. Kling liest den terroristischen Anschlag vor dem Hintergrund der deutschen Geschichte und Literatur und beschäftigt sich, ähnlich wie schon in *Der Erste Weltkrieg*, mit der Darstellung des Ereignisses in den Medien:

---

96 Mirjam Springer: „,sounds vom schreibgebirge'. Thomas Klings Zyklus ‚Spleen. Drostemonolog' (1999)", in: *Droste-Jahrbuch* 10 (2013), S. 205–245, hier: S. 215.
97 Ebd., S. 216.
98 Ebd., S. 221.
99 Kling: *Gesammelte Gedichte*, S. 706.

toter trakt, ein algorithmen-wind.
und alles wie paniert.

in tätigkeit
stetig das loopende auge.[100]

Ein „toter trakt" bezeichnet einen „Gebäudeflügel, der in der Landschaft steht und in den nur noch die Abrissbirne hineinfährt",[101] das Syntagma verweist aber zugleich auf Ulrike Meinhofs „Einzelhaft 1972/73 in einem leeren Flügel der Justizvollzugsanstalt Köln-Ossendorf"[102] und somit auf den Linksterrorismus der RAF. Die programmatischen Verse „ein loop kann eine / schraube oder lupe sein"[103] deuten die zwei Bedeutungen von „loop" an: „das loopende auge" meint zugleich die Lupe, die den Ausschnitt eines Bildes virtuell vergrößert, und die am Tag des Anschlags in Endlosschleife gezeigten Bilder der in die Zwillingstürme rasenden Flugzeuge. Das „loopende auge" ist auch ein Kamera-Auge. Die sich wiederholenden Wind- und Luftmotive („ein algorithmen-wind") können zudem als intertextuelle Verweise auf ein zentrales Motiv der Dichtung Paul Celans gedeutet werden.

In diesem Band wird die Archäologie nicht nur zu einer Metapher für die eigene Spracharbeit oder Auseinandersetzung mit der Geschichte einer bestimmten Landschaft, sondern auch zu einer konkreten Vorgehensweise, auf die Bezug genommen wird: zum einen durch den Titel des Bandes, zum anderen durch Gedichte, die sich archäologischen Fundstücken widmen. Sondagen sind Probeschnitte durch aufeinanderfolgende Bodenschichten. Sie implizieren eine topologische Orientierung, aber auch Überlagerung von Schichten, die im Gegensatz zu der Oberfläche der Erde verborgen sind. Die Untersuchung eines Terrains wird erneut zur Leitmetapher der Poetik Klings: Ausgehend von archäologischen Fundstätten im Rheinland unternimmt Kling im Zyklus „Sondagen" eine Reise in die Vorgeschichte, die zu den Ursprüngen seiner wichtigsten Themen führt: Kunst, Gewalt, Tod und Geschichte. Das dem Zyklus vorangestellte Gedicht „Die Geschafften" wohnt einer archäologischen Ausgrabung bei: Aus Erde und Staub lösen sich die Funde. Das erste Gedicht

---

100   Kling: *Gesammelte Gedichte*, S. 725.
101   Hans Jürgen Balmes, Thomas Kling: „Brandungsgehör. Nachbildbeschleunigung. Thomas Kling im Gespräch mit Hans Jürgen Balmes", in: *Neue Rundschau* 4 (2004), S. 127–136, hier: S. 134.
102   Waltenberger: „‚paddelnde mediävistik'. Über Thomas Klings Umgang mit mittelalterlichen Texten", S. 146.
103   Kling: *Gesammelte Gedichte*, S. 725.

handelt von den möglichen Ursprüngen der Kultur: Eine Menschenstimme „ruft blut. / oder sagt ocker. oder, meinethalben: gedicht".[104] Das Blut verweist auf die Opferrituale der Steinzeit. Ocker, dieses erdige Mineral, das zur Herstellung von Farbstoffen verwendet wurde, steht auch im Zusammenhang mit rituellen Praktiken. Die frühen Menschen und Neandertaler haben ihren Verstorbenen Ocker mit ins Grab gegeben.[105] So wird das Gedicht auf seinen rituellen, kultischen Ursprung zurückgeführt. „Idyll: Die Kleine Feldhofer Höhle im Neandertal" ist eine Hommage an den Naturforscher Johann Carl Fuhlrott (1803–1877); Kling zeigt ihn auf einer Bahnfahrt nach Düsseldorf, in einem Koffer trägt er Knochen, die ihm ein Steinbruchbesitzer übergeben hat. Fuhlrott hat diese Knochen aufgrund ihrer besonderen Merkmale einem urzeitlichen Menschen, dem sprichwörtlichen Neandertaler, zugeschrieben: eine Pionierleistung und ein möglicher Beweis für die Evolutionstheorie noch vor Erscheinen von Darwins Hauptwerk. Die Bahnfahrt des Forschers inszeniert Kling zugleich als metaphorische „RÜCKFAHRT"[106] in die Vorgeschichte, die Hinweise auf die Herkunft des modernen Menschen und den rituellen Ursprung der Kunst gibt.

Der darauffolgende Zyklus, „Beowulf spricht", beschäftigt sich mit dem frühen mittelalterlichen Heldenepos *Beowulf*. Auch die archäologische Thematik spielt hinein, birgt doch das Moor, dieser Bereich des Monsters Grendel, Moorleichen aus der Bronzezeit, woran das Gedicht „Retina Scans" erinnert, das aller Wahrscheinlichkeit nach Moorleichen aus Schleswig-Holstein zum Ausgangspunkt nimmt. Die meisten Gedichte in diesem Zyklus setzen sich allerdings mit einzelnen Motiven von *Beowulf* – die Seefahrt, das Meer und das Moor –, aber auch mit den sprachlichen und textuellen Eigenschaften des Werkes auseinander: mit der Überlieferung des Manuskripts und mit den stilistischen Eigenschaften des Textes wie den „Kenningar", den poetischen Umschreibungen von Begriffen in mehreren Worten. Der Schiffbruch ist für Kling eine Metapher für die oft fragmentarische Überlieferung von Literatur, denn das Gedicht „ist lesbare sprachküste, / wenn auch beschädigt zum rand."[107] In seinem Doppelsinn verweist der Titel des zweiten Gedichts, „Gaumensegel", ebenso auf die Schifffahrt wie auf den Mundraum als Ort der Sprache.

---

104 Kling: *Gesammelte Gedichte*, S. 737.
105 Siehe Max Raphael: *Wiedergeburtsmagie in der Altsteinzeit. Zur Geschichte der Religion und religiöser Symbole*, Frankfurt am Main 1979.
106 Kling: *Gesammelte Gedichte*, S. 740.
107 Kling: *Gesammelte Gedichte*, S. 753.

Nach Vorgeschichte und frühem Mittelalter bilden die Hexenverfolgungen der frühen Neuzeit eine weitere Station des Bandes. Kling bezieht sich in seinem Zyklus „Die Hexen", darauf hat Tobias Bulang hingewiesen, „auf konkrete juristische und administrative Verfolgungspraktiken der frühen Neuzeit sowie auf überlieferte Schriftdokumente dieser Praktiken: archivierte Verhör- und Gerichtsprotokolle."[108] Das erste Gedicht, „Über die Art wie sie Hagelschlag zu erregen pflegen", protokolliert ein Verhör und die mit ihm verbundene Schreibszene inmitten von Schmutz und geschundenen Leibern, über die auch die Autorinstanz reflektiert: „Die feder zittert des schreibers".[109] Die Bezugnahme auf Texte und Bilder macht diese Gedichte zu Beispiele der Ekphrasis. Das zweite Gedicht, „Baldung gen. Grien, Die Hexen", bezieht sich auf einen Holzschnitt des deutschen Malers Hans Baldung aus dem Jahr 1510: Wie die meisten „Gemäldegedichte" Klings ist auch dieses zugleich Bildbeschreibung, Wiederbelebung und Animation („ein animierter farbholzschnitt von 1510") eines Bildes. Das dritte Gedicht, „Höllischer Morpheus", zitiert den Titel eines vom protestantischen Theologen Peter Goldschmid (1662–1713) verfassten Pamphlets, das die Existenz von Gespenstern und Hexen beweisen sollte, und kreist um das Frontispiz des Bandes, das ein eigentümliches Bild des antiken Schlafgottes entwirft.

Der Zyklus „Schiefrunde Perlen" bleibt in der Frühen Neuzeit und bietet „Gemäldegedichte" über die barocke Vanitas-Thematik und Werke des spanischen Malers Juan de Valdés Leal (1622–1690). Auf die Beschreibung einzelner Details seines Gemäldes „Finis gloriae mundi" folgt mittels einer Fotografie aus der Zeit des spanischen Bürgerkriegs ein zeitlicher Sprung: So überblendet Kling einen Krieg des 20. Jahrhunderts mit der barocken Vanitas-Thematik, bevor das letzte Gedicht, „Sevilla 1671", ausgehend von Valdés Leals Bild „In ictu oculi" noch einmal den Tod bildlich und allegorisch inszeniert. Die in „Farnsamen" gesammelten Gedichte bilden keinen zusammenhängenden Zyklus. Was sie verbindet, sind ihre Referenzen auf die bildende Kunst, insbesondere auf weniger bekannte flämisch-niederländische Maler des 17. Jahrhunderts wie Pieter Claesz (1597–1661), Pieter van Bredael (1629–1719) und Adriaen Brouwer (1605–1638). „Pieter Bruegel: Alchemie Headset" kreist um den Kupferstich „Der Alchemist" von Pieter Brueghel dem Älteren: Das Gedicht rückt den Dichter in die Nähe des Alchemisten, es betont die materielle Seite ihrer Arbeitsprozesse, das Fiebrige, bisweilen Chaotische

---

108  Tobias Bulang: „Poetische Ermittlungen. Die Hexengedichte von Thomas Kling", in: Frieder von Ammon, Rüdiger Zymner (Hg.): *Gedichte von Thomas Kling. Interpretationen*, Münster 2019, S. 228–249, hier: S. 233.
109  Kling: *Gesammelte Gedichte*, S. 767.

ihres Schaffes, aber auch – den satirischen Zug von Brueghels Darstellung aufgreifend – ihre zumeist prekäre finanzielle Lage.

Es folgen zwei Zyklen, die an den bereits erwähnten Zyklus „GELÄNDE camouflage" anschließen. Sie erforschen das Gelände und die Geschichte der Raketenstation Hombroich. „Nachtwache" bezieht sich auf die Überwachung des Luftraums durch die ehemalige NATO-Raketenstation. Das seit 1962 operationsfähige Programm „NATO Air Defense Ground Environment Programme" (NADGE) ist ein zentraler Bezugspunkt dieses Gedichts, worauf Yuji Nawata hingewiesen hat.[110] Dabei ging es um ein computerunterstütztes Warnsystem von Radarstationen, das mit automatischer Datenverarbeitung ausgestattet war.[111] Weil Raketen und andere Flugkörper durch Tracking-Monitore überwacht wurden, spielt die Bildlichkeit in diesem Zyklus eine große Rolle: „ein monitor, auf dem die nacht in tätigkeit erscheint."[112] Oder: „es kriechen / lange wespendaten lange über bunkermonitore."[113] Aber diese Visualität verdankt sich den unsichtbaren Prozessen der Datenerfassung: Die Rede ist von „datennächte[n]"[114] und vom „DATENZUCKEN".[115] Keine Menschen erscheinen hier, allein Tiere streifen durch das Militärgelände, darunter auch eine Eule. Sie verweist ebenso auf die Zeit der Dämmerung wie auf Minerva, die nicht nur als Göttin der Weisheit, sondern auch als Göttin der taktischen Kriegsführung gilt. Der folgende Zyklus, „Eine Hombroich-Elegie", setzt andere Akzente: In diesen Gedichten, die Klings umfangreichsten Beitrag zum Genre der Naturlyrik darstellen, tritt Militärgeschichte hinter der Betrachtung der Natur zurück. Der Zyklus ist eine Elegie, er handelt vom Tod der Tiere und vom Kreislauf der Natur. Seine Protagonisten sind Bienen, ein junger Hase, Libellen, Spechte, Falken, ein Fuchs, eine Kröte, ein Hund, aber auch Pflanzen wie Bilsenkraut und Disteln.

Der vorletzte Teil von *Sondagen* trägt den Titel „Greek Anthology. Nach Kenneth Rexroth" und enthält deutsche Übersetzungen aus Rexroths Übersetzung der *Anthologia Graeca*, die unter dem Titel *Poems from the Greek Anthology* erschienen ist und, wie schon der Klappentext verheißt, eine

---

110   Siehe Yuji Nawata: „Visual representativeness in uncomprehended script and material script: examples from contemporary German literature", in: *Ars Semeiotica* 38 (2015), S. 59–68.
111   Siehe Dieter Krüger: „Nationaler Egoismus und gemeinsamer Bündniszweck. Das ‚NATO Air Defence Ground Environment Programme' (NADGE) 1959 bis 1968", in: *Militärgeschichtliche Zeitschrift* 64 (2005), S. 333–358.
112   Kling: *Gesammelte Gedichte*, S. 797.
113   Ebd., S. 800.
114   Ebd., S. 798.
115   Ebd., S. 800.

unkonventionelle Auswahl altgriechischer Lyrik darstellt.[116] Rexroth verkehrte als Lyriker mit verschiedenen avantgardistischen Bewegungen und galt als „the 'Godfather' of the Beats".[117] Weder Kling noch Rexroth wollen mit ihrer Antikenrezeption an eine traditionelle Auffassung von kanonischer Literatur anknüpfen. Keiner der griechischen Dichter*innen (Anaximander, Krinagoras, Sardinapal, Leonidas, Nossis), die Kling in seinen Zyklus aufnimmt, zählt zum Kanon altgriechischer Literatur: Die Dichterin Nossis galt zum Beispiel als Sapphos Rivalin, gehörte aber nie zum Kanon. Von zentraler poetologischer Bedeutung für Klings Werk sind in diesem Zyklus das erste und das zweite Gedicht, „Die letzte Äußerung des delphischen Orakels I" und „Die letzte Äußerung des delphischen Orakels II": Das erste Gedicht übersetzt via Rexroth einen griechischen Spruch, der das Ende des Orakels ankündigt: Phoibos „hat kein heiligtum keinen / Prophetischen lorbeer keinen / Sprechenden quell mehr. Das plaudernde / Wasser zuletzt ist versiegt."[118] Dass der Gott Apollo kein Heiligtum mehr hat, deutet Kling jedoch nicht religionsgeschichtlich: Ihm geht es um den „sprechenden Quell" und das „plaudernde Wasser", also um die Funktion und Wirkung des prophetischen Sprechens als eines nichtrationalen Diskurses. Die Lyrik kann ihm nahekommen, verschmilzt aber nicht mit dem Mythos: Die „Letzte Äußerung des delphischen Orakels II" inszeniert dessen Verstummen als akustisches Ereignis im Kontext moderner Kommunikation – „über sender".[119]

Das letzte Gedicht in *Sondagen*, „Villa im Rheinland", wohl eine autobiographische Reminiszenz, führt zurück in das 19. und 20. Jahrhundert. Kling erinnert sich, wie er in den 70er Jahren eine heruntergekommene „rheinische Fabrikantenvilla"[120] aus der Gründerzeit durchstöbert; dort stößt er auf historische Spuren und Hinterlassenschaften, die, wie Frieder von Ammon interpretiert, eine Sondage des 20. Jahrhunderts erlauben.[121]

---

116  „Students of the classics as well as poets and translators will welcome this collection for the insight and dexterity of its unconventional editor." Siehe Klappentext auf Amazon, URL: https://www.amazon.com/Poems-Greek-Anthology-Expanded-Paperbacks/dp/0472 086081, letzter Zugriff: 01.08.2024.
117  Siehe Kenneth Rexroth auf Poetry Foundation, URL: https://www.poetryfoundation .org/poets/kenneth-rexroth, letzter Zugriff: 01.08.2024.
118  Kling: *Gesammelte Gedichte*, S. 831.
119  Kling: *Gesammelte Gedichte*, S. 832.
120  Siehe Balmes, Kling: „Brandungsgehör. Nachbildbeschleunigung. Thomas Kling im Gespräch mit Hans Jürgen Balmes", S. 129.
121  Frieder von Ammon: „,originalton nachgesprochen'. Antikerezeption bei Thomas Kling", in: Stefan Elit, Kai Bremer, Friederike Reents (Hg.): *Antike – Lyrik – Heute. Griechischrömisches Altertum in Gedichten von Moderne bis zur Gegenwart*, Remscheid 2010, S. 209–240, hier: S. 238–239.

## 12 Auswertung der Flugdaten (2005)

*Auswertung der Flugdaten*, Thomas Klings letzter Band, erschien 2005 ebenfalls bei DuMont. Keiner seiner anderen Bände ist so stark von der Biographie des Autors geprägt – von der Lungenkrebserkrankung und der damit einhergehenden Ahnung des Todes. In konzeptueller Hinsicht ist dieser Band der einzige, der Gedichte und Essays vereint und so die Grenzen zwischen theoretischer Reflexion und Poesie verwischt. Der Band beginnt mit einem „Gesang von der Bronchoskopie" – die Bronchoskopie, eine Untersuchung der Atemwege, wird zur Diagnose unterschiedlicher Lungenerkrankungen eingesetzt. Die Medizin und der Bergbau liefern dem Zyklus seine wichtigsten Wortfelder. Unter Bezugnahme auf Motive der Romantik stellt das lyrische Ich Analogien zwischen dem Inneren des Körpers, vor allem der Lunge, und dem Inneren der Erde her: Eines der Gedichte heißt „Vitriolwasser" und bezieht sich auf ein Motiv aus E. T. A. Hoffmanns Erzählung „Die Bergwerke zu Falun": Der in Vitriolwasser konservierte Leichnam des Protagonisten wird fünfzig Jahre nach dessen Verschwinden ohne Alters- oder Verwesungsspuren geborgen. Das Gedicht „Radiologische Mutungen" spielt auf das Ende der Erzählung im Kontext der modernen Medizin an: „dann find' man, ferner, / erst nach sechzig jahre nix / (*falun*) und liegt und liegt / und liegt geborgen / un- / geborgen: i vitriolvatten./"[122] Im Gedicht „Vitriolwasser" werden den Instrumenten des Lungenarztes Namen aus der Sprache der Bergleute gegeben: So bezeichnet das „gezähe" die Werkzeuge und Arbeitsgeräte des Bergmannes.[123] Die Bergmannsprache gehört zu den ältesten Fachsprachen und hat viele Wortformen und Wortbedeutungen bewahrt, die aus der modernen Sprache verschwunden sind. Bewusst spielt Kling mit alten Schreibweisen und Verbformen, die verschiedene Assoziationen wecken. Das gilt auch für das Verb „eintäufen" bzw. „einteufen" (der „doctor" „teuft" in die Brust des lyrischen Ich „ein"); die Teufe meint in der Bergmannsprache die Tiefe,[124] aber der Wortklang erinnert auch an die Taufe und den Teufel, wie schon Michael Lentz bemerkt hat.[125]

Der Zyklus „Mahlbezirk", der Gedichte und Fotografien einer verfallenden Mühle enthält und in Zusammenarbeit mit Langanky entstanden ist, ist eine intermediale und ethnologische Arbeit. Die in früheren Zusammenarbeiten

---

122 Kling: *Auswertung der Flugdaten*, S. 18.
123 Siehe Bergmännische Ausdrücke von A bis Z, grubewohlfahrt.de, URL: http://www.grubewohlfahrt.de/seite/545408/a-z.html, letzter Zugriff: 09.08.2024.
124 Ebd.
125 Michael Lentz: „Prophezeiungen aus hingestückter Stimme. Aber die Sprache, dieses vollständige Fragment. Thomas Klings letzter Gedichtband ‚Auswertung der Flugdaten', das Vermächtnis eines Wortschatzgräbers", in: FAZ, 13.08.2005.

begonnene Reflexion über die Medialität der Fotografie wird in diesem Gedichte fortgesetzt. Das dem Gedicht vorangestellte Motto aus Grimms „Der Zaunkönig" („Fing das räderwerk der mühle an zu klappern, so sprach es") verweist auf die Suche nach Analogien zwischen der Sprache und dem Mahlwerk der Mühle: „und die mühle sprach. / sprang. // ihre mühlensprache sprach sie: flüssig. / in zerkleinerungsform. / sprach wie im rausch."[126]

In gewisser Weise werden diese Tendenzen auch im Essay, „Projekt Vorzeitbelebung", fortgesetzt. Der Essay ist eine Reflexion über den Mythos und den Kult des Dionysos, über die dionysische Herkunft von Lyrik und Kunst, über den Rausch, über die Darstellung von Sexualität und Gewalt. Sie kreist um zentrale Elemente von Klings Poetologie, die den schamanistischen Prozess der Zerstückelung und Wiederbelebung mit der Arbeit an der Sprache identifiziert. Klings Aufsatz verschränkt religionswissenschaftliche und anthropologische Perspektiven mit poetologischen und literaturgeschichtlichen Reflexionen zur Überlieferung des Dionysos-Mythos durch die Literaturgeschichte. Neben Rudolf Borchardts Gedicht „Bacchische Epiphanie" (geschriebn zwischen 1901 und 1912, veröffentlicht 1924), das im Zentrum des Essays steht, beschäftigt sich Kling mit Euripides' *Bakchen*, Ovids *Metamorphosen* sowie Ezra Pounds Rezeption des Dionysos-Mythos und widmet dem Rausch bei Nietzsche und Benn eine Schlussbemerkung.

Das Gedicht „Neues vom Wespenbanner" ist auf mehreren Ebenen mit Südtirol verbunden und präsentiert zugleich eine Reihe von historischen Personen, die zu Alter Egos des Dichters werden. Zu *„The old men's voices"* – ein Zitat und Verweis auf Pounds Cantos – zählt Josef Pichler (1765–1854), auch als „Pseirer-Josele" bekannt, ein Südtiroler Gämsenjäger und Bergführer, der als Erstbesteiger des Ortlers gilt; „Simon del desierto" verweist auf Luis Buñuels gleichnamigen Film über Simeon Stylites den Älteren, der asketischen Prinzipien folgend, auf einer Säule lebte und als erster Säulenheiliger gilt. Auf dem Umschlagbild des Bandes inszeniert sich Kling als Stylit. Die bereits im „Gesang von der Bronchoskopie" thematisierte Beeinträchtigung der eigenen Stimme – „wie von polarfuchs heiseres gebell"[127] – wird hier erneut – und noch expliziter – zum Gegenstand: „so / steht er und schweigt wie er spricht, die gottes-drossel. / verschriebene / druckstele. wie gedrosselt der hals und die kehle noch warm, / warum, und der leer bleibende schlund – ein erstbesteiger wieder."[128] Das Verstummen wird, wie für Kling typisch, in Begriffen der

---

126 Kling: *Auswertung der Flugdaten*, S. 38.
127 Ebd., S. 20.
128 Ebd., S. 85.

Medientechnik gefasst: Wenn der Wespenbanner spricht, gibt „das BASF-tape den / geist auf[]".[129]

In „Unbewaffnete Augen" und „Alles Außenaufnahmen" tritt, verbunden mit Szenen aus einem Krankenhaus und „Außenaufnahmen" von Vögeln, erneut die bereits in *Fernhandel* erscheinende Figur der Mnemosyne auf; aber sie liegt im Sterben, und ihr Gedächtnis – ein „alt- und kurzzeitgedächtnis"[130] – schwindet: Möglicherweise ein Porträt der Mutter des Dichters, die kurz vor ihm sterben sollte. Auch der aus drei Gedichten bestehende Zyklus „Die Anachoretische Landschaft / Grünewald (Isenheimer Altar, gegen 1516)" handelt von Krankheit und Tod. Die ersten beiden Gedichte gehen von einer Bildtafel des Isenheimer Altars aus, der als Auftragswerk für die Kirche des Spitals des Antoniterklosters entstanden ist; ihm wurde eine wichtige Rolle bei der Heilung der Kranken zugeschrieben. „Die Anachoretische Landschaft" schildert den Besuch des heiligen Antonius beim Einsiedler Paulus – nicht in der Wüste, sondern in einem „deutsche[n] waldtal"[131] am Rhein. Die Beschreibung äußerer Details – der Landschaft, des Flechthemds von Paulus oder des Rabenmotivs, der den beiden Brot bringt – bringt innere Vorgänge zum Ausdruck. Das durch Schrägstriche unterbrochene Gespräch, aus dem hervorgeht, dass Paulus bald sterben wird, ist Kling zufolge einer Heiligenlegende aus dem 19. Jahrhundert entnommen.[132]

Auf die drei „Gemäldegedichte" folgt der Vortrag „Zum Gemäldegedicht", der Klings Überlegungen zu dieser Gattung resümiert: „ein Gemäldegedicht ist dichterische Schrift parallel zu Erzeugnissen und mit, mit Hilfe, der bildenden Kunst."[133] Malerei und Schrift führt er auf die gemeinsamen Sprachwurzeln von „malen" und „Mal", zurück; das Wort „Mal" bezeichnet zum einen den Zeitpunkt, zum anderen das Zeichen, den Fleck, das Wund- und das Muttermal.[134] Anhand dieser semantischen Übergänge zwischen Malen und Schreiben will Kling zeigen, dass die Ekphrasis der Nachvollzug des Visuellen mittels Sprache ist, wobei Sprache und Schrift nicht sekundär sind. In einem Exkurs beschäftigt sich Kling mit der emblematischen Dichtung des 16. und 17. Jahrhunderts, deren sinnbildliche Verschränkung von Bild und Text er als frühe Formen von Intermedialität deutet.

Von den „Vier Miszellaneen", die den essayistischen Teil abschließen, bildet insbesondere das Thema des „Jagdzauber[s]" einen Übergang zu den später

---

129 Ebd., S. 85.
130 Ebd., S. 92.
131 Kling: *Auswertung der Flugdaten*, S. 102.
132 Siehe Balmes, Kling: „Brandungsgehör. Nachbildbeschleunigung. Thomas Kling im Gespräch mit Hans Jürgen Balmes", S. 136.
133 Kling: *Auswertung der Flugdaten*, S. 110.
134 Ebd., S. 111.

folgenden Gedichten, die sich auf das finnische Epos *Kalevala* beziehen. Kling greift nicht nur auf einzelne Motive des Epos zurück, sondern adaptiert und übernimmt Verse. Das erste Gedicht trägt den Titel „Über das Bildfinden 1 / Jagdspruch aus dem Kalevala":

nebelmädchen
sieb den nebel
mit dem haarsieb!
nebel da hin wo
das wild steht:
daß mein nahen
es nicht höre –
fliehen sei für es
nicht möglich![135]

Dieser kurze Jagdspruch stammt aus der 19. Rune der *Kalevala*: Dort bittet der Schmied Ilmarinen die Göttin des Nebels, Terhenetär, darum, das Wild an der Flucht zu hindern. Vergleicht man Klings Version des Jagdspruchs mit Gisbert Jäneckes Übersetzung,[136] die er zudem 2004 rezensiert hat, so zeichnet sich seine Übersetzung durch Neologismen wie „dahinnebeln"[137] oder die Metapher des „haarsieb[es]"[138] aus. Das letzte, dreiteilige Gedicht in dieser Reihe trägt den Titel „Bärengesang" und ist Klings Mutter gewidmet. Es präsentiert die Rede eines „Bären=ich", dessen Sprachgedächtnis sich auflöst: „Ich kannte dreizehn worte / für mein bein, / für meinen fuß, / für bärenbein und bärenfuß. / die kenn ich nun nicht mehr."[139] Da Kling seine Rezension des *Kalevala* mit einem Hinweis auf den in Finnland noch ins 16. Jahrhundert verbreiteten Bärenkult beginnt, liegt es nahe, einige Motive des Gedichts mit dem Epos in Verbindung zu bringen, so das Motiv des Bärentanzes, der Bärenjagd und das anschließende Abziehen des Pelzes. Die 46. Rune der *Kalevala* handelt von der Bärenjagd und dem auf sie folgenden Fest, das den Bär als geehrten Gast empfängt. Nirgends in der *Kalevala* ergreift jedoch der Bär das Wort, auch fehlen die verschiedenen Komposita mit „Bär-" („bärenbein", „bärenfuß", „bärenauge" usw.) in der *Kalevala*, die den Bären wiederum oft als „Honigtatze" bezeichnet. Vermutlich stammt der Begriff des „Bären=ich[s]" aus der schamanistischen Tradition: Vor

---

135 Kling: *Auswertung der Flugdaten*, S. 134.
136 „Dunstige Jungfrau, Nebelfee! Sieb deinen Nebel! / Streu Dunst über Pfade, auf denen das Wild wandelt! / Es soll meine Schritte nicht hören, nicht fliehen!" Elias Lönnrot: *Kalewala. Das finnische Epos*, Salzburg 2011, S. 171.
137 Thomas Kling: *Auswertung der Flugdaten*, S. 134.
138 Ebd.
139 Ebd., S. 136.

seiner ekstatischen Reise erscheinen dem Schamanen „helping spirits",[140] und das oft in Gestalt eines Tieres, zumeist eines Bären. Der Schamane imitiert das Tier, in das es sich verwandelt.[141] Um dieses Tier-Werden geht es womöglich auch in Klings Gedicht.

In Auseinandersetzung mit Vergils *Aeneis* und dem Bilderzyklus „Sibyllen und heidnische Propheten" des Renaissancemalers Hermann tom Ring (1521–1596) schließt Klings letzter Zyklus, „Vergil. Aeneis – Triggerpunkte", welcher die Thematik des Dichterisch-Prophetischen, des Todes und der Zukunft noch einmal aufgreift. Obwohl die Antike zehn Sibyllen kannte, denen fünf der Gedichte gewidmet sind, bezieht sich Klings vor allem auf die Sibylle von Cumae, wie sie im 6. Buch der *Aeneis* dargestellt wird: Als ekstatische Prophetin mit einer kraftvollen Stimme, welche von Apollo inspirierte Wahrheiten verkündet. Es ist jedoch nicht eine mächtige Stimme, sondern das autobiographisch zu deutende Schwinden der eigenen Stimme, welches in „prophezeiungen aus hingestückter stimme"[142] noch einmal zum Ausdruck kommt. Sybille ist nicht nur ein Orakel, sie weist auch Aeneas den Weg in die Unterwelt. Sie blitzt bereits in den Augen eines Wiesels oder Hermelins auf, „das mörderäugig / […] das weltei köpfen wird",[143] wie es in „Sibylle Delphica" heißt, das von einer prominenten Tierdarstellung in einem gleichnamigen Gemälde tom Rings ausgeht. Diese mit „lagerlautsprechern" und „schnellgericht" ausgestattete Unterwelt weckt Erinnerungen an die Geschichte des 20. Jahrhunderts.[144] Das Gedicht „Vergil mit der Nietbrille" zeigt, wie Schilling erläutert hat, die *Aeneis* als Produkt der imperialen Politik unter Kaiser Augustus und der von ihm in Gang gesetzten „mythenmaschine".[145] Am Ende des Gedichts identifiziert sich das lyrische Ich, das offenbar aus der Perspektive Vergils spricht, mit dem Gott Vulkan, welcher im 8. Buch der *Aeneis* ein Schild für Aeneas schmiedet, auf dem die Zukunft von dessen Nachfahren und mithin die Zukunft Roms zu sehen ist. So endet Kling mit einer aus der literarischen Tradition entlehnten, „etwas übersteuert[en]" Zukunftsvision; ihr letztes Wort: „kampfgeschehen"[146].

---

140 Siehe Mircea Eliade: *Shamanism. Archaic techniques of ecstasy*, Princeton 2020, S. 85–90.
141 Ebd.
142 Kling: *Auswertung der Flugdaten*, S. 161.
143 Ebd., S. 159.
144 Ebd., S. 165.
145 Erik Schilling: „Intertextuelle Arbeit am Nachruhm in Thomas Klings Vergil-Zyklus", in: Rüdiger Zymner, Frieder von Ammon: *Gedichte von Thomas Kling. Interpretationen*, Münster 2019, S. 287–301, hier: S. 294.
146 Kling: *Auswertung der Flugdaten*, S. 168.

KAPITEL 1

# Ein neuer Raum: Thomas Kling und die Traditionen der deutschsprachigen Lyrik

Über Thomas Klings Bedeutung für die deutsche Lyrikszene herrscht große Einigkeit. Ulrike Draesner spricht von einem „richtige[n] Energieschub, der damals [d. h. in den 80ern] in die lyrische Szene reingekommen [ist]", Marcel Beyer von einer Schneise, einem neuen Raum, den Thomas Kling als Dichter eröffnet habe.[1] Norbert Hummelt thematisiert diesen Einfluss im Kontext seiner eigenen Entwicklung: „[D]as war etwas Neues, etwas Wildes, wie ich es nie zuvor gelesen hatte; etwas Herausforderndes."[2] Christian Döring behauptet in einem Interview aus dem Jahr 2008:

> Ich glaube, das liegt auf der Hand, und darüber kann es keinen Streit geben, er hat mit seinen Gedichtsprachen die junge Generation enorm beeinflusst, und jedes von ihm erschienene Gedichtbuch hat eine neue Rezeption ausgelöst, er war ein Impulsgeber im Bereich des Lyrischen.[3]

Dieses Kapitel geht der Frage nach, woher der Impulsgeber Thomas Kling wiederum die Impulse für seine eigene Poetik nahm und in welchem Maße er sie selbst offen benannt hat. Keine Erneuerung ohne Rezeption des Früheren, Vorausgehenden. Welche Werke waren also für die Entwicklung von Klings Poetik wichtig? Inwiefern brachte er trotz seiner Anknüpfung an gewisse Traditionen etwas Neues in die deutschsprachige Lyrik?

Der Begriff des Neuen sei hier als eine kontextabhängige, nicht als absolute Kategorie verstanden – als etwas, das nur vor dem Hintergrund einer zeitspezifischen literarischen Landschaft definiert werden kann. Dabei orientiert sich dieses Kapitel fast ausschließlich an der Frühphase von Klings Entwicklung, die seine ersten drei Bände sowie das inoffizielle Debüt aus dem Jahr 1977 umfasst: *der zustand vor dem untergang* (1977), *erprobung herzstärkender mittel* (1986),

---

1   Annette Brüggemann: „Geschmacksverstärker. Schreiben nach Thomas Kling" [Radio-Feature], WDR3open: WortLaut, 30.03.2006, 23:05–24:00 Uhr.
2   Norbert Hummelt: „Erinnerung an Thomas Kling", in: *Castrum Peregrini* 268/269 (2005), S. 103–110, hier: S. 105.
3   „Gespräch über Thomas Kling. Christian Döring im Interview mit Enno Stahl", Internetseite Literatur Archiv NRW, URL: http://www.literatur-archiv-nrw.de/lesesaal/Interviews/Gespr_ch_ueber_Thomas_Kling/seite_1.html, letzter Zugriff: 25.01.2019.

*geschmacksverstärker* (1989) sowie *brennstabm* (1991). Untersucht werden die ästhetischen Prämissen dieser Poetik, nicht die gesamte Entwicklung des Lyrikers, der in gewissem Sinne mit jedem neuen Band etwas Neues hervorgebracht hat. Das Kapitel beginnt mit einer kritischen Analyse von Thomas Klings erster offizieller literaturgeschichtlicher Selbstpositionierung in seinem Essayband *Itinerar* (1997), zieht aber auch weiteres Material heran: den zweiten Essayband *Botenstoffe* (2001), Interviewmaterial und andere Selbstaussagen. Klings Verhältnis zur literarischen Tradition wird dabei aus zwei Perspektiven untersucht: hinsichtlich der textuellen Einflüsse, die den Schreibstil und die Poetik prägen, sowie hinsichtlich der Traditionen des literarischen Vortrags, in deren Zusammenhang Klings performative Praxis zu untersuchen ist. Es handelt sich hierbei um die erste umfassende Auseinandersetzung mit den prägenden Einflüssen auf die Poetik Thomas Klings, die Lyriker*innen unterschiedlicher avantgardistischer Bewegungen der 20. Jahrhunderts einbezieht: expressionistische Lyrik, Konkrete Poesie und Wiener Nachkriegsavantgarde. Den Autor*innen der Wiener Nachkriegsavantgarde, denen sich bereits Daniela Strigl gewidmet hat,[4] wird zumeist eine große Rolle in der Entwicklung von Klings Poetik zugeschrieben, doch sollen die jeweiligen Poetiken und Schreibverfahren im Folgenden auf eine differenziertere Weise als bei Strigl miteinander vergleichen werden. Anders als in Erk Grimms früher Studie über Klings Poetik und ihre Einflüsse,[5] soll zudem ein weites Spektrum lyrischer Positionen ins Spiel gebracht werden.

## 1 Poetologische Statements

In *Itinerar* nennt Kling eine ganze Reihe von Namen, die ihn bei seiner Entwicklung als Lyriker geleitet hätten:

> Mein Wienaufenthalt 79/80 war Programm; ebenso wie meine frühen Lektüreerfahrungen; mit 13: „Menschheitsdämmerung"; Benn, vor allem Trakl. Mit 15: Beschäftigung u. a. mit den Technopägnien der Konkreten, die zu diesem Zeitpunkt, Anfang der 70er Jahre, bereits Literaturgeschichte waren und deren eifrige Didaktik, in der sie den Brechtnachfolgern keinen Deut nachstanden, mich abstieß. Der Konkreten Poesie, aus deren Umfeld sich das Bielefelder Colloquium rekrutiert, hat Reinhard

---

4 Daniela Strigl: „Kling in Wien. Zu einem literarischen Myzel", in: Frieder von Ammon, Peer Trilcke, Alena Scharfschwert (Hg.): *Das Gellen der Tinte*, Göttingen, 2012, S. 81–112.
5 Erk Grimm: „Materien und Martyrien", in: *Schreibheft* 47(1996), S. 124–130.

Priessnitz (1945–1985), der zweifellos bedeutendste Dichter seiner Generation, einmal völlig zu Recht ein „etwas naives Programm" bescheinigt. Priessnitz, Autor der legendären und in ihrem Einfluss kaum zu überschätzenden Gedichtsammlung „vierundvierzig gedichte" (1978), ist sicherlich höher als Brinkmann zu bewerten, dessen Berufsfuror einem doch ziemlich auf die Nerven gehen kann. Mir lagen gewisse Arbeiten aus dem Montagebereich der Wiener Gruppe näher, besonders Bayer und Wiener, ein Ingenieurstum, das sich Dr. Benn vielleicht nicht so hatte träumen lassen.[6]

### 1.1  Expressionistische Lyrik: Trakl

Kling beginnt seinen Rückblick mit der von Kurt Pinthus herausgegebenen expressionistischen Lyrik-Anthologie *Menschheitsdämmerung* (1919). Vor allem sein erster, von Literaturkritik und Literaturwissenschaft gleichermaßen vernachlässigter Gedichtband *der zustand vor dem untergang*, der 1977 im Düsseldorfer Kleinverlag Schell/Scheerenberg erschien und seinem offiziellen Debüt *erprobung herzstärkender mittel* (1986) um mehr als neun Jahre vorausgeht, enthält deutliche Spuren dieser Lektüre. Viele Themen und Motive des späteren Werks sind hier bereits anzutreffen: Märchen und märchenhafte Motive, Archäologie, Friedhöfe, Idyllen (mit für Kling typischen anti-idyllischen Zügen), eine Reise nach Schottland. Doch weder in visueller noch in stilistischer Hinsicht ähneln diese 35 Gedichte seinem späteren Werk, sie weisen weder die typische Montagetechnik noch die Einbeziehung von O-Tönen oder die charakteristische Orthographie auf. Kling verwendet zwar bereits die konsequente Kleinschreibung, aber er gliedert die Gedichte gemäß einer klassischen Strophenform (meistens drei bis vier Strophen). Die Zeilenumbrüche folgen der Einheit der einzelnen Gedanken, Bilder oder Phrasen; von den charakteristischen Zeilenbrüchen noch keine Spur. Der Klang der Wörter ist noch nicht zum Motor von Assoziationen geworden, auch die Technik der De- und Rekonstruktion verschiedener Wortschichten ist abwesend. Stattdessen arbeitet Kling mit Bildern, er kreiert deutlich von expressionistischer Lyrik beeinflusste Landschaftsbeschreibungen. Auf stilistischer Ebene ist der expressionistische Simultan- oder Reihungsstil besonders auffällig, den Kling in mehr oder weniger modifizierter Form in seinen Gedichten verwendet. Das bezeugt auch die einzige Widmung des Bandes – an den expressionistischen Dichter Alfred Lichtenstein (1889–1914) –, an dessen Stil der oft komisch-groteske Charakter dieser Gedichte erinnert. In

---

6  Thomas Kling: *Itinerar*, Frankfurt a. M. 1997, S. 22.

*Itinerar* verweist Kling besonders auf Georg Trakl (1887–1914), dessen Einfluss auch im *zustand vor dem untergang* zu bemerken ist:

winter bei uns

der winterschnee legt sich
wie schimmel über die blasse wintersaat.

die mondsichel ist am frost geschliffen,
und sterne sind fischaugen
aus hellblauem silber durch die nacht verteilt.

die autobahn ist fern
ein harmloses insektensurren –

morgen schwemmt das graue schmelzwasser
durch die rinnsteine und die autobahn ist
der alte böse hornissenangriff.[7]

Klings „winter bei uns" ähnelt Trakls „Im Winter" in vielerlei Hinsicht. Trakls Reihungsstil, seine oft zitierte Selbstbeschreibung der „bildhafte[n] Manier, die in vier Strophenzeilen vier einzelne Bildteile zu einem einzigen Eindruck zusammenschmiedet",[8] wird hier leicht modifiziert, so dass nicht jede Strophenzeile, sondern jede Strophe ihren Teil zu einem gemeinsamen Eindruck beiträgt; dennoch ist der expressionistische Reihungsstil zu erkennen. Ebenso orientiert sich Kling in motivischer Hinsicht an Trakls Gedicht: Der Blick auf einen Acker, der Trakls Gedicht eröffnet, fällt hier auf eine verschimmelte Wintersaat. Danach wendet sich das Auge, wie bei Trakl, dem Himmel zu, genauer: dem Mond, der auch bei Trakl langsam als „grauer Mond" aufsteigt. Auch die akustischen Bilder, das Rauschen der Autobahn, könnte man eigentlich auf Trakl zurückführen: Aus Trakls „blutigen Gossen" (ein älteres Wort für die „an der Bordkante entlanglaufende Rinne in der Straße, durch die Regenwasser und Straßenschmutz abfließen"[9]) entwickelt Kling das Bild der Rinnsteine und der Autobahn, die zu einem „alte[n] böse[n]

---

[7] Thomas Kling: *der zustand vor dem untergang*, unpaginiert, Stiftung Insel Hombroich, Thomas Kling.
[8] „Brief an Erhard Buschbeck vom Juli 1910", in: Georg Trakl: *Dichtungen und Briefe*, hg. von Walther Killy und Hans Szklenar, Salzburg 1987, S. 478.
[9] Duden Online, URL: http://www.duden.de/rechtschreibung/Gosse, letzter Zugriff: 11.05.2016.

hornissenangriff" wird. In Klings Winter fehlen Trakls grausam-tödliche Motive, sein Winter ist mit einer bestimmten Landschaft verbunden, er ist lokalisierbar, „bei uns" (d. h. im Rheinland), trägt allerdings auch feindliche Züge. Gerade die letzte Strophe mit dem „Hornissenangriff" zeigt, wie Kling, ausgehend von Trakls Lyrik, eine unverkennbare Motivik entwickelt, auch wenn sich dies für den Stil des Gedichts schwerlich behaupten lässt. Von den neun Jahre später in *erprobung herzstärkender mittel* erschienenen Gedichten unterscheidet sich dieses Gedicht noch stark. Wenn Trakl auf textueller und inhaltlicher Ebene in Klings Gedichten eine wichtige Rolle spielt, vor allem in der Text-Bild-Montage „Aufnahme 1914"[10] und im neunten Gedicht des Zyklus „Der erste Weltkrieg",[11] so hat dies vielmehr mit einem Interesse für historisch-biographische Zusammenhänge der „Lyrik der *Generation Verdun*"[12] zu tun als mit einem unmittelbaren Einfluss auf stilistisch-technischer Ebene.

### 1.2 „der westdeutsche sakrallyriker stefan george"

Bevor es im folgenden Abschnitt ausführlicher um die Bedeutung Gottfried Benns für Thomas Kling gehen soll, sei zunächst darauf hingewiesen, dass der Name eines Autors, den er gut gekannt haben muss, nicht in seiner Liste prägender Lektüren erscheint: Stefan George. Dass Kling mit seinem Werk vertraut gewesen sein muss, bestätigt eine Stelle aus seiner frühen literarischen Produktion: „unsere erste eifelfahrt",[13] die Beschreibung einer Gruppenfahrt in die Eifel, die er unter diesem Titel im Jahr 1974 für das „Mitteilungsblatt" der Sektion Düsseldorf des Deutschen Alpenvereins *Der Berg* geschrieben hat. Diesem Text, den Frieder von Ammon als Klings ersten veröffentlichten Essay betrachtet,[14] geht ein Kommentar der Redaktion voraus, der darauf hinweist, man habe den Bericht „original wiedergegeben, spricht doch aus der ›modernen Schreibweise‹ der Wunsch der Jugend, auch im ›BERG‹ ›in‹ zu sein."[15] Damit ist die Kleinschreibung gemeint, die Kling in seinem Artikel verwendet. Im nächsten Beitrag für die Zeitschrift sah sich der Siebzehnjährige deshalb zur folgenden Erklärung veranlasst: „allerdings sehe ich mich gezwungen, sie darauf hinzuweisen, daß ich mich in der ‚Kleinschreibung' auf den westdeutschen sakrallyriker stefan george (1968–1933) beziehe, bin also durchaus

---

10   Thomas Kling: *Gesammelte Gedichte: 1981–2005*, hg. von Marcel Beyer, Christian Döring, S. 289–301.
11   Ebd., S. 616–617.
12   Thomas Kling: *Botenstoffe*, Köln 2001, S. 12.
13   Siehe Thomas Kling: *Werke in vier Bänden*, Bd. 4. *Essays 1974–2005*, hg. von Frieder von Ammon, Berlin 2020, S. 367.
14   Siehe „Nachwort", ebd., S. 863.
15   Ebd., S. 837.

nicht ‚modern' in meiner schreibweise."[16] Inwiefern nun aber Georges Gedichte Klings Lyrik beeinflusst haben, soll im Folgenden beantwortet werden.

Als Gast von Stéphane Mallarmés Dienstagstreffen, den „Mardis" in der Rue de Rome, und Vertreter eines modernen Sprachbewusstseins schuf George eine Poetik, der auch Klings Werk verpflichtet ist. Das „autonome Bewegungsgefüge der Sprache [kann]", wie Hugo Friedrich formuliert, „das Bedürfnis nach sinnfreien Klangfolgen und Intensitätskurven bewirken, [so] dass das Gedicht überhaupt nicht mehr von seinen Aussageinhalten her zu verstehen ist."[17] Diese Betonung der Eigenlogik der Sprache, die mit der Distanzierung von einer bestimmten Auffassung der Lyrik als Ausdruck von Erlebnissen oder Gefühlen einhergeht, ist für George und Benn ebenso zentral wie für Kling. Dennoch muss man zugeben, dass Georges Diktum „strengstes maass ist zugleich höchste freiheit"[18] und Klings (bzw. Mayröckers) „mehr ist gleich Meer (Überflutung)"[19] gegensätzlicher nicht sein könnten. Wie sich anhand der in der Werkzusammenfassung zitierten Gedichten zeigte, ist Kling kein Lyriker des strengen Versmaßes und des Reimes, auch die für George typische Interpunktion (Abwesenheit aller Interpunktionszeichen außer des eignen Trennzeichens, des Mittelpunktes) wird von Kling nicht benutzt. Angesichts der formalen Strenge und Lakonie Georges[20] lässt sich ein unmittelbarer Einfluss auf Klings Stil schwer ausmachen. Was Kling mit George teilt, ist das Interesse an der Etymologie, an Archaismen und Dialekt;[21] außerdem legen beide großen Wert auf die performative Seite der Lyrik. Dennoch bestehen zwischen ihren Kompositionsprinzipien wenige Gemeinsamkeiten. Andere Parallelen drängen sich gleichwohl auf: George und Kling waren Meister der Selbstinszenierung, charismatische Persönlichkeiten, die das literarische Feld aufmerksam kontrollierten und einen Kreis von Gleichgesinnten um sich scharten – eine für Kling nicht unproblematische Parallele, die im zweiten Kapitel näher betrachtet werden soll.[22] Zuletzt sei noch auf Klings Aufsatz „Leuchtkasten Bingen. Stefan George Update" angewiesen, in dem er die

---

16  Ebd., S. 369.
17  Hugo Friedrich: *Die Struktur der modernen Lyrik. Von Baudelaire bis zur Gegenwart*, 2. Auflage, Hamburg 1958, S. 12.
18  Zitiert nach Armin Schäfer: *Die Intensität der Form. Stefan Georges Lyrik*, Köln, Weimar, Wien 2005, S. 87.
19  Siehe Thomas Kling: *Werke in vier Bänden, Bd. 1. Gedichte 1977–1991*, hg. von Gabriele Wix, Berlin 2020, S. 464.
20  Siehe Stefan George: *Gedichte*, hg. von Günter Baumann, Stuttgart 2008.
21  Siehe Armin Schäfer: *Die Intensität der Form*, S. 43–95.
22  Für weitere Parallen, insbesondere im Hinblick auf die Wirkung auf die Zeitgenoss*innen, siehe Anhang, Gespräch mit Norbert Hummelt, Berlin, 29.09.2015.

Kulturgeschichte der Stadt Bingen mit eigenen Kindheitserinnerungen verwebt und zugleich ein kritisches Porträt Georges zeichnet. Im Vordergrund stehen dabei Georges „kalkulierende Personalpolitik", seine durch den Parisaufenthalt beeinflusste Selbstinszenierung und seine Publikationsstrategien.[23]

### 1.3  Benns Artistik und Montagetechnik

Nach Trakl verweist Kling auf Gottfried Benn (1886–1956) als wichtigen Bezugspunkt. Als Vertreter des Expressionismus haben sowohl Trakl als auch Benn poetologische Prämissen entwickelt, auf denen seine Lyrik beruht. Dies spielt zunächst eine wichtige Rolle bei seiner Distanznahme von jüngeren poetischen Traditionen, wie Korte bemerkt: Die Anziehungskraft Benns „lag nicht zuletzt darin, dass seine artistische Konzeption und sein Verständnis vom Gedicht wieder einen Weg zur Sprachlichkeit von Poesie eröffnen und damit die Chance, über die Alltagslyrik und Lyrik der ‚Neuen Subjektivität' hinauszugelangen."[24] Dieser Aspekt der „artistischen Konzeption" und des „Verständnis[es] vom Gedicht" soll hier in Zusammenhang mit Benns theoretischen Texten, insbesondere seinen „Problemen der Lyrik" (1951), noch genauer umrissen werden.

Gleich zu Beginn von „Probleme der Lyrik" verwahrt sich Benn gegen den weit verbreiteten Gedanken, ein Gedicht entstehe aus einer melancholischen Stimmung beim Anblick einer Heidelandschaft oder eines Sonnenuntergangs. Lyrik habe mit Stimmung und spontanem Ausdruck nichts zu tun: „Ein Gedicht entsteht überhaupt sehr selten – ein Gedicht wird gemacht."[25] Benn, der die poetologischen Grundlagen der Lyrik der Moderne zusammenfasst, geht vom Gedicht als „Kunstprodukt"[26] aus, das auf der anderen Seite des „Emotionelle[n]", „Stimmungsmäßigen" und „Thematisch-Melodiösen" steht: „Damit verbindet sich die Vorstellung von Bewusstheit, kritischer Kontrolle und […] ‚Artistik'."[27] Er hebt den artifiziellen Charakter der Lyrik hervor. Als zentrale Charakteristik der modernen Lyrik gelten ihm zudem ihre selbstreflexiven Züge:

---

23  Siehe Thomas Kling: „Leuchtkasten Bingen. Stefan George Update", in: ders.: *Botenstoffe*, Köln 2001, S. 32–44.

24  Korte: „Säulenheilige und Portalfiguren? Benn und Celan im Poetik-Dialog mit der jüngeren deutschsprachigen Lyrik seit den 1990er Jahren", in: Karen Leeder (Hg.): *Schaltstelle. Neue deutsche Lyrik im Dialog*, Amsterdam, New York 2007, S. 109–137, hier: S. 116.

25  Gottfried Benn: „Probleme der Lyrik" in: Gottfried Benn: *Gesammelte Werke in vier Bänden*, Band 1. Essays, Reden, Vorträge, hg. von Dieter Wellershoff, Wiesbaden 1965, S. 494–536, hier: S. 495.

26  Ebd., S. 495.

27  Ebd.

„Die Herstellung des Gedichtes selbst ist ein Thema, nicht das einzige Thema, aber in gewisser Weise klingt es überall an."[28] Hiermit bietet die moderne Lyrik eine „Philosophie der Komposition"[29] oder auch „Phänomenologie der Komposition".[30] Literarhistorisch betrachtet beginnt die moderne Lyrik für Benn in Frankreich mit Gérard de Nerval, Mallarmé, Verlaine, Rimbaud, Valéry und setzt sich mit Apollinaire und den Surrealisten fort.[31] Im angelsächsischen Raum sind ihre Vertreter Eliot, Auden, Henry Miller und Ezra Pound, in Deutschland vor allem die expressionistische Lyrik und eventuell auch der „rezidivierende Dadaismus" der Konkreten Poesie, die Benn Anfang der 50er Jahre noch wahrnimmt.[32] Verallgemeinernd könnte man von einer Tradition sprechen, die sich aus der Lyrik der Moderne und der Avantgarden speist. Dieses poetologische Programm geht von der Autonomie der Lyrik aus, der Benn – Hofmannsthal zitierend – eine eigene Existenz zuschreibt: „[E]s führt von der Poesie kein direkter Weg ins Leben, aus dem Leben keiner in die Poesie".[33] So wird der Materialität der Sprache, dem Wort, insbesondere dem Substantiv eine große Rolle zugeschrieben. Die Beziehung der Lyriker*innen zum Wort verdeutlicht Benn anhand einer Analogie aus der Biologie: So wie bestimmte Meeresorganismen durch Flimmerhaare ihre Umwelt erkunden, so verhalten sich auch Lyriker*innen gegenüber den Wörtern: „Flimmerhaare, die tasten etwas heran, nämlich Worte, und diese herangetasteten Worte rinnen sofort zusammen zu einer Chiffre, einer stilistischen Figur."[34] Diese Analogie veranschaulicht den sinnlichen, haptischen Aspekt der sprachlichen Arbeit, er objektiviert zu einem bestimmten Grad den Schreibprozess, deutet aber auch das durch die Wörter vermittelte Verhältnis der Lyriker*innen zur Realität an. Die Sprache, die Benn in seinen Gedichten verwendet, ist gekennzeichnet von einer großen lexikalischen Vielfalt – ebenso in historischer wie in soziologischer Hinsicht:

> Diese meine Sprache, sagen wir, meine deutsche Sprache, steht mir zur Verfügung. Diese Sprache mit ihrer Jahrhunderte alten Tradition, ihren von lyrischen Vorgängern geprägten Sinn- und stimmungsgeschwängerten, seltsam geladenen Worten. Aber auch die Slang-Ausdrücke, Argots,

---

28   Ebd., S. 495–496.
29   Ebd., S. 496.
30   Ebd., S. 497.
31   Ebd., S. 497.
32   Ebd., S. 498–499.
33   Ebd., S. 509.
34   Ebd., S. 511.

Rotwelsch, von zwei Weltkriegen in das Sprachbewusstsein hineingehämmert, ergänzt durch Fremdworte, Zitate, Sportjargon, antike Reminiszenzen, sind in meinem Besitz.[35]

Obwohl der kompositorische Aspekt des Gedichts an sich kontrollierbar und rationalisierbar ist, entzieht sich der Entstehungsprozess eines Gedichts einer solchen Charakterisierung. Für Benn, der einen empirischen Zugang zu seiner Artistik beschreibt, bleibt Lyrik, was ihren Ursprung und ihre Wirkung betrifft, mit dem Bereich der Magie verbunden.[36]

Diese poetologischen Prämissen werden für Thomas Kling, der in einer Zeit aufwächst, die Benn gegenüber nicht zuletzt wegen seiner politischen Verstrickungen auf Distanz bleibt, sehr wichtig. Auch Kling fasst das Gedicht als „Konstrukt" auf,[37] was in einem klaren Gegensatz zur programmatischen Spontaneität der Lyrik der 6oer Jahre steht. Diese strebte nach der Unmittelbarkeit der Umgangssprache, nach einer „weniger angestrengten Haltung gegenüber der Lyrik", „eine[r] neue[n], entspanntere[n] Sprache".[38] Kling hingegen versteht die Sprache des Gedichts wieder als Konstrukt, als eine der Alltagssprache entzogene Sphäre. Er knüpft an jene Tradition seit Mallarmé an, die einstmals von Benn hervorgehoben, im Zuge der 6oer Jahren für „historisch abgeschlossen" erklärt wurde.[39] Damals galten Gedichte nicht mehr als eigenständige Realitäten, vielmehr betonte man aus dem Drang nach einer unmittelbaren Einwirkung auf die Gegenwart ihren inhaltlichen, referentiellen Aspekt. Benns Autonomieanspruch stellten manche Lyriker*innen infolge der 68er-Bewegung eine rationale, aufklärerische politische Intention gegenüber – und genau dieser Schritt wird für Klings Generation problematisch. Die Benn-Rezeption der 8oer Jahre muss also als Reaktion auf eine bestimmte Poetik und die mit ihr einhergehende politische und moralische Vereinnahmung der Literatur begriffen werden. Benns Haltung, die der Lyrik der 6oer Jahre als zu elitär galt, ermöglichte zwanzig Jahre später eine sprachliche Distanzierung gegenüber der zuvor bejahten Unterhaltungsindustrie. Zudem bot Benns Sprachmagie, wie noch näher

---

35 Ebd., S. 518.
36 Ebd., S. 513–514.
37 Kling: *Itinerar*, S. 20.
38 Jürgen Theobaldy, Gustav Zürcher: *Veränderung der Lyrik. Über westdeutsche Gedichte seit 1965*, München 1976, S. 27.
39 „So muss das, was als die einzig mögliche Entwicklung der Lyrik von Baudelaire über Mallarmé bis hin zu Celan erschienen ist, mittlerweile als historisch abgeschlossene Phase genommen werden." Ebd., S. 9.

erläutert werden soll, eine Alternative zur rationalistischen Tendenz der Konkreten Poesie.

Benn steht als Autor der *Morgue*-Gedichte auch hinsichtlich der verwendeten Sujets und der Arbeitsweise für eine Tradition, an die Lyriker*innen wie Kling anschließen konnten. So spricht Kling in dem weiter oben angeführten Zitat aus *Itinerar* von einem „Ingenieurstum, das sich Dr. Benn vielleicht nicht so hatte träumen lassen". Das „Ingenieurstum" verweist dabei – über die Assoziation mit dem Wortfeld des Maschinenbaus – auf Benns in den 10er und 20er Jahren entwickelte Montage-Technik, die Kling als eine Vorwegnahme der Schreibverfahren der Wiener Gruppe deutete. Damit stellt sich die Frage, welche Impulse Benns Montage-Technik auf Klings Schreiben ausgeübt haben könnte. Sie soll anhand von Benns Gedicht „Nachtcafé 1" beantwortet werden, das zwar nicht als repräsentativ für Benns Gesamtwerk gelten kann, aber einen Einblick in seinen frühen Stil erlaubt, dem Klings größtes Interesse gilt.[40] Auch hinsichtlich der Themen und Motive ergeben sich darüber hinaus Parallelen zu Klings Gedichten.

Nachtcafé 1

824: Der Frauen Liebe und Leben.
Das Cello trinkt rasch mal. Die Flöte
rülpst tief drei Takte lang: das schöne Abendbrot.
Die Trommel liest den Kriminalroman zu Ende.

Grüne Zähne, Pickel im Gesicht
winkt einer Lidrandentzündung.

Fett im Haar
spricht zu offenem Mund mit Rachenmandel
Glaube Liebe Hoffnung um den Hals.

Junger Kropf ist Sattelnase gut.
Er bezahlt für sie drei Biere.

Bartflechte kauft Nelken,
Doppelkinn zu erweichen.

---

40  Kling: *Botenstoffe*, S. 12–14.

> H moll: die 35. Sonate
> Zwei Augen brüllen auf:
> Spritzt nicht das Blut von Chopin in den Saal,
> damit das Pack drauf rumlatscht!
> Schluß! He, Gigi! –
>
> Die Tür fließt hin: Ein Weib.
> Wüste ausgedörrt. Kanaanitisch braun.
> Keusch. Höhlenreich. Ein Duft kommt mit. Kaum Duft.
> Es ist nur eine süße Verwölbung der Luft
> gegen mein Gehirn.
>
> Eine Fettleibigkeit trippelt hinterher.[41]

Ähnlich wie Kling in seinen „ratinger hof"-Gedichten („ratinger hof, zb 1", „ratinger hof, zb 2", „ratinger hof, zettbeh (3)")[42] thematisiert Benn den physischen Aspekt des Gäste im Nachtcafé, dieser Gegenwelt zur bürgerlichen Gesellschaft. Beide Gedichte inszenieren nicht nur ein subjektives Erlebnis, sondern wenden sich der vom lyrischen Subjekt beobachteten Welt zu. Beide sind sie Milieustudien mit einer sozialen Komponente. Benn schuf mit seinen „Nachtcafé"-Gedichten einen Topos, an den Kling bewusst anknüpfen konnte, auch wenn er an den Anfang seines Gedichts ein modifiziertes Benn-Zitat aus „O, Nacht" stellt, das auf die Drogenthematik des Gedichts verweist: Die eigentliche Referenz bilden jedoch die „Nachtcafé"-Gedichte, die ein ähnliches Thema variieren und fortsetzen.

Benns „Nachtcafé I" ist keine Montage, die erkennbare Zitate verwebt, obwohl er auch solche Gedichte geschrieben hat. Vielmehr ist die Montage als Gegenpol zu den beschreibenden, erzählenden Momenten zu verstehen, als eine Aneinanderreihung von Wörtern und Realitätsfragmenten. Der erste Vers verbindet eine Paragraphennummer des Bürgerlichen Gesetzbuches[43] mit dem Titel eines Gedicht-Zyklus von Chamisso. Am Ende der sechsten Strophe wird ein Ausruf („Schluss! He, Gigi! –") integriert. Auch „H moll: die 35. Sonate" ist eine Titelbezeichnung. Diese Montage von Titeln und Mustern

---

41  Gottfried Benn: *Gedichte in der Fassung der Erstdrucke*, hg. von Bruno Hillebrand, Frankfurt a. M. 2006, S. 94.
42  Kling: *Gesammelte Gedichte*, S. 22; S. 24; S. 67.
43  Siehe Marian Szyrocki: „Zu Gottfried Benns Gedicht ‚Nachtcafé'", Planet Lyrik, URL: http://www.planetlyrik.de/marian-szyrocki-zu-gottfried-benns-gedicht-nachtcafe/2013/09/, letzter Zugriff: 12.08.2019.

mündlicher Rede geht mit einer Fragmentierung der Syntax einher (Auflistung von Substantiven und Adjektiven). Bei Kling sind jedoch, anders als bei Benns frühem Beispiel der Montage-Technik, die Schnitte zwischen den sprachlichen Ebenen viel schneller, die Fragmentierung erfasst auch die Wortebene. Während bei Benn parataktische Sätze (mit Subjekt und Verb) überwiegen, verwendet Kling einen elliptischen Nominalstil. Man könnte die These formulieren, dass in einigen frühen Benn-Gedichten Merkmale von Klings Stil in Ansätzen ausgeprägt sind, sie jedoch von Kling in einer Weise radikalisiert und gesteigert werden, dass sie nicht mehr unmittelbar auf Benn zurückzuführen sind. Als bedeutender stilbildender Einfluss auf Klings Gedichte kann die Lyrik Benns deshalb kaum gelten, auch wenn seine theoretischen Positionen und einige seiner Gedichte für Kling wichtige Orientierungspunkte darstellten.

### 1.4   Konkrete Poesie: das einzelne Wort

Als weiteren Bezugspunkt seiner literarischen Entwicklung erwähnt Kling in der oben angeführten Passage aus *Itinerar* die Konkrete Poesie, „deren eifrige Didaktik [...] mich abstieß."[44] Was Kling ablehnt, ist ein spezifischer Aspekt der Konkreten Poesie, vor allem ihre Bildgedichte, ihre „Technopägnien", die jedoch nur einen bestimmten Teil der Konkreten Poesie ausmachen: z. B. Reinhard Döhls in der Form eines Apfels geschriebenes Gedicht, das aus dem mehrmals wiederholten Wort „Apfel" und dem Wort „Wurm" besteht.[45] Es stimmt allerdings, dass die Konkrete Poesie als internationale Bewegung ihren Höhepunkt Ende der 60er Jahre erreicht zu haben scheint.[46] In den 70er Jahren war sie Kling zeitlich noch immer zu nah, als dass ihre Wiederaufnahme einen starken Kontrast zu den herrschenden Poetologien hätte bilden können. Als anderen Kritikpunkt nennt Kling die „Didaktik" der Konkreten Poesie – kein Wort, das als solches in der Theorie der Konkreten Poesie zu finden wäre –, sondern eine Umschreibung Klings, die sich aus der weiteren Assoziation zu Brecht und seinen Nachfolger*innen zu ergeben scheint: Gemeint ist die Didaktik als wichtiger Aspekt der Brecht'schen Dramaturgie, vor allem seiner Lehrstücke, die sich mit den gesellschaftlichen Problemen der Zeit auseinandersetzen. Was Brecht und die Konkrete Poesie miteinander verbindet,

---

44   Siehe Fußnote 6.
45   Reinhard Döhl: „apfel", in: Eugen Gomringer (Hg.): *konkrete poesie. deutschsprachige autoren*, Stuttgart 1986, S. 38.
46   Hans Hiebel spricht vom Jahr 1970 als dem „Höhepunkt der Veröffentlichungen der nun bereits anerkannten und im Literaturbetrieb verankerten Poeten" – darunter zählt er die Veröffentlichungen von Friedrich Achleitner, Claus Bremer, Helmut Heißenbüttel, Ernst Jandl, Franz Mon und Gerhard Rühm. Siehe Hans H. Hiebel: *Das Spektrum der modernen Poesie. Interpretationen deutschsprachiger Lyrik 1900–2000 im internationalen Kontext der Moderne Teil II (1945–2000)*, Würzburg 2006, S. 173.

ist ihre Betonung der Nützlichkeit. Wenn Brecht die Demonstration eines Verkehrsunfalls als Modell seines Theaters postuliert, so erhebt er damit die Forderung nach einer gesellschaftlichen Bedeutung der Kunst; die Schilderung des Unfallgeschehens „verfolgt praktische Zwecke, greift gesellschaftlich ein",[47] indem sie zeigt, wie weitere Unfälle verhindert werden können. Auf ähnliche Weise verfolgte die Konkrete Poesie den Zweck, „der dichtung wieder eine organische funktion in der gesellschaft zu geben und damit den platz des dichters zu seinem nutzen und zum nutzen der gesellschaft neu zu bestimmen."[48] Als „denkgegenstand – denkspiel"[49] kann sich Konkrete Poesie in das „allgemeine sprachgeschehen einschalten", „die alltagssprache beeinflussen" und „zu bestimmten wichtigen verhaltensweisen auffordern".[50]

Eine solche konkrete gesellschaftliche Funktion hat die Lyrik für Kling nicht mehr. Die Gründe, die er für seine Ablehnung der Konkreten Poesie nennt, berühren jedoch keineswegs das gesamte Programm der Konkreten Poesie, die von unterschiedlichen Autor*innen und Gruppen rezipiert wurde (sowohl von den Vertreter*innen der Konkreten Poesie in Deutschland als auch von der Wiener Gruppe in Wien) und somit eine zentrale Traditionslinie der Lyrik nach 1945 darstellt. Ähnlich wie die Vorkriegsavantgarden steht sie für die Arbeit mit der Materialität der Sprache, mit ihrer akustischen und optischen Dimension, doch anders als frühere Bewegungen entsteht sie nicht aus einem radikalen Bruch mit der Alltagssprache, sondern bleibt, wenngleich in äußerst reduzierter Form, an eine erkennbare Sprache und ihre Semantik gebunden:

> Das Wort tritt in der konkreten Poesie meist isoliert auf, das einzelne Wort begegnet dem einzelnen Wort. Zuweilen werden Wörter in sparsamen Versen gereiht, häufiger werden sie flächig angeordnet, als visuelles Gedicht, das phonetisch nicht oder nicht vollkommen realisiert werden kann. Auch kleinere Einheiten finden Verwendung, Wortteile, Buchstaben.[51]

---

47   Bertold Brecht: „Die Strassenszene. Grundmodell eines epischen Theaters", in: Bertold Brecht: *Werke*, Bd. 22, Vol. 1, Berlin 1993, S. 377.
48   Eugen Gomringer: „vom vers zur konstellation", Internetseite Planet Lyrik, URL: http://www.planetlyrik.de/eugen-gomringer-zur-sache-der-konkreten/2017/08/, letzter Zugriff: 12.08.2019.
49   Ebd.
50   Ebd.
51   Ernst Jandl: „Voraussetzungen, Beispiele und Ziele einer poetischen Arbeitsweise", in: Thomas Kopfermann (Hg.): *Theoretische Positionen zur Konkreten Poesie*, Tübingen 1974, S. 41–59, hier: S. 47.

Bereits diese kurze Beschreibung der Konkreten Poesie lässt den ganzen Unterschied zu Klings Gedichten erkennen: Sie gehen nicht vom einzelnen Wort aus, sondern von komplexen Versstrukturen und einem narrativen Zusammenhang, der sich nicht innerhalb einer bloßen Anordnung von Wörtern entfalten lässt. Es stimmt zwar, dass Kling, wie Michael Braun in seiner Rezension von *brennstabm* (1991) bemerkt, „die methodische Strenge und serielle Ödnis der ‚Konstellationen' und ‚Permutationen' längst hinter sich gelassen [hat]".[52] Doch damit ist das Verhältnis der Poetik Klings gegenüber der Konkreten Poesie noch nicht erschöpfend beschrieben. Obwohl sich Kling in Selbstaussagen vom Programm der Konkreten Poesie stets abgrenzt, legen auch seine Gedichte einen Schwerpunkt auf einzelne Wörter, Wortteile und Buchstaben, ja sie verwenden bisweilen Verfahren, die denen der Konkreten Poesie sehr nahe kommen. Die Zerlegung einzelner Wörter (d. h. lexikalisch verzeichneter Wörter existierender Sprachen) in ihre Bestandteile, eine Art Grundcharakteristik der Konkreten Poesie, ist auch für Klings Poetik zentral: Dies wird deutlich an den harten Zeilenumbrüchen, die Wörter in Silben und harte Konsonanten trennen. So z. B. im Gedicht „blikk durch geöffnetes garagentor",[53] das einen aufgehängten, zerlegten Hirsch beschreibt und den Prozess des Zerlegens auf der Wortebene nachvollzieht: der „jeepmann", der „zu- / rrt[]", der „zerrnebel" wird „aufgebro- / chn", es entsteht eine „BO- / RSTIGE RAUMTEILUN'".[54] Abgesehen von den Zeilenumbrüchen finden sich auch innerhalb des Verses Momente, wo Wörter zu einem bestimmten Effekt getrennt werden: In den „psychotischen polaroids"[55] soll die Zerlegung des Wortes „minutenlang" in einzelne Silben, Buchstaben und Leerzeichen („mi nu ten lang ... / mi nu tn / l an g "[56]) den Zeitablauf verdeutlichen oder die Wiederholung einer Endsilbe in „die mütze"[57] das Verlieren der Geduld: „bald ist unsere ge- / duld -duld -duld".[58] Solche Momente, wo ein bestimmtes Wort zu einem bestimmten Effekt wiederholt und in seine einzelnen Bestandteile zerlegt wird, werden zwar in einen größeren Zusammenhang integriert, sind aber durchaus mit Gedichten der Konkreten Poesie wie Ernst Jandls „die zeit

---

52 Michael Braun: „Wortgestöber", in: *Die Zeit*, 03.05.1991.
53 Kling: *Gesammelte Gedichte*, S. 201.
54 Ebd.
55 Ebd., S. 126–128.
56 Ebd., S. 127.
57 Ebd., S. 51.
58 Ebd.

vergeht" vergleichbar,[59] welches das Vergehen der Zeit auf ähnliche Art durch eine Wortwiederholung veranschaulicht.

Noch häufiger reiht Kling innerhalb eines Gedichts einzelne Wörter und ihre Silben aneinander, um ihr ganzes semantisches Potential zu entfalten oder verschiedene, aber ähnlich klingende Wörter zu verbinden: Im ersten Gedicht des Zyklus „brandenburger wetterbericht"[60] wird etwa im Namen Studio Babelsberg der Bestandteil „Babel" hervorgehoben – „*babel-babel-babelsberg*"[61] – oder die Nähe zwischen den Worten „Oden" und „Orden" sowie „Streifen" und „Steifen": „*ordnsteifn-odnstreifn-ordnsteifn*.."[62] An solchen Stellen wird zwar nicht, wie in der Konkreten Poesie, die Linearität des Textes aufgebrochen, dennoch treten einzelne Wörter prominent hervor. Bei Kling verschiebt sich der Fokus auf das Wortmaterial jedoch zumeist nicht durch Permutation, sondern durch Aneinanderreihung und Assoziation innerhalb eines narrativen Kontinuums – die Herkunft dieser Techniken aus der Konkreten Poesie wird mindestens an einer Stelle auch von Kling angedeutet. Die „hardcore-gene / alogie" in „stollwerck: köln 1920",[63] einem Gedicht, das die Namen preußischer Generäle zusammen mit ausländischen Gerichten auflistet, endet mit den metapoetischen Versen: „UND DER LETZTE KONKRETE KALAUER / KOMMT DANN „BITTE MIT GESCHMACKSVERSTÄRKER"."[64] Kalauer finden sich in den Gedichten Thomas Klings nicht selten. Seine Wortspiele sind den Techniken der Konkreten Poesie zumindest verwandt. Auch wenn Kling in einem Interview mit Hans Jürgen Balmes den seriell-permutativen Verfahren der Konkreten Poesie eine Tendenz zum Erzählerischen gegenüberstellt, so gehen diese beiden Tendenzen in seinen eigenen Gedichten doch nicht selten ineinander über.[65]

Die neue Materialität, welche die Konkrete Poesie in einem ihrer programmatischen Texte „zur lage" proklamiert hat, könnte in einem gewissen Sinne auch die Grundlage von Klings Poetik bilden: „an stelle des dichter-sehers, des inhalts- und stimmungsjongleurs ist wieder der handwerker getreten, der die materialien handhabt, der die materialen prozesse in gang setzt und in gang

---

59  Ernst Jandl: „Voraussetzungen, Beispiele und Ziele einer poetischen Arbeitsweise", in: Thomas Kopfermann (Hg.): *Theoretische Positionen zur Konkreten Poesie*, Tübingen 1974, S. 41–59, hier: S. 45.
60  Kling: *Gesammelte Gedichte*, S. 352–355.
61  Ebd., S. 353.
62  Ebd.
63  Ebd., S. 75.
64  Ebd.
65  Siehe Kling: *Botenstoffe*, S. 203.

hält."[66] Der größte Unterschied liegt allerdings darin, dass für Kling die Rolle des Handwerkers die des Dichter-Sehers, des Inhalts- und Stimmungsjongleurs nicht ausschließt. Was für die Konkrete Poesie der 50er und 60er Jahre verschiedene Bereiche der Lyrik waren, verbindet sich 30 Jahre später zu neuen, komplexeren Lyrik-Konzepten. Diese Unterschiede lassen sich noch grundsätzlicher zusammenfassen: Während die Konkrete Poesie theoretisch grundiert ist und in erster Linie eine Formtheorie entwirft, die ihren Ursprung in der Erfahrung der Ordnung hat,[67] widerstrebt Klings Lyrik der Theoretisierung und geht nicht von formalen Problemen aus. Vielmehr orientiert sie sich an der „Wirklichkeit", der keine Ordnung und kein System zugrunde liegt, sondern das Unberechenbare, Plötzliche, Unverfügbare.

### 1.5 Die Montagen der Wiener Gruppe: „aus einem kausalen begriffszusammenhang gelöst"

Auch die Wiener Gruppe, die Kling in Zusammenhang mit Gottfried Benns Montagetechnik und in Kontrast zu dem noch zu erwähnenden Rolf Dieter Brinkmann als Bezugspunkt nennt, ist innerhalb der Konkreten Poesie zu verorten, obwohl sie im Vergleich zu einigen der Hauptvertreter der Konkreten Poesie wie Eugen Gomringer (*1925) oder Franz Mon (*1926) stärker mit literarischen Traditionen arbeitet, die vom Barock und dem Expressionismus bis hin zu Dada und Surrealismus reichen. Die Montage-Arbeiten der Wiener Gruppe entwickeln sich aus dem Interesse für eine methodische Hervorbringung von Literatur – aus einer Schreibphase, die Gerhard Rühm unter dem Stichwort des „methodischen inventionismus"[68] zusammengefasst und mit der folgenden Intention verbunden hat:

> durch permutative ordnung möglichst dissoziierter begriffe zu internen strukturen sollte absolute künstlichkeit erreicht werden, dichtung als gebrauchsanweisung. das sprachliche material sollte, aus einem kausalen begriffszusammenhang gelöst, in einen semantischen schwebezustand geraten, auf „mechanischem" wege überraschende wortfolgen und bilder erzeugen.[69]

---

66 Max Bense, Reinhard Döhl: „zur lage (1964)", in: Gomringer (Hg.): konkrete poesie, S. 167.
67 Eugen Gomringer: Theorie der konkreten Poesie. Texte und Manifeste 1954–1997, Wien 1997, S. 29.
68 Gerhard Rühm: „vorwort", in: Die Wiener Gruppe. Texte, Gemeinschaftsarbeiten, Aktionen, hg. von Gerhad Rühm, Reinbeck bei Hamburg 1967, S. 7–36, hier: S. 14.
69 Ebd.

Als Beispiel für diese methodischen Herangehensweisen kann man Konrad Bayers Text *der vogel singt. eine dichtungsmaschine in 571 bestandteilen* (1959/58) anführen, dem ein komplizierter mathematischer Konstruktionsplan zugrunde liegt. Sätze, die in keinem direkten Zusammenhang zueinander stehen, werden aneinandergereiht und ergeben einen Text, in dem keine lineare Handlung oder Geschichte zu erkennen sind. Dennoch handelt es sich um keinen streng mechanisch produzierten Text. Michael Töteberg weist z. B. darauf hin, „dass Bayer auch an den nach mathematischen Anordnungen entstandenen Texten immer wieder gefeilt [hat]" und dass die „auf mechanische und doch zugleich intuitive Weise gewonnenen Texte anschließend einer kritischen Revision durch den Autor unterliegen."[70]

Die Befreiung der Sprache von kausalen Zusammenhängen charakterisiert auch die größeren Arbeiten, die im Umfeld der Wiener Gruppe entstanden sind, vor allem *die verbesserung von mitteleuropa, roman* (1969) von Oswald Wiener oder Konrad Bayers *der kopf des vitus bering* (1963), die Kling wohl meint, wenn er von den für ihn wichtigen „Arbeiten aus dem Montagebereich der Wiener Gruppe"[71] schreibt. Bayers Montageroman *der kopf des vitus bering*, dem Kling auch eine Seminararbeit gewidmet hat,[72] ist ein Beispiel für die von der Wiener Gruppe praktizierte Montagetechnik. Die Montage findet hier auf verschiedenen Ebenen statt. Obwohl sich der Text an der Biographie des dänischen Seefahrers und Forschers Vitus Bering (1681–1741) orientiert, wird sie nicht linear, sondern in Form aneinandergereihter Abschnitte erzählt, die nicht immer der Chronologie der Biographie entsprechen. Auch innerhalb der Abschnitte wird die logische Reihenfolge der Sätze, die oft in keinem direkten Zusammenhang zueinanderstehen, durchbrochen:

> steigerung des idealen sinnes
> der kaiser, von gottes stellvertreter auf dem planeten erde mit öl gesalbt, hatte die wichtige aufgabe, ordnung zu halten. ende des jahrhunderts erliess der zar die verordnung zur allgemeinen strassenbeleuchtung. und gott sprach: es werde licht! vitus bering sass mit vorliebe in einem der vier wirtshäuser, die der windrose in petersburg entsprachen. man verschloss die tür und der wirt bewachte den schlüssel. da hielt sich der zar tag und nacht bereit, sein land auch persönlich zu verteidigen. dann warf der eine ein stück geld in eine gewisse entfernung. der andere hatte zu

---

[70] Michael Töteberg: Konrad Bayer, in: KLG. *Kritisches Lexikon zur deutschsprachigen Gegenwartsliteratur*, Stand: 01.10.2010.
[71] So wie Fußnote 6.
[72] Thomas Kling: „Konrad Bayer. Monteur." Stiftung Insel Hombroich, Thomas Kling.

versuchen, seine mütze der des gegners nah zu werfen. der könig konnte sich sowohl vorwärts als auch rückwärts bewegen. der könig zog auf ein feld. lange vorher nahm gott ein stück lehm und knetete den menschen, der ebenso aussieht, wie gott. der mensch kann sich sowohl vorwärts als auch rückwärts bewegen.
[...][73]

Dieser erste Abschnitt der Romanmontage wechselt zwischen fünf erkennbaren Ebenen, die fünf unterschiedliche Subjekte ins Zentrum rücken: Kaiser, Zar, Gott, Vitus Bering und Schachkönig. Die Sprünge zwischen den Ebenen sind relativ groß, weil sie fünf unterschiedliche Kontexte eröffnen, die eine logische Reihenfolge der Sätze verhindern. Dennoch ergeben sich auch zwischen diesen scheinbar zusammenhanglosen Sätzen neue Verbindungen: z. B. zwischen der „allgemeinen strassenbeleuchtung" und dem biblischen Zitat „es werde licht!" Durch Kombinatorik und Umstellung einzelner Satzteile sollen verschiedene Kontexte miteinander verzahnt und so neue Assoziationsebenen entwickelt werden: z. B. mit dem Satz „der mensch kann sich sowohl vorwärts als auch rückwärts bewegen", der die ursprüngliche Syntax einer Schachspielanleitung auf den Menschen als Protagonisten der Schöpfungsgeschichte überträgt. Der Text enthält keinen eindeutigen Verweis auf die Texte, aus denen er besteht – die Bibel, Schachspielanleitung, Fachbücher über die Geschichte Russlands und Österreichs sowie eine fiktive Geschichte über Vitus Bering kommen als mögliche Quellen in Frage, es könnte sich aber auch um modifizierte Zitate oder auch nur um einzelne Sätze aus derartigen Quellen handeln.

Thomas Klings Gedichte gehorchen anderen Schreibverfahren, sind aber in einigen Aspekten mit dieser Art von Textmontage verwandt. Charakteristisch für Klings Sprache sind die stilistischen Wechsel, die mündliche Rede, fachsprachliche Jargons oder literarische Zitate zusammenfügen, während der Text von Bayer einen homogenen Stil entfaltet – gerade dies ermöglicht die Rekombination der einzelnen Elemente auf syntaktischer Ebene. Die „alogische Geste" ist bei Kling abwesend – es geht ihm nicht um den Bruch mit dem kausalen Zusammenhang. Dennoch entwickeln sich auch seine Gedichte in assoziativen Sprüngen. Unterschiedliche Ebenen und Kontexte werden ausgelotet, und es bleibt nicht bei Wechseln im Sprachregister. Kling arbeitet auf intuitive Weise sowohl mit wörtlichen Zitaten als auch mit Formulierungen, die nur aus einem bestimmten Kontext stammen können oder vom Autor

---

73  Konrad Bayer: *Sämtliche Werke*, hg. von Gerhard Rühm, Stuttgart 1985, S. 170.

modifiziert worden sind. In diesem Sinne verwenden weder Konrad Bayer noch Kling eine streng methodisch gehandhabte Montage.

Weitere Gemeinsamkeiten lassen sich anhand des „Index" von *der kopf des vitus bering* aufzeigen, der in Form von aneinandergereihten Zitaten den Text ergänzt. Hier wird aus unterschiedlichen Quellen zitiert: aus allgemeinen Enzyklopädien und Lexika, medizinischer Literatur zum Thema der Epilepsie, aus religionsgeschichtlichen Werken und Studien zum Schamanismus, aus buddhistischer Literatur sowie literarischen Texten. Der „Index" verweist vor allem auf die verschiedenen, dem Text inkorporierten Wissensbereiche, aber auch auf die ihm zugrunde liegende Recherche. Mit Konrad Bayer verbindet Thomas Kling vor allem das Interesse für den Schamanismus und das Kultisch-Archaische, die zu den Bereichen der Anthropologie und Ethnographie zählen – Phänomene, die außerhalb des rationalen Rahmens der Konkreten Poesie liegen. Der Schamanismus erscheint als Thema in Klings Texten relativ spät – im Aufsatz „Projekt ‚Vorzeitbelebung'" (2005) –, obwohl schon seine frühe Selbstinszenierung als Wespe[74] schamanische Züge trägt und sein Dichterbild prägt.[75] Das bereits von Bayer suggerierte Konzept vom Dichter als Schamanen entwickelt Kling weiter, wenn er die schamanistischen Prozesse des Zerreißens und Wiederzusammensetzens mit der Wortarbeit und dem Schreibprozess verbindet und sie zum poetologischen Prinzip erhebt.[76] Der Gattungsunterschied (Prosa vs. Essay) deutet die unterschiedlichen Absichten der beiden Autoren an – die Entwicklung eines Porträtbildes von Bering als Schamanenfigur bei Bayer und die Suche nach den Ursprüngen der Dichtung bei Kling. Die enge Parallelisierung von archaisch-mythischen und zivilisatorischen Elementen mittels der Kopfmotivik betreibt jedoch bereits *der kopf des vitus bering*.[77] In dieser Hinsicht wäre Bayer als eine Figur zu sehen, die Klings Schreiben zwar konzeptuell geprägt hat, aber nicht als Einfluss

---

[74] Siehe Das Foto „mit Wespennest und -pulli in Spiegelberg, 1985" von Andreas Züst in Thomas Kling: *Das brennende Archiv. Unveröffentlichte Gedichte, Briefe, Handschriften und Photos aus dem Nachlaß sowie zu Lebzeiten entlegen publizierte Gedichte, Essays und Gespräche*, hg. von Norbert Wehr und Ute Langanky, Berlin 2012, S. 9.

[75] Der „Index" verweist darauf, dass „der schamane ein alter ego [besitzt], ein tier oder einen baum, dessen dasein mit dem seinen derart verquickt ist, dass schicksalsablauf zwischen ihnen besteht."

[76] Siehe Thomas Kling: „Projekt ‚Vorzeitbelebung'", in: Thomas Kling: *Auswertung der Flugdaten*, Köln 2005, S. 45–82.

[77] Bei Bayer wiederholt sich die Kopf-Motivik durch Motive der Enthauptung (z. B. durch die französische Guillotine), Kannibalismus (z. B. Kochen des Kopfes) und wiederkehrende Bezüge auf den Kopf der Figur Vitus Bering. Kling bezieht sich auf den Medusa-Mythos und archaische Formen der Kopfjagd, aber auch auf die Enthauptungsmotivik aus dem Kontext der modernen Medien.

im engeren stilistisch-technischen Sinne gelten kann. Klings Bezugnahme auf die Wiener Gruppe ist nicht zuletzt eine Positionierung innerhalb der Literaturgeschichte (als Alternative zu den Methoden und Denkweisen anderer Vertreter*innen der Konkreten Poesie), ohne dass die Konstruktionspraktiken der Wiener Gruppe für sein Schreiben unmittelbar relevant wären.

## 1.6 Pastior: das akustische Moment

In diesem Zusammenhang bleibt noch ein Dichter zu erwähnen, den Kling in seiner Auflistung prägender Einflüsse nicht nennt, obwohl er zu den wichtigsten Vertreter*innen einer avantgardistisch orientierten Lyrik im deutschsprachigen Raum nach 1945 zählt. Dem im siebenbürgischen Hermannstadt (Rumänien) geborenen Oskar Pastior (1927–2006) war der österreichische literarischen Raum immer nah: Er rezipierte die Arbeiten der Wiener Gruppe intensiv, was jedoch seine Zugehörigkeit zu diesen (und anderen avantgardistischen Gruppen) angeht, so spielte er, um ein Wort Axel Marquardts aufzugreifen, „eher die Rolle des Cousins, der sich nur alle Jahre mal blicken lässt, um seine Zugehörigkeit zu dokumentieren, sonst aber, in der Ferne, sein eigenes Leben lebt."[78]

Thomas Kling stand mit Oskar Pastior schon früh in Kontakt, wie es Teile eines veröffentlichten Briefwechsels, der für die Zeit zwischen Februar 1985 und August 1998 überliefert ist, beweisen.[79] Nicht nur die Korrespondenz, auch mehrere Widmungsgedichte zeugen von der Verbundenheit beider Autoren. In seinem 1987 bei Hanser veröffentlichten Sammelband *Jalousien aufgemacht* nahm Pastior ein Kling gewidmetes Gedicht auf, an dem sich die Ähnlichkeiten, aber auch die Unterschiede in den Poetiken der beiden Dichter erkennen lassen:

böhmen liegt in finnland

(für thomas kling)

an den phonemen von yemen
die an jenen kinnen terzinen
bilden und schimären hin-

---

[78] Axel Marquardt: „Oskar Pastior", KLG. *Kritisches Lexikon zur deutschsprachigen Gegenwartsliteratur*, Stand: 01.06.2011.

[79] Thomas Kling, Oskar Pastior: „Grüß mir die Enttrüttung. Aus dem Briefwechsel", hg. von Diego León-Villagrá, in: *Schreibheft* 94 (2020), S. 151–164.

latrinen oder binnenthemen
denen sie abhanden schwimmen
indien bis anden abgewinnen

tieren in intermittierenden
idolatrien deren mähren an
jenen die an die ahnen von

schemen sich dehnen oder an
jäh hinsichtenden lehnen bis
hungen die von dannen finnen[80]

Die engen klanglichen Assoziationen sind die vorantreibende Kraft dieses Gedichts: zunächst der Reim von „phonemen" und „yemen", aber auch „kinnen" und „terzinen", dann die Klangwiederholung in „lat*rinen*" und „*binnen*themen", die Assonanz in „binnenthem*en*" und „d*enen*" oder in „indi*en*" und „and*en*", der Reim von „abhanden" und „anden" oder von „schwimmen" und „abgewinnen". Solche Verbindungen prägen auch die letzten beiden Strophen: „*tieren*" und „intermit*tieren*den", wobei das Wort „idolatrien" den Klang von „tieren" nur leicht variiert; der Reim zwischen „jenen", „dehnen" und „lehnen"; die Assonanz von „dannen" und „finnen". Auf inhaltlicher Ebene greift Pastior den seit Shakespeare verbreiteten Topos von Böhmen am Meer auf, der einen utopischen Nicht-Ort, einen Idealzustand bezeichnet und in Zusammenhang mit Klings Biographie auf Finnland übertragen wird.[81] „Denken als eine Form lautlichen Assoziierens"[82] charakterisiert sowohl Pastiors als auch Klings Lyrik; zugleich zeigt eine vergleichende Lektüre von „böhmen liegt in finnland" und Klings bekanntesten Gedichten wie „rattinger hof, zettbeh (3)", dass bei Kling die vom Klang dominierten Teile oft von narrativen Sequenzen unterbrochen werden, was bei Pastior nicht der Fall ist. Im Unterschied zu Kling verwendet Pastior in seinem Gedicht konsequent die Form der Terzine. So vermittelt es einen Eindruck der Einheitlichkeit und Geschlossenheit. Während Pastior in seinem umfangreichen Werk unterschiedliche Gedichtformen erkundet

---

80   Oskar Pastior: *Das Unding an sich. Frankfurter Vorlesungen*, Frankfurt a. M. 1994, S. 39.
81   Kling hielt sich in den 1980er Jahren auch in Finnland auf. Er hat mehrere Gedichte mit entsprechenden Reminiszenzen verfasst, z. B. „finnland-flug", „ENDI WARHOL †".
82   Klaus Ramm: „Zehr das Ohr vom Ohr das zehrt. Ein Radioessay über die verschlungene Akustik in der Poesie Oskar Pastiors", in: Jörg Drews (Hg.): *Vergangene Gegenwart – gegenwärtige Vergangenheit. Studien, Polemiken und Laudationes zur deutschsprachigen Literatur 1960–1994*, Bielefeld 1994, S. 77–78.

hat – von Prosagedichten (*Höricht, Fleischeslust*), Liedern (*Der krimgotische Fächer*), Sonetten (*Sonettburger*), Anagrammgedichten, Palindromen (*Kopfnuß Januskopf*) und Sestinen (*Eine kleine Kunstmaschine*) –, blieb Kling dieses Repertoire an Formen mehr oder weniger fremd. Die Form der Liste, in der Pastior viele Gedichte und Gedichtbände verfasste,[83] findet sich bei Kling nur sporadisch, d. h. innerhalb eines Gedichts, das aber stets auch narrative Elemente enthält, auf die Pastior gänzlich verzichtet.

Der Formzwang ist nicht Klings Sache, und es überrascht keineswegs, dass er sich nicht als unmittelbaren Nachfolger Pastiors wahrnimmt, sondern andere Lyriker*innen in dieser Rolle sieht: „Und dieses freundliche Sprachmassiv, der Mount Oskar oder Pik Pastior, ist ja längst in den Blick gefaßt und durchstiegen worden, von den ihrerseits meisterlichen Freikletterern Oswald Egger und Ulf Stolterfoht."[84] Dennoch verbindet die Lust am Klang der Wörter, an Geräuschen und anderen auditiven Ereignissen das Werk von Kling und Pastior miteinander. Interessant ist Ramms Gedanke, dass Pastior nur Gedichte und Hörspiele, keine „großformatige Prosa" geschrieben habe, weil „das auf geheimnisvolle Weise dominierende Organisationsprinzip seiner Texte [...] das Akustische" gewesen sei.[85] Das ließe sich auf Kling übertragen. Bereits die Titel von Pastiors Bänden verweisen auf eine für sein Schreiben wesentliche akustische Dimension: *Höricht. Sechzig Übertragungen aus einem Frequenzbereich* (1975), *Lesungen mit Tinnitus* (1986), *Das Hören des Genitivs* (1997). Pastior spielt in *Höricht* mit den Sprachschablonen der Nachrichten und der Werbung, um verschiedene akustische Situationen zu inszenieren, z. B. die leicht absurde Idee eines Ohren-Leasings, dass auf der Behauptung beruht, dass im Ohr beim Hören von Musik Zeit freigesetzt wird und dass das Hörorgan Freizeit produziere.[86] Kling hat ein anderes Ziel – er versammelt in seiner Lyrik die Sprechweisen und Geräusche, die man an bestimmten Orten (z. B. im Taunus oder in Delphi, in der Gegenwart oder in der durch die Gegenwart vermittelten Vergangenheit) hören *könnte*. Eines der bekanntesten Gedichte Pastiors, „Die Ballade vom defekten Kabel" aus dem Band *Der krimgotische Fächer* (1978), ist im Zusammenhang mit Kling erwähnenswert, insofern das Moment der technischen Kommunikationsstörung auch von ihm oft in Gestalt eines akustisches Phänomens beschrieben wird – im Gedicht

---

83   Siehe z. B. Oskar Pastior: *Feiggehege. Listen, Schnüre, Häufungen*, Berlin 1991.
84   Thomas Kling: „Ein Rezept mit 12 Eiern. Oskar Pastiors Sprachhalden mögen immer weiter glühen", in: *Werke in vier Bänden*, Bd. 4. *Essays 1974–2005*, hg. und mit einem Nachwort von Frieder von Ammon, Berlin 2020, S. 719.
85   Klaus Ramm: „Zehr das Ohr vom Ohr das zehrt", S. 81.
86   Oskar Pastior: „Beim Hören von Musik wird nämlich ...", in: *Höricht*, Spenge 1975, S. 49.

„mitschnitt calvenschlacht" wird z. B. eine Art Funkverbindung zum Historiker und Renaissance-Humanisten Willibald Pirckheimer, einem Chronisten des Schwabenkrieges, aufgebaut; bald kommt es jedoch zu einem Zusammenbruch der Verbindung durch eine Frequenzüberlagerung: Ein Fading, das nicht nur die moderne Kommunikationssituation, sondern auch die Brüche in der Überlieferung des historischen Materials symbolisiert. Dennoch wählt Pastior für die Auseinandersetzung mit dem Thema der Kommunikationsstörung eine radikal andere Sprache als Kling; sein künstlich konstruiertes Privatidiom, das Krimgotische, schöpft aus seiner eigenen Sprachbiographie:

> die siebenbürgisch-sächsische Mundart der Großeltern; das leicht archaische Neuhochdeutsch der Eltern; das Rumänisch der Straße und der Behörden; ein bissel Ungarisch; primitives Lagerrussisch; Reste von Schullatein, Pharmagriechisch, Uni-Mittel- und Althochdeutsch; angelesenes Französisch, Englisch ... alles vor einem mittleren indoeuropäischen Ohr ...[87]

Diese Mehrsprachigkeit, die das ganze Werk Pastiors kennzeichnet, nimmt in *Der krimgotische Fächer* die radikalste Form an, indem die einzelnen Wörter in Versen wie „Adafactas / cowlblb / Ed rumplnz kataraktasch-lych" zwar ein bestimmtes semantisches Potential in sich tragen, zugleich aber derart verfremdet sind, dass sie – ähnlich wie die dadaistischen Lautgedichte – eher einer erfundenen Sprache als dem Deutschen ähneln. Thomas Klings Sprache ist dagegen stärker im Paradigma der Monolingualität verankert; was sie jedoch mit der Sprache Pastiors verbindet, ist der Aspekt der Heterogenität: Was bei Pastior die verschiedenen Sprachen bewirken, leisten bei Kling die verschiedenen Sprachregister. Oder wie Kling in seinem Aufsatz über Pastior formuliert: „so etwa wird in polyphoner und vielzüngiger Sprache der Kitsch verkohlt [...]."[88]

Als letzte wichtige Parallele sei die Auseinandersetzung mit der Geschichte erwähnt. Nicht nur die Themen, auch die Herangehensweisen der beiden Lyriker sind jedoch sehr verschieden: Während sich Kling mit dem Thema des Ersten Weltkriegs auseinandersetzte (obwohl seine Referenzen auch in die Zeit des Zweiten Weltkriegs und bis in das Mittelalter, die Antike und die Vorgeschichte reichen), verarbeitete Pastior seine Erfahrung der Deportation

---

87   Oskar Pastior: *Das Unding an sich*, S. 67.
88   Thomas Kling: „Ein Rezept mit 12 Eiern. Oskar Pastiors Sprachhalden mögen immer weiter glühen", in: *Werke in vier Bänden, Bd. 4. Essays 1974–2005*, hg. und mit einem Nachwort von Frieder von Ammon, Berlin 2020, S. 720.

in sowjetische Arbeitslager im Donbas von 1945 bis 1949 und sein Leben unter der rumänischen Diktatur bis zu seiner Flucht 1968 in den Westen. Während sich Kling als Angehöriger einer späteren Generation auf Gespräche mit Familienmitgliedern, auf den schriftlichen und visuellen Nachlass der Familie und auf Archivmaterialien (des Militärhistorischen Museums Wien) stützte, folgte Pastior, wenn auch indirekt, einem autobiographischen Ansatz: „Montage, Collage, Potpurri – das Listengedicht als mystische Zusammenschau von Vergewisserung und Deportation, Nüchternheits- und Überlebenstechnik."[89] So verschieden die beiden Herangehensweisen auch sein mögen, als sprachschöpferische und sprachkritische Lyriker wenden sich Pastior und Kling gegen jede Instrumentalisierung von Sprache durch Politik und Ideologie:

> Leser oder Hörer hellhörig machen für Differenzierungsmöglichkeiten, damit jeder zu seiner eigenen Sprache findet, um nicht auf Hüte, die angeboten werden (von Ideologien und deren Medien und, notgedrungen, auch von jedem Text, auch meinem), hereinzufallen.[90]

### 1.7 Priessnitz: vom Sprachbau zum Redefluss

Als weiteren Orientierungspunkt nennt Kling den 13 Jahre nach Konrad Bayer und 18 Jahre nach Oskar Pastior geborenen österreichischen Lyriker Reinhard Priessnitz (1945–1985) und dessen Gedichtsammlung *vierundvierzig gedichte* (1978) als eine „in ihrem Einfluss kaum zu überschätzende[ ] Gedichtsammlung".[91] Als Vertreter der zweiten Generation von Autor*innen, die in der deutschsprachigen Lyrik nach 1945 an die Tradition der Avantgarden anknüpften, entfernt sich Priessnitz einen Schritt weiter vom Programm und den Schreibverfahren der Konkreten Poesie und wird so zu einer Übergangsfigur zwischen den Poetiken der älteren Avantgarden und der jüngeren Generation. Zu Priessnitz pflegte Kling während seiner Zeit in Wien noch persönlich Kontakt.[92] *Vierundvierzig gedichte*, der einzige zu Priessnitz' Lebzeiten veröffentlichte Band, suggeriert bereits mit der Bezeichnung „Gedichte" eine Abkehr von den „Konstellationen" und Wortanordnungen der Konkreten Poesie hin zu älteren poetischen Traditionen. Auch einige der Titel („herbst", „reise" oder „schneelied") zeigen, dass hier gegen den Metaphernverzicht der Konkreten Poesie einige der ältesten Metaphern poetischen Schreibens wieder aufgerufen werden. Der Band, der über einen Zeitraum von fünfzehn Jahren

---

89   Oskar Pastior: *Ingwer und jedoch. Texte aus diversem Anlaß*, Göttingen 1985, S. 12.
90   Oskar Pastior: *Das Unding an sich*, S. 43.
91   So wie Fußnote 6.
92   Kling: *Itinerar*, S. 12.

entstanden ist, versammelt in formaler und thematischer Hinsicht sehr verschiedenartige Gedichte – von den frühen, gegenständlichen bis hin zu den späten, experimentellen Gedichten.[93] Zieht man zunächst die experimentellen Arbeiten in Betracht, so zeigen sich hier gewisse Ähnlichkeiten, aber auch wichtige Differenzen gegenüber den Charakteristiken der Konkreten Poesie: Priessnitz scheint mit einem begrenzten Vokabular zu arbeiten, auch wenn er daraus nicht eine streng zu respektierende Grenze macht, sondern eher den Ausgangspunkt einer Überschreitung. Was an den Gedichten hervortritt, ist ein Prinzip oder ein Konstruktionsplan – anagrammatische Verfahren, Wort- und Klangwiederholungen, Silbenbestimmungen –, die jedoch nicht streng eingehalten und absichtlich gebrochen werden. Hinsichtlich der Entstehung eines seiner Gedichte schrieb Priessnitz folgenden Kommentar:

> ich hatte eine zeitlang die idee ‚begrenztheit' – etwa diejenige der aussage oder diejenige des schreibens überhaupt – durch eine begrenzte anzahl des silben- und wortstocks auszudrücken und innerhalb dieser wahl zu lavieren, nicht zu permutieren [...] es schien mir interessant, zu sehen, wie durch kleine veränderungen entitäten expandieren, wie sie einen (mich) fortzusetzen zwingen, quaquaqua [...] des weiteren wird vielleicht die symmetrie aufgefallen sein [...], und zwar in jener art symmetrie, wie wir auch ein gesicht symmetrisch aufgebaut nennen. mir ist (zeitweilig) ein text (gedicht) immer dann als besonders geglückt vorgekommen, wenn seine einzelnen teile ein korrelat darstellten, wenn eine zeile in einer anderen ein gegenstück hätte.[94]

Mit einer Begrenzung von Form und Vokabular arbeiten nun auch die Gedichte der Konkreten Poesie – im radikalsten Fall bestehen sie, wie in einigen Konstellationen von Gomringer, nur aus einem einzigen Wort.[95] Priessnitz hingegen arbeitet in einigen Gedichten mit vollständigen Sätzen und Satzteilen, die sich innerhalb gewisser Grenzen bewegen (bezüglich der Wahl der Silben und/oder der Wortstämme), was eine größere Variation auf der Ebene der möglichen Wörter zulässt.[96] Im Unterschied zur Konkreten Poesie ist das Gedicht bei Priessnitz nicht mehr eine statische Anordnung

---

93  Siehe Reinhard Priessnitz: „literatur als entfremdung", in: ders.: *Texte aus dem Nachlass*, hg. von Ferdinand Schmatz und Thomas Eder, Wien 1994, S. 192.
94  Chris Bezzel: „zwischensprache. zu einem gedicht und einem brief von reinhard priessnitz", Dossier Reinhard Priessnitz, in: *Sprache im technischen Zeitalter* 100 (1986), S. 277.
95  Z. B. „schweigen" und „wind". Gomringer (Hg.): *konkrete poesie*. S. 58, S. 61.
96  Siehe z. B. das Gedicht „premiere", in: Reinhardt Priessnitz: *vierundvierzig gedichte*, Linz 1978, S. 7.

einzelner Wörter – mit einer begrenzten Anzahl von Wortkombinationen –, sondern ein dynamischer, sich immer weiter fortsetzender Text. Im Zentrum dieser Gedichte steht nicht mehr der Sprachbau, sondern die Dynamik des Redeflusses.[97] Das Gedicht entsteht nicht durch Permutation wie in der Konkreten Poesie, sondern durch einen Prozess, der mehr Variation und Freiheit zulässt und den Priessnitz mit dem Wort „Lavieren" umschreibt – einem veralteten Wort aus der Seemannssprache, das soviel bedeutet wie „im Zickzack gegen den Wind segeln; kreuzen"[98] oder „mit Geschick durch etwas hindurchbringen, Schwierigkeiten überwinden."[99] Der Unterschied zwischen diesem handlungsbezogenen, situativen und taktischen Vermögen und der Anwendung mathematischer Permutationen ist nicht zu übersehen.

Wie noch genauer ausgeführt werden soll, ist für Kling die Bewegung vom Gedicht als statischer Konstellation hin zum dynamischen Text, der den Redefluss berücksichtigt, zentral. Dennoch werden Klings Gedichte keineswegs von Regelzwängen oder selbstgewählten Begrenzungen angetrieben. Wenn Klings Gedichte Grenzen haben, so sind es keine sprachlich gesetzten – im Prinzip kann in seinen Gedichten jedes Wort vorkommen –, sondern thematische, die den Fokus eines Gedichts zumindest zum Teil begrenzen (indem sie einen bestimmten Ort oder Raum evozieren, eine bestimmte Szene oder Situation, ein Bild oder Ähnliches). Was ein Gedicht dieser Art vorantreibt, ist die narrative Logik, die Entfaltung einer bestimmten Situation oder eine Reihe von Situationen, die in Einzelteilen beschrieben werden. Die Logik dieser Gedichte ist eine referentielle und keine innersprachliche wie bei Priessnitz, auch wenn das sprachliche Material (wie der Abschnitt über Konkrete Poesie gezeigt hat) immer wieder die Textdynamik zu bestimmen scheint. Dies erklärt auch, warum sich einige Verfahren, mit denen Priessnitz arbeitet, wie Anagramm, Palindrom und andere Formen der Wiederholung und Variation auf der lexikalischen Ebene, bei Kling nicht oder nur sehr selten finden.[100] Eine Vorliebe für Buchstaben- und Zahlenkombinatorik (sowie für das Schachspiel) scheint Kling nicht mit Priessnitz zu teilen.[101] Auch die von

---

97  Helmut Heißenbüttel: „Konkrete Poesie", in: *Über Literatur*, Olten 1966, S. 71–74, hier: S. 73.
98  „lavieren" auf Duden Online, URL: http://www.duden.de/rechtschreibung/lavieren_segeln_sich_hindurchwinden, letzter Zugriff 11.05.2016.
99  Ebd.
100 Das Priessnitz gewidmete Gedicht „einer der felsn" kann als eine stilistische Annäherung an Priessnitz interpretiert werden, insofern hier Wörter innerhalb eines im Voraus definierten, begrenzten Klangfeldes verbunden werden. Siehe Kling: *Gesammelte Gedichte*, S. 248.
101 Siehe Franz Kaltenbeck: „Über ein Gedicht von Reinhard Priessnitz", Planet Lyrik, URL: http://www.planetlyrik.de/franz-kaltenbeck-zu-reinhard-priessnitz-gedicht-der-blaue-wunsch/2013/06/, letzter Zugriff: 15.08.2019.

Priessnitz thematisierte Symmetrie, die einen formalen Aspekt, aber auch ein Movens seines Denkens und ein Konstruktionsprinzip darstellt,[102] ist für Kling keine relevante poetologische Kategorie.

Priessnitz ist als „Meister des punktuellen Dialekteinsatzes, bei dem Hoch- und Höchstsprache [...] von verschliffenen, abgehackt-hingeworfenen Wienbrocken konterkariert werden",[103] ähnlich wie der Wiener Lyriker und Schriftsteller H.C. Artmann (1921–2000) mit seiner 1958 veröffentlichten Sammlung *med ana schwoazzn dintn* ein Vorgänger und ein Vorbild für Kling. Sein Gebrauch umgangssprachlicher Variationen und der Schriftsprache unterscheidet sich dennoch deutlich von Priessnitz' Gedichten. Wenn Priessnitz im Gedicht „schluss!!"[104] zwischen standardsprachlichen und dialektalen Formen wechselt, so sind diese zwei Bereiche mittels Kursivierung des Dialekts im Schriftbild klar voneinander getrennt. H.C. Artmanns Gedichte in *med ana schwoazzn dintn* sind hingegen ausnahmslos im Wiener Dialekt geschrieben, auch wenn ihr Hang zur Selbstironie und Reflexivität sie von der herkömmlichen Dialektdichtung abhebt.

Klings Schreibstil erweist sich in dieser Hinsicht als wesentlich komplexer – die (mindestens) zwei Bereiche lassen sich nicht mehr klar voneinander trennen. Die umgangssprachlichen Elemente verteilen sich auf verschiedenen Ebenen. Sie betreffen eine allgemeine morphologische Ebene, wenn bei einzelnen Wörtern der Vokal „e" elidiert wird. Dies zeigt sich bei Pluralbildungen, Infinitiv- und Partizip-Perfekt-Formen, bei den Verschleifungen einzelner Wörter (wie „ausm" oder „ausser") und bei bestimmten Artikeln. Während dieses Merkmal noch im Rahmen einer phonetischen Schreibweise gesehen werden könnte, entwickelt Kling darüber hinaus eigene, idiosynkratische Merkmale, die ebenso von der Schriftnorm wie von der phonetischen Orthographie abweichen. Dazu gehören die doppelten „k", „x" oder „z" – „blikk", „glükk", „stükk", „geschüzze", „todesanxxt" –, die die harten Konsonanten hervorheben und die Wörter zugleich verfremden. Diese Merkmale könnte man als ‚umgangssprachliche Effekte' bezeichnen. Sie stehen in Kontrast zum vielfältigen, artifiziellen Vokabular sowie zur Syntax, die beide vom alltäglichen Sprachgebrauch stark abweichen. Ein Wort wie „herzumlederun'" aus „di zerstörtn. ein gesang"[105] ist zwar durch das Fehlen des „g" von diesem umgangssprachlichen Effekt geprägt, aber das Wort selbst

---

102 Siehe z. B. das Gedicht „Herbst", wo sich der Anfang des Gedichts in der letzten Zeile spiegelt.
103 Thomas Kling: „Die Rede, die in Schrift flieht. Zum Abschluss der Priessnitz-Werkausgabe", in: *Schreibheft* 45 (1995), S. 189–190, hier: S. 189.
104 Priessnitz: *vierundvierzig gedichte*, S. 15.
105 Kling: *Gesammelte Gedichte*, S. 195.

lässt sich weder in der gesprochenen Sprache noch im Duden nachweisen – es ist ein aus den Wörtern „Herz" und „Umlederung" gebildeter, umgangssprachlich verfremdeter Neologismus. Ein solches Phänomen findet sich weder bei Artmann noch bei Priessnitz. Manchmal bedienen sich Klings Gedichte zwar der Ich- oder Wir-Rede, sie lassen jedoch stets ihren artifiziellen Charakter erkennen und übertreffen den alltäglichen Sprachgebrauch hinsichtlich ihrer Komplexität – auch das unterscheidet sie von der Ich-Rede in einem Gedicht wie Artmanns „blauboad 1".[106] Abgesehen von solchen Effekten verwendet Kling auch den O-Ton bzw. inszenierten O-Ton, also Sätze und Syntagmen, die aus einem alltäglichen Kontext stammen oder stammen könnten. Damit verwandt sind auch einzelne umgangssprachliche Elemente wie Ausrufe und idiomatische Redewendungen, wobei sich diese Elemente nicht auf die verbreitete Umgangssprache beschränken, sondern sich innerhalb eines Kontinuums zwischen Standardsprache, Umgangssprache und Dialekt bewegen, zu dem auch Slang oder Szenejargon gehören können. Inszenierter O-Ton findet sich bereits in einigen Gedichten aus den 60er Jahren von Friederike Mayröcker, doch in der Kombination von geschriebener und gesprochener Sprache erweist sich Kling als so idiosynkratisch, dass seine Arbeit zwar auf verschiedene Vorgänger*innen der Wiener Nachkriegsavantgarde zurückgeführt werden kann, aber in hohem Maße als eine eigenständige Hervorbringung gelten darf. Vor allem im Kontext der im damaligen Westdeutschland herrschenden literarischen Traditionen war dieser Rückgriff auf die gesprochene Sprache neu, denn sowohl die Konkrete Poesie (außerhalb von Wien) als auch die Alltagslyrik orientierten sich primär am geschriebenen Wort. Zwar suchte die Alltagslyrik eine direktere, verständlichere Art des Ausdrucks, blieb aber an den standardsprachlichen Bereich gebunden. Auch vor dem Hintergrund der Wiener Avantgarde wirkt Klings Umgang mit gesprochener Sprache vor allem wegen der Breite der zusammengefügten umgangssprachlichen Variationen und ihrer eigentümlichen Verschränkungen mit künstlicher Sprache höchst originell.

### 1.8 H.C. Artmann: vergessene Traditionen

Eine zweite Charakteristik, die Thomas Kling mit Reinhard Priessnitz und noch mehr mit H.C. Artmann verbindet, ist die Verwendung experimenteller Schreibverfahren in Kombination mit dem Rückgriff auf literarische Traditionen. Diese Form des Traditionsverhaltens ist als Reaktion auf den

---

106 H.C. Artmann: *Achtundachtzig ausgewählte Gedichte*, hg. von Jochen Jung, Wien 1996, S. 24.

„rigorosen traditionsbruch"[107] der Vorkriegsavantgarden und als wesentliche Charakteristik aller Nachkriegsavantgarden zu sehen, auch wenn sie die Wiener Nachkriegsavantgarde stärker als die Konkrete Poesie in Deutschland geprägt hat. Priessnitz greift in seinen Gedichten auf unterschiedliche Traditionen zurück: sowohl auf kanonisierte Gedichte der deutschen Literaturgeschichte wie Hölderlins „Hälfte des Lebens"[108] und Goethes „Wanderers Nachtlied"[109] als auch auf Joyce' *Ulysses*[110] oder dadaistische Lautgedichte.[111] Priessnitz' Aufsätze zur Literatur beschäftigen sich vor allem mit Autor*innen der historischen Avantgarde oder der deutschen Gegenwartsliteratur (der 60er und 70er Jahre); dabei bewegt er sich innerhalb eines mehr oder weniger bekannten Spektrums. H.C. Artmann zielte dagegen auf eine Umwertung des literarischen Kanons – dementsprechend stark war sein Interesse für ältere, vergessene oder verdrängte literarische Traditionen. Wie Karl Riha zusammenfasst, zielt Artmann „von Beginn an auf unterströmige und vergessene oder nie eigentlich ins allgemeine Bewusstsein gelangte literarische Traditionen ab und hebt sie herauf, als habe es nie einen Riß gegeben."[112] Artmann, der von Anfang an mit weniger geläufigen Formen der Poesie vertraut ist, wird gerade durch seinen Versuch, „Wesenszüge der älteren europäischen Literaturen in den Dienst avantgardistischer Bestrebungen zu stellen" auch für die progressiv ausgerichtete Wiener Gruppe aktuell.[113] Beeinflusst von H.C. Artmann, fangen ihre Mitglieder um 1954 an, sich – mehr oder weniger parallel zur Verfertigung von Texten nach dem Modell der Konkreten Poesie – mit der Barockliteratur zu beschäftigen,[114] wobei es, Rühm zufolge, vor allem bei Artmann zu einer Synthese des Einflusses der Konkreten Poesie und der Barockliteratur kam.[115]

Vergangene literarische Epochen rezipiert Artmann auf eine Weise, die es ihm ermöglicht, sich als Subjekt in Gestalt verschiedener literarischer Rollen, Posen und Masken immer wieder neu zu inszenieren. Es ist dies ein wesentlicher Zug der Lyrik der Moderne, die spätestens seit Pound poetische

---

107  Reinhard Priessnitz, Mechthild Rausch: „tribut an die tradition. aspekte einer postexperimentellen literatur", in: Reinhard Priessnitz: *literatur, gesellschaft etc.*, hg. von Ferdinand Schmatz, Linz 1990, S. 174–201, hier: S. 174.
108  Priessnitz: *vierundvierzig gedichte*, S. 24.
109  Ebd., S. 25.
110  Ebd., S. 16–17.
111  Ebd., S. 22.
112  Karl Riha: H.C. Artmann, in: *KLG*, Stand: 01.08.2007.
113  Reinhard Priessnitz: „Hans Carl Artmann", in: *Über H. C. Artmann*, hg. von Gerald Bisinger, Frankfurt a. M. 1972, S. 32–37, hier: S. 33.
114  Gerhard Rühm: „vorwort", S. 16.
115  Ebd.

Identität als Konstrukt begreift und den Selbstausdruck mit Sprechrollen verbindet. Dieses Moment des literarischen Rollenspiels unterscheidet Artmann von einigen anderen Autor*innen der Wiener Avantgarde mit einer stärker biographisch verankerten Poetik wie Friederike Mayröcker. Die Vielzahl unterschiedlicher Rollen, die Artmann in Gedichten, Erzählungen und Theatertexten entwickelt, zeigt, dass er nicht nur die Literatur des Barock rezipiert, sondern auch unterschiedlichste Volkstraditionen (vom Kasperltheater und dem Volksmärchen bis hin zur keltischen Dichtung), die Literatur des Mittelalters (Troubadourdichtung, Ritterromane), gewisse Aspekte der Romantik und den Surrealismus. Oft handelt es sich um Traditionen, die außerhalb des bildungsbürgerlichen Kanons liegen und die archaischen, mythischen und magischen Aspekte der Lyrik offenbaren. So heißt es im Gedicht „carnac": „auf einem vogelbein hocke ich / ohne audiovisuelle erfahrung // durch den rockärmel der magie / spähe ich nach uralten echos".[116] Artmann blieb dabei nicht auf die deutschsprachige Literatur beschränkt, dank seiner weitreichenden Sprachkenntnisse konnte er sich nahezu jeden Text aneignen und auch als Übersetzer aus weniger bekannten Sprachen auf einen bestimmten Kreis von Wiener Autor*innen anregend wirken.[117]

Obwohl Artmann in *Itinerar* nicht explizit als Einfluss genannt wird, war Kling, wie er etwas später in *Botenstoffen* erwähnt, mit seinem Werk bereits sehr früh vertraut. Auf Artmann stößt er „als Gedichte schreibender Gymnasiast in Düsseldorf",[118] und die Kenntnis seiner Bücher bestärkt ihn in seiner Entscheidung, im Alter von 22 Jahren einige Zeit in Wien zu verbringen.[119] Artmanns „intuitive Montage" ist auf der technischen Ebene mit Klings Schreibtechnik verwandt. Dennoch folgen seine Gedichte (wie z. B. der *landschaften*-Zyklus[120]) einer anderen Logik, weil sie die verschiedenen Erlebnisbereiche und Sprachmaterial, das sie zusammenbringen, in seiner Heterogenität nicht visuell hervorheben, sondern durch die Abwesenheit von Interpunktion und die Festlegung der Strophenform vielmehr auf eine Glättung und Nivellierung zielen – ein Merkmal, das zu Klings Gebrauch der Interpunktion einen starken Kontrast bildet. Gleichwohl hat Artmann Klings Herangehensweise an die Literatur grundlegend geprägt. Stefanie Stockhorst, die sich Klings Barockrezeption gewidmet hat, bemerkt, dass Kling dank

---

116 Artmann: *Achtundachtzig ausgewählte Gedichte*, S. 110.
117 Siehe Wieland Schmied: „Der Dichter H. C. Artmann", in: *Über H. C. Artmann*, S. 41–45.
118 Kling: *Botenstoffe*, S. 95.
119 Ebd.
120 H.C. Artmann: *The Best of H. C. Artmann*, hg. von Klaus Reichert, Frankfurt a. M. 1975, S. 73–99.

Artmann nicht nur den barocken, von der mexikanischen Nonne Juana Inés de la Cruz verfassten Text *Primero sueño* kennengelernt habe, sondern durch ihn auch zu einer produktiven Barockrezeption gelangt sei,[121] die sich in einigen seiner Gedichte zeige. Tatsächlich könnte man behaupten, dass diese Feststellung nicht nur die Barockrezeption betrifft. Vielmehr geht es um die produktive Rezeption verschiedener poetischer Traditionen vor dem Zeitalter der Aufklärung – also um die spezifische Synthese verschiedener Traditionen der Vergangenheit *mit* der Tradition der Avantgarden. Wenn Kling in seinem Aufsatz „Zu den deutschsprachigen Avantgarden" vorausschickt, dass er „kein Avantgarde-Fetischist" ist, dass ihm „dieser Ausschnitt an Tradition [...] immer verteidigenswert erschienen ist",[122] und weiter sein „Interesse an Dichtung aller Sprachen und Epochen"[123] betont, so umreißt er damit einen literarischen Bereich, in dem sich bereits Artmann bewegt hat. Anders als Artmann, dessen Fähigkeit, wie er selbst erklärte, „nicht besonders aufs Essayistische geht",[124] reflektiert Kling die Rezeptionsgeschichte dieser Traditionen und setzt sich bewusst für eine Umwertung des literarischen Kanons ein. Im Unterschied zu Artmann bewegt er sich dabei viel stärker innerhalb der deutschsprachigen literarischen Traditionen und betätigt sich nicht in vergleichbarem Umfang als Übersetzer, doch die Form des Traditionsverhaltens ist grundsätzlich dieselbe. Klings Traditionsverhalten lässt sich zwar als „Engführung von Schriftlichkeit und Mündlichkeit im weiteren Resonanzraum der Überlieferung"[125] auffassen; was er jedoch mit Artmann teilt, ist die Geste der Selbstinszenierung, das Spiel mit literarhistorischen Masken und Rollen, die auf marginalisierte Traditionen verweisen. Dieser Aspekt tritt zwar mit der zunehmenden Selbsthistorisierung von Klings Poetik stärker hervor und zeigt sich besonders deutlich in Zyklen wie „wolkenstein. mobilisierun'"[126] oder „beowulf spricht",[127] im Prinzip ist er jedoch bereits in der frühen Phase seiner Produktion angelegt. Das Gedicht „pathologischer boom"[128] aus *geschmacksverstärker* arbeitet etwa mit der deutschen Volkstradition, insbesondere mit Grimms Märchen „Von

---

121 Stefanie Stockhorst: „,Geiles 17. Jahrhundert'. Zur Barock-Rezeption Thomas Klings", in: *Das Gellen der Tinte*, S. 163–196, hier: S. 165.
122 Kling: *Botenstoffe*, S. 9.
123 Ebd.
124 Artmann: *The Best of H.C. Artmann*, S. 373.
125 Stefanie Stockhorst: „Signale aus der Vergangenheit. Formen und Funktionen des Traditionsverhaltens in Thomas Klings Essayistik", in: *Zeitschrift für Germanistik* 21:1. (2011), S. 114–130, hier: S. 121.
126 Kling: *Gesammelte Gedichte*, S. 563–579.
127 Ebd., S. 753–764.
128 Ebd., S. 153–154.

dem Machandelbaum". Hier tauchen nicht nur einzelne Motive aus dem Märchen wie der Machandelbaum und die Bruder-Schwester-Konstellation auf. In den Versen „brüderchen das / (unterboom); // der stets eine wespe trug (‚wes ...? / wessn?'), in untrüglicher wespenhaut [...] DER STETZ WESTE AUS DER HAUT EINES ERHÄNGTEN TRUG"[129] findet auch eine Selbstinszenierung statt: Die Wespe verweist gleichsam heraldisch auf die Autorinstanz Thomas Kling. Zugleich spielen die letzten Verse des Gedichts – „KYWITT, KYWITT!, ACH WATT / EEN SCHÖN VAGEL BIN ICK"[130] – mit der idiomatischen Sprache des Märchens. In *Botenstoffe* arbeitet Kling die Programmatik des Machandelbaum-Motivs in Artmanns frühem Gedicht „interior ..." aus und deutet es als Wiederaufnahme einer durch den Nationalsozialismus unterbrochenen Volkstradition.[131] Ein anderes Gedicht Artmanns aus *allerleirausch* (1967), „unser hans hat hosen an", das ebenfalls mit dem „kiwitt kiwitt"-Zitat endet,[132] zeugt von seinem Umgang mit idiomatischen Einsprengseln. Die von Artmann übernommene Selbstinszenierung im Rahmen einer Anknüpfung an vergangene poetische Traditionen ließ Kling als Lyriker in der literarischen Landschaft Westdeutschlands zu einem bestimmten Grad[133] neu erscheinen. Die positive Aufwertung des Begriffs der Tradition unterscheidet Kling von den Lyriker*innen der 60er und 70er Jahre, die, wie Rolf Dieter Brinkmann, das Kurzzeitgedächtnis dem Langzeitgedächtnis vorzogen[134] und die Tradition wesentlich negativer auffassten:

> Wirksam ist noch viel zu sehr jenes gewöhnlich gewordene Bewusstsein, das Menschen in der Vergangenheit festhält. Sie liegt als kostbare Patina auf den Dingen und Orten und lässt einen Erinnerungsfilm entstehen, aus dem man nicht mehr herauskommt. Mehrere Erinnerungsfilme

---

129 Ebd., S. 153.
130 Ebd., S. 154.
131 Kling: *Botenstoffe*, S. 73–76.
132 Artmann: *Achtundachtzig ausgewählte Gedichte*, S. 88.
133 Auch bei Helmut Heißenbüttel findet sich der Gedanke, dass die „Geschichte der Avantgarde nicht mit Marinetti und Majakowski, mit Ball und Schwitters beginnt, sondern spätestens mit Fischart und Kuhlmann." Siehe Ulf Stolterfoht: „Noch einmal. Über Avantgarde und experimentelle Lyrik", in: *BELLA triste. Zeitschrift für junge Literatur* 17 (2007), S. 189–200, hier: S. 190. Referenzen auf barocke, mittelalterliche und moderne Traditionen finden sich oft auch in der Prosa Arno Schmidts.
134 Rolf Dieter Brinkmann: „Der Film in Worten", in: Rolf Dieter Brinkmann: *Der Film in Worten: Prosa, Erzählungen, Essays, Hörspiele, Fotos, Collagen, 1965–1974*, Reinbek bei Hamburg 1982, S. 232–247, hier: S. 233.

hintereinandergehängt, ergeben Tradition ... wo sollte sich Tradition als vergessener Rest überlebten Bewusstseins in den Photos von Vogue-Beauties festsetzen? Es ist nur Glätte ...[135]

### 1.9 *Brinkmanns Montage der Umgebung*

Rolf Dieter Brinkmann (1940–1975) ist vielleicht nicht umsonst der letzte Lyriker, den Kling im zitierten Absatz aus *Itinerar* erwähnt. Obwohl sich Kling, der 1990 das Rolf-Dieter-Brinkmann-Stipendium der Stadt Köln erhielt, bewusst von seinem Vorgänger abgrenzt, indem er die Qualität seiner Werke anzweifelt („Priessnitz [...] ist sicherlich höher zu bewerten als Brinkmann") und auf seinen „Berufsfuror" gereizt reagiert, muss das Verhältnis zwischen den beiden Dichtern dennoch differenziert betrachtet werden. Mit der Frage, auf welche Art Kling trotz solcher Gesten der Abgrenzung die Tradition Brinkmanns fortsetzt, indem er zum einen die alltägliche Umgebung in den Vordergrund rückt, sich zum anderen Techniken der neuen Medien aneignet und diese für die Lyrik brauchbar macht, wird sich ein Teil des zweiten Kapitels ausführlicher beschäftigen. Dort soll anhand dieser Traditionslinie gezeigt werden, dass Kling nicht nur die österreichische, sondern auch die westdeutsche Tradition rezipiert hat und dass gerade die Geste der Verneinung und Abwehr Blooms Mechanismus der Einflussangst bestätigt. Im Rahmen dieses Kapitels soll anhand des ersten Teils von Brinkmanns Gedicht „Westwärts" aus dem Band *Westwärts 1&2* (1975) zunächst allein die Frage beantwortet werden, welche Relevanz die Konstruktionspraktiken Brinkmanns für Kling hatten:

Die wirklichen Dinge, die passieren ... keine Buchtitel, Inhalte, Zitate.

1 Sonne brüllt am Tag, Unterholz, verkrüppelte Vegetation,
sandverwehte Straßen,

in London steige ich um.

Ein kalter Wind weht durch die Halle. Das

Transparent schaukelt, Fortschritt, Frieden
Kartoffeln im Komputer.

---

135   Ebd., S. 232.

Dann werde ich durchsucht.
Mich fröstelt.

Am Gebäude wächst eine Wiese vorüber.

Auf einmal, da war ich, an dieser Stelle, in meinem Leben.[136]

Wie schon der erste Vers programmatisch ankündigt, zielt dieser Text auf „die wirklichen Dinge, die passieren", und sucht keine Literarizität um ihrer selbst willen – „keine Buchtitel, Inhalte, Zitate". Die Kraft des subjektiven Empfindens treibt dieses Gedicht voran. Aus der Ich-Perspektive schildert es eine Flugreise: Es erzählt und berichtet („in London steige ich um"), es protokolliert die unmittelbare Umgebung („Ein kalter Wind weht durch die Halle"), die in ihr erscheinenden Texte und Botschaften („Fortschritt, Frieden"). Die Sprache dient der Erzählung, Wahrnehmung und Reflexion. Zugleich rücken die Schreibweise von „1 Sonne" und das Spiel mit der Doppeldeutigkeit des Wortes „Stelle" (als Punkt im Leben sowie als Abschnitt eines Textes) die Materialität der Sprache in den Blick. Solche Momente sind bei Brinkmann (im Vergleich zu Kling) allerdings selten, der Text erzeugt nicht den gleichen Eindruck von sprachlicher Dichte. Seine Gedichte sind für unvorbereitete Leser*innen wesentlich verständlicher als die von Kling. Die Absicht, „einfach und direkt etwas zu sagen",[137] teilt Kling mit Brinkmann nicht. Die Programme der Avantgarden (inklusive der damals zeitgenössischen Autor*innen, die sich auf die historischen Avantgarden berufen) sind Brinkmann zu elitär,[138] er sucht einen direkten, am Modell der alltäglichen Kommunikation orientierten Ausdruck, verfolgt also andere Ziele.

Dennoch ist auch „Westwärts", das hier nicht in voller Länge zitiert wird, ein Montage-Gedicht. Zum vorgefundenen Sprachmaterial gehören ebenso schriftliche oder mündliche Äußerungen und Anweisungen aus der unmittelbaren Umgebung („Anschnallen!",[139] „Die beste Entfernung für zwei Personen ist, / ein Meter zwanzig zu suchen")[140] wie Zitate aus dem Bereich der

---

136 Rolf Dieter Brinkmann: *Westwärts 1&2. Gedichte*, Erweiterte Neuausgabe, Reinbek bei Hamburg 2005, S. 66. ©
137 Rolf Dieter Brinkmann: *Briefe an Hartmut. 1974–1975*, Reinbek bei Hamburg 1999, S. 123.
138 Rolf Dieter Brinkmann: „Die Lyrik Frank O'Haras", in: Rolf Dieter Brinkmann: *Der Film in Worten. Prosa, Erzählungen, Essays, Hörspiele, Fotos, Collagen, 1965–1974*, Reinbek bei Hamburg 1982, S. 207–222, hier: S. 214.
139 Brinkmann: *Westwärts 1&2*, S. 66.
140 Ebd., S. 67.

Pop-Musik („Musik: Oh, sweet / nothing"[141] – der Titel eines Liedes der Band *Velvet Underground*; oder das schriftlich verfremdete „Ei läi in äh Field off tohl Grass samwär",[142] das auf „Spill the Wine" von Eric Burdon und der Band War verweist). Bereits Brinkmann entwickelt einen umgangssprachlichen Duktus lyrischen Sprechens – bei ihm findet sich der O-Ton „Mensch, wo willste denn / an Land gehen?"[143] Sein Montageverfahren zieht einen Schnitt durch das aus der Umgebung gefilterte Sprachmaterial, durch Elemente der Popkultur und das eigene subjektive Erleben; anders als Kling, erkundet Brinkmann also eher die Bewusstseinsformen der Gegenwart als die Verbindung zwischen Gegenwart und Vergangenheit und ihre verschiedenen Sprachformen. Brinkmanns Montage ist zweifelsohne für Kling von großer Bedeutung, was im zweiten Kapitel näher erläutert werden soll. Auch Kling übernimmt Elemente aus der unmittelbaren Umgebung, aber offensichtlich verwendet er eine andere Gedichtform als Brinkmann (*Westwärts 1&2*): Die Verteilung der Zeilen auf der Seite ist unauffälliger, der Text spaltet sich nicht in mehrere, parallel verlaufende Blöcke und er wird auch nicht durch prosanahe Paragraphen erweitert. Kurz, Brinkmanns Form ist noch offener und fragmentarischer als diejenige Klings. Obwohl es bestimmte Überschneidungen hinsichtlich der graphischen Form gibt, z. B. die Verwendung von Anführungszeichen und Klammern, können die von Kling gewählten Formen und Konstruktionsweisen nicht unmittelbar auf Brinkmann zurückgeführt werden.

Die Lyriker, die Kling in *Itinerar*, seiner poetologischen Wegbeschreibung, erwähnt, bilden wichtige Orientierungspunkte, die ihm eine Positionierung innerhalb der deutschsprachigen Lyrikgeschichte erlauben. Ihre Namen stehen für eine Traditionslinie, die vom Expressionismus über die österreichische Nachkriegsavantgarde bis hin zum Werk von Priessnitz führt. Dadurch kann Kling zugleich andere Namen ausblenden oder abwerten: Abgesehen von Brinkmann findet sich kein einziger Name aus der unmittelbaren west- oder ostdeutschen Nachkriegsliteratur; gegenüber Brinkmann als dem wichtigsten westdeutschen Lyriker der 60er und 70er Jahre und auch gegenüber der Konkreten Poesie nimmt Kling eine kritische Position ein. Die in diesem Kapitel angestellten Vergleiche haben gezeigt, dass diese Namen wesentlich mehr als nur „Positionsbojen"[144] sind. Bestimmte theoretische Ausgangspunkte, aber auch, wie im Falle von Benn, bestimmte Sujets, die Kling wiederentdeckt und weiterentwickelt, lassen sich in seinem Werk

---

141 Ebd.
142 Ebd., S. 66.
143 Ebd., S. 67–68.
144 Grimm: „Materien und Martyrien. Die Gedichte Thomas Klings", S. 125.

nachweisen. Wie die Vertreter*innen der Konkreten Poesie berücksichtigt auch Kling die Möglichkeit der Integration einzelner Momente, die auf serielle Verfahren und einzelne Wörter innerhalb eines größeren Zusammenhangs zurückgreifen, widerspricht aber zugleich den in seinen Augen allzu technokratischen Tendenzen dieser Schule. Bezüglich der Wiener Gruppe zeigen sich ähnliche Arbeits- und Denkweisen, ohne dass sich aus deren Schreibpraktiken ein klarer Hinweis auf Klings eigene Gedichte ergeben würde. Bestimmte für sein Traditionsverständnis wichtige Lyriker wie H.C. Artmann lässt Kling unerwähnt. Manche Referenzen führen auch in eine falsche Richtung, wenn man bedenkt, dass Priessnitz' *vierundvierzig gedichte* für Thomas Kling nicht sonderlich „einflussreich" gewesen sind. So klären uns die Ausführungen in *Itinerar* über Absicht und Orientierung des Autors auf, lassen jedoch seine Kompositionspraktik im Dunkeln.

### 1.10 Die „Höhenlinie" von Celan über Trakl zu Hölderlin

Bevor diese dunkle Stelle in Klings Entwicklung beleuchtet wird, soll die Thematisierung möglicher Einflusslinien auf seine Lyrik im Rahmen der bisherigen Forschung kommentiert werden. Erk Grimm hat diesbezüglich eine These formuliert, die auch Strigl teilt:[145]

> Doch das Kennenlernen spezifischer Techniken der Wiener Gruppe [...] verdeckt den Umstand, daß der Weg zum Gedicht als Kunstwerk vor allem über eine ganz andersgestaltige Dichtung verlief, nämlich diejenige Paul Celans und damit die via Trakl zu Hölderlin zurückverlaufende Höhenlinie. Das ist zu beachten, weil bei der beharrlich angestrengten Suche nach vermeintlichen Vorbildern der avancierten Dichtung immer wieder Namen von experimentellen Autoren fallen, die zwar als Positionsbojen wichtig waren, deren Lyrik aber kein schulebildendes Wirkungspotential hatte.[146]

Grimm stellt zwei Traditionen gegenüber – eine von Celan über Trakl bis hin zu Hölderlin reichende „Höhenlinie" gegen die Tradition der experimentellen Literatur. Grimms „Höhenlinie" ist jedoch ein Konstrukt, das ganz unterschiedliche Lyriker verbindet: Trakl übte, wie bereits gezeigt wurde, lediglich auf die Gedichte aus *der zustand vor dem untergang* (1977) einen erkennbaren Einfluss aus. Ein Gedicht, in dem Trakls Name im Innenraum einer Kirche ausgerufen

---

145 Strigl: „Kling in Wien. Zu einem literarischen Myzel", S. 90.
146 Grimm: „Materien und Martyrien. Die Gedichte Thomas Klings", S. 125.

wird,[147] ist an sich noch kein Beweis für die „schulebildende" Wirkung Trakls. Klings Aufsatz zu Paul Celan (1920–1970)[148] deutet dagegen eine komplizierte Rezeptionsgeschichte an: Dort behauptet Kling, er habe „ein oder zwei Jahre zuvor [d. h. vor 1977] [...] etwas von Celan gelesen" und „aus intuitiver Angst, unter Einfluss zu geraten", wieder weggelegt.[149] Auch später noch verbindet er Celan mit der „Furcht vor der starken Droge."[150] Grundsätzlich hat die Struktur der späteren, sprachlich radikaleren Gedichte Celans weder hinsichtlich der Form des Versaufbaus (sehr wenige Worte pro Vers) noch der Syntax mit Klings Gedichten viel gemeinsam. Allerdings muss Kling das Werk Celans in späteren Jahren doch noch rezipiert haben, da er ihn in *Itinerar* aufgrund seiner Verwendung von Archaismen und Neologismen als eine Art Vorgänger der Spracharchäologie präsentiert.[151] Plausibel wäre die Vermutung, dass Kling eine intensive Rezeption Celans zunächst vermied und erst später, als er seinen eigenen Stil gefunden hatte, einige Elemente wie die Verwendung von Archaismen übernahm. Der Behauptung, Celan sei bereits in Klings ersten beiden Lyrikbänden präsent, ließe sich schwerlich zustimmen. Für eine intensive Hölderlin-Rezeption gibt es nahezu keinen Beweis. Grimms Bezugnahme auf Celan, Trakl und Hölderlin ist also problematisch: Was alle genannten Dichter miteinander verbindet, ist vor allem die Geste des Dichter-Sehers. Möglicherweise spielt Grimm mit der „Höhenlinie" auch auf den „hohen Ton" all dieser Dichter an: eine nirgendwo einheitlich definierte Form des rhetorischen Pathos. In der Tat bezieht sich Kling in Gedichten wie „erprobung herzstärkender mittel" (und zunehmend in seinem späteren Werk) auf das Konzept des Dichter-Sehers, womit er jedoch die experimentelle Schreibweise und die Tradition der historischen Avantgarden keineswegs ausschließt. Die für Artmann typische Synthese zwischen experimentellen und älteren poetischen Traditionen wird von Kling fortgesetzt, er verbindet eine experimentelle Schreibweise mit einem neuen Pathos. Gerhard Falkner, ein Zeitgenosse Thomas Klings, knüpft viel offensichtlicher an die Tradition Hölderlins an und grenzt sich klar von experimentellen Ansätzen ab.[152] Klings Werk steht dagegen für einen erweiterten avantgardistischen Ansatz. Weil Grimm seinen Begriff der „Höhenlinie" nicht weiter präzisiert, bleibt zudem unklar, auf welche Weise diese Tradition auf Kling „schulebildend" gewirkt

---

147  Siehe Grimm: „Materien und Martyrien" sowie *Kling: Gesammelte Gedichte*, S. 78.
148  Thomas Kling: „Sprach-Pendelbewegung. Celans Galgen-Motiv", in: *Text + Kritik* 53/54 [Themenheft: Paul Celan, 3. Aufl.], München 2002, S. 25–37, hier: S. 27.
149  Ebd.
150  Ebd.
151  Kling: *Itinerar*, S. 28.
152  Dieser Aspekt wird noch genauer im zweiten Kapitel thematisiert.

haben soll. Ersetzt man den nicht unproblematischen Begriff „schulebildend" durch „prägend" im Sinne von „stilbildend", so lässt sich jedoch mindestens eine klare Einflusslinie in der Lyrik Thomas Klings nachweisen, die ihn in der Tradition der Avantgarden verankert.

### 1.11 Mayröckers assoziative Montage

Dass Klings „Wienaufenthalt 79/80 [...] Programm [war]",[153] soll hier nicht bestritten werden. In den vier Jahre nach *Itinerar* erschienenen *Botenstoffe* entwickelt Kling allerdings ein größeres Bild, wenn er sich erinnert: „In Wien, in der nächsten Stromnähe, las ich, von Artmann-Lektüre angeregt, sofort Bayer, auch Priessnitz und Mayröcker, um drei wichtige Highlights zu nennen."[154] In Wien entdeckt Kling die Montagetechnik,[155] aber eine ganz andere als die der Wiener Gruppe. Diese Erwähnung Friederike Mayröckers (1924–2021) verweist auf ein fehlendes Element in der Entwicklung seiner Poetik. Mit Mayröckers Prosa und Lyrik beschäftigt sich Kling in *Botenstoffe*,[156] zudem erstellt er eine Auswahl aus ihrem lyrischen Werk,[157] allerdings ohne dessen Bedeutung für die Lyrik seiner Generation zu thematisieren. In einer kurzen Replik verknüpft Balmes in einem Gespräch mit Kling den „Neuansatz in der Lyrik, den man Mitte der 80er Jahre feststellen kann, also Kling oder Peter Waterhouse" mit der „Wiederentdeckung auch von Friederike Mayröcker".[158] Allein Czernin hebt die Bedeutung der Lyrikerin für Kling hervor, wenn er anmerkt, dass „Mayröcker schließlich [...] große Spuren in seinem Werk [hinterlässt], auch bis in einzelne Wendungen hinein, bis in gewisse Gesten."[159]

Friederike Mayröckers Lyrik und Prosa entwickeln sich im Umfeld der Konkreten Poesie, wie sie innerhalb der Wiener Gruppe rezipiert wurde,[160] stellen aber, was Lyrikverständnis und Schreibtechnik anbelangt, von Anfang an eine Alternative zu deren Programm dar. In dem von Walter Höllerer herausgegebenen Band *Ein Gedicht und sein Autor* (1967) resümiert Mayröcker

---

153  So wie Fußnote 6.
154  Kling: *Botenstoffe*, S. 95.
155  „Das Eingemachte – Smalltalk 91. Thomas Kling und Marcel Beyer talken über", in: *Konzepte* 10 (1991), S. 54.
156  Siehe Kling: *Botenstoffe*, S. 186–191.
157  Friederike Mayröcker: *Benachbarte Metalle*, hg. von Thomas Kling, Frankfurt a. M. 1997.
158  Kling: *Botenstoffe*, S. 206.
159  „Hubert Winkels im Gespräch mit Franz Josef Czernin und Heinrich Detering (Raketenstation Hombroich, 26. Februar 2010). Naherfahrungen, Distanzgewinne", in: Ammon, Trilcke, Scharfschwert (Hg.): *Das Gellen der Tinte*, S. 401–419, hier: S. 412.
160  Siehe „Eigentlich ist es nichts anderes als ein poetischer Synthesizer". Marcel Beyer im Gespräch mit Friederike Mayröcker am 28. März 1988 in Wien, Internetseite Engeler Verlag, URL: http://www.engeler.de/beyermayroecker.html, letzter Zugriff: 29.03.2019.

ihre Überlegungen zum Schreiben von Gedichten: Im starken Kontrast zur Theoriebedürftigkeit der Konkreten Poesie und der rationalistisch-positivistischen Haltung Gomringers begreift sie das Gedichteschreiben als etwas, das sich der Rationalisierung und Theoretisierung grundsätzlich entzieht; ihr Dichten habe keine Voraussetzungen und sei an sich „unvorstellbar, [...] ungeheuerlich, [...] unglaublich".[161] Den Versuch, „von minutiösen Imponderabilien eines dichtenden Menschen [zu] erzählen", vergleicht sie mit dem stets zum Scheitern verurteilten Bemühen, den „verästelten komplizierten Traumkörper nachzuziehen".[162] Anstelle theoretischer Voraussetzungen verleiht Mayröcker dem Schreiben eine autobiographische Prägung.[163] Das Gedicht, das hinsichtlich seiner Konstruktionsart der Konkreten Poesie am nächsten kommt, das „freie" oder „totale" Gedicht, beschreibt sie als „ein Gedicht, das einen Ausschnitt aus der Gesamtheit meines *Bewusstseins von der Welt* bringt. ‚Welt' verstanden als etwas Vielschichtiges, Dichtes, Bruchstückhaftes, Unauflösbares."[164] Mit dieser Fokussierung auf das „Bewusstsein der Welt" werden Begriffe ins Spiel gebracht, die über die damaligen Theorien der Konkreten Poesie hinausgehen. Das „Bewusstsein" ist hier stets „mein Bewusstsein", impliziert also eine Form von Subjektivität, steht jedoch zugleich in Verbindung zur Realität, zur „Welt", die sich als sprachlich geprägte erweist. Während sich die Konkrete Poesie auf die Erfahrung der Ordnung beruft, geht Mayröckers Lyrik von einer Erfahrung der Widersprüchlichkeit und Komplexität aus. Die „Erinnerungsarbeit" ist ein sinnlicher Prozess, der das sprachliche Material nicht innerhalb bestimmter, festgelegter Formen und Strukturen permutiert, sondern sich assoziativ vollzieht.[165]

Ernst Jandl beleuchtet die Konstruktionstechnik der in Mayröckers Band *Tod durch Musen* 1966 bei Rowohlt veröffentlichten Gedichte, die sie als Lyrikerin bekannt machen, auf folgende Weise:

> Material, jeder Art, ist versammelt, angeordnet, zusammengespannt, getrennt, aufgetürmt, weggeschwemmt, auf der Schreibfläche arrangiert zu immer neuen, umfangreichen Formen, sprachlichen Landschaften, Seelenlandschaften oder Gehirngeländen, von innerer und äußerer Welt, die einander völlig durchdringen. Mehr als zuvor wird die Fläche genützt, der Text aufgefächert, gestaffelt, Heere von Interpunktionszeichen

---

161 *Ein Gedicht und sein Autor*, hg. von Walter Höllerer, München 1967, S. 368.
162 Ebd., S. 370.
163 Ebd., S. 368.
164 Ebd., S. 371.
165 Ebd., S. 371–371.

treten in Aktion, ordnend, gliedernd, akzentuierend. Rapide wechselt der Ton: Anruf, Benennung, trockene Registration, Aufzählung, Rede und Rederest, lyrisch Überhöhtes, Beschwörendes, Triviales stößt hart aufeinander, unvermittelt, daß die ganze Maschine, der Organismus des Gedichts erzittert. Erdstöße, wenn man beim Landschaftsvergleich bleiben will. Die Groß- und Kleinschreibung dient nicht mehr der Bezeichnung von Wortklassen, sondern wird als Akzent verwendet. Eigennamen, von Personen und Orten, die in reicher Zahl in den Text gestreut sind, werden oft ganz abstrakt angewandt, als Klangkörper, als Reizwort; sie können zum Adjektiv werden [...] Leitmotive durchdringen signalartig viele Gedichte [...] Die Deutschsprachigkeit des Gedichts ist unterwandert von den Stimmen anderer Völker, der angelsächsischen vor allem. Die Gedichttitel selbst betonen die Dominanz des Gedichts als Gedicht, als ästhetisches Gebilde, als Kunstwerk, gegenüber seinen weltweisenden Funktionen. Hier ist die Welt ein Teil des Gedichts, nicht umgekehrt.[166]

Als programmatisches Gedicht lässt sich das folgende lesen:

Register zu den geheimen Schmerzen meiner Mitbrüder

»... gestürzt ins saviour seiner Rede; gestürzt, gestürzt; und       1
alle register gezogen; odumeingott
gestürzt ins weisze; ins heil/noch halbes Kind
gestürzt; bekleidet mit weiszen küssen
märkisch/gestiftet von Jasomirgott/alle register:                    5

(beautiful angel/my guard and my might
tenderly guard me/for I am your child)

»arsenik-blüte«
das zahnende Kind; das zehnte
gestürzt ins weisze;                                                 10
zur geheimen Bestürzung seiner Mitbrüder
tastend zahllose Augenblicke
was grün ist im Auge/es grünen

---

[166] Ernst Jandl: „Die poetische Syntax in den Gedichten von Friederike Mayröcker", in: ders.: *Autor in Gesellschaft. Aufsätze und Reden*, München 1999, S. 14–33, hier: S. 26.

# EIN NEUER RAUM

    o mein erbarmer oh! saviour
die sendungen des frosts                                              15
die geheimen Schmerzen meiner Mitbrüder
der stillstand der küsten/v-winkel
die räder der jahre; o dickicht; Raine
(Küsse und Kraft des Paraklet)

gestürzt in die partikelchen;                                         20
in die Redefigur
während Posaunen/pommersche Zeit
und feiner Regen gehäuft:

VERGIPSUNG

eine Stelle für Paulus/ein gewährter Schild (wurde »frey«)            25
gestürzt in die traurigkeit seiner rede
inbegriff seiner Pairs-Würde
was an seiner Iris erblüht
   a certain »tension«
all-Stadt und all-Mann                                                30
oh! gracious love & alle register/
                alle register gezogen:
   abderhalden seite 148
   absoluter nullpunkt seite 164
   *a e t h e r* seite 96                                 35
   amethyst seite 46
   anorganische schüssel seite 117
   *a r s e n i k -- b l ü t e* seite 49
   auer von welsbach seite 44
   azofarben seite 164                                   40

ICH SUCHE DICH/an den schönen ulmen
grün dein auge/ich sage euch NICHTS IST
in regelmäsziger Krümmung &
wie eine Muschel-Schale in die der Vogel sich selbst einschlieszt
allmächtiges nein/»thru'« »i'm thru'«                                45

VERGIPSUNG
verjährt
alle register/und alle register/

(eine prothese am linken bein; die rechte hand:
Asche; am Hals eine kanülle; ein muttermal ..      50

die geheimen Schmerzen meiner Mitbrüder – )

grünendes Deutschland/in seinen Augen
sendungen des Todes/o
mädchen: arsenik-blüte!
mein erbarmer/v-winkel      55
ich suche dich/AN DEN SCHÖNEN ULMEN
        an der Innenseite meiner Hände
seiner seele ruderblatt
geboren am letzten Tag eines Frühlingsmonates
Buchten und offenes Meer 60
see-Vögel und schreiender bettelsack/»kierkegaard«
»arsenik-blüte« & die diversen
    Redefiguren
simplifizierung
bolschewistische Manier/scherenschnitt      65
responsorium Seite 21
(gespräch über Krolow/dem 21. februar/faszination des unbefriedigtseins)

Raine/dickichte/fels
gestürzt in seine festrede/ein fallendes Kind
        (noch halbes Kind)      70
ein fallendes Kind
an den felswänden die schnäbel – gespräch über Krolow
schnäbel über dem Meer
zärtliche Nächte/brandung/
        ein Schimmer von »wildfeuer«      75
erbarmen oh! gracious love
.

    DIE EINLEITUNG EINER ZEIT DER VERGIPSUNG
    hatte see-Vögel in seiner rede
    in der gegenwärtigen Kraft &
    wurde »frey«    80
    selbst Chaucer hatte gewuszt
        (eine junge Elf'/»mönchen« – to munique somebody or to monk
    s.b./
       a certain »tension« – )

(eine prothese am linken bein; die rechte hand: Asche, am hals
    eine kanüle; als muttermal geboren am letzten Tag     85
    eines frühlingsmonates ..)

geheime Schmerzen meiner Mitbrüder
alles Brüder!
zärtliches äffchen/gesicht eines Kindes (»ich heisze Elfe ..«)
a e t h e r / werden alle zu aether     90
die bestell-code dieser Jahre
arsenik-blüte! meine Liebe
eine sterbliche Stelle/für Paulus
Stillstand der Küste &
die see-Vögel die mein Glück     95
    (»schnäbelten um mein Glück ..«)
ein Heer von lichtblauen Windmühlen am Horizont
»westfalen«
    beautiful angel/my guard and my might/tenderly
    guard me/for i am your child –     100

.

meine sterbliche Stelle/verjährte Vergipsung
und alle register gezogen/oh! saviour
und die geheimen Schmerzen meiner Mitbrüder
wenn deine Stirn in vierzig wintern

(».. not marble nor the gilded monuments ..«)     105

freiwillig »frey«
meine sterbliche Stelle & das grün
der heckenrosen ..
»wildfeuer«/stillstand der Küste
(»when in the chronicles of wasted time ..«)     110

.

Redefigur/stürzte ins weisze seiner Rede
alle register/alle register gezogen
von aether bis arsenik-blüte
die Wölbung deiner stirn/
offenbart das grün des frühlings ..     115
    & weidenruten/knospen/körbe & einen ganz blassen
    regenbogen/spaten

Raine/dickichte

ICH SUCHE DICH/an den schönen ulmen
Stillstand der Küste                                    120
eine Stelle für Paulus

(».. when in the chronicles of wasted time ..«)

oh! saviour – when in the chronicles of wasted time ..«[167]

Auf der lexikalischen Ebene vereint dieses Gedicht sehr verschiedenartiges sprachliches Material: Zum christlich geprägten Vokabular gehören Wörter wie „Mitbrüder" (Zeile 11), „Erbarmen" (Zeile 76), „saviour" (Englisch für Erlöser, Zeilen 14, 102, 123), „Paraklet" (ein Begriff, der mit dem Heiligen Geist identifiziert wird, Zeile 19) und „Responsorium" (der Wechselgesang zwischen dem Vorsänger und der Gemeinde, Zeile 66). Zum vorgefundenen Material, mit dem das Gedicht arbeitet, gehört unter anderem auch ein englisches Gebet bzw. Lied (Zeile 6–7). Eine zweite Schicht bilden naturwissenschaftlich geprägte Wörter und Namen, die vor allem das Register (Zeile 31–40) auflistet: „abderhalden", der Nachname des Schweizer Biochemikers und Physiologen Emil Abderhalden, „absoluter Nullpunkt", der untere Grenzwert für die Temperatur, „a e t h e r", ein vieldeutiger Begriff, der in der Physik ein den ganzen Raum durchdringendes hypothetisches Medium bezeichnet, durch dessen Schwingung sich die elektrischen Wellen ausbreiten, aber auch ein klassisches Element der antiken Philosophie ist, der Urstoff allen Lebens, sowie ein poetisches Wort für die Weite, den Raum des Himmels. „amethyst" ist ein Mineral, ähnlich die „arsenik-blüte", ein veralteter Begriff für das Mineral Arsenolith, „auer von welsbach" der Name eines österreichischen Chemikers und Unternehmers, „azofarben" sind synthetische, schädliche Farbstoffe. Dazu kommen noch andere Begriffe wie „Vergipsung" (Zeile 46), ein Wort aus der Geologie, „v-winkel" (Zeile 55), Vertikalwinkel, ein in der Vertikalebene definierter Winkel, sowie „partikelchen" (Zeile 20), die Sammelbezeichnung für atomare Teilchen. Einige dieser Wörter werden nicht allein im Register gelistet, sondern tauchen mehrmals im Gedicht auf und zeigen so die zwei wichtigsten Konstruktionstechniken, nämlich die Wiederholung und Variation von Satzfragmenten, die in immer neue Zusammenhänge integriert werden, um neue Assoziationen zu generieren: Die „arsenik-blüte", ein Wort, das (anders als Arsenolith) zugleich die Blüte von Pflanzen als auch das bekannte

---

167 Friederike Mayröcker: *Gesammelte Gedichte. 1939–2003*, hg. Marcel Beyer, Frankfurt a. M. 2004, S. 171–175.

Gift Arsen evoziert, taucht z. B. als „arsenik-blüte /das zahnende kind" (Zeile 9), als „arsenik-blüte! meine Liebe" (Zeile 92) und als „ ‚arsenik-blüte' & diverse Redefiguren" (Zeile 62) auf. Manche Wörter werden als isolierte Elemente wiederholt und fungieren als Leitmotive wie die „VERGIPSUNG", eine Art poetologisches und methodisches Prinzip des Zusammenbindens (Gips als Mineral, aber auch schnell erhärtendes Bindemittel) des Disparaten, Auseinanderstrebenden.

Das Gedicht enthält nicht nur eine Menge heterogener Wörter, sondern ebenfalls, wie schon Jandl anmerkt, eine Vielzahl verschiedener Sprachregister: Die vielen Ausrufe wie „o mein erbarmer oh! saviour" (Zeile 14) tauchen inmitten einer Reihung oder Aufzählung auf. Lyrische Momente wechseln mit Passagen ab, die einen eher objektiven, registrierenden Ton wahren: „eine prothese am linken bein; die rechte hand: / Asche; am Hals eine kanüle; ein muttermal .." (Zeile 49–50) Neben solchen und anderen Stellen, die sprachliches Material strukturieren und objektivieren, z. B. das Register oder ein wörterbuchähnlicher Eintrag („to munique somebody or to monk s.b.") (Zeile 82), finden sich auch tagebuchartige Passagen, z. B. „gespräch über Krolow" (Zeile 67) oder „dem 21. februar" (Zeile 67) – kein historisches Datum, sondern wohl ein privates. Redereste in der Form des inszenierten O-Tons – Sätze also, die die Form mündlicher Rede aufgreifen, ohne sich auf ein konkretes Gespräch zu beziehen – finden sich bereits in diesen Gedichten.[168] In diesem Gedicht wäre allerdings nur die Stelle „ich heisze Elfe .." (Zeile 89) als ein solcher Rederest zu begreifen; andere Gedichte des Bandes verwenden dieses Mittel dagegen viel häufiger, auch unter Einbeziehung der Umgangssprache. Im Gegensatz dazu stehen die explizit literarischen Zitate, vor allem im letzteren Teil des Gedichts, in der Form von Titelzeilen aus Shakespeares „Sonnet 55: Not marble nor the gilded monuments" sowie „Sonnet 106: When in the chronicle of wasted time" und „Sonnet 2: When forty winters shall besiege thy brow" (wobei das Letztere nicht als Zitat markiert wird). Außerdem werden die Namen von Paulus, Krolow und Chaucer erwähnt. In Zusammenhang mit diesen verschiedenen Sprachniveaus und dem umfangreichen Vokabular, das im Prinzip für jedes geschriebene und gesprochene Wort offen bleibt, haben die folgenden, sich wiederholenden Stellen einen programmatischen, metapoetischen Charakter: „alle register gezogen" (Zeile 2, 102, 112), „& die diversen redefiguren" (Zeile 62/63). Das Gedicht zitiert tatsächlich aus dem Register eines Buches, aber die Pluralform des Wortes, „alle register", hat noch eine weitere Bedeutung. In der Linguistik bezeichnet der Begriff des

---

168  Vgl. Anhang, Gespräch mit Marcel Beyer, Göttingen, 13.11.2014.

Registers eine funktionsspezifische sprachliche Ausdrucksweise, also eine für einen bestimmten Kommunikationsbereich charakteristische Rede- und Schreibweise. In die Lyrik, das zeigt dieses Gedicht, können tatsächlich alle möglichen Register Eingang finden.

Mit Blick auf die sprachlichen Niveaus sowie die fragmentarische, nominale Syntax, die kurz vor oder nach Präpositionen abbricht, um auf eine andere Ebene zu wechseln, wird klar, warum die Satz- und Interpunktionszeichen in Mayröckers Gedichten eine zentrale Rolle spielen. Schräg- und Bindestrich, Doppelpunkt und Semikolon grenzen verschiedene Ebenen voneinander ab und verbinden sie zugleich miteinander – nicht nach einem im Voraus bestimmten, kalkulierbaren Prinzip, sondern der Eigenlogik des Sprachmaterials folgend. Zugleich finden auch Anführungszeichen und Klammern Verwendung, um vorgefundenes Material und Einschübe vom Rest des Textes abzugrenzen. Der Klang spielt eine wichtige Rolle, da er semantische Verbindungen vorantreibt: z. B. in „das zahnende Kind; das zehnte" (Zeile 9) oder zwischen „gestürzt ins weisze;" (Zeile 10) und der folgenden Zeile „zur geheimen Bestürzung seiner Mitbrüder". Die sprachliche Heterogenität geht einher mit der thematischen, denn tatsächlich hat dieses Gedicht – so wie alle anderen Gedichte dieser Phase in Mayröckers Werk – kein übergeordnetes, vereinigendes Thema. Ein „ich" spricht von den „geheimen Schmerzen" seiner „Mitbrüder", die im Laufe des Gedichts Assoziationen zu Kriegsverwundeten wecken, aber noch lange nicht seinen Referenten ausmachen. Die Farbe Weiß und ihre Symbolik werden evoziert, von der Kindheit ist die Rede („noch halbes Kind", Zeile 4) und vom Krieg („während Posaunen/pommersche Zeit", Zeile 22). Die vielen Wörter mit einem Zeitbezug wie „die räder der jahre" (Zeile 18) und „chronicles of wasted time" (Zeile 110, 122) deuten an, dass hier bewusst verschiedene Zeiten evoziert und miteinbezogen werden. Das Gedicht handelt ebenso vom ländlichen Raum („Raine/dickichte/fels", Zeile 68) wie von Seelandschaften („Buchten und offenes Meer", Zeile 60). Als weitere Ebene ließen sich die Momente oder Elemente der Liebeslyrik bezeichnen, welche die Ansprache eines „du" beinhalten, sowie die explizit literarischen, intertextuellen Verweise auf Krolow, Chaucer und Paulus. Das Gedicht ist also weder durch einen bestimmten Ort noch durch eine bestimmte Zeit oder einen Gesprächsmodus fixiert; das einzige, was es zu begrenzen scheint, ist das Bewusstsein des „ich". Jandl fasst das Thema der „totalen" Gedichte der 60er Jahre folgendermaßen zusammen: „Die Gesamtheit dessen, was Zeit, Ort und dichtendes Ich an Kontur bieten, an Lesbarem, bildet, im Prinzip, das Thema dieser Gedichte."[169]

---

169 Jandl: „Die poetische Syntax in den Gedichten von Friederike Mayröcker", S. 26.

## 1.12 Klings Montage: „ratinger hof, zettbeh (3)"

Auf welche Weise und mit welchem Ergebnis Thomas Kling auf Mayröckers Schreibtechniken zurückgreift, soll anhand des folgenden Gedichts gezeigt werden.

RATINGER HOF, ZETTBEH (3)

»o nacht! ich nahm schon
flugbenzin ..«

nachtperformance, leberschäden,
schrille klausur
    HIER KÖNNEN SIE
ANITA BERBER/VALESKA GERT BESICHTIGEN
MEINE HERRN .. KANN ABER INS AUGE GEHN
stimmts outfit? das ist dein auftritt!
schummrige westkurve (»um entscheidende
millimeter geschlagen«)
    gekeckerte -fetzen
»süße öhrchen«, ohrläppchen metallverschraubt
beschädigtes leder, monturen, blitze
beschläge, fischgrät im parallel-
geschiebe; sich überschlagendes, -lapp
endes keckern (»gestern dä lappn wech«);
unser sprachfraß echt junkfood, echt
verderbliche ware, »süße öhrchen«, wir
stülpen unsere mäuler um JETZT mit der
(kühlschrank)nase flügeln (yachtinstinkt,
»paar lines gezogn«); nebenbei erklärter
maßen blitzkrieg/blickfick (JETZT LÄC
HELN!); havarierte augenpaare (schwer
geädert), »man sieht sich«, kiesel im
geschiebe, man sieht nichts aber: über
gabe/rüberreichen von telefonnummern
(JETZT LECKEN!)
DAS HAARREGISTER: bei
steiler fülle, grannig gestylt, hoch
gesprühter edelwust, fiftyfifty,
gesperberte fönung, cherokeegerädert,
barbieverpuppung, teddysteiff, »sekthell
ihr busch«, weekend-allonge, Yves-Klein-blau,

pechschwanz, schläfenraster, freigelegte
schädeldecke, »um entscheidende millimeter
geschlagen!«
(von der kette
gelassen; bereit, zeitig, zum sprung;
zum absprung bereit, die jungens: paar
kanaken plattmachn, gefletschte pupillen,
panzerglasig; vollgestopft mit guten
pillen werden sie dann unter vorrückende
tanks gejagt, »haste ma ne mark für taxi«);
gerädert, bei steiler fülle, OP-bläue,
pechschwanz, schädelraster, ums ganze
haarregister laberschäden; sicherheit ja
die einzige ja: UM FÜNF WIRD HIER
DAS LICHT ANGEHN .. DAS VOLLE LICHT ..
AUFTRITT VON PHANTOMSCHMERZEN .. UND
ANGST DAS KALTE LAKEN[170]

Was die Wahl des Sujets und die Herangehensweise anbelangt, könnte sich dieses Gedicht wohl kaum stärker von Mayröckers Gedicht unterscheiden. Wie schon der Titel andeutet, geht es hier nicht in erster Linie um ein „Gedicht als Gedicht", als Kunstwerk, sondern um ein Gedicht mit einer stärker betonten „weltweisende[n] Funktion" (Jandl). Der Titel bezieht sich auf den Ratinger Hof in Düsseldorf, einen konkreten Ort, und begrenzt damit das Thema, nicht aber den zeitlichen Horizont: So erscheinen in diesem Gedicht, das Ende der 70er, Anfang der 80er Jahre angesiedelt ist, auch Anspielungen auf die Tanz- und Kabarettszene der 20er Jahre (Anita Berber und Valeska Gert) oder auf den Zweiten Weltkrieg (mit „blitzkrieg" oder den jungen Männern, die „unter vorrückende / tanks gejagt" werden). Klings Gedicht bewegt sich nicht im Bewusstseins- und Erinnerungsraum eines „ich", sondern durchstreift einen kollektiven Bewusstseinsraum. Insofern es sich um die Darstellung einer bestimmten Jugendkultur handelt, wäre die Assoziation zur westdeutschen Lyrik der 60er und 70er Jahre vielleicht naheliegender als zur Wiener Avantgarde. Im letzten Kapitel einer Studie über westdeutsche Gedichte seit 1965, die den Titel „Persönliche Erfahrungen und gesellschaftliche Perspektive" trägt, zitiert Jürgen Theobaldy das Gedicht „Zum Alex nach Mitternacht" aus Jörg Fausers *Die Harry Gelb Story* (1973),[171] das auf ähnliche

---

170  Kling: *Gesammelte Gedichte*, S. 67.
171  Theobaldy, Zürcher: *Veränderung der Lyrik*, S. 145–146.

Weise eine Milieustudie der Hippiekultur entwirft. Dennoch sind die Sprache und Struktur von Klings Gedicht weit entfernt von Fausers narrativ-linearem, prosanahem Gedicht.

Klings Gedicht geht von einem „wir" aus, das programmatisch im Satz „wir / stülpen unsere mäuler um" zum Ausdruck kommt: Die sinnliche Erfahrung, aber auch die Sprache, die Sprechweise des „wir" rücken in den Blick. Unter Rückgriff auf das Motto von Mayröckers Gedicht ließe sich sagen, dass auch von Kling „alle register" der Sprache gezogen werden; es sind zwar nicht dieselben wie in ihrem Gedicht, aber sie erzeugen einen ähnlichen Eindruck sprachlicher Heterogenität: Sportjargon, Drogenjargon, regional geprägte Umgangssprache, literarische Zitate. Ähnlich wie bei Mayröcker wechselt der Ton rasant zwischen Ausrufen, Auflistungen und Rederesten, die in das Gedicht einmontiert werden. Die Syntax weist einen ähnlichen Grad an Fragmentierung auf: Aneinanderreihungen von Substantiven wechseln mit vollständigeren, programmatischen Sätzen ab, die zugleich einen stärkeren narrativen Rahmen eröffnen. Sogar die Form des Registers, die Mayröcker im oben zitierten Gedicht verwendet, findet sich in modifizierter Form (ohne Seitenangaben) auch in Klings Gedicht als „HAARREGISTER". Die Schreibfläche wird nicht in vollem Umfang genutzt, aber das für Mayröcker typische Einrücken von Zeilen findet sich – in reduzierter Form – auch bei Kling: So gelingt es ihm, einzelne Phrasen oder Wörter graphisch zu isolieren und hervorzuheben; er teilt das Gedicht in Segmente, ohne eine vorgegebene Strophenform zu verwenden. Auch die selektive Verwendung von Groß- und Kleinschreibung sowie der ungewöhnliche Gebrauch von Interpunktion und Satzzeichen (vor allem von Anführungsstrichen, Schrägstrichen, Semikola), die verschiedene Sprachebenen miteinander verbinden und zugleich durch Einschnitte stilistische Brüche hervorheben, sind typisch für Klings Schreibtechnik. Betrachtet man einzelne stilistische Elemente wie die Verwendung des Schrägstrichs, so fallen allerdings auch hier die Unterschiede auf: Kling verwendet den Schrägstrich für klang- oder bedeutungsähnliche Wörter bzw. Wortverbindungen („blitzkrieg/blitzfick"; „über / gabe/rüberreichen"), während der Schrägstrich in Mayröckers Gedicht vor allem auf der Ebene der Syntax des Satzfragments benutzt wird, um semantische Verschiebungen zu erzeugen. Kling orientiert sich also nicht im strengen Sinne an den stilistischen Merkmalen der Gedichte Mayröckers, seine Konstruktionsprinzipien gehen jedoch, wie der Vergleich zeigt, auf die Gedichte aus *Tod durch Musen* zurück, die sich von der Konkreten Poesie und den Arbeiten aus dem engeren Umfeld der Wiener Gruppe in einigen wichtigen Punkten unterscheiden.

Im Gegensatz zur Konkreten Poesie und ihrer Tendenz zur methodischen Hervorbringung von Literatur begründet Mayröckers Schreibweise einen assoziativen Umgang mit der Montagetechnik. Anders auch als die Prosamontagen eines Konrad Bayer oder Oswald Wiener, arbeitet ihr Verfahren mit klanglichen Einheiten und Wiederholungen. Die Grundstruktur von Mayröckers Gedichten ist die Variation von Textsegmenten, die ineinander übergehen und, im Gegensatz zum reduktionistischen Ansatz der Konkreten Poesie, heterogenes Sprachmaterial in sich vereinigen. Programmatisch dafür ist Mayröckers Vorwort zu Klings Debüt: „Meer ist gleich mehr (Überflutung)",[172] das im Gegensatz zur Reduktion und Verknappung der Konkreten Poesie Vermehrung und Steigerung andeutet. Mayröckers Ansatz zeugt von einer Abneigung gegen klassische Formen.[173] Die Wiederholung ist bekanntlich eine der wesentlichen Eigenschaften der Lyrik. Mayröcker verschiebt jedoch das Prinzip der Wiederholung selbst, sie sucht es nicht länger innerhalb bestimmter poetischer Formen wie dem Sonett, der Kanzone oder der Sestine und auch nicht im Reim, sondern auf der konkreten Wortebene, indem sie in ihren Gedichten bestimmte Wörter und Syntagmen in verschiedenen semantischen und syntaktischen Zusammenhängen wiederholt und variiert. *Tod durch Musen* (1966) bietet zahlreiche Beispiele für die stilistischen Merkmale dieser Lyrik, die in späteren Bänden in gemäßigter Form auftauchen. Doch auch die weitere Entwicklung der Lyrik (und Prosa) Mayröckers ist für Klings auf sinnliche Wahrnehmungen und erzählerische Momente ausgerichtete Poetik wichtig gewesen: Sie führte zu einer Öffnung seiner experimentellen Schreibweise auf Bereiche, welche die avantgardistischen Literatur der Nachkriegszeit ausblendete, implizierte aber keine Rückkehr zu konventionellen lyrischen Darstellungsformen. Sie wies Kling vielmehr den Weg zu einer komplexeren Auseinandersetzung mit der Realität im Medium der Sprache. Mayröckers Gedichtband *Gute nacht, guten morgen* (1982) nimmt seinen Ausgang nicht allein vom Sprachmaterial, sondern ebenso von Wahrnehmungen und (erzählten) Erinnerungen. Diese Entwicklungen sind auch für Kling wichtig, obgleich er sich nicht innerhalb eines subjektiv-biographischen Raumes bewegt: Wichtig ist ihm nicht, was „er sieht", sondern das, „was man sieht", wodurch sich eine – im Gegensatz zu Mayröcker – stärkere gesellschaftliche Perspektive entwickelt.

---

172 Friederike Mayröcker: „Zuschreibung, oder die Vermeerung der Sprache bei Thomas Kling", in: *Gesammelte Prosa III*, hg. von Klaus Reichert, Frankfurt a. M. 2001, S. 70.
173 Mayröcker, Beyer: „Eigentlich ist es nichts anderes als ein poetischer Synthesizer".

## 2  Lyrik-Performance

Nachdem die theoretisch-poetologischen Ausgangspunkte, das Verhältnis gegenüber den literarischen Traditionen und der Schreibstil Thomas Klings analysiert worden sind, soll im Folgenden die Performativität als ein weiterer Aspekt seines Erneuerungspotentials untersucht werden. Dieser Teil der Arbeit Thomas Klings ist mit den anderen bereits erwähnten Aspekten untrennbar verbunden. Er wird hier in einem separaten Teil thematisiert, weil die vorliegende Arbeit von einer Verankerung der Poetik Thomas Klings im geschriebenen Wort ausgeht. Formen und Elemente mündlicher Rede prägen diese Poetik, sind aber nicht, wie in der Spoken-Word-Poetry oder manchen Beispielen der Lautpoesie, ihr primäres Material.[174] Dennoch betont Kling in *Itinerar* seine Arbeit als Lyrik-Performer, und das gleich im ersten Kapitel des Buches, das mit einer polemische Geste der Abgrenzung beginnt:

> Die Dichterlesungen der 80er Jahre müssen denen der 70er geähnelt haben. In den 80ern jedenfalls waren sie piepsig und verdruckst, vor allem aber von peinigender Langeweile. Wie das Gros der deutschsprachigen 70er-Jahre-Gedichte, wie sie noch bis weit ins vergangene Jahrzehnt hinein geschrieben wurden: ausgesprochen nichtssagend, der Sprache gegenüber eine Frechheit. Hierüber heute, Ende der 90er Jahre, Konsens zu erzielen, dürfte zu den leichteren Übungen gehören.[175]

Diese verächtlichen Bemerkungen über Lyrik-Lesungen der 70er Jahre können nicht verschleiern, dass Kling, wie Helene Wczesniak in ihrer Dissertation gezeigt hat, die gesellschaftlich-politische Thematik dieser Zeit in seinem Werk fortgeführt hat.[176] In dem Sinne könnte man seine Polemik (ähnlich wie

---

174  Vgl. dazu Klings Replik aus dem Interview mit Daniel Lenz und Eric Pütz: „Zunächst sind meine Gedichte sehr vom Skripturalen abhängig. Sie kommen aus dem Gelesenen, nicht aus dem Gehörten, wobei die semantischen Mehrfach-Aufladungen, die bei der wiederholten Lektüre – und nicht beim wiederholten Hören auf CD – augen- und ohrenfällig werden, nur der schriftliche Text leisten kann." „Das Gedicht unter Dampf halten. Gespräch mit Thomas Kling – 13. November 1998", in: Daniel Lenz, Eric Pütz: *LebensBeschreibungen. Zwanzig Gespräche mit Schriftstellern*, München 2000, S. 172–182, hier: S. 172.
175  Kling: *Itinerar*, S. 9.
176  Siehe Helene Jessula Wczesniak: *Thomas Kling. A poet of the late Bonn republic*, University of Oxford 2020, URL: https://ethos.bl.uk/OrderDetails.do?uin=uk.bl.ethos.816625, letzter Zugriff: 24.07.2022.

seine Kommentare über Brinkmann) als Ausdruck von Einflussangst und als Zeichen einer starken Autorschaft deuten, die das Werk der Vorgänger*innen bewusst missversteht und abwertet, um sich selbst behaupten zu können. Doch weil die politische Thematik der Gedichte nicht im Zentrum dieser Arbeit steht, werden diese Kontinuitäten hier nicht weiter ausgeführt.

Kling bringt die Lyrik der 90er Jahre in einen Gegensatz zu derjenigen der 70er und 80er Jahre: einerseits hinsichtlich des Formats der Dichterlesung, andererseits hinsichtlich des Verhältnisses oder der Haltung gegenüber der Sprache. „Piepsig", ein zumeist pejorativ verwendets Wort aus der Umgangssprache, bezeichnet eine zu hohe, kraftlose Stimme. „Verdruckst" meint ein schüchternes, furchtsames Auftreten, einen Mangel an Selbstsicherheit. Mit deutlichen Worten zieht Kling gegen das „Gros", also den überwiegenden Teil, der Lyrik zweier Jahrzehnte zu Felde. Der heftige Ton dieser Sätze ist auffällig und soll im Hinblick auf den poetologischen und performativen Aspekt der Lyrik der 70er und 80er Jahre kritisch untersucht werden.

### 2.1 Tonaufnahmen der 70er Jahre: Brinkmann

Es bleibt offen, wen Kling in den 70er und 80er Jahren gehört haben könnte und wie diese Lesungen tatsächlich abgelaufen sind, ebenso, wer die „vollbärtigen 70er-Jahre-Autoren" waren, die „ankamen und ihre Texte mit der Intensität, mit der ansonsten nicht mal der Wasserstandsbericht verlesen wird",[177] vortrugen. Dagegen lassen sich die Tonaufnahmen einiger Autor*innen der 70er Jahre mit denen von Kling und anderen Lyriker-Performer*innen hinsichtlich ihrer poetologischen und performativen Prämissen vergleichen. Rolf Dieter Brinkmann, der 1975, im Erscheinungsjahr von *Westwärts 1&2*, starb, gehört in diesem Zusammenhang vermutlich nicht zum „Gros der deutschsprachigen 70er-Jahre-Gedichte", die in Klings Augen „der Sprache gegenüber eine Frechheit" sind. Vielmehr stellt er eine Ausnahme dar. Sein Vortragsstil ist das genaue Gegenteil dessen, was Kling als „piepsig" und „verdruckst" bezeichnet; er spricht mit einer „kraftvollen und fordernden Stimme",[178] reagiert mit heftiger Polemik auf das literarische Feld seiner Zeit und betont seinen Unmut gerne durch sein Auftreten. Die 1975 entstandene Aufnahme von Brinkmanns letzter Lesung beim Cambridge Poetry Festival[179] dokumentiert

---

177 „Der richtige Riecher. Michael Kohtes im Gespräch mit Thomas Kling", in: Thomas Kling: „Die gebrannte Performance", S. 31–33.
178 Maleen Brinkmann: „The Last One. Rolf Dieter Brinkmann liest Westwärts 1&2" [Begleittext] in: Rolf Dieter Brinkmann: „The Last One. Autorenlesungen. Cambridge Poetry Festival 1975" (CD), München 2005.
179 Ebd.

den Vortragsstil und den situativen Rahmen seiner Lesung. Zweifelslos ist Brinkmann als Performer sehr präsent und gestaltet seinen Vortrag bewusst. Er liest relativ schnell, was dem raschen Tempo, in dem Details aus dem urbanen Leben registriert und aneinandergereiht werden, entspricht. Das Tempo des Vortrags und der Rhythmus spielen eine wichtige Rolle in vielen dieser Gedichte. So z. B. in „Nach Shakespeare", einem Gedicht, das zum Teil im jambischen Metrum geschrieben ist, das auch von Brinkmann an einigen Stellen seiner Lesung akzentuiert wird. Zugleich handelt es sich um ein typisch „prosaisches", narratives Gedicht, das eine Flusslandschaft im Herbst beschreibt – Brinkmann trägt die im Gedicht entfaltete Detailfülle schnell und mit großer Sogkraft vor; am Ende, bei den Worten „niedersinkt am Fluss", wird er selbst plötzlich langsamer, lässt seine Stimme sinken. So vermittelt er dem Publikum den Eindruck, etwas in seiner Ereignishaftigkeit miterlebt zu haben. Brinkmanns Intensität – als Lyriker und Vortragender – vermittelt die Intensität des unmittelbar Erlebten. Alle anderen Aspekte des Vortrags wie Tonhöhe, Tonstärke und vor allem die Tonlage bleiben konstant.

Brinkmann imitiert keine anderen Stimmen, er inszeniert seine Stimme in keinem besonderen Maße (ein Wort, das oft in Zusammenhang mit Thomas Kling verwendet wird). Er verbleibt in einer konstanten Tonlage, die sich von seiner gewöhnlichen Sprechweise, wie sie einige Tonbandaufnahmen für den WDR dokumentieren, die hauptsächlich Monologe, Gespräche und Geräuschaufnahmen aus seinem Alltag enthalten, kaum unterscheidet.[180] Brinkmann spielt also nicht: Zu sehr ist diese Art von Lyrik an die Person des Autors und seinen Alltag gebunden, als dass der Vortrag eine schauspielerische Komponente erhalten könnte. Mit Blick auf Brinkmanns Tonbandaufnahmen und intermediale Arbeiten lässt sich zudem argumentieren, dass seine Performativität nicht unbedingt eine textuelle Grundlage haben muss, sondern auch in einem transtextuellen Raum als audio-visuelles Phänomen entstehen kann. All dies trug wohl dazu bei, dass Brinkmann, anders als einige seiner Wiener Zeitgenoss*innen, nie als markanter Vortragskünstler galt. Er dokumentiert zwar seinen Alltag mit Hilfe eines Tonbands, nähert sich also der Realität über ihre akustische Dimension, veröffentlicht aber zu Lebzeiten keine Aufnahmen seiner Gedichte. Dies hat viel mit dem Image, dem ersten Eindruck, zu tun, den diese Gedichte den Leser*innen vermitteln sollen: einen Eindruck des unangestrengt Lebensnahen, Spontanen, Ungekünstelten. Der

---

180   Rolf Dieter Brinkmann: „Wörter Sex Schnitt. Originaltonaufnahmen 2005" (CD), München 2005.

von Brinkmann geschätzte Lyriker Frank O'Hara[181] lieferte das Vorbild für diese programmatisch undramatische Art des Vortrages. O'Hara liest seine Gedichte, die davon handeln, was er mag, was er liest, was er tut, in einem alltäglichen Sprechduktus, wodurch sie eine gewisse Offenheit vermitteln. Wir hören jedoch, auch das ist klar, kein persönliches Telefongespräch, sondern ein konstruiertes Gedicht, das in seiner syntaktischen und metaphorischen Dichte, in seiner Bildlichkeit und seinen Wiederholungsstrukturen weit über den alltäglichen Sprachgebrauch hinausreicht. Diese Spannung zwischen dem Lebensnahen und Spontanen auf der einen Seite und dem Künstlichen, Konstruierten, Durchdachten auf der anderen prägt nicht nur die Texte, sondern auch den Vortragsstil von Lyrikern wie Frank O'Hara und Rolf Dieter Brinkmann: Der Vortrag ist eng an die persönliche Sprechweise der Person, die hinter diesen Texten steht, gebunden – weniger an eine konkrete Biographie als an den Ort, an die Umgebung dieser Person. Vor diesem Hintergrund wird ersichtlich, warum sich Brinkmann beim Cambridge Poetry Festival als ein Lyriker aus Köln vorstellt: „My name is Rolf Dieter Brinkmann. I am coming from Cologne and Cologne is a dark industrial city."[182] Brinkmann verfügt durchaus über die performativen Mittel zur akustischen Realisierung eines Textes (sein bewusster Tempowechsel beweist es), setzt sie aber nur sparsam ein. Auch der Vortragsstil anderer westdeutscher Lyriker*innen der 60er und 70er Jahre, z. B. von Nicolas Born, ist programmatisch undramatisch.[183] Die performativen Mittel werden von diesen Lyriker*innen minimal eingesetzt, die Gedichte wirken undramatisch, aber nicht dem Publikum gegenüber gleichgültig, sie versuchen, kommunikativ und zugänglich zu bleiben. Dennoch ist die performative Dimension dieser Gedichte im Vergleich zu Lyriker*innen, die sich an anderen Traditionen orientieren, eine grundsätzlich andere.

## 2.2  Die Gruppe 47: Abbrüche

Es gibt jedoch noch andere Gründe dafür, warum die Tradition des mündlichen Vortrags seit der Nachkriegszeit bis in die 80er hinein an Bedeutung verlor. Exemplarisch dafür ist das Verhalten der Gruppe 47, der wichtigsten literarischen Instanz im literarischen Feld der Nachkriegszeit, die sich 1967 zum letzten Mal traf. Zu dem Programm, das ihre Mitglieder in den ersten

---

181 Frank O'Hara kann man z. B. in Richard Moores Film *USA. Poetry* (1966) hören. Richard O. Moore: *USA. Poetry* (1966), Youtube, URL: https://www.youtube.com/watch?v=344TyqLlSFA, letzter Zugriff: 10.06.2019.
182 Rolf Dieter Brinkmann: „The Last One".
183 Siehe Nicolas Born auf Lyrikline, URL: https://www.lyrikline.org/de/gedichte/naturgedicht-3016, letzter Zugriff: 01.06.2019.

Nachkriegsjahren entwickelten, gehörte der Leitgedanke, die Literatur habe sich nicht an der Vergangenheit und nicht an der Zukunft, sondern ausschließlich an den Problemen der Gegenwart zu orientieren.[184] Dieser „unbedingte Gegenwartsbezug"[185] führte zu einem Realismusprogramm, das allen Möglichkeiten der Anknüpfung an die Literatur der Vorkriegszeit misstraute. Diese Situation einer *Tabula rasa* hatte zur Folge, dass die bis dahin gegenwärtigen poetischen Traditionen, darunter auch mündliche, verdrängt wurden und jede literarische Ausdrucksweise, die diesen Rahmen sprengte, kritische Reaktionen hervorrief. Als bekanntestes Beispiel gilt Paul Celans Lesung beim Treffen der Gruppe 47 in Niendorf 1952. Zwar wird dieses Treffen, bei dem auch Ilse Aichinger und Ingeborg Bachmann lasen, im Rückblick als Zeichen einer neuen Tendenz zur Abwendung vom Realismus wahrgenommen,[186] aber Celans Gedichte stießen dennoch auf massive Kritik, die zum einen dem vermeintlich fehlenden Engagement seiner Gedichte galt, zum anderen aber – und wohl vor allem – seinem Vortragsstil. Hans Werner Richter, der Initiator des Treffens und die wichtigste Autorität der Gruppe, der Celan vorgeworfen hatte, „wie Goebbels" und „in einem Singsang [...] wie in der Synagoge"[187] vorzutragen, kommentierte rückblickend:

> Seine Stimme klingt mir zu hell, zu pathetisch. Sie gefällt mir nicht. Wir haben uns das Pathos längst abgewöhnt. Er liest seine Gedichte zu schnell. Aber sie gefallen mir, sie berühren mich, obwohl ich die Abneigung gegen die Stimme nicht überwinden kann.[188]

Richters Abneigung gegen Paul Celans Stimme, die er irrtümlicherweise mit der NS-Rhetorik assoziiert, implizierte letztlich eine Skepsis gegenüber jeder Form des rhetorischen Pathos. Im Kontext der Gruppe äußerte sie sich in der Aufforderung, „so monoton wie möglich" vorzutragen: eine Art des Vortrags, die Cornelia Epping-Jäger „als die Stimme der Erinnerungsvermeidung und

---

184   Siehe Heinz Ludwig Arnold (Hg.): *Die Gruppe 47. Ein kritischer Grundriss*, München 2004, S. 77.
185   Ebd.
186   Ebd., S. 87.
187   Siehe Cornelia Epping-Jäger: „‚Diese Stimme mußte angefochten werden'. Paul Celans Lesung vor der Gruppe 47 als Stimmereignis", in: Günter Butzer, Joachim Jacob (Hg.): *Berührungen. Komparatistische Perspektiven auf die deutsche Nachkriegsliteratur*, München 2012, S. 263–280.
188   Hans A. Neunzig: *Hans Werner Richter und die Gruppe 47*, München 1979, S. 111–112.

Geschichtsdistanziertheit"[189] interpretiert. Celans Vortragsweise lässt sich nicht nur, wie es Epping-Jäger tut, in der kulturellen Tradition Österreichs – dem Burgtheaterdeutsch – verorten; seine Stimme schreibt sich zudem in eine lange Tradition des mündlichen Vortrags von Lyrik ein, die sie zu erneuern versucht. Dass es Celan vor allem um poetische Traditionen der europäischen Literaturgeschichte geht, deutet eine Frage an, die er den Mitgliedern der Gruppe 47 stellt – die Frage, ob denn Rimbaud in Deutschland nicht bekannt sei.[190] Wie Herta Müller andeutet, setzt Celan jedoch zugleich eine andere Tradition fort, eine viele ältere, und zwar die „Tradition des jüdischen, russischen, rumänischen Gedichtsprechens im rhythmisch singenden Ton, der durch den ganzen Körper läuft".[191] In diesem Sinne vertrat die Gruppe 47 einen lediglich mit rudimentären literarischen Kenntnissen verbundenen ästhetischen Konservatismus. Ihre kritische Haltung gegenüber Erneuerungsversuchen poetischer Traditionen prägte die westdeutsche Literatur der 50er und 60er Jahre in entscheidendem Maße.

### 2.3 Die „literarischen cabarets" der Wiener Gruppe

Als ein Lyriker mit einem starken Interesse für die performativen Aspekte der Lyrik und ihre oralen Traditionen fand Kling seine Anknüpfungspunkte nicht in der westdeutschen Lyrik, sondern in Wien, der ersten und wichtigsten Station seiner literarischen Wegbeschreibung: „'79 zog ich für einige Zeit nach Wien."[192] Diese autobiographische Reminiszenz folgt nicht zufällig auf Klings Polemik gegen die westdeutsche Lyrik der 60er und 70er Jahre. Sie formuliert eine Alternative zu den Authentizitätsbemühungen der 68er-Generation und dem monotonen Stil der Gruppe 47. Diese alternative Literaturgeschichte beginnt jedoch nicht erst 1979, sondern spätestens in den 50er Jahren. Im Wien dieser Zeit herrschte eine andere literarische Situation als in Westdeutschland: Trotz des Aufschwungs konservativ-restaurativer Tendenzen entstand dort zugleich ein avantgardistisches Milieu, das an die historischen Avantgarden anzuknüpfen versuchte. Dieser Rezeptionsvorgang – die Wiederentdeckung der avantgardistischen Literatur und der älteren poetischen Traditionen im Österreich der Nachkriegszeit – scheint von keiner literarischen Instanz gehemmt worden zu sein, wie es in der westdeutschen Literatur unter dem

---

189 Epping-Jäger: „Diese Stimme mußte angefochten werden'. Paul Celans Lesung vor der Gruppe 47 als Stimmereignis", S. 270.
190 Toni Richter: *Die Gruppe 47 in Bildern und Texten*, Köln 1997, S. 49.
191 Zitiert nach Moritz Pirol: *Halali 2. Ein Thema in zwanzig Variationen*, Hamburg 2010, S. 576.
192 Kling: *Itinerar*, S. 9.

Einfluss der Gruppe 47 der Fall war. Die Wiener Gruppe, die etwa seit 1953 aktiv war, entstand aus einem Interesse für die Vorkriegsavantgarden, für jene Formen von Kunst und Literatur also, die sich mit dem alltäglichen Sprachgebrauch und mithin den allgemeinen Gesellschafts- und Denkformen kritisch auseinandersetzen. Mit Ausnahme der ersten, noch relativ klassisch gestalteten Lesung der Wiener Gruppe im Jahr 1957 stellten die zwei in den beiden folgenden Jahren veranstalteten „literarischen cabarets" die radikalste Fortsetzung und Weiterentwicklung der Vorkriegsavantgarden dar.

Mit ihren „literarischen cabarets" interessierte sich die Wiener Gruppe nicht für den Vortrag von Lyrik und den Vortragsstil als solchen – sie lehnte das Format der Dichterlesung vielmehr ab.[193] Stattdessen wollte die Wiener Gruppe mit ihren zwei „literarischen cabarets", die bewusst an die sprach- und gesellschaftskritischen Tendenzen des Cabaret Voltaire anknüpften, sich aber auch auf die österreichische Kabaretttradition bezogen, die Grenzen einer ästhetisch abgezirkelten Kunst überschreiten. Die Gruppe beschäftigte sich stark mit sprachphilosophischen Fragen, vor allem mit dem Verhältnis zwischen Sprache und Wirklichkeit, Worten und Wahrnehmung. 1967 beschrieb Oswald Wiener die Absichten der Gruppe wie folgt:

> wenn wir anderen [d. h. Oswald Wiener, Gerhard Rühm, Konrad Bayer, Friedrich Achleitner im Gegensatz zu H.C. Artmann, der sich nach dem Erfolg der *schwoazzn dintn* (1958) von der Gruppe distanzierte] uns im gegensatz dazu als sprachingenieurs, sprachpragmatiker, sahen, benutzten wir die worte im sinne wittgensteins als werkzeuge (allerdings in erweiterter bedeutung) und waren nicht nur am verhalten der worte in bestimmten sprachsituationen (‚konstellationen') interessiert [...], sondern auch an der steuerung konkreter situationen durch den sprachgebrauch.[194]

Für diese transtextuellen Arbeiten, die alltägliche Situationen mittels des Sprachgebrauchs steuern oder die Diskrepanz zwischen Situation und Sprachgebrauch ausstellen, eignet sich, besser als die Dichterlesung, das Format des Kabaretts. Die Bühne wird zu einem Handlungsort, wo „konkrete situationen" inszeniert werden, und eröffnet zugleich einen theatralen, mit

---

193  Oswald Wiener: „das ‚literarische cabaret' der wiener gruppe", in: Peter Weibel (Hg.): *Die Wiener Gruppe. A moment of modernity 1954–1960*, Wien, New York 1997, S. 309–321, hier: S. 309. „was als postsurrealismus (paul celan) in mode kam, lehnten wir als symbolistisch verpantschten aufguss ab." Gerhard Rühm: „vorwort" in: *Die Wiener Gruppe*, S. 9.
194  Wiener: „das ‚literarische cabaret' der wiener gruppe", S. 309.

bestimmten Erwartungen verbundenen Kontext. Das Kabarettformat ist folglich mit der grundlegenden Absicht, die „wirklichkeit auszustellen, und damit, in konsequenz, abzustellen",[195] vereinbar, gerade weil sich auf der Bühne ein konkretes Geschehen ereignen kann. Aber auch die theatrale Wirklichkeit – Theaterroutinen, Theatererwartungen und Konventionen – können ausgestellt und umgekehrt werden, was mit einer grundsätzlichen Verachtung für das Theater (und sein Publikum) einhergeht. Als bekanntestes Beispiel gilt die Idee, das Publikum wie einen Gegenstand anzuschauen, was am prominentesten in einer Nummer der zweiten Cabarets realisiert wurde, als „das ensemble auf drei stuhlreihen mit dem gesicht zum publikum [saß] und [...] dasselbe interessiert [betrachtete]."[196] Auch auf anderen Ebenen spielte man mit den Erwartungen, etwa indem ein „völlig unbekannt gewesenes mädchen mit film- und theaterambitionen" als „star der aufführung" im Programm angekündigt wurde.[197]

Bis auf wenige Ausnahmen wurden alle Texte und Einfälle der Wiener Gruppe eigens für das Kabarett geschrieben. Dazu gehören Texte, deren Vortrag mit der gleichzeitigen Präsentation einer bestimmten Handlung verbunden ist, so etwa die im Stil der „guten suppe" verfasste programmatische Nummer „friedrich achleitner als biertrinker", in der Friedrich Achleitner auf der Bühne sitzt und Bier trinkt, während ein Text über den Akt des Biertrinkens und Einschenkens gelesen wird. „sie lief in einem beklemmendem rhythmus ab, zeigte augenfällig die lächerlichkeit einer beschreibung angesichts eines ereignisses",[198] resümiert Wiener die Wirkung. Dazu kommen andere Nummern mit sprachlichem und anderem akustischem Material, das unter Kritik gestellt wird: das Singen der österreichischen Nationalhymne, die Rezitation von Werken Ingeborg Bachmanns, Jean-Paul Sartres und Boris Pasternaks, von wissenschaftlichen Beiträgen und Fachtexten, Radiosendungen – die alle eine sprachlich geprägte Wirklichkeit ausstellen oder sich diese innerhalb des Kabarett-Kontextes aneignen. Darüber hinaus beinhalten viele Nummern Szenen oder Akte ohne Text, zeigen etwa den Akt des Erwachens, des Haareschneidens, des Essens und Trinkens auf der Bühne oder den Versuch zu fliegen – Nummern, die in die Richtung dessen gehen, was einige Jahre später als Performancekunst und Happening bezeichnet werden sollte. Diese künstlerische Praktik der Wiener Gruppe ging zwar aus einer kritischen Auseinandersetzung mit der Sprache und ihrem alltäglichen Gebrauch hervor, gelangte aber schnell an einen Punkt, der den literarischen Rahmen überschritt

---

195 Ebd.
196 Ebd.
197 Ebd., S. 311.
198 Ebd., S. 313.

und Entwicklungen der Kunst der 60er Jahre vorwegnahm: Fluxus, Happening, Body Art, Performance- sowie Konzeptkunst.[199] Mit ihren „literarischen cabarets", mit denen die gemeinsame Arbeit zugleich endet, sprengte die Wiener Gruppe den Rahmen der Literatur und eroberte einen intermedialen Bereich neuer Formen von Kunst.

### 2.4   1983: *Kling in Wien*

Mehr als 25 Jahre nach den ersten Auftritten der Wiener Gruppe beginnt Thomas Kling seine Gedichte vorzutragen. In *Itinerar* beschreibt er seinen ersten Auftritt 1983 in Wien, der trotz gravierender Unterschiede mittels Anspielungen auf die Aufführungspraxis der Wiener Gruppe Verbindungen herzustellen versucht:

> [w]ir betraten dann die Bühne, altes Wiener Gruppen-Konzept – zusammen mit Bayer hatte Berger [d. h. der Lyriker, Dramatiker, Erzähler, Schauspieler und Aktionist Joe Berger (1939–1991)] Anfang der 60er Jahre einiges von dessen Theatertexten inszeniert –, als beträten wir ein Kaffeehaus, behandelten die Zuschauer im überfüllten Saal als Gegenstand, ich querte die voll ausgeleuchtete Bühne, legte einen sehr langen und weiten Weg zurück, hängte meine Jacke an einem imaginären Garderobehaken auf, die knallte hübsch auf die Bretter, dem apulischen Diktaphon hats nicht geschadet, die Leute waren schier begeistert, jetzt schon – dann las ich vom Standmikro aus.[200]

Thomas Kling tritt in Wien nicht allein auf, sondern zusammen mit Joe Berger, der 1963 bei Konrad Bayers Theatertext „bräutigall & anonymphe" Regie führte.[201] Inwiefern das Betreten der Bühne, als beträte man ein Kaffeehaus, tatsächlich ein „altes Wiener-Gruppen-Konzept" ist, bleibt offen: In dem einzigen ausführlichen Text über die zwei literarischen Cabarets von Oswald Wiener ist von keiner solchen Geste die Rede; die Wiener Gruppe ließ sich allerdings Essen und Getränke auf der Bühne servieren, um wie in einem Wirtshaus zu speisen, doch so weit gingen Kling und Berger nicht. Sie vollführen nur Gesten, die für eine bestimmte Situation charakteristisch sind:

---

199   Siehe Peter Weibel: „die wiener gruppe im internationalen kontext", in: Weibel: *Die Wiener Gruppe*, S. 763–783.
200   Kling: *Itinerar*, S. 13.
201   Siehe den Eintrag zur Aufführung des Textes auf theatertexte.de, URL: https://www.theatertexte.de/nav/2/2/3/werk?verlag_id=verlag_der_autoren&wid=27&ebex3=3, letzter Zugriff: 10.06.2019.

Gesten also, die eher etwas Schauspielerisches an sich haben, als tatsächlich ein Stück Realität in Sinne der Wiener Gruppe auszustellen. Dies scheint auch eine etwas frühere Reflexion Klings, die dieser in einem Gespräch mit Marcel Beyer anstellt, zu suggerieren: Die gezielten Anspielungen auf die Aufführungspraxis der Wiener Gruppe fehlen hier; Kling erwähnt vielmehr seine frühen Theatererfahrungen.[202] Das Ziel oder der Effekt solcher „Mätzchen", wie sie Kling später kritisch nennen wird, ist die Herstellung von Aufmerksamkeit (das Publikum ist „schier begeistert") für die eigentliche Bühnenhandlung, und zwar den Vortrag von Gedichten, was keinesfalls das Ziel der Wiener Gruppe war. Das Betrachten der Zuschauer*innen gehörte dagegen zum Programm der Wiener Gruppe; ein Beispiel dafür liefert Konrad Bayers Stück „die begabten zuschauer",[203] das die Rollenverteilung zwischen Zuschauer*innen und Schauspieler*innen umkehrt, indem zwei Auftretende als „herren" mit Operngläsern das Publikum fixieren, es kommentieren und es in die klassischen Theaterkonventionen einbinden. Unklar bleibt, inwiefern Kling und Berger „gegen das publikum spielen und nicht für dasselbe",[204] und inwiefern sie einen solchen Angriff auf den Illusionscharakter des Theaters überhaupt beabsichtigten oder brauchten. Anders als die Wiener Gruppe verzichtet Kling auch auf die Einbeziehung technisch-akustischer Mittel: Das „apulische Diktaphon" (mit Aufnahmen von Zitrusplantagen in Apulien, auf denen nur seine Schritte zu hören sind[205]) fällt zu Boden und wird nicht eingesetzt. Dieser erste Auftritt findet im Rahmen eines „Benefizkonzerts" statt, „bei dem neben Liedermachergestalten und Austrorockern auch ein paar Wiener Schriftsteller lesen sollten"[206] – es darf also die Rede von einem literarischen Teil des Konzertes sein; die klar umrissenen Grenzen zwischen Musik und Literatur stellen das Verhältnis zwischen Kunst und Wirklichkeit nicht infrage. Ein zentraler Unterschied gegenüber der Aufführungspraxis der Wiener Gruppe zeigt sich auch darin, dass Kling in Wien aus „amptate", einer bereits gedruckten Sammlung von Gedichten, liest,[207] also keine eigens für das Bühnenkonzept geschriebene Texte präsentiert. Der gemeinsame Auftritt mit Joe Berger wird für Kling nicht zum Anlass, eine relevante Verbindung zur Praxis der Wiener Gruppe herzustellen. Vielmehr ist Berger, wie es Beyer zusammenfasst, „eine ganz wichtige Szenefigur, ganz wichtig in der Zeit und in einem

---

202  Siehe Kling, Beyer: „Das Eingemachte – Smalltalk 91", S. 55.
203  Konrad Bayer: „die begabten zuschauer. ein prolog", in: *Die Wiener Gruppe*, S. 136–138.
204  Ebd., S. 138.
205  Kling: *Itinerar*, S. 12.
206  Ebd., S. 13.
207  Siehe Kling, Beyer: „Das Eingemachte – Smalltalk 91", S. 55.

sozialen Milieu, im Vernetzen von Leuten, Machen von Veranstaltungen".[208] Es gibt zwar bestehendes akustisches Material, das für ein Interesse Klings für die Fluxus- und Happening-Szene im Rheinland spricht,[209] aber er selbst stellt dies nicht in den Mittelpunkt seiner Präsentation. Stattdessen charakterisiert er diese Lesung, die eine klare Verbindung zu Wien hat, vor allem dadurch, dass sie *in* Wien stattfindet und dort zu einem seiner frühen Erfolge gehört.[210] Wie bereits angedeutet, ändert sich Klings Aufführungspraxis im Laufe der Zeit, er verzichtet auf alle „Mätzchen" und trägt seine Texte mit rein stimmlichen Mitteln vor;[211] bei näherer Betrachtung zeugt jedoch bereits die erste Wiener Lesung von einer bestimmten Grundidee: Der Vortrag von Lyrik ist mit anderen Künsten, die Musik ausgenommen, nicht vereinbar.

Diese grundsätzlichen Unterschiede zwischen Thomas Kling und der Wiener Gruppe hinsichtlich ihrer performativen Konzepte sollten jedoch nicht zum Schluss verleiten, sie sei für seine Aufführungspraxis nicht wichtig gewesen. Die Experimente der Wiener Gruppe lieferten vielmehr die Prämissen für die Lyrik der 8oer und 9oer Jahre, und ihre Aufführungspraxis wurde in dieser Zeit rege rezipiert.[212] Mit der Wiener Gruppe teilt Kling das Interesse für das Gemachtsein eines Werkes, für seine konstruktiven Regeln und Verfahren. Dagegen teilt er mit der Wiener Gruppe nicht dieselbe Verachtung für das Theater, d. h. für die theatrale Repräsentation und ihren Illusionscharakter; das Theater seiner Zeit hat sich von diesem Konzept bereits verabschiedet, und bei seinem Auftritt in Wien steht Kling vielmehr vor der Frage, wie er die Aufmerksamkeit des Publikums auf sich lenkt.[213] Der Gedanke aber, dass die Auftrittssituation konstruiert und somit kontrollierbar ist, leitet auch Klings Bühnenpraxis. Er versteht es, die Aufmerksamkeit zu gewinnen, er spielt mit ihr, indem er sich gezielt an das Publikum wendet.[214] Seine Gedichte greifen

---

208   Siehe Anhang, Gespräch mit Marcel Beyer, Berlin, 19.08.2015.
209   „Drei freie Minuten, Talk Act", Ingrid Grundheber (CAP) / Al Hansen / Thomas Kling, Köln 8.4. 1988, (Privat-Aufnahme), CD. Stiftung Insel Hombroich, Thomas Kling; Sprachinstallation ‚Op de Eck' / Thomas Kling liest aus „erprobung herzstärkender mittel", (Schlagzeugbegleitung: Geräusche, wie wenn Gegenstände, Möbelstücke z. B., zerstört würden; Sprecher-Chor) Düsseldorf (?), ca. 1985 (Privat-Aufnahme, verrauscht, mit Kneipengeräuschen) Kassette (U.L.) Stiftung Insel Hombroich, Thomas Kling.
210   Kling, Beyer: „Das Eingemachte – Smalltalk 91", S. 55.
211   Vgl. Reinhard Meyer-Kalkus: „Thomas Kling über den Dichter als ‚Live-Act'", in: Ammon, Trilcke, Scharfschwert (Hg.): *Das Gellen der Tinte*, S. 241–262.
212   Vgl. dazu Anhang, Gespräch mit Marcel Beyer, Göttingen, 13.11.2014.
213   Dazu Kling selber: „Heute haben wir überhaupt um Aufmerksamkeit zu kämpfen, wegen einer Überflutung, einem Überangebot an Literatur." „Die gebrannte Performance", S. 36.
214   Siehe Anhang, Gespräch mit Anja Utler, Regensburg, 15.09.2015; „Die gebrannte Performance", S. 35.

Praktiken der Wiener Gruppe auf, die diese verwendete, um „das publikum von zeit zu zeit wieder in trab zu bringen": „wir arbeiteten mit schreien („achtung!!"), trillerpfeifen, trompetenstössen, getrampel und gekreisch"[215] – solche Interventionen prägen bereits die textuelle Ebene der Gedichte und treten noch viel stärker in Klings Vortrag hervor. Kling wollte die Ideen der Wiener Gruppe nicht wiederholen oder weiterführen, aber er entwickelte in der Beschäftigung mit ihnen die Grundlagen einer bewussten Aufführungspraxis, die hinsichtlich ihrer Mittel und Ziele über die Lesungen der Gruppe 47 oder der 68-Generation weit hinausging.

### 2.5 Jandl: das performative Potential des Gedichts

Wie die vorigen Seiten gezeigt haben, kommt es zu diesem neuen Begriff des Vortrages, anders als von Kling in *Itinerar* behauptet, nicht allein durch seine Rezeption der Wiener Gruppe. In *Botenstoffe* entwickelt Kling ein etwas größeres Bild: „Die Wiener Gruppe mit Ernst Jandl jedenfalls hat dafür gesorgt, dass seit eineinhalb Jahrzehnten wieder von jungen Dichtern gute Lesungen zu hören und zu sehen sind."[216] Der österreichische Lyriker Ernst Jandl (1925–2000) steht für eine andere Aufführungspraxis als die Wiener Gruppe: Ihre Mitglieder arbeiteten stets in verschiedenen Genres und Gattungen, ihre wichtigste Texte sind Prosatexte (vor allem im Fall von Wiener und Bayer); Jandl verstand sich dagegen von Anfang an primär als Lyriker. Als Vortragender bewegte er sich also innerhalb des Formats der Dichterlesung, das die Wiener Gruppe kategorisch ablehnte. Seine Arbeit entwickelte sich aus engen Kontakten zur Wiener Gruppe, die ihn beeinflusste, folgt aber anderen Absichten. Provokation und institutioneller Angriff stehen für Jandl nicht im Vordergrund, er hegt keine Verachtung für das Publikum, ja, er möchte möglichst viele Zuhörer*innen erreichen. Anders als der ebenfalls als guter Vortragskünstler bekannte H.C. Artmann, der zunächst als Dialektdichter rezipiert wird und relativ spät Anerkennung für den Rest seines Werkes erhält, gelingt Jandl der Durchbruch bereits früh – und zwar mit einer Reihe von Gedichten, die programmatisch die Tradition des Vortrags von Lyrik erneuern.

Seine „Sprechgedichte" präsentierte und veröffentlichte Jandl bereits 1957 – in zeitlicher und räumlicher Nähe zu den „literarischen cabarets" der Wiener Gruppe also –, aber sie wurden erst 1966 bekannt, als sie im Band *Laut und Luise* und zwei Jahre später auch auf Schallplatte erschienen. Das Sprechgedicht definiert Jandl als einen neuen Gedichttypus, der „erst durch

---

215 Wiener: „das ‚literarische cabaret' der wiener gruppe", S. 315.
216 Kling: *Botenstoffe*, S. 31.

lautes Lesen wirksam [wird]."[217] Die performative Realisierung des Gedichts – im Akt des lauten Lesens, des Sprechens – ist also seine eigentliche, wichtigste Form; der schriftliche Text spielt diesbezüglich eine untergeordnete Rolle, insofern als er das Material für den Vortrag nur fixiert. Wirklich neu ist diese Idee nicht, denn spätestens mit der dadaistischen Lyrik, den Lautgedichten von Hugo Ball oder Kurt Schwitters entsteht in der avantgardistischen Tradition eine Gedichtform, die sich beim Hören besser nachvollziehen lässt als bei der stillen Lektüre: Der gedruckte Text ist bereits zu dieser Zeit eine Art Partitur des Gedichts, das erst im mündlichen Vortrag sein volles Potential entfaltet. Jandls Gedichte und ihre performativen Realisierungen entstehen zu einer Zeit, als die deutsche Nachkriegsliteratur aus politisch-historischen Gründen stark schriftlich geprägt ist. Die Gruppe 47 verbot zwar nicht den Vortrag von Lyrik, aber sie zwang ihn in ein enges Korsett von Regeln und erhob die monotone Sprechweise zu ihrem Ideal: Literatur soll vor allem kommunizierbar und diskutierbar sein, sie wird zum möglichst objektiv dargebotenen Gegenstand einer Literaturkritik, die von der Aufführungspraxis der historischen Avantgarden nichts weiß. Insofern gehört Jandl zu den Ersten, die sich nach 1945 die programmatische Erneuerung der performativen Dimension der Lyrik auf ihre Fahnen schreiben. Jandls Sprechgedichte verfolgen dieses Ziel, indem sie semantische Spannungen auf der Wortebene durch verschiedene Arten der Fragmentierung und Rekonstruktion erforschen.[218] Was im lauten Lesen, im Vortrag dieser Gedichte zum Ausdruck kommt, ist eine Expressivität der einzelnen Wörter, Wort- und Satzteile – eine Expressivität des sprachlichen Rudiments. Zugleich macht Jandl, beeinflusst vom Jazz, den Rhythmus zur treibenden Kraft seiner Lyrik: Ein kontinuierlicher Rhythmus liegt seinen Sprechgedichten zugrunde.[219]

Für Thomas Kling stellt Jandl zweifelsohne ein wichtiges Modell dar, an dem er sich orientieren konnte: Hier stand ihm ein Lyriker vor Augen, der großen Wert auf den Vortrag von Lyrik legte und einen unnachahmlichen Vortragsstil entwickelte, ein Lyriker zugleich, für den Lesungen auch in soziologischer Hinsicht eine bedeutende Rolle spielten: Gewann er doch durch sie Anerkennung und Sichtbarkeit im literarischen Feld seiner Zeit. Oder wie es ein Text auf Jandls offizieller Webseite formuliert:

---

217  Ernst Jandl: „Das Sprechgedicht", in: ders.: *Autor in Gesellschaft. Aufsätze und Reden*, München 1999, S. 8.
218  Ebd.
219  Siehe Frieder von Ammon: *Fülle des Lauts. Aufführung und Musik in der deutschsprachigen Lyrik seit 1945. Das Werk Ernst Jandls in seinen Kontexten*, Stuttgart 2018.

Früh macht er die Erfahrung, dass in Lesungen das Publikum positiv auf seine Texte reagiert, entschieden positiver als die öffentlichen Reaktionen auf seine Gedichte zunächst ausfallen. In Jandls Fall ist die sonst übliche Reihenfolge, nach der Autoren zum Lesen eingeladen werden, wenn sie sich durch Publikationen einen Namen gemacht haben, auf den Kopf gestellt: Durch Lesungen kann er seine Bücher – als sie dann endlich publiziert sind – einem größeren Kreis von Interessenten nahe bringen.[220]

Hier zeigt sich eine wichtige Parallele zu den Lesungen Thomas Klings, der sich relativ früh, bereits nach dem Druck von „Amptate" (1983) und *erprobung herzstärkender mittel* (1986), durch seine Auftritte im Rheinland einen Namen macht und dessen Gedichte in dieser Form ein größeres Publikum zu erreichen scheinen.[221] Die Ähnlichkeiten zwischen Kling und Jandl sind zahlreich, auch die Verbindung von Lyrik und Jazz gehört dazu, die Kling in Zusammenarbeit mit dem Musiker Frank Köllges realisierte. Frieder von Ammon thematisiert diese Ähnlichkeiten im Epilog zu seiner Studie über neue Formen der Performativität in der Lyrik.[222] Ein Wort Jandls aufgreifend, spricht er vom „performativen Purismus", der bei Kling und Jandl dem Gedicht und seinem Vortrag gilt.[223]

### 2.6  Klings Sprachinstallation

Doch es gibt auch Unterschiede zwischen der performativen Praxis Jandls und Klings. Sie verweisen auf eine Entwicklung des Begriffs der Performativität, die sich in der Lyrik seit den 80er Jahren abzeichnet. Um diese Unterschiede näher zu erläutern, sei der folgende Text Thomas Klings aus dem Jahr 1992 zitiert:

> Der Dichter als Live-Act
> Drei Sätze zur Sprachinstallation
>
> als theil dichterischer arbeit ist der mündliche vortrag schriftlich fixierter texte vor einer zuhörerschaft zu begreifen, die möglichst durch den verfasser selbt geschehen soll. dem in den vergangenen achtzig jahren entwickelten performancebegriff, und seinen massiven

---

220  „Ernst Jandl und seine Lesungen", Offizielle Internetseite von Ernst Jandl, URL: https://www.ernstjandl.com/lesungen.php, letzter Zugriff: 20.06.2019.
221  Mehrmals verweist Kling auf die folgende Reaktion auf seinen Vortrag: „Jetzt, wo ich Sie gehört habe, verstehe ich Ihre Texte viel besser!" Kling: *Botenstoffe*, S. 103.
222  Siehe Ammon: *Fülle des Lauts*, S. 436–442.
223  Ebd., S. 439.

metamorphosen, gerade im letzten jahrzehnt, trägt der vortragende dichter (=sprachinstallateur) rechnung, indem er auf requisiten / mätzchen etwelcher art verzichtet: seine ganze konzentration gilt einzig dem auswendig-gesprochenen bzw. abzulesenden text – der ist nun seine partitur. der dichter »erhebt seine stimme«, bringt die in seinen texten installierten klimata ERNEUT zur sprache und weiß dennoch: weißes rauschen ...[224]

Vergleicht man diesen Text mit Jandls ungefähr gleich langem Text „Das Sprechgedicht",[225] so fällt zunächst auf, dass die Figur des Dichters bei Kling eine zentrale Rolle einnimmt, während bei Jandl der ganze Text – nach dem Programm der Konkreten Poesie – subjektlos geschrieben ist. Vom Gedicht und seinem performativen Potential verschiebt sich hier der Fokus auf den „dichter", auf seine Arbeit und die Situation der Aufführung. Der grundsätzliche Fokus liegt indessen auf dem mündlichen Vortrag. Wenn Kling von der „dichterischen arbeit" spricht, und dies ebenfalls ohne expliziten Bezug auf sich selbst, so vertritt er dabei eine normative Haltung: Lyriker*innen müssen sich auch mit dem performativen Aspekt eines Gedichts beschäftigen, dieser gehört ausnahmslos zu ihrem Werk. Hier und auch in anderen Texten, die den gleichen Gedanken noch deutlicher zum Ausdruck bringen,[226] formuliert Kling einen Maßstab, ein Kriterium für die Lyrik. Es geht nicht mehr, wie bei Jandl, um einen neuen Gedichttyp, der nur durch den mündlichen Vortrag realisiert werden kann, sondern jedes Gedicht muss nunmehr den Test des mündlichen Vortrags durchlaufen. Was bei Jandl in den 50ern eine individuelle Aufführungspraxis ist, wird spätestens in den 90er Jahren zu einem allgemeinen Phänomen. In den 90er Jahren müssen sich Lyriker*innen, die auf der Bühne auftreten, gegenüber der seit den 60er Jahren präsenten Performancekunst – die die Wiener Gruppe noch mühelos mit ihren Sprachreflexionen verbinden konnte – behaupten, definieren und abgrenzen. Lyriker*innen tragen dem Performancebegriff Rechnung, gerade indem sie sich ausschließlich auf den Text und das ihm inhärente performative Potential konzentrieren. Die Lyrik hat ihre Souveränität gegenüber der Performancekunst zu behaupten – sie entfaltet ihr performatives Potential nicht dadurch, dass sie mit externen Requisiten, sondern mit der Stimme arbeitet. Zugleich scheint Klings Text

---

224 Thomas Kling: „DER DICHTER ALS LIVE-ACT. DREI SÄTZE ZUR SPRACHINSTALLATION", in: *Proe*, Berlin 1992, unpaginiert.
225 Siehe Fußnote 218.
226 Vgl. z. B. „Wer nicht ‚vorlesen' kann, oder zu faul zum Üben ist – der soll den Mund halten, Schauspieler engagieren." Kling: *Botenstoffe*, S. 102.

bereits auf textueller Ebene von der Performancekunst beeinflusst zu sein, indem er den Dichter „als Live-Act" in ihn einführt und damit zugleich die potentielle Präsenz der Vortragenden. In allen diesen Aspekten spielt Jandl als Modell eines Lyrik-Performers, der seine Auftritte minimalistisch gestaltet, eine wichtige Rolle für Kling. Jandls Sprechgedicht entfaltet jedoch erst in der akustischen Realisierung sein eigentliches Potential, es muss vorgetragen und gehört werden, während Text und Vortrag bei Kling zwar gleichwertig, aber voneinander getrennt sind. Nach der zweiten Phase der Lautpoesie, der Jandls Sprechgedichte zuzurechnen sind, scheint die Lyrik Ende des 20. Jahrhunderts zu einem anderen, umfassenderen Verständnis ihrer selbst gelangt zu sein. Klings Begriff der „Sprachinstallation" meint nicht nur die Situation der Aufführung, sondern auch den schriftlichen Text: „Das Gedicht als literales Ereignis ist die Sprachinstallation *vor* der Sprachinstallation."[227] In diesem Sinne geht es um ein zweifaches Zur-Sprache-Bringen, und keine dieser beiden Phasen ist der jeweils anderen über- oder untergeordnet.

Der Unterschied zwischen Kling und Jandl zeigt sich nicht zuletzt an Klings Begriff der „Sprachinstallation": Anders als Jandl, der mit seinen Sprechgedichten den Schwerpunkt auf den Akt des Sprechens legt, geht es Kling um einen Begriff von Sprache, der Mündlichkeit und Schriftlichkeit in sich vereint. Jandl ist beeinflusst vom Jazz, von den Musik,[228] Kling dagegen von der bildenden Kunst; die Musik spielt in seinem Arbeitsprozess keine oder nur eine geringe Rolle.[229] So entwickelt er auch den Begriff der Sprachinstallation ausgehend von der bildenden Kunst und orientiert am Begriff der Installation, der in der Kunst seit dem Ende der 70er Jahre ein raumgreifendes, ortsgebundenes und situationsbezogenes Kunstwerk bezeichnet.[230] „Installation" meint also Räumlichkeit, Heterogenität und Vielschichtigkeit, die Kling durch Erforschung und Gestaltung von Sprachräumen in die Lyrik bringt. Zugleich ist „Installation" ein technischer Begriff, der auch den Einbau und die Einrichtung einer Anlage meint – er impliziert keinen souveränen Schöpfungsakt, sondern ein Einrichten, Montieren, Konstruieren von bereits Vorfabriziertem. Kling

---

227 Kling: *Itinerar*, S. 20.
228 Siehe Ammon: *Fülle des Lauts*.
229 Im Gespräch mit Marcel Beyer sagt Kling, er höre gar keine Musik, und bestätigt, er habe beim Umzug nach Köln seinen Plattenspieler am Bordstein stehengelassen. Siehe Kling, Beyer: „Das Eingemachte – Smalltalk 91", S. 53. Der „Stifterfiguren"-Zyklus fokussiert neben Dichterfiguren vor allem Künstler – Joseph Beuys, Andy Warhol und Blinky Palermo. Auch im Rahmen einer Tagung, die 2015 die gemeinsamen Projekte von Kling und Köllges untersuchte, bestätigte Thomas Witzmann, dass Kling in der Geschichte der Musik wenig bewandert war.
230 Siehe Claire Bishop: *Installation art. A critical history*, London 2005.

entwickelt sein Denken also ausgehend von Entwicklungen in der neueren Kunst, aber auch in der Medientechnologie, die seine Lyrik in schriftlicher und performativer Hinsicht prägen. Anders als ein Gedicht von Jandl, dem noch eine einheitliche Idee und eine einheitliche Sprechweise zugrunde liegen, dem also eine gewisse Einfachheit eignet, sind Klings Gedichte Assemblagen des Heterogenen, geprägt von Stilbrüchen und Einschüben, die einen bis dahin unbekannten Grad von Komplexität erreichen. Bereits die Vortragsstile von Jandl und Kling sind sehr verschieden. Über einen Auftritt Jandls heißt es etwa: „Ein Mann sprach wohlgemessen und exakt wie eine Maschine die Blitz und Donnerbotschaft neuester Lyrik in einen kleinen Saal."[231] Norbert Hummelt, der Klings früheste Lesungen erlebt hat, nennt als eine der erkennbarsten Charakteristiken seines Vortragsstils die „Breite seiner artikulatorischen Möglichkeiten: vom vernehmlichen Flüstern über den klassischen Bühnenton bis zum kontrollierten Wutausbruch, vom Wiener Schmäh über den rheinischen Dialekt und Szenejargons bis hin zum Kasernenhofton".[232] Zweifelsohne verfügt auch Jandl über ein artikulatorisches Spektrum, doch bei Kling wechselt innerhalb weniger Verse der Ton so radikal, dass ein intensiver Eindruck von Dichte und Heterogenität entsteht. Interessant ist in diesem Zusammenhang auch Dieter M. Gräfs Bemerkung, Kling habe (gegenüber Jandl und seiner Generation) Tempo in die Lyrik gebracht, womit nicht das Sprechtempo gemeint ist, sondern eine Art Wahrnehmungstempo, d. h. das Tempo, in dem die Realität (noch vor der „Versprachlichung") wahrgenommen wird.[233]

Die Tendenz zur Heterogenität, die sich in der deutschen Lyrik seit Mitte 80er Jahre zeigt, lässt sich, wie Kling selbst bemerkt hat, anhand von Begriffen aus der Medientechnologie genauer beschreiben. Er verweist auf die Überblendungstechnik im Film, die eine Überlagerung mehrerer Bilder ermöglicht; was den performativ-akustischen Aspekt anbelangt, ist auch sein Hinweis auf das Frequenzspiel des Kurzradios interessant, das er nach eigener Aussage als Jugendlicher viel gehört hat.[234] Kling schreibt eine Lyrik, die auf programmatische Weise die Gleichzeitigkeit verschiedener Frequenzen von Stimmen und Informationsebenen artikuliert, dabei aber stets das Moment der Interferenz, der Störung reflektiert. In diesem Sinne ist auch Klings Bezugnahme auf „weißes Rauschen" – Rauschen, das verschiedene

---

231 „Ernst Jandl mit den Neighbours", Internetseite Porgy & Bess – Jazz & Music Club Vienna, URL: https://www.porgy.at/en/events/8851/, letzter Zugriff: 20.06.2019.
232 Hummelt: „Erinnerung an Thomas Kling", S. 103–110.
233 Siehe Anhang, Gespräch mit Dieter M. Gräf, Berlin, 21.01.2019.
234 Kling: *Botenstoffe*, S. 215.

Frequenzen in gleichbleibender Intensität enthält – am Ende von „Der Dichter als Live-Act" zu verstehen: Lyriker*innen, die ohne Einsatz von Technik allein mit ihrer Stimme arbeiten, *wissen* dennoch, dass auch die Sprache als Kommunikationsmedium von moderner Technologie beeinflusst ist und es sowohl im schriftlich fixierten als auch im vorgetragenen Gedicht Momente der Kommunikationsstörung geben kann – und es lässt sich hinzufügen, dass auch im Vortrag eines Kling-Gedichts nicht alle Komplexitäten bei den Zuhörer*innen ankommen werden, während ein Jandl-Gedicht für ein breites Publikum relativ verständlich bleiben dürfte.[235]

Kling reagiert auf die Prozesse der Technologisierung, die die Lyrik der 90er Jahre stärker prägen als die der 60er Jahre, zugleich hält er Schritt mit den Entwicklungen der Performancekunst und berücksichtigt ihren Einfluss auf die Literatur. Dennoch deutet er in „Der Dichter als Live-Act" an, dass er eine alte Auffassung von Lyrik aufgreift und erneuern will. Nicht zufällig verwendet Kling den Begriff des „Dichters", der im Gegensatz zum in Anführungszeichen gesetzten „Sprachinstallateur" sehr traditionell ist. Die Schreibweise von „theil" („als theil dichterischer arbeit") zu Beginn von Klings Text ist vermutlich kein Fehler, sondern ein absichtlich gesetzter Archaismus, der das Wort „Heil" enthält und damit den für Kling wichtigen „Gedanke[n] des Dichters als Blutzeuge und Erlöserfigur" heraufbeschwört.[236] Schon in archaischen Gesellschaften hatten magische Sprüche eine religiöse, rituell-performative Funktion, die auf das lyrische Sprechen vorausweist. Im Zentrum von Klings Programm steht also der performative Aspekt der Lyrik, der untrennbar mit ihren Anfängen verbunden ist, der aber dennoch in Deutschland aus politisch-historischen Gründen ignoriert und vernachlässigt wurde. Wie es seine Bezüge auf den österreichischen Dramatiker, Lyriker und Vortragskünstler Karl Kraus (1874–1936) und den Schauspieler Klaus Kinski (1926–1991) andeuten[237] – der Vortragsstil von Kraus war an der Tradition des Burgtheaters geschult, eines von Kinskis Markenzeichen seine expressionistische Spielweise –, geht es Kling eindeutig um die Wiederaufnahme des von der Gruppe 47 tabuisierten rhetorischen Pathos.

Vor dem Hintergrund der westdeutschen literarischen Traditionen erscheint Kling ohne Zweifel als ein Erneuerer, der die Tradition des Vortrags von Lyrik belebt hat. Die wichtigsten Einflüsse kommen aus Wien, wo der Bruch mit dieser Tradition weniger gravierend gewesen ist. Die Wiener Gruppe spielte mit ihrem Angriff auf die Institution Kunst und mit ihrem transtextuellen,

---

235 Siehe „Die gebrannte Performance", S. 37.
236 Ebd., S. 34.
237 Siehe Kling: *Botenstoffe*, S. 102.

intermedialen Ansatz, der die Künste seit den 60er Jahren prägen sollte, für Klings performative Praxis jedoch eine relativ geringe Rolle. Viel wichtiger ist die Tradition der Solo-Lyrik-Performer*innen wie Ernst Jandl, die mit dem Format der Dichterlesung arbeiten, den Fokus auf den Text richten und dessen Potential mittels Stimme und körperlicher Präsenz entfalten. Obwohl sich Klings performative Praxis klar an Jandl orientiert, reagiert sie zugleich auf eine zunehmend technisierte, schnellere Wahrnehmung, die sich in den Stilbrüchen, der größeren Dichte und Heterogenität seiner Texte spiegelt und so auch vor dem Hintergrund der Wiener Avantgarde etwas Neues in die deutschsprachige Lyrik bringt.

## 3   Zusammenfassung

Das Erneuerungspotential Thomas Klings ist in hohem Maße mit seiner Wiederentdeckung der Autor*innen der Wiener Nachkriegsavantgarde verbunden. Diese Verbindung zwischen Westdeutschland und Wien bestand spätestens seit den 60er Jahren, als einige Wiener Autor*innen bei deutschen Verlagen zu veröffentlichen begannen,[238] sie scheint jedoch ab einem bestimmten Zeitpunkt wieder schwächer geworden zu sein. Die Autor*innen, auf die sich Kling bezieht, nehmen bis in die 80er Jahre hinein eine Randposition im deutschsprachigen literarischen Feld der Zeit ein. Bei der Veröffentlichung von *Gute nacht, guten morgen* (1982) wird Mayröcker z. B. von Walter Hinderer als eine „immer noch zu wenig beachtete österreichische Lyrikerin"[239] vorgestellt. Ende der 70er, Anfang der 80er Jahre wird der Avantgarde-Begriff von „Feuilleton und Mainstream-Theorie für obsolet erklärt."[240] Ulf Stolterfoht etwa bezeichnet die historischen Avantgarden mit einer philatelistischen Metapher als „abgeschlossene[s] Sammelgebiet[]",[241] womit er suggeriert, diese Literatur sei eine abgeschlossene Tradition, ohne Anknüpfungsmöglichkeiten in der Gegenwart. Dieser Deutung läuft Thomas Klings Rezeption österreichischer Autor*innen zuwider. Durch die Lektüre der Wiener Avantgarde – Friederike Mayröcker, Ernst Jandl und H.C. Artmann – gelangte er zu einem Verständnis von Sprache, Tradition und Dichterlesung, das im Westdeutschland der späteren 80er Jahre ein starkes Erneuerungspotential besaß. Eine große Rolle spielen in diesem Prozess Mayröckers Gedichte der 60er Jahre, die sich von der

---

238   Siehe Anhang, Gespräch mit Marcel Beyer, Göttingen, 13.11.2014.
239   Walter Hinderer: „Poesie zum Beißen und zum Kauen", in: *FAZ*, 03.07.1982.
240   Stolterfoht: „Noch einmal. Über Avantgarde und experimentelle Lyrik", S. 189.
241   Ebd.

Poetik der Konkreten Poesie entfernen. Diese Gedichte gehen nicht mehr von isolierten Wörtern und Wortteilen aus, die nach einer erkennbaren Methode oder einem Muster angeordnet werden. Sie schöpften auch nicht nur aus der normierten Sprache der Schriftkultur, wie das in den Texten von Gomringer oder Mon oft der Fall ist. Vielmehr vereinigen sie in sich ein enormes Spektrum sprachlicher Register, wie es das Gedicht „Register zu den geheimen Schmerzen meiner Mitbrüder" auf programmatische Weise zum Ausdruck bringt: „alle register / alle register gezogen". Das Material wird assoziativ in unterschiedlichen Zusammenhängen variiert und wiederholt, wobei die Interpunktion eine große Rolle spielt. Diese Charakteristiken, die in *Tod durch Musen* (1965) in konzentrierter Form als in den späteren Bänden Mayröckers auftreten, sind für die Struktur und die Sprache der Gedichte Thomas Klings wichtig. Zugleich arbeitet Kling stark mit mündlichen Elementen, die im Umfeld der Wiener Gruppe bereits in den 50er Jahren für die Lyrik wiederentdeckt werden. Weiteres Erneuerungspotential entsprang der Rezeption H.C. Artmanns, nicht zuletzt der Beschäftigung mit seinem Versuch, ältere literarische Traditionen, vor allem die Literatur des Mittelalters, des Barock und die Volkstradition, mit avantgardistischen Tendenzen zu verschmelzen. Thomas Klings Poetik, die an diese Tradition anknüpft, erweist sich vor einem bestimmten Hintergrund als neu: gegenüber der westdeutschen Lyrik der 60er und 70er Jahre mit ihrer Suche nach kommunikativer Transparenz und einer „entspannten", egalitären Sprechhaltung; gegenüber dem rationalistisch orientierten Teil der Konkreten Poesie; und nicht zuletzt gegenüber der Gruppe 47. Klings Auseinandersetzung mit der Wiener Avantgarde bestätigt in dieser Hinsicht Pounds Konzept literarischer Erneuerungsphasen, die für ihn eng mit dem transnationalen kulturellen Austausch verbunden sind. Die Montagetechnik, die Einbeziehung unterschiedlicher sprachlicher Register, die Betonung der Performativität und der Traditionsbezug sind jedoch nicht das einzige „Neue" an Thomas Klings Poetik. Sie reagiert auch auf die Medienrevolution ihrer Zeit und führt, wie noch gezeigt werden soll, bestimmte Tendenzen der westdeutschen Lyrik der 60er und 70er Jahre fort, indem sie, ausgehend von der Wahrnehmung der unmittelbaren Gegenwart, eine gesellschaftlich orientierte Perspektive entwirft. Alle diese Aspekte trugen dazu bei, dass das Erneuerungspotential dieser Lyrik von zahlreichen Lyriker*innen aufgegriffen und weiterentwickelt wurde. Sie sollen im Rahmen des zweiten Kapitels vorgestellt werden.

KAPITEL 2

# Eine neue Dichterschule? Thomas Kling und die Lyrik der 90er Jahre

## 1  Der Paradigmenwechsel

Der mit Thomas Kling verbundenen Erneuerung der deutschsprachigen Lyrik folgte in den 90er Jahren ein allgemeiner Paradigmenwechsel. Laut Herman Korte stand dieser im Zeichen „einer höchst sprachbewussten und sprachreflexiven Lyrik, die ihre Ausdrucks- und Wahrnehmungspotenziale ständig thematisierte."[1] Wie im vorigen Kapitel bereits angedeutet, hatte Thomas Klings stilprägendes Werk einen bedeutenden Anteil an diesem Wechsel. Die von ihm in den 80er Jahren vollzogene Anknüpfung an die Wiener Nachkriegsavantgarde und andere avantgardistische Traditionen wandelte sich in den 90er Jahren zu einer weitverbreiteten ästhetischen Strategie. Seine idiosynkratische Entwicklung der Montagtechnik, sein Gebrauch verschiedenster Sprachregister und sein Interesse am performativen Potential der Gedichte und an der Recherche als einem unverzichtbaren Teil dichterischer Arbeit übten einen starken Einfluss auf die ihm nachfolgende Generation von Lyriker*innen aus. In diesem Sinne erklärte Christian Döring in einem Interview im Jahr 2008:

> Ich glaube, das liegt auf der Hand, und darüber kann es keinen Streit geben, er [Thomas Kling] hat mit seinen Gedichtsprachen die junge Generation enorm beeinflusst, und jedes von ihm erschienene Gedichtbuch hat eine neue Rezeption ausgelöst, er war ein Impulsgeber im Bereich des Lyrischen.[2]

Die folgenden Ausführungen erkunden Klings Bedeutung für die Lyriker*innen der nächsten Generation, die in der Auseinandersetzung mit seinem Werk ihre eigenen Positionen entwickelt haben. Dabei sollen auch einzelne poetologische Überschneidungen diskutiert werden, die Kling mit anderen Lyriker*innen seiner Generation verbinden, welche ihre Poetiken unabhängig

---

1  Hermann Korte: *Deutschsprachige Lyrik seit 1945*, 2. Auflage, Stuttgart 2004, S. 256.
2  Christian Döring, Enno Stahl: Thomas Kling: Gesammelte Gedichte, satt.org, URL: http://www.satt.org/literatur/06_06_kling.html, letzter Zugriff: 15.08.2021.

von ihm entwickelt haben. Der Fokus richtet sich dabei nicht nur auf ihr Werk, sondern auch auf ihre mit ähnlichen Mitteln betriebene Positionierung im autonomsten Teil des literarischen Feldes, dem der Lyrik, das die Erwartungen des Marktes radikal infrage stellt.

Die Situation, in der sich die auf Kling folgende Generation von Lyriker*innen Mitte der 80er Jahre wiederfand, hat Ulf Stolterfoht auf anschauliche Weise beschrieben:

> Als die Anfang bis Mitte der sechziger Jahre geborenen Lyriker ihre ersten Bücher veröffentlichten, zeigte sich die Lage abermals verändert. Das lyrische Pfingstwunder hatte die fortschreitende Marginalisierung der Gattung nicht aufhalten können, was einen stärkeren Zusammenhalt der Lyriker untereinander zur Folge hatte, auch über Lagergrenzen hinweg. So blieben die Frontverläufe zwar deutlich erkennbar, es wurde aber möglich, die unterschiedlichen poetologischen Grundlagen zu diskutieren und zu respektieren. Heißenbüttels Thesen waren endlich auf fruchtbaren Boden gefallen, denn so wie es undenkbar sein sollte, einen experimentellen Ansatz zu verfolgen, ohne nicht über meinetwegen Peter Huchel oder Paul Celan einigermaßen Bescheid zu wissen, so war es auch für die Vertreter einer eher narrativ orientierten Lyrik eine Selbstverständlichkeit geworden, Konrad Bayer oder Oswald Wiener gelesen zu haben. Wenn das kein Fortschritt ist![3]

Das „lyrische Pfingstwunder", von dem Stolterfoht spricht – die Formulierung stammt wiederum von Tobias Lehmkuhl[4] – bezieht sich auf die Veröffentlichung der ersten Gedichtbände von Peter Waterhouse, Thomas Kling und Bert Papenfuß. Die nachfolgende Generation, die in den 90er Jahren zu veröffentlichen begann, war zwar gespalten in die beiden „Frontlager" der avantgardistisch-experimentellen und der narrativen Lyrik; beide Lager verfügten jedoch, wie Stolterfoht betont, über eine Kenntnis der ihnen fremden Traditionen. Peter Huchel und Paul Celan stehen dabei für eine eher narrativ orientierte Lyrik, Konrad Bayer und Oswald Wiener für eine avantgardistische Tradition. Mit der Erwähnung von „Heißenbüttels Thesen" verweist Stolterfoht auf dessen Diktum, dass die Geschichte der Avantgarden nicht erst mit dem 20. Jahrhundert, sondern bereits im Barock begonnen habe: „[...] dass wir es hier mit einem unabgeschlossenen, unabschließbaren Prozess zu tun haben,

---

[3] Ulf Stolterfoht: „Noch einmal. Über Avantgarde und experimentelle Lyrik", in: BELLA triste. Zeitschrift für junge Literatur 17 (2007), S. 189–200, hier: S. 190.
[4] Ebd.

und dass es kein Zurück gibt hinter die Erreichungen der Avantgarde [...]".[5] Wollte man die Generation, deren Lage Stolterfoht beschreibt und der er selbst angehört, mittels einer Periodisierung definieren, so ließe sich sagen, dass ihr jene Lyriker*innen angehören, die im Laufe der 60er Jahre geboren wurden und in den 90er Jahren mit ihrem Werk in die Öffentlichkeit traten. Zu ihr zählen so unterschiedliche Autor*innen wie Oswald Egger, Marcel Beyer, Norbert Hummelt, Dieter M. Gräf, Ulrike Draesner, Raoul Schrott und Durs Grünbein. Es gibt bislang keine Anthologie, die die Arbeiten dieser Lyriker*innen versammeln würde, nur verstreute Einzelpublikationen, die von verschiedenen Tendenzen und Entwicklungen zeugen. Zu den Vorbildern und Referenzen dieser Generation zählen nicht nur Vertreter der Nachkriegsavantgarden wie Bayer und Wiener, sondern auch die ihnen unmittelbar vorangehende Generation, der Thomas Kling angehört. So spricht Stolterfoht von Lyriker*innen, „die sich in den vergangenen Jahren mit denselben Problemen beschäftigt hatten [...], nur waren sie in ihrer Arbeit schon wesentlich weiter vorangeschritten."[6] „[D]a war jemand genau dort, wo wir hin wollten mit dem, was wir selbst geschrieben hatten",[7] so erklärt Dieter M. Gräf im Hinblick auf Kling. Obwohl dessen Poetik zunehmend historische Motive einbezog, stand sie Anfang der 90er Jahre für eine dezidiert avantgardistische Position durch ihre Betonung der Materialität der Sprache, durch die Inszenierung von Mündlichkeit und die damit verbundenen performativen Aspekte des Vortrages. Durch alle diese Aspekte zog Klings Lyrik die ihm nachfolgende Generation in ihren Bann.

## 2 Thomas Kling und die „Neue Kölner Dichterschule"

Im Zusammenhang mit Thomas Kling, Marcel Beyer, Norbert Hummelt und Dieter M. Gräf tauchte Anfang der 90er Jahre in der Kritik der Begriff der „Neuen Kölner Dichterschule" auf – eine Bezeichnung, die von den Lyriker*innen selbst überwiegend abgelehnt wurde, obwohl es nicht nur poetologische Überschneidungen, sondern auch einen persönlichen Austausch gab. Hummelt erlebte Thomas Kling zum ersten Mal im Jahr 1986 bei einem Literaturwettbewerb in Düsseldorf, wo er auch Marcel Beyer kennenlernte.[8] Daraufhin stellte er den Kontakt zu Kling her, der bis 1995 eine wichtige Rolle

---

5  Ebd.
6  Ebd.
7  Siehe Anhang, Gespräch mit Dieter M. Gräf, Berlin, 21.01.2019.
8  Siehe Norbert Hummelt, Klaus Siblewski: *Wie Gedichte entstehen*, München 2009, S. 40.

in seiner Entwicklung spielen sollte: „Als er in Köln lebte, hatte er eine starke Präsenz, eine ganz andere, als wenn er auf Lesereise war – man konnte ihn da in Köln erleben, man konnte sich da verabreden, und das war schon ... er war halt wirklich nah [...]".[9] Dieter M. Gräf machte Klings Bekanntschaft im Rahmen eines anderen Wettbewerbs und stand, als er in Köln lebte, trotz einer gewissen anfänglichen Distanz in einem sporadischen, aber dauerhaften Austausch mit Kling: „[W]ir liefen uns immer mal wieder über den Weg, z. B. in Köln, der Umgang besserte sich, wir waren inzwischen auch per du [...]".[10] Marcel Beyer erklärt, dass es zwischen Kling und ihm erst 1995 zu einer Freundschaft gekommen sei;[11] dem seien Gespräche und Begegnungen vorausgegangen.[12]

Keines dieser Verhältnisse kann als intensiv bezeichnen werden. Sie bildeten jedoch die Grundlage eines regionalen Netzwerkes, dessen Mitglieder durch das Interesse für eine gewisse Art von Lyrik, ein ähnliches Alter und ihre geographisch-kulturelle Herkunft, das Rheinland, verbunden waren.[13] Abgesehen von diesen Gemeinsamkeiten lassen sich in ihren Werken zahlreiche stilistische und technische Konvergenzen entdecken.

1992 charakterisierte Michael Braun das zeitgenössische Gedicht durch ein Verschwinden des Subjekts und einen damit einhergehenden Hang zum Fragmentarischen:

> Der Satzbau vieler zeitgenössischer Gedichte ist geborsten, Sprachsplitter und Buchstabentrümmer treiben quer durch die Verse, jeder Zeilensprung führt in eine syntaktische Falle. Besonders innerhalb der jüngeren Lyrikergeneration kultiviert man ausgiebig das Umbauen, Zerlegen und Collagieren von Sprachbauteilen, als gelte es, die avantgardistischen Kapriolen von Dadaismus, Surrealismus und „Konkreter Poesie" noch einmal zu überbieten. Den Nimbus des literarischen Außenseiters können die Vertreter dieser neo-experimentellen Literatur nicht mehr

---

9    Siehe Anhang, Gespräch mit Norbert Hummelt, Berlin, 29.09.2015.
10   E-Mail von Dieter M. Gräf, 02.07.2016.
11   „Über diesem Gespräch [in Köln] im Dezember 1995 sind wir Freunde geworden." Siehe Marcel Beyer: „New York State of Mind", in: *Sprache im technischen Zeitalter* 209 (2014), S. 123–135.
12   Siehe z. B. das Gespräch Thomas Kling, Marcel Beyer: „Das Eingemachte – Smalltalk 91. Thomas Kling und Marcel Beyer talken über", in: *Konzepte* 10 (1991), S. 53–61.
13   Die gemeinsame Herkunft scheint einige dieser Lyriker auch über den Zeitraum der 90er Jahre hinweg zu verbinden. Siehe Anhang, Gespräch mit Norbert Hummelt, Berlin, 29.09.2015.

für sich beanspruchen, sind sie doch als honorable Sprachakrobaten und Buchstabentänzer längst in den Literaturbetrieb eingemeindet.[14]

Dieser neo-experimentellen Tendenz rechnet er zuerst die Lyriker*innen des Prenzlauer Bergs zu, darunter Bert Papenfuß, Stefan Döring und Jan Faktor, aber auch einige Lyriker*innen, „denen man neuerdings die informelle Bildung einer neuen ‚Kölner Schule' nachsagt":

> Zu den Protagonisten dieser neuen „Kölner Schule" zählen Thomas Kling, Marcel Beyer, Norbert Hummelt und Dieter M. Gräf. Gemeinsam ist all diesen Autoren eine Vorliebe für lustvolle poetische Collagen, Sprachinstallationen und -performances, Cut-Ups und grammatische Zerreißproben.[15]

Zwei poetische Techniken werden Braun zum Kennzeichen der neuen Lyrik: die Collage und das Cut-Up. In beiden Fällen wird bereits Geschriebenes zerschnitten und neu arrangiert – ein Prinzip, das bis zu den Dadaisten zurückverfolgt werden kann, aber vor allem in den 60er Jahren durch William S. Burroughs bekannt wurde. Zugleich erwähnt Braun ein Interesse für „Sprachinstallationen" – ein von Thomas Kling geprägter Begriff für die Vortragsform seiner Gedichte. Durch die Verbindung unterschiedlicher Konzepte und Techniken suggeriert Braun eine Nähe zwischen den einzelnen Autoren, deren Arbeit gemeinsamen Prinzipien zu folgen scheint. Inwiefern eine solche Gruppierung sinnvoll ist, soll im Folgenden überprüft werden.

### 2.1   *Dieter M. Gräf: die Kling-Obsession*

Brauns Artikel ist in der Zeitschrift *Sprache im technischen Zeitalter* erschienen und dient als Einleitung zu einer Auswahl von Gedichten von Dieter M. Gräf (*1960), die durch den Verweis auf die vergleichsweise etablierten Autoren Thomas Kling und Marcel Beyer näher charakterisiert werden sollen. Diese Gedichte sind zwei Jahre später unter dem Titel *Rauschstudie: Vater + Sohn* (1994) in der Edition Suhrkamp erschienen. Gräf hatte zwar bereits seit Mitte der 80er Jahre Bücher beim Kleinverlag Dieter Wagner in Berlin veröffentlicht, gelangte aber erst durch den Erhalt des Leonce-und-Lena-Preises und die ein

---

14   Michael Braun: „Traumstücke & Textmaschinen. Zu Gedichten von Dieter M. Gräf und Jayne-Ann Igel (Bernd Igel)", in: *Sprache im technischen Zeitalter* 122 (1992), S. 132–136, hier: S. 122.

15   Ebd., S. 133.

Jahr darauf erfolgende Publikation bei Suhrkamp zu größerer öffentlicher Aufmerksamkeit.

Gräfs *Rauschstudie* gliedert sich in zwei Teile: Die Gedichte im ersten Teil – „AUTOR ENNFAHRER" – beschreiben alltägliche Szenen und Situationen, einfache Handlungen und Vorfälle. Geschildert wird etwa eine gefährliche Fahrt durch Dörfer in Schleswig-Holstein („AUTOR ENNFAHRER"), ein Raubüberfall in einer Modeboutique („SACCO FÜR VANZETTI") oder der Zusammenbruch eines Trinkers auf der Toilette („BIERVAMPIER, HERRENTOI-"). Das lyrische Subjekt ist in diesen Gedichten nur indirekt, als Beobachter und Kommentator der Ereignisse, präsent. Die Aufmerksamkeit für situationsbedingte Handlungen verbindet Gräf mit dem frühen Thomas Kling – man denke z. B. an „geschrebertes idyll",[16] das die reichlich unidyllischen Vorfälle während einer Gartenparty beschreibt. Zu dieser thematischen Verwandtschaft kommen stilistische Ähnlichkeiten hinzu:

SACCO FÜR VANZETTI

*Gekauft von Johannes Kapp, München-Schwabing 1988*
Kriech die Paläste (-äste?) (»is DASN Schuppen
Dassind ...«) dassind NICHTPUTTN aufensterpuppn
ausm Dschiensballast (1,2,3 Sterne) (-CHEn:
»-ackisch findichdiesscheenackisch«) NICH IN DER
KRONE BRECHN sonst kommst in die Solarzelle bis
wieder rotwirst ins engelische Realitätsstudio
-EISE! SIRENE! (»ich hieß Irene? Und was
Meinstn mit HALBVÖGELN?) jalogisch bist müd
Jetzt stehstabber wiene 1 denn die -ULLEN sind
hinter dir HERRGOTT DIE HINTERTÜR (»erst
-ullenzähln!) isabber kein SCHEIN BLAU (wein)
»FAHNE WEG SIE MIT IHREN RROTLICHTPUH-PILLEN
KOMMENSE MAL IN UNSRE BUH-TICK DA KRIEGENS NEN
LANGENKRAGN SIE SIND DOCHN SCHEITELKERL?«[17]

Das Schriftbild des Gedichts erinnert – vor allem durch die Großschreibung ganzer Wörter und die Verwendung von Klammern und Anführungszeichen für Gesprächsfragmente – an die Gedichte Thomas Klings, auch wenn Gräf nicht die für sie charakteristische durchgängige Kleinschreibung verwendet.

---

16  Thomas Kling: *Gesammelte Gedichte. 1985–2005*, hg. von Marcel Beyer und Christian Döring, Köln 2006, S. 91–92.
17  Dieter M. Gräf: *Rauschstudie. Vater + Sohn*, Frankfurt a. M. 1994, S. 19.

Sein Gedicht arbeitet mit der Fragmentierung von Sprache, mit dem Auslassen von Wortteilen (z. B. „-EISE!", „-ULLEN") und mit der für Kling typischen verfremdeten, Mündlichkeit suggerierenden Orthographie, die unter Verwendung von Anführungsstrichen und Großschreibung die Rede einer Angestellten in einer Mode-Boutique inszeniert. Ebenso wichtig sind die klanglichen Aspekte der Sprache in Verbindung mit dem semantischen Potential der Wörter, das durch Paranomasie und Fragmentierung erweitert wird. Zu nennen wären hier „Paläste (-äste?)", „RROTLICHTPUH-PILLEN" – eine Dislokation, die sich auch in einem Gedicht von Thomas Kling findet[18] – oder „PUTTN" und „puppn", die mit der Differenz von klanglicher Nähe und semantischer Entfernung spielen. Der Titel des Gedichts, „SACCO FÜR VANZETTI", zitiert die Namen zweier aus Italien stammender US-amerikanischer Anarchisten – Nicola Sacco (1891–1927) und Bartolomeo Vanzetti (1888–1927) – und verweist zugleich mittels einer Homophonie auf das Herrensakko, das metonymisch für den Schauplatz des von Gräf geschilderten Raubüberfalls steht. Indem er sein Interesse für anarchistische Figuren und Denker betont, entwickelt er in diesem Gedicht eine eigene Thematik, die ihn von Kling unterscheidet.

Der zweite Teil von *Rauschstudie* – „DRÜSENGESCHICHTE" – konfrontiert die Situationsbeschreibungen des ersten mit einem kontemplativen, analytischen Blick, der die Gegenwart des Alltags vor dem Hintergrund der Vergangenheit deutet. In einer Reihe von Gedichten untersucht Gräf den eigenen Familienhintergrund und eröffnet seiner Spracharbeit damit einen weiteren zeitlichen Horizont. In den Worten von Sibylle Cramer:

> Die Darstellung der äußeren und inneren Kriegführung zweier deutscher Generationen war der prologische Vorgriff auf Lebensbilder aus einer chemisch vergifteten, latent gewalttätigen heimischen Umwelt, der Gräf konsequent die bestimmende Qualität von Heimat vorenthielt: Identität als Voraussetzung jeder Form von Identifikation.[19]

In diesem Kontext ist auch das einleitende Gedicht des Bandes zu lesen:

LUDWIXHAFEN

... wer jung ist der spritzt sich
(nen Stich machen) den Rhein in die Vene wer ...

---

18  Siehe das erste Gedicht des Zyklus „wien. arcimboldiesches zeitalter", wo durch das Enjambement ein „pu / pillenteller" vorkommt. Kling: *Gesammelte Gedichte*, S. 78.
19  Sibylle Cramer: „Kriegt seinen Schatten", in: *Süddeutsche Zeitung*, 03.07.1997.

> Die Stechuhr hat den Stecher gemacht
> doch die Anilinerhur kriegt keinen
> Kochlöffel in ihr rührt der Schornstein
> in sie fließt das Wassermesser IMMER RIN
> O RIN IN DE ROI NOI bis der Aniliner
> (wird abgekürzt) aus dem Fluß kommt
> und der aus dem Reagenzglas und 2
> Reagenzgläser zueinander (Anstoß!) so
> dass ein ICH ins Album (Vögelchen!)
> kommt und geht im Maudacher Bruch
> (einen machen, aber auch: Knochenfunde)
> um und dann DE BACH NUNNER (»is der
> abber grüüün ...«) kippt 1 Cocktail
> (»der is abber ...«) RIN IN
>
> ... wer alt ist der trinkt ihn.[20]

Im Vergleich zu „SACCO FÜR VANZETTI" wirkt dieses Gedicht weniger fragmentarisch, die Zeilenumbrüche sind fließender, bereits der Abstand, der den ersten und den letzten Vers vom Rest des Textes trennt, erzeugt einen Eindruck von Symmetrie und Abgeschlossenheit. Trotz aller stilistischen Gemeinsamkeiten folgt dieses Gedicht Kling nicht bis in einzelne idiosynkratische Sprachgesten hinein. Das Gedicht ist eine Montage, insofern als die „ROI NOI"-Passage von Robert Wienes' *Alles Geschriebene bisher Quark* inspiriert ist,[21] zugleich aber auch ein paradigmatisches Beispiel für die selektive Verwendung des Dialekts – in diesem Fall des Pfälzischen. Hinzu kommen der selektive Gebrauch der Umgangssprache („is der / abber grüüün ...") und die wiederum auf Kling verweisende orthographische Verfremdung des Titels. Das Gedicht kreist um das Zusammentreffen zweier Gestalten, einer „Anilinerhur" und eines „Aniliners", aus dem wie aus der Berührung zweier Reagenzgläser ein durch das Maudacher Bruch wandelndes „ich" hervorgeht. Das Gedicht enthält mehrere konkrete Bezüge auf Ludwigshafen, den Geburtsort des Dichters, es erwähnt den Rhein und das Maudacher Bruch; das Wort „Aniliner" bezeichnet wiederum einen Mitarbeiter des Chemiekonzerns BASF. In dieser Art Heimat- oder Anti-Heimat-Gedicht könnten dem „ich" also zumindest indirekt autobiographische Züge zukommen. Gräf entwickelt darin

---

20 Dieter M. Gräf: *Rauschstudie*, S. 15.
21 Robert Wienes: *Alles Geschriebene bisher quark*, München 1988. Siehe den Appendix in *Rauschstudie*.

eine eigene, mit seiner Lebenswelt und Biographie verbundene Thematik, die indessen mit der Lyrik Thomas Klings gewisse Gemeinsamkeiten vor allem im Hinblick auf die Herkunft der beiden Dichter teilt: Auch Kling widmete sich in Zyklen wie „kölndüsseldorfer (rheinische) schule" (in *brennstabm*, 1991) und „mittel rhein" (in *nacht. sicht. gerät*, 1993) den Orten seines Lebens. Beide Lyriker versuchen, einen zeitgemäßen Blick auf die Natur- und Kulturlandschaft des Rheinlands zu entwickeln, der sich bewusst von der Ästhetik der sogenannten Rheinromantik abgrenzt. Aber während in Klings Kölner und Düsseldorfer Gedichtzyklen die Kunst und die Kunstszene eine große Rolle spielen und von den Referenzen einer humanistischen Bildung hinterfangen werden, stehen Industrie und Technik im Vordergrund von Gräfs Gedichten.

Dass sich Gräf auf Klings Schreibverfahren und nicht auf die eines anderen bezieht, lässt sich auch ausgehend von der biographischen Rezeptionsgeschichte des Autors belegen. Gräf hat Klings frühe Gedichtbände rezensiert und seine Bedeutung für seine eigene Entwicklung hervorgehoben:

> Für mein Schreiben war seine Arbeit damals sehr wichtig, ich arbeitete mich in den Jahren [Anfang der 90er Jahre, in Köln] an ihm ab. [...] was die ersten vier Bände angeht, hatte ich ein geradezu obsessives Verhältnis zu seinem Schreiben. Mein Dichterfreund Thomas Gruber hatte ihn gleich beim Debüt als herausragende Stimme entdeckt, es war verstörend: Da war jemand genau dort, wo wir hin wollten mit dem, was wir selbst geschrieben hatten, als Studenten in Mannheim [...]. Ich bin aber sehr froh, dass ich ihm begegnen konnte und natürlich seinem Werk. [...] Für mich war er der bedeutendste deutschsprachige Dichter dieser Jahre.[22]

Vor allem die im ersten Teil der *Rauschstudie* gesammelten Gedichte dürfen als Produkte dieses „nahezu obsessiven Verhältnisses",[23] dieser „Kling-Obsession"[24] gelten. Zu den Verfahren, die Gräf durch Kling kennenlernte, gehören vor allem die Montage-Technik, die Vermischung sprachlicher Register, die Arbeit mit dialektalen Einsprengseln und die Verbindung von Hoch- und Umgangssprache. Diese Orientierung an den Techniken eines bereits etablierten Lyrikers hat auch einen literatursoziologischen Effekt: Sie verschafft Gräf in der Wahrnehmung der Kritiker*innen eine Nähe zu Kling und situiert ihn damit in einem bestimmten Teil des literarischen Feldes seiner Zeit. Es ist also kein Zufall, dass er an Christian Döring, den Lektor von Thomas

---

22 E-Mail von Dieter M. Gräf, 02.07.2016.
23 Ebd.
24 Siehe Anhang, Gespräch mit Dieter M. Gräf, Berlin, 21.01.2019.

Kling, vermittelt wurde.[25] Doch diese Nähe ist ambivalent, da sie das Risiko der Imitation in sich birgt.[26] Gräf empfindet es zunächst als „verstörend",[27] dass Kling bereits da ist, wo er und seine Mitstreiter hinwollen. Mit Bezug auf Bourdieu könnte man sagen, dass alle Lyriker*innen im literarischen Feld ihrer Zeit eine eigene, unverkennbare Position einnehmen müssen: Sie können nicht dort sein, wo schon andere sind.[28] Es bedurfte Zeit und Arbeit, damit Gräf zu Kling einen gewissen Abstand gewann, der sich in Gedichten wie „Ludwixhafen", vor allem aber in den späteren Bänden zeigt.

Die wachsende Distanz zum Vorbild lässt sich in Gräfs Band *Treibender Kopf* (1997) beobachten. Auf der technischen Ebene, vor allem durch die Zeilenumbrüche, wirken die Gedichte noch immer fragmentiert und arbeiten mit Zitaten und aufgelesenem Wortmaterial. Auch im Hinblick auf die elliptische Syntax und den Nominalstil scheint dieser Band seinen Vorgänger fortzusetzen. Zugleich verlieren die Gedichte an kritischer Schärfe gegenüber der Heimat, ja legen eine gewisse Versöhnlichkeit an den Tag: „ich, ein Bastard / mit den Lungen voll / Raps, fang an, die Heimat zu lieben".[29] Cramer hat diese neue Position prägnant herausgearbeitet:

> Der subjektive Tonfall, die veränderte Gefühlslage, die differenziertere Kritik, der Mut zur Einfachheit und Sparsamkeit der sprachlichen Mittel, die Erlebnisnähe und Direktheit der Selbstaussage verschaffen Dieter M. Gräfs neuen Gedichten eine ganz neue Qualität.[30]

Solche Merkmale würde man mit Thomas Klings Position zunächst kaum verbinden, obwohl es auf motivisch-thematischer Ebene in *Treibender Kopf* (und späteren Bänden) nicht zuletzt hinsichtlich der Beschäftigung mit der Geschichte gewisse Überschneidungen gibt. Einen Einblick in die Mechanismen seiner Entwicklung liefert Gräf mit der folgenden Aussage: „Ich glaube, es hat mir dann geholfen, dass ich Peter Waterhouse gelesen habe."[31] In welchem Sinne aber half ihm Waterhouse, „von Kling wegzukommen"?[32] Peter Waterhouse steht in keinem ästhetisch-poetologischen Gegensatz zu Kling: Er

---

25    Ebd.
26    Ebd.
27    E-Mail von Dieter M. Gräf, 02.07.2016.
28    Siehe Pierre Bourdieu: *The field of cultural production. Essays on art and literature*, New York 1993.
29    Dieter M. Gräf: *Treibender Kopf*, Frankfurt a. M. 1997, S. 63.
30    Sybille Cramer: „Kriegt seinen Schatten".
31    Siehe Anhang, Gespräch mit Dieter M. Gräf, Berlin, 21.01.2019.
32    Ebd.

gehört zu einem Kreis von Lyriker*innen, die Kling in der zweiten Hälfte der 90er Jahre um sich sammelt, und seine Dichtung kennzeichnet sich durch ihre sprachreflexiven Züge, durch ihre Sensibilität für die gesprochene Sprache und ihren Klang. Gerade in dem von Gräf als prägende Lektüre bezeichneten Band *Die Geheimnislosigkeit. Ein Spazier- und Lesebuch* (1996) widmet Waterhouse Klings Gedichtband *brennstabm* (1991) eine Reihe von „close-readings", die als Teil seiner eigenen Poetologie gelten können. Gräf erwähnt einen spezifischen Begriff von Waterhouse, nämlich den Begriff der „Durchlässigkeit", den dieser anhand einer Analyse von Adalbert Stifters Erzählung „Granit" entwickelt. Gemeint ist damit kein technischer Aspekt der Gedichtkomposition, sondern vielmehr eine Herangehensweise, eine Haltung gegenüber der zu beschreibenden Realität, die dem Text gegenüber ihre Offenheit wahren soll: „Das ist keine Durchlässigkeit für Sinn, sondern eine Durchlässigkeit für Wirklichkeiten [...]".[33] Diese Haltung widerspricht der konzentrierten, analytisch-technischen Herangehensweise Thomas Klings, der seine Poetik in medizinischen und archäologischen Metaphern als „heraus[]röntgen"[34] und „notgrabun"' beschreibt und damit eine scharfe, schneidend-scheidende Bewegung in die Tiefe der Sprachgeschichte hinein suggeriert. Um eine größere Distanz gegenüber Klings Werk einnehmen zu können, musste Gräf also nicht nur andere Schreibverfahren kennenlernen, sondern auch eine andere Einstellung gegenüber der Realität einnehmen. Diese Haltung prägt die Landschafts- und Erinnerungsbilder des letzten Teils von *Treibender Kopf*: In dem Gedicht „Im Juni in Maudach" entdeckt Gräf „eine Staunschule, sie heißt / Es-kam-einfach-so".[35]

Angesichts seiner poetischen Entwicklung täte man Gräf Unrecht, sein Werk auf eine Nachahmung Thomas Klings zu reduzieren. Er selbst erklärt, dass er nach der intensiven Beschäftigung mit dessen frühen Werken bereits mit *morsch* „nie so warm [geworden]" sei; vor allem die späteren, bei DuMont veröffentlichten Bände hätten ihn „nicht so erreicht".[36] So folgte der anfänglichen Begeisterung eine zunehmende Entfernung.

### 2.2  *Norbert Hummelt: Bedürfnis nach Distanz*
Der zweite Lyriker, den Michael Braun in seinem Artikel von 1992 der „Neuen Kölner Dichterschule" zuordnet, ist Norbert Hummelt (*1962), der zu diesem Zeitpunkt keinen Lyrikband veröffentlicht hatte. Wahrgenommen wurde

---

33  Peter Waterhouse: *Die Geheimnislosigkeit. Ein Spazier- und Lesebuch*, Wien 1996, S. 11.
34  Thomas Kling: *Botenstoffe*, Köln 2001, S. 202.
35  Dieter M. Gräf: *Treibender Kopf*, S. 64.
36  Siehe Anhang, Gespräch mit Dieter M. Gräf, Berlin, 21.01.2019.

er durch Publikationen in kleineren Zeitschriften oder durch gemeinsame Auftritte mit Marcel Beyer.[37] Ein Jahr später erschien sein Lyrikdebüt *knackige codes* beim Druckhaus Galrev, das kurz nach dem Mauerfall als Autorenverlag in Berlin-Prenzlauer Berg gegründet wurde. Der erste Teil des Bandes trägt den Titel „OHRATOHRIUM" und versammelt Gedichte wie das folgende:

STATIONSSTÜCK

AGGRESSIVE RÜCKKOPPLUNG, irre versibel,
und das ist es dann auch, *manchmal flatter-
haft in seinen erscheinungen*, erratisch?
erraten, AUCH DEFEKT? TÜV FÄLLIG? UNFALL?
fällt raus, egal, cut & try again, JAVAANSE
JONGENS MIT SAHNE 4,50 ‚tequila' ‚tabu-zone'
MIDNIGHT OIL: ‚na du pisser geht's dir gut'
& HOW DO WE SLEEP WHILE OUR BEDS ARE BURNING?
verstürzt praktisch ‚speedy', ‚später noch
regungslos auf der tartarbahn', OUT OF IT'S
NEVER DIE, *so dacht' ich*, papier her,
*nächstens mehr*.[38]

Der Titel bezieht sich auf die Punk-Rock-Kneipe „Station" am Kölner Südbahnhof, die bis 1992 existierte, und lässt schon durch dieses Sujet an Klings „ratinger hof"-Gedichte denken. Das Gedicht ist, was seine Konstruktion anbelangt, eine Montage, die Pop- und Hochkultur miteinander vermischt, Einsprengsel aus Fachsprachen und O-Ton-Sequenzen verarbeitet. Es integriert den Titel einer Performance von Angie Hiesl (*Die Rose ist rot und flatterhaft. manchmal flatterhaft in seinen erscheinungen*, Köln, 1988), den Namen der australischen Rock-Band *Midnight Oil* und eine Zeile aus dem Song *Beds are Burning*, bevor in den letzten zwei Zeilen der Schluss des letzten Briefes in Hölderlins *Hyperion* zitiert wird: „*so dacht' ich* [...] / *nächstens mehr*." Immer wieder kommt es zu klanglichen Wortassoziationen (z. B. „erratisch? / erraten"). Hummelt operiert also mit ähnlichen Mitteln wie Kling, ohne in der Nachahmung so weit wie der junge Gräf zu gehen. Die Themen des Gedichts erschließen sich nicht sogleich: Das technische Vokabular am Anfang deutet

---

37  Siehe Norbert Hummelt: „Marcel Beyer und die Jahre mit ‚Postmodern Talking'. Bericht über ‚das einzige Sprechduo der Welt'", in: Marc-Boris Rode (Hg.): *Auskünfte von und über Marcel Beyer*, Bamberg 2000, S. 47–56.
38  Norbert Hummelt: *knackige codes*, Berlin 1993, S. 28.

auf einen Unfall oder eine Störung hin, daraufhin geht es um Tabak, Alkohol, möglicherweise um Drogenkonsum; von einem „regungslos[en]" Zustand ist die Rede, bevor das Gedicht mit einem Akt des Aufschreibens endet. Was genau hier geschieht, lässt sich nicht sagen. Eine konkrete Handlung oder Situation bleibt schon aufgrund des geringen Umfangs des Gedichts nur angedeutet. Dieses Gedicht wirkt noch elliptischer als Klings „ratinger hof"-Gedichte und es fehlt ihm die für Kling typische kollektive Perspektive auf das dargestellte Geschehen. Wenn sich dieses Gedicht einer Beschäftigung mit Thomas Kling verdankt,[39] so verkürzt und vereinfacht es seine Konstruktionspraktiken, es überträgt sie in ein anderes, doch verwandtes Milieu. Im Rückblick zeigt sich Hummelt gegenüber den Resultaten dieser Aneignung kritisch: „Unmittelbar an Thomas Kling anknüpfende Montagegedichte schrieb ich jedoch nur wenige und sie gelangen mir nicht wirklich."[40]

Die Gedichte im ersten Teil des Bandes, zu dem auch „STATIONSSTÜCK" gehört, ähneln einander in stilistischer Hinsicht. Alle arbeiten sie mit einem Montage-Verfahren und sind auf der thematisch-motivischen Ebene miteinander verbunden. Der Untertitel „OHRATOHRIUM" ist für diesen Teil programmatisch, insofern die Ohr-Motivik, die Musik und der Klang der Texte in mehreren Gedichten eine zentrale Rolle spielen: Das erste Gedicht verbindet erotische Motive mit einer anatomischen Analyse des Gehörs, ein anderes Gedicht ist Freddie Mercury, dem 1991 verstorbenen Sänger der Rock Band *Queen*, gewidmet und verwendet Zitate aus den Songs der Band, ein weiteres trägt den Titel „HEAVY METAL". Stets bringt Hummelt Klang und Bedeutung, gesprochene und geschriebene Sprache in spannungsvolle Konstellationen. Diese Gedichte des Bandes weisen durch ihre zahlreichen Referenzen auf die Kultur der 80er und 90er Jahre den stärksten Gegenwartsbezug auf. Texte aus der Popmusik, konkrete Orte und Personen – ein Gedicht ist Friederike Mayröcker und Marcel Beyer gewidmet – sowie historische Ereignisse wie der Mauerfall gehören zu ihrem Repertoire. Das Medium dieser Gegenwart ist ein seine Umwelt beobachtendes und auf sie reagierendes „ich", das gleichwohl nie in einen Monolog verfällt, sondern unentwegt von sprachlichen Fragmenten, von „redesplitter[n]"[41] unterbrochen und abgelenkt wird.

In den vier Teilen von *knackige codes* finden sich jedoch auch Gedichte, die sich von der Anfangsposition des ersten Teiles stärker kaum unterscheiden könnten. Der zweite Teil trägt den Titel „PICK-UPS" und versammelt aus Monologen und Gesprächsfragmenten zusammengesetzte Gedichte

---

39  Siehe Norbert Hummelt, Klaus Siblewski: *Wie Gedichte entstehen*, München 2009, S. 41.
40  Ebd.
41  Siehe das Gedicht „knackige codes", in: Norbert Hummelt: *knackige codes*, S. 9.

im Stil Rolf Dieter Brinkmanns. Die Gedichte des dritten Teils verwenden, wie sein Titel – „FORMSACHEN" – bereits ankündigt, klassische lyrische Formen wie das Sonett unter Bezugnahme auf traditionelle Vorbilder, die sie ironisch-experimentell verfremden. „WINTERREISE", der letzte Teil des Bandes, evoziert die literarische Tradition der Romantik und nimmt ihr gegenüber ein anderes Verhältnis als in den vorherigen Teilen des Bandes ein: Während dort bestimmte Erwartungen und Konventionen nur hervorgerufen wurden, um sogleich gesprengt zu werden, stehen die Gedichte des letzten Teiles in einem weniger spannungsgeladenen Verhältnis zur romantischen Tradition. Das titelgebende Gedicht „WINTERREISE" bezieht sich auf Wilhelm Müllers von Schubert vertonten Zyklus, „PROGRAMM FÜR ASTERN" knüpft an Gottfried Benn an. Diese Gedichte sind lyrischer und subjektiver, sie zitieren das Motiv der Jahreszeiten, weisen eine größere formale Geschlossenheit auf, verwenden oft Reime. Die unmittelbare Gegenwart tritt in ihnen zurück, das lyrische „ich" spricht mit einem gewissen Abstand zur Welt. Die Unterschiede zu den Montagen des ersten Teiles treten in einem Gedicht wie dem folgenden klar zutage:

SCHWARZER VOGEL

die stimme schwarzen vogels im gesträuch –
dahin gehuscht ich niemand nichts mehr traue,
ich kann davon nicht sagen was mich täuscht,
am besten ist der morgen nicht mehr graue,
& schwarzen strauches vogel nicht mehr fleucht.[42]

Schon auf formaler Ebene verweist das Gedicht auf unterschiedliche poetische Traditionen: Es erinnert an Hölderlins Oden, ebenso an barocke Lyrik. Seit der Antike, vor allem aber in der Romantik wird der Vogelgesang mit der Lyrik assoziiert.[43] Das Gedicht beginnt und endet mit Naturmotiven, anders jedoch als in der Romantik steht der Vogel nicht für den spontanen Ausdruck von Kreativität, sondern für ein Gefühl des Misstrauens und der Begrenztheit, die der nicht mehr auffliegende Vogel symbolisiert. Die Endreime verleihen dem Gedicht eine formale Geschlossenheit, die in den Montage-Gedichten des ersten Teils abwesend ist.

---

42  Norbert Hummelt: *knackige codes*, S. 91.
43  Siehe z. B. Frank Doggett: „Romanticism's singing bird", in: *Studies in English Literature 1500–1900* 14:4 (1974), S. 547–561.

Hummelts weitere Entwicklung als Lyriker ist in diesem Gedicht vorgezeichnet: *singtrieb* (1997), sein zweiter Gedichtband, setzt in gewisser Weise den letzten Teil von *knackige codes* fort. Wie schon in „WINTERREISE", so bildet auch in *singtrieb* die romantische Tradition – und insbesondere das Werk Joseph von Eichendorffs – Hummelts zentralen Bezugspunkt. Anders als in den *ohratohrium*-Gedichten werden hier keine fragmentierten, von kulturellen Referenzen durchzogene Wirklichkeitsausschnitte, sondern Wahrnehmungsprotokolle, Beschreibungen alltäglicher Objekte, Beobachtungen von Licht, Wetter, Tieren und Natur präsentiert, die oft schon in ihrem Titel die Perspektive und Standortgebundenheit des Sprechenden betonen: „aus der ferne", „die aussicht". Dass es dabei auch um eine Erfahrung dessen geht, was sich einer exakten Wahrnehmung entzieht, betonen wiederum Titel wie „vage u. ungewiss", „dunst", „schwefel" oder „gedimmtes licht". Parallel zu dieser Verschiebung der Aufmerksamkeit auf die Wahrnehmung der Natur weist Hummelts Schreiben in *singtrieb* eine zunehmende autobiographische Tendenz auf. In seinem poetologischen Text *Wie Gedichte entstehen* lässt er seine Entwicklung als Lyriker mit dem Tod seines Vaters beginnen.[44] Mit den neuen Themen und Motiven verändert sich auch die Form: Die mit Reim und Metrum arbeitenden, in Strophenform verfassten Gedichte bezeugen ihre Distanz zum Stil der einstigen narrativen Montagen.

Vor diesem Hintergrund stellt sich die Frage, inwiefern sich Hummelt der „Neuen Kölner Dichterschule" zuordnen lässt, zumal bereits die in *knackige codes* versammelten Gedichte keineswegs alle Klings avantgardistischer Poetik entsprechen. Hummelt selbst hat erklärt, wie sehr ihn Klings Texte und seine Person beeindruckt haben.[45] Unter diesem Eindruck sind Gedichte wie „STATIONSSTÜCK" entstanden. Im Hinblick auf den historisch-soziologischen Kontext lässt sich feststellen, dass Hummelt mit Kling und Beyer in einem freundschaftlichen Austausch stand[46] und Gräfs *Rauschstudie* rezensierte.[47] Aus diesen Momenten des Dialogs und gewissen poetologischen Überschneidungen konnte aus einer Außenperspektive der Eindruck entstehen, es mit einer Gruppe von Lyrikern, mit einer Schule zu tun zu haben. Dem stand Hummelts wachsendes Bedürfnis nach Distanz und die mit ihm einhergehende Suche nach einer eigenen Stimme gegenüber.[48] Begrenzt sich

---

44 Norbert Hummelt, Klaus Siblewski: *Wie Gedichte entstehen*, S. 15–16.
45 Ebd., S. 38–39.
46 Siehe Anhang, Gespräch mit Norbert Hummelt, Berlin, 29.09.2015.
47 Michael Braun: Norbert Hummelt, KLG. *Kritisches Lexikon zur deutschsprachigen Gegenwartsliteratur*, Stand: 01.03.2014.
48 Siehe Anhang, Gespräch mit Norbert Hummelt, Berlin, 29.09.2015.

Hummelts Kling-Rezeption also auf die kurze Phase der unmittelbar an das dichterische Vorbild anknüpfenden Montagegedichte oder hat sie auch im späteren Werk Spuren hinterlassen? Da Hummelts erste beiden Bände so unterschiedliche Gedichte versammeln, ließe sich diese Frage in beide Richtungen beantworten. Fast zur selben Zeit schreibt er Gedichte, die sich ebenso sehr an Kling orientieren, wie sie sich durch ihren affirmativen Traditionsbezug von ihm entfernen. *singtrieb* versammelt unter dem Titel „diskontinuum" einige Gedichte mit autobiographisch-erzählerischen Zügen, die sich durchaus als narrative Montagen mit eingefügten Zitaten und inszenierter Mündlichkeit lesen ließen (siehe etwa „wilde jugend" oder „die nacht u. was so dazugehört"). Diese Gedichte scheinen geradezu programmatisch avantgardistisch-experimentelle mit traditionellen lyrischen Formen verbinden zu wollen, auch wenn Klings Position in den weiteren Bänden (*Zeichen im Schnee*, 2001; *Stille Quellen*, 2004; *Totentanz*, 2007; *Pans Stunde*, 2011; *Fegefeuer*, 2016) zunehmend verschwindet. Zudem haben die poetologisch-biographischen Ausführungen in *Wie Gedichte entstehen* angesichts ihrer Referenzen (Rilke, Hölderlin, dem späten Eliot) und der großen Rolle, die Hummelt dem „Einfall" und der Inspiration zuspricht, mehr mit Durs Grünbein (siehe etwa *Vom Stellenwert der Worte*, 2009) als mit Thomas Kling gemeinsam. Diese Distanzierung von Kling blieb der Kritik nicht unverborgen. So bemerkt Michael Braun, Hummelt habe „ursprünglich als experimentier- und parodiefreudiger Autor im Umfeld der ironischen Sprachzertrümmerer Thomas Kling und Marcel Beyer begonnen [...], aber bereits mit seinem zweiten Band *Singtrieb* eine poetische Selbstkorrektur" vollzogen.[49] Auch wenn *singtrieb* nicht als eindeutige „Selbstkorrektur" gelten kann, so zeugt dieser Band doch von einer Entwicklung des Autors, die ihn immer stärker in Richtung eines traditionellen Konzepts von Lyrik geführt hat. Was die poetologische Selbstpositionierung Hummelts und seine literaturgeschichtliche Einordnung anbelangt, scheint es schwierig, seine spätere Entwicklung mit der Position Thomas Klings in Verbindung zu bringen. Die ursprüngliche Nähe zwischen den Poetiken schlug in Distanz um, und die gemeinsame Bezugnahme auf die avantgardistische Tradition rückte zunehmend in den Hintergrund.

### 2.3 Marcel Beyer: eine souveräne Position

Der dritte Autor, den Michael Braun der „Neuen Kölner Dichterschule" zuordnet, ist Marcel Beyer (*1965). Worauf diese Einordnung basiert, ist zunächst unklar: Als Lyriker hat Beyer zu diesem Punkt noch kein größeres

---

49   Michael Braun: Norbert Hummelt, in: *KLG*.

Publikum erreicht. Beyers erste Gedichtbände, *Kleine Zahnpasta* (1989) und *Walkmännin* (1991), sind in Kleinverlagen erschienen und waren vermutlich nur einem kleinen Kreis bekannt. Brauns Aussage gründet entweder auf der Kenntnis dieser zwei Bände oder auf einer poetologischen Einschätzung des ersten Romans *Das Menschenfleisch* (1991). Vielleicht kannte er auch Beyers Literatur-Performances mit Norbert Hummelt, die beide Autoren zwischen 1987 und 1992 unter dem Namen „Postmodern Talking" veranstalteten.[50] Im Rahmen dieser Zusammenarbeit stellten sie zumeist eigens für den Anlass geschriebene Texte vor,[51] deren performatives Potential sie erkunden wollten.

Beyer nahm Thomas Kling schon früh wahr. Er kannte etwa die Aufnahme von Kling und Frank Köllges, die 1984 für das „Literaturtelefon" entstanden war, eine Einrichtung, mit der man über das Telefon die Stimmen zeitgenössischer Lyriker*innen hören konnte.[52] Nur wenig später wird er als „fanatischer Mayröcker-Leser"[53] auf deren Begleittext zu Klings *erprobung herzstärker mittel* (1986) aufmerksam. Friederike Mayröcker, deren Archiv Beyer 1988 in der Wiener Stadt- und Landesbibliothek einrichtet, wird für ihn, wie schon zuvor für Kling, zu einer wichtigen Orientierungsfigur. Sie stellt eine gemeinsame literarische Vorgängerin dar, auch wenn Beyers Poetik durch die Lektüre zahlreicher anderer Autoren*innen geprägt ist, darunter Jürgen Becker (den er ebenfalls Ende der 80er Jahre kennenlernt[54]), Ernst Jandl, Oskar Pastior, Paul Celan, aber auch Theoretiker*innen des französischen Poststrukturalismus, Vertreter*innen des *nouveau roman* wie Claude Simon und andere französische Schriftsteller*innen wie Michel Leiris und George Perec.[55] Anders als Gräf, dessen frühe Schreibphase mit einer „Kling-Obsession" einsetzt, beginnt Beyer also als ein „fanatischer Mayröcker-Leser" und begegnet Kling mit größerer Distanz: Nach dem Besuch seiner Lesungen in der zweiten Hälfte der 80er Jahre hört er zwar für kurze Zeit auf, Gedichte zu schreiben,[56] doch scheint er recht früh eine souveräne Position gegenüber diesem prägenden Erlebnis

---

50  Siehe Hummelt: „Marcel Beyer und die Jahre mit ‚Postmodern Talking'. Bericht über ‚das einzige Sprechduo der Welt'", S. 53–54.
51  Siehe Gespräch mit Marcel Beyer, Göttingen, 13.11.2014, ungekürzte Fassung.
52  Siehe Gespräch mit Marcel Beyer sowie Kling, Beyer: „Das Eingemachte – Smalltalk 91", S. 53–61.
53  Siehe Anhang, Gespräch mit Marcel Beyer, Göttingen, 13.11.2014.
54  Ebd., ungekürzte Fassung.
55  Siehe Christian Klein: „Anmerkungen zur Poetik Marcel Beyers", in: ders. (Hg.): *Marcel Beyer. Perspektiven auf Autor und Werk*, Stuttgart 2018, S. 9–26.
56  „Ich habe eigentlich sofort begriffen, dass ich nicht so weiterschreiben kann, wie ich vorher geschrieben habe. Und ich geriet im Schreiben in eine Richtung, in eine Sackgasse, wo es nicht weiterging." Annette Brüggemann: „Geschmacksverstärker – Schreiben nach Thomas Kling". Siehe auch Anhang, Gespräch mit Marcel Beyer, Göttingen, 13.11.2014.

erlangt zu haben.[57] Er findet zu einem „Schreiben nach Kling", erkennt ihn aber als Vorbild an.

Sein offizielles Lyrikdebüt *Falsches Futter* veröffentlicht Beyer erst 1997 – mit mehr als zehn Jahren Abstand zu Klings ersten Auftritten im Köln-Düsseldorfer Raum und lange nach dem Aufkommen des Begriffs einer „Neuen Kölner Dichterschule". Viele der Gedichte in *Falsches Futter* bestätigen durchaus Brauns Rede von einer Poetik der Collage, doch lassen sich auch solche finden, die in andere Richtungen weisen. Beyers avantgardistisch-experimentelle Position tritt von Anfang an deutlicher zutage als bei Hummelt und wird auch in späteren Werken beibehalten. Nahe ist Beyer Kling in der Rezeption der Avantgarden, insbesondere der Wiener Gruppe, von deren Poetik sie sich wiederum durch den ausgeprägten narrativen Charakter ihrer Gedichte unterscheiden.

Die Verwendung der Montagetechnik lässt sich bereits in Beyers frühen Gedichten erkennen: Zeilen aus den Songs der Popmusik, Gesprächsfetzen und literarische Zitate werden in die Texte integriert. Die dichten Aneinanderreihungen von Zitaten, die Hummelts Gedichte in *knackige codes* prägen, weichen mitunter umfangreichen Beschreibungen, erzählenden Passagen und Bewusstseinssträngen, die nur ab und an von Zitaten unterbrochen werden. Eine unmittelbare Orientierung an Kling lässt sich den Gedichten nicht ablesen. Während die frühen Gedichte in *Walkmännin* stets von der Beobachtung städtischer Szenen ausgehen und ähnlich wie Gräfs *Rauschstudie* und Hummelts „OHRATORIUM" in der Gegenwart situiert sind, ist *Falsches Futter* durch eine starke historische Thematik und vor allem durch die Beschäftigung mit der Periode des Dritten Reichs gekennzeichnet. Montiert werden nicht nur Elemente der Popkultur, sondern auch historische Zitate:

Kirchstettner Klima

Laut lese ich, das Glas des roten
Göttweigers nah bei der Hand, SITZ
BLONDIE! Derweil ein abgetrennter
Bissen des Brotes mit gekochtem

---

[57] „Ab 88 hab ich das Gefühl, dass nicht mehr gewissermaßen meine Lektüre mich treibt im Schreiben, sondern dass ich anfangen kann, eigene Lektüreerfahrungen selber wieder als Werkzeug einzusetzen. Und ob das dann eine eigene Stimme ergibt oder was das für eine Stimme ist, spielt eigentlich keine Rolle, aber dass du souverän, also wenn du arbeitest, souverän mit den Lieblingen umgehst." Ulrich Rüdenauer: „Erdkunde und Menschenfleisch. Zum Werk des Büchner-Preisträgers 2016 Marcel Beyer". Deutschlandradio Kultur, 04.11.2016.

Schinken mir an den Mund geführt:
Der Wald steht wie ein Wächter, ein
Plausch nun über Bäume. Derweil laut
lese ich, das Glas des weißen Meßweins
nah bei der Hand Josef IM BILDE: Jetzt
Josef, blankgewichst die schwarzen Stiefel.
Derweil zermahlen meine Zähne Gurken, Ei,
Pastete, Käse. Der Dichter in der Landschaft,
STEIRERJOPPE und: BLONDIE LAUF! Die
todesnahe Einsamkeit des schöpferischen
Menschen: Jetzt, Josef, hebt sich leicht der
Wind, nachkoloriertes Wolkentreiben. Derweil
den Erdäpfelsalat ich auf der Zunge spüre,
nachkoloriert Schluck Weißen, und ich lese
laut: PLATZ BLONDIE! Es ist Zeit zu rasten,
jetzt, Josef, schau nicht, wende dich und
schweig. Derweil Salamischeiben,
verziert mit Majonaise, hier verschwinden.
Die Frau des Dichters aber schreibet leise
mit der Maschin unübertrefflich Volkes
Speise. Noch letzte Kapern, eingelegte
Paprika ich runterspüle. So hab ich aufgeräumt
den Trümmerhaufen. Zurückgelehnt nun les
ich laut und deutlich: BLONDIE FASS! Der
Stilbeziehungen. Im Gegenlicht jetzt Josef,
nah bei der Hand die Zigarette. Im Gegenlicht
blinkt am Revers, schau nicht, die runde Plakette.[58]

Kirchstetten ist eine Ortsgemeinde in Niederösterreich. Dort lebte und arbeitete der österreichische Lyriker Josef Weinheber (1892–1945). Das Gedicht verbindet zwei Ebenen: die Beobachtungen eines essenden und trinkenden „ich", das sich auf distanzierte Weise mit Weinheber beschäftigt, und eine Stimme, die einem Hund namens Blondie – es ist der auch aus der Populärkultur bekannte Schäferhund Hitlers – Kommandos erteilt. Das lyrische Ich hört diese durch Großschreibung hervorgehobene Stimme nicht, sondern liest sie. Das anaphorisch wiederholte „derweil" betont die Gleichzeitigkeit der Ebenen, die auf diese Weise einander kommentieren. Wie schon Osterkamp

---

58   Marcel Beyer: *Falsches Futter*, Frankfurt a. M. 1997, S. 13.

in seiner Rezension des Bandes bemerkt hat,[59] ist dieses Gedicht von zahlreichen intertextuellen Verweisen durchzogen: zum einen auf Weinhebers Gedicht „Sinfonia Domestica" aus dem Band *Kammermusik* (1939), zum anderen auf eine Sammlung von Fotografien, die 1940 unter dem Titel *Josef Weinheber im Bilde* in Buchform erschienen sind und den Alltag des Dichters in Kirchstetten zeigen. Beyer zitiert Verse von Weinheber wie „Der Wald steht wie ein Wächter" oder „Laut lese ich, das Glas roten / Göttweigers nah bei der Hand". Doch während Weinhebers „ich" die deutsche Tradition der Weimarer Klassik und der Romantik fortsetzen will, werden seine Verse bei Beyer mit dem politischen Engagement des Dichters für den Nationalsozialismus in Zusammenhang gebracht.

Abgesehen vom Montagecharakter des Gedichts und Beyers Interesse an gesprochener Sprache, bleiben seine Verse frei von Anklängen an Klings Stil. Auf sprachliche Fragmentierung wird ebenso verzichtet wie auf die charakteristische Interpunktion und Orthographie. Die Syntax wirkt weniger elliptisch, näher an der Prosa orientiert als diejenige Klings. In anderen Gedichten dagegen (z. B. im darauffolgenden „Im Volkston") tauchen mehrere Wörter aus dem Dialekt und der Umgangssprache auf, mit denen Beyer, ähnlich wie Kling, verschiedene Sprachschichten überlagert.

„Kirchstettner Klima" verweist auf viele Motive aus dem bereits erwähnten Band *Josef Weinheber im Bilde* (1940), der mit der Absicht veröffentlicht wurde, „einen nahen Einblick in Umwelt, Leben und Wirken des Dichters [zu geben]".[60] Die von Otto Stibor angefertigten Innen- und Außenaufnahmen sind in mehrere thematische Teile gegliedert und zeigen Weinheber beim Spaziergang, bei der Arbeit, zusammen mit Bekannten usw. Das Gedicht zitiert konkrete visuelle Motive, so etwa ein Bild von Weinheber in schwarzen Stiefeln oder in einer Trachtenjacke, beim Spaziergang mit seinem Hund. Ebenso zeigt der Band Weinhebers Frau an der Schreibmaschine und nicht zuletzt den Dichter in Gesellschaft einer Gruppe von Gauleitern. Selbst die Formulierungen „die Frau des Dichters" und „der Dichter in der Landschaft" sind Legenden des Bandes entnommen. Begriffe aus der Fotografie fließen in das Gedicht ein: Der Himmel ist „nachkoloriert", „die runde Plakette", gewiss ein Parteiabzeichen, reflektiert das „Gegenlicht". Wie Kling schreibt Beyer mit dem und über das Medium Fotografie. Die textuelle Aneignung der Geschichte und der Wirklichkeit ist vermittelt durch konkrete Bilder. Die Nähe ist gleichwohl kein Imitationsverhältnis. Die Auseinandersetzung mit Weinheber findet anhand des verfügbaren Materials statt, sie ist historisch, durch Schrift

---

59   Ernst Osterkamp: „Schneemanöver", in: *FAZ*, 04.10.1997.
60   Lenz Grabner, Otto Stibor, Josef Weinheber: *Josef Weinheber im Bilde*, Leipzig 1940.

und Bilder vermittelt. Aus ihnen erlauscht das „ich" die Stimme der nationalsozialistischen Vergangenheit, den ideologischen Zusammenhang, den das humanistische Pathos Weinhebers übertönt.

Kling hat dieses Sammeln und Archivieren von schriftlichem, visuellem und akustischem Material im Anschluss an Jean Paul als eine wesentliche Bedingung seiner Arbeit beschrieben, ja er deutet diese Praxis

> als Aufruf zu exzessiven Recherchen philologischer wie journalistischer Art, die vor jeder Niederschrift, vor dem Schreibakt – stehen, seien sie nun literal oder oral bestimmt. Die Einbeziehung aller existierenden Medien ist gefragt. Die Augen des Dichters gehen auf, der Mund öffnet sich, um nach Gegebenheiten zu fragen, Phänomene zu registrieren, Erkundigungen über Lebensläufe einzuholen; mitgemeint sind selbstverständlich Lebensläufe auch von Worten, von Soziolekten.[61]

Diesen weitgefächerten, für Kling entscheidenden Arbeitsprozess setzt Beyer auf seine Weise fort: Die Recherche steht nicht unbedingt „*vor* dem Schreibakt", sondern greift in den Schreibprozess ein und hinterlässt in ihm ihre Spuren. Dabei dient sie ihm nicht allein als „Hilfstätigkeit zur Wissensgewinnung und Bestätigung, hier wird das Stöbern und Wühlen und Abirren zu einer Bewegung, die Motive, Verknüpfungen, ja, Handlungsstränge generieren kann".[62] Beyers „Kirchstettner Klima" führt eine Recherche philologischer Art vor, deren subjektiver Einsatz stärker als bei Kling hervortritt und nicht ohne einen gewissen ethischen Appell bleibt. Diese Arbeitsweise, die sich gegen ein Streben nach Spontaneität und Unmittelbarkeit wendet, das noch die Vertreter*innen der Neuen Subjektivität für sich reklamierten, scheint nicht zuletzt durch Klings und Beyers gemeinsames Vorbild Friederike Mayröcker inspiriert zu sein. Der Entstehung des Textes geht bei Mayröcker zunächst die Sammlung unzusammenhängender, bisweilen heterogener Notizen und Notate voran: vorgefundenes, durch den Schreibenden modifiziertes Sprachmaterial, „Verbalsachen", deren Anordnung keinem rationalen Prinzip folgt und die oft nur als „Anregungsmittel" zur eigentlichen Textproduktion dienen.[63] Unkalkulierbar bleibende Impulse lenken den Schreibprozess. Diese

---

61  Thomas Kling: *Itinerar*, Frankfurt a. M. 1997, S. 15–16.
62  Marcel Beyer: „Recherche und ‚Recherche'", in: *Sichtungen. Archiv, Bibliothek, Literaturwissenschaft* 10/11 (2007/08), S. 363–371, hier: S. 364.
63  Siehe Friederike Mayröcker, Marcel Beyer: „Eigentlich ist es nichts anderes als ein poetischer Synthesizer", Internetseite Engeler Verlag, URL: http://www.engeler.de/beyer mayroecker.html, letzter Zugriff: 13.02.2019.

Arbeitsweise ist nun aber so eng mit der Person Mayröckers verbunden, dass sie in dieser Form bei anderen Lyriker*innen nicht zu finden ist. Dennoch konnte sie zum Vorbild für eine Schreib- und Arbeitsweise werden, die für verschiedene Lyriker*innen aus den Generationen von Kling und Beyer unentbehrlich geworden ist: Sie unterstreicht das Konstruierte, Künstliche des Textes als Komposition, verwischt jegliche sprachliche Hierarchie zwischen Hoch-, Populär- und Trivialliteratur ebenso wie zwischen Hoch- und Umgangssprache und demonstriert auf konkrete Weise, „dass sämtliches Sprachmaterial potentiell Material für ein Gedicht sein kann".[64] Trotz dieser grundsätzlichen Verwandtschaft eignet den Arbeitsweisen von Kling und Beyer im Vergleich zu Mayröcker ein höherer Grad an Verdichtung und Selektion; der „verschwenderische Zug" ihres Schreibens, von dem Beyer spricht,[65] fehlt seinen Gedichten, die sich auch durch ihr Interesse für die Geschichte von den Werken der Dichterin unterscheiden. Kling beschäftigt sich immer wieder mit dem Ereignis des Ersten Weltkrieges, Beyer mit der Zeit des Nationalsozialismus. Was sie miteinander verbindet, ist die Situation der Nachgeborenen, die sich der Geschichte nicht aus eigenem Erleben, sondern nur durch die Vermittlung des überlieferten Materials annähern können.[66]

### 2.4  Die Problematik des Begriffs

Vor dem Hintergrund dieser Analysen zeigt sich die ganze Problematik des Begriffs einer „Neuen Kölner Dichterschule". Kling ist zwar mit Köln verbunden, lebt aber seit 1995 in Hombroich. Dass Beyer, Hummelt und Gräf nach Köln gezogen sind, verdankt sich wohl der allgemeinen Attraktivität der Stadt, in der sich eine junge Literaturszene entwickelte, die weit über Klings Einflussbereich hinausging.[67] Seit den 50er Jahren war Köln ein Zentrum der avantgardistischen Tendenzen in der Musik, und die Kunstszene der 80er und 90er Jahre befand sich auf internationalem Niveau.[68] Westberlin spielte dagegen nur eine marginale Rolle.[69]

Auch die Reaktionen der unmittelbar Betroffenen auf den Begriff einer „Neuen Kölner Dichterschule" fielen weitgehend negativ aus – mit Ausnahme

---

64   Siehe Anhang, Gespräch mit Marcel Beyer, Göttingen, 13.11.2014.
65   Friederike Mayröcker, Marcel Beyer: „Eigentlich ist es nichts anderes als ein poetischer Synthesizer".
66   Vgl. Thomas Kling, Daniel Lenz, Eric Pütz: „Das Gedicht unter Dampf halten. Gespräch mit Thomas Kling – 13. November 1998", in: Daniel Lenz, Eric Pütz: *LebensBeschreibungen. Zwanzig Gespräche mit Schriftstellern*, München 2000, S. 172–182, hier: S. 179.
67   Siehe Anhang, Gespräch mit Dieter M. Gräf, 21.01.2019.
68   Ebd.
69   Ebd.

von Dieter M. Gräf lehnten ihn Kling, Beyer[70] und Hummelt[71] ab. Kling soll Gräfs Zustimmung sogar zum Anlass genommen haben, den Kontakt mit ihm abzubrechen.[72] Vielleicht entsprang sein Widerwille auch der Furcht, seine Ausnahmestellung einzubüßen und mit den anderen in einem Atemzug genannt zu werden.[73] In diesem Sinne könnte man Klings „Stärke" nicht nur auf Bloom, sondern auch auf Bourdieu zurückführen, dem zufolge die erfolgreichsten „Spieler*innen" des literarischen Feldes diejenigen sind, die sich am stärksten von anderen differenzieren und ihre herausragende Rolle hervorheben können. Allerdings wäre der Begriff einer „Kling-Schule" reduktionistisch, insofern bereits Anfang der 90er Jahre keiner der genannten Lyriker ausschließlich Kling rezipiert hat. Gräf unterstützte den Begriff der „Neuen Kölner Dichterschule", da er eine Augenhöhe zwischen ihm, Kling und Beyer suggerierte.[74] Beyer und Hummelt dagegen fanden den Begriff problematisch, da es in ihren Augen weder eine Gruppe noch eine Schule im eigentlichen Sinne gab. Sieht man von den beiden ab, scheinen die gegenseitigen Kontakte tatsächlich nicht besonders intensiv gewesen zu sein; ebenso fehlt eine gemeinsame Poetik oder ein vom Begriff der „Schule" impliziertes Meister-Schüler-Verhältnis. Hummelt beschreibt die Beziehungen zwischen den einzelnen Akteuren wie folgt:

> Im Juni 1991 trugen Beyer, Böhm, Hummelt, Jacobs, Schiffner sowie der aus Ludwigshafen nach Köln gezogene Lyriker Dieter M. Gräf in eben jener „Ruine" vor vielen jungen Menschen die Gemeinschaftsarbeit „Manische Montage" vor. Das polyphone Gebilde, eine Art Sprech-Musical, aus Texten aller Beteiligten unter der Regie von Marcel montiert, blieb ein Einzelfall: Trotz eines gewissen Pools von Ideen, gemeinsam geschätzter Kollegen (Thomas Kling), einiger Buchprojekte wie der Anthologie „weiter im text" (1990) und des Gedichtbands „maisprühdose" / „geknautschte zone" (Hummelt / Jacobs, Nachwort Beyer, 1991) und mancher Freundschaften kann von einer „Kölner Schule" im engeren Sinn nicht die Rede sein.

---

70  Siehe Marcel Beyer, Haiko Wichmann: „Von K. zu Karnau. Ein Gespräch mit Marcel Beyer über seine literarische Arbeit" (1993), thing.de, URL: http://www.thing.de/neid/archiv/sonst/text/beyer.htm, letzter Zugriff: 30.07.2018.
71  Siehe Hummelt: „Marcel Beyer und die Jahre mit ‚Postmodern Talking'. Bericht über ‚das einzige Sprechduo der Welt'", S. 53–54.
72  Siehe Anhang, Gespräch mit Dieter M. Gräf, Berlin, 21.01.2019.
73  Ebd.
74  Ebd.

Gruppen-, nicht Schulcharakter hatte nur die Kombination Beyer / Hummelt, die seit längerem über Köln hinaus agierte.[75]

Diese lose Zusammenarbeit könnte wohl noch am zutreffendsten als zeitlich begrenztes „Netzwerk" bezeichnet werden. Es ist innerhalb „eines gewissen Pools von Ideen" situiert, wird durch bestimmte Auftrittsorte und Publikationen geprägt, umfasst aber ganz unterschiedliche Lyriker*innen. Kling selbst ist dabei nur als der von allen „geschätzte Kollege" zugegen, der darauf bedacht ist, sich als Einzelgänger zu inszenieren; den meisten Treffen bleibt er fern.[76] Wenn er für die anderen eine wichtige Rolle spielte, so war er doch keineswegs ihr Gravitationszentrum.

Wie die vorgelegten Analysen gezeigt haben, prägte eine intensive Kling-Rezeption die frühen Werkphasen einiger Lyriker wie Dieter M. Gräf und Norbert Hummelt zu Beginn der 90er Jahre; aber diese stets von der Gefahr der Imitation bedrohte Nähe bestand nur kurze Zeit und wich bald schon anderen Referenzen. Damit scheint die Rede von einer Gruppe oder Schule in poetologischer Hinsicht lediglich im Umkreis des Jahres 1992 sinnvoll. Anders steht es mit Marcel Beyer, der mit Kling viele Gemeinsamkeiten in der Arbeitsweise und den Schreibtechniken teilt, ohne dass er sie direkt von ihm übernommen haben müsste. Rasch entwickelte er einen eigenen Stil und eine eigene Thematik. Dabei beschränkt sich die tiefer reichende Verwandtschaft seines Werkes mit demjenigen Klings nicht auf eine Phase, sondern scheint seine Entwicklung bis heute zu prägen.[77]

## 3 Thomas Kling in Hombroich

Im Jahr 1995 zog Thomas Kling auf die Einladung des Immobilienmaklers, Kunstsammlers und Mäzens Karl-Heinrich Müller hin auf die Raketenstation Hombroich, wo er bis zu seinem Tod lebte und arbeitete. Das Konzept dieses Ortes prägte auf entscheidende Weise seine weitere Arbeit. Müller

---

75  Hummelt: „Marcel Beyer und die Jahre mit ‚Postmodern Talking'. Bericht über ‚das einzige Sprechduo der Welt'", S. 53–54.
76  Gespräch mit Dieter M. Gräf, Berlin, 21.01.2019, ungekürzte Fassung.
77  Beyer hebt unter anderem die Rolle der erzählenden Momente in Klings späterem Band *Sondagen* (2001) für seine eigene Schreibpraxis hervor, während Gräf und Hummelt Klings DuMont-Bände eher ignoriert zu haben scheinen. Siehe Anhang, Gespräch mit Marcel Beyer, Göttingen, 13.11.2014. Lehmkuhl liest Beyers Gedichtband *Graphit* (2014) als eine „Verneigung vor Thomas Kling". Siehe Tobias Lehmkuhl: „Wespe stachel mich an!", in: *Die Zeit*, 27.11.2014.

erwarb im Jahr 1982 zunächst die Insel Hombroich, einen verwilderten Park am Ufer der Erft; 1994 kam das benachbarte Gelände hinzu, auf dem sich früher eine Raketenstellung der NATO befand. Dieses Ensemble sollte als Arbeits- und Lebensraum für bildende Künstler*innen, Architekt*innen, Schriftsteller*innen, Musiker*innen und Wissenschaftler*innen fungieren und mit seinen Ausstellungspavillons und Künstlerateliers inmitten einer großen, renaturierten Park- und Auenlandschaft am Nordufer der Erft Kunst und Natur in eine enge Nachbarschaft bringen. Es handelte sich also um die Idee einer modernen Künstlerkolonie, einer Gemeinschaft des Lebens und Arbeitens. Hombroich übte als geschichtlicher Ort und geographische Landschaft zweifellos eine ganz eigene Faszination auf Kling aus, die sich in seiner weiteren literarischen Produktion niederschlug.[78] Ebenso wichtig dürfte jedoch für sein dichterisches Selbstverständnis und dessen Entwicklung der Gedanke des gemeinsamen, gemeinschaftlichen Arbeitens gewesen sein: „Wie die Insel Hombroich ist die Raketenstation als Heraus-Forderung, als Förderung und Startrampe zu gemeinsamen, gemeinschaftlichen Unternehmungen zu verstehen."[79] So kam es innerhalb dieses Kontextes zu mehreren Zusammenarbeiten zwischen Kling und seiner Frau, der Künstlerin Ute Langanky, denen die Forschung in den vergangenen Jahren zunehmend Aufmerksamkeit geschenkt hat.[80] Kling war seit seinem Umzug auf die Raketenstation, die vor allem von bildenden Künstler*innen aus Köln und Düsseldorf bewohnt wurde, lange Zeit der einzige dort lebende und arbeitende Autor; erst 2002 folgte ihm der Lyriker Oswald Egger. Als Reaktion auf Müllers „Wunsch nach mehr Literatur, nach Dichtern und Dichterinnen aus jüngeren Jahrgängen, um auch in der anschließenden Dichtergeneration die Weiterarbeit am Projekt Hombroich zu sichern",[81] entwickelte Kling 1995 die Lesereihe „Hombroich: Literatur", eine jährliche Veranstaltung, die jeweils vier oder fünf Lyriker*innen präsentierte und bis zu seinem Tod im Jahr 2005 von ihm organisiert wurde. Klings Leben

---

78   Siehe z. B. die Zusammenarbeit zwischen Kling und Langanky, „GELÄNDE camouflage" (1998) oder den späteren Zyklus „Eine Hombroich-Elegie" aus *Sondagen* (2002).
79   Thomas Kling: „Forderung, Förderung, Startrampe", in: *Werke in vier Bänden, Bd. 4. Essays 1974–2005*, hg. von Frieder von Ammon, Berlin 2020, S. 558–561, hier: S. 558.
80   Siehe Hans Jürgen Balmes: „Kollaborationen von Ute Langanky und Thomas Kling", in: Enno Stahl: *Duo-Kreationen. Thomas Kling und Frank Köllges gemeinsam und mit anderen*, Düsseldorf 2016, S. 46–64; Sophia Burgenmeister: *Der „Blick auf Beowulf". Eine Spurensuche zwischen Medialität und Materialität bei Thomas Kling und Ute Langanky*, Bielefeld 2018. Für die Interaktion Klings mit anderen bildenden Künstler*innen aus dem Köln-Düsseldorfer Raum siehe Ulli Seegers: „Thomas Kling und die rheinische Kunstszene", in: Stahl: *Duo-Kreationen*, S. 64–88.
81   Thomas Kling: „Forderung, Förderung, Startrampe", S. 560.

in Hombroich ist also mit zwei zentralen Aspekten seiner Arbeit verbunden: mit der Gegenwart der bildenden Kunst in seinem Schreibprozess[82] und mit der Gestaltung eines literarischen Programms. Diese kuratorische Arbeit verfolgte nicht allein das Ziel, neue Lyriker*innen für das „Projekt Hombroich" zu gewinnen; mit Pierre Bourdieu könnte man sagen, dass diese Position auch einen kulturellen Distinktionsgewinn für den Autor bedeutete: Indem er die Möglichkeit erhielt, bestimmten Poetiken eine institutionelle Weihe zu verleihen, konnte Kling seine Position im literarischen Feld seiner Zeit stärken und ausweiten.

### 3.1  Kuratorische Arbeit: Akzente (1996) und „Hombroich: Literatur"

Zwei verschiedene und dennoch miteinander verbundene Projekte brachte Kling immer wieder in einen Zusammenhang: die Einführung der Lesereihe „Hombroich: Literatur" und seinen Überblick über die zeitgenössische deutschsprachige Lyrik für eine Ausgabe der Zeitschrift *Akzente* im Jahr 1996, als er von Michael Krüger die Einladung erhielt, seine „Kumpane"[83] vorzustellen. Zu seiner Auswahl gehören Peter Waterhouse, Manos Tsangaris, Yoko Tawada, Ferdinand Schmatz, Barbara Köhler, Oswald Egger, Franz Josef Czernin, Marcel Beyer und Kurt Aebli. Wie er in seinem Text „Forderung, Förderung, Startrampe" bemerkt, „waren inzwischen alle [d. h. alle in der *Akzente*-Ausgabe vorgestellten Lyriker*innen] Gäste bei „Hombroich: Literatur".[84] Beide Projekte sind zeitlich – zwischen ihnen liegt höchstens ein Jahr – aber auch hinsichtlich ihrer gemeinsamen Intention eng miteinander verbunden: Die Lesereihe, die einen Querschnitt durch „gegenwärtige[] deutschsprachige[] Gedichte"[85] präsentierte, kann als performative „Edition" begriffen werden. Darüber hinaus bezeichnet Kling die *Akzente*-Edition auch als „Anthologie"[86] und nimmt damit eine Idee vorweg, die er im Jahr 2001 mit seiner *Sprachspeicher*-Anthologie umsetzen sollte: Genauso wie *Sprachspeicher* eine persönliche Auseinandersetzung mit der Literaturgeschichte und darin zugleich eine Umwertung des üblichen Kanons bedeutet, so verlängert die *Akzente*-Ausgabe dieses Vorhaben in die damalige Gegenwartslyrik hinein: Der Band präsentiert Autor*innen, die zugleich Gäste in Hombroich gewesen sind. Viele von ihnen waren bereits seit dem Ende der 80er Jahre aktiv, aber 1996 wohl einer breiteren Öffentlichkeit noch unbekannt. Rückblickend erstaunt

---

82   Siehe bereits Thomas Kling, Marcel Beyer: „Das Eingemachte – Smalltalk 91", S. 53–61.
83   Thomas Kling: „Editorial", in: *Akzente. Zeitschrift für Literatur* 5 (1996), S. 387.
84   Kling: „Forderung, Förderung, Startrampe", S. 561.
85   Ebd.
86   Kling: „Editorial", S. 387.

zunächst Klings „richtiges" Gespür: mit Ausnahme von Manos Tsangaris, der in erster Linie als Musiker und Komponist tätig ist, sind alle damals ausgewählten Lyriker*innen heute renommierte Autor*innen. Dabei kann Kling selbst einer bestimmten Tendenz der deutschen Lyrik zugeordnet werden, die sich in den 90er Jahren zu etablieren begann und als deren führende Figur er sich – insbesondere durch seine kuratorische Arbeit – inszeniert hat.

Diese Tendenz lässt sich durch eine Analyse der erwähnten Lyriker*innen und der Auswahlkriterien für die Reihe „Hombroich: Literatur" genauer fassen. In einem Interview aus dem Jahr 2002 begründete Kling die Zusammenstellung seiner *Akzente*-Ausgabe wie folgt:

> Ich probiere immer, in- und ausländische Autoren, interessante Vortragende allesamt, selbst bei disparaten Ansätzen zusammen zu bringen. Mir ist vor allem darum zu tun, dass die Autorinnen und Autoren, die hierher kommen, die Sprache ernst nehmen. Das ist das alleroberste Kriterium.[87]

Das „Ernstnehmen der Sprache" zählte für Kling nach eigener Aussage also mehr als die Nähe der von ihm ausgewählten Lyriker*innen zu seiner eigenen Position. Auf den ersten Blick mag das eine vage, allgemeine Formulierung sein, darf man doch vermuten, dass das Schreiben – und zumal das Schreiben von Lyrik – stets eine sprachorientierte Praxis ist. Eine Polemik gegen die Dichter*innen der 68er-Generation schwingt in dieser Aussage gewiss mit: Jürgen Theobaldy sprach etwa von „eine[r] weniger angestrengten Haltung gegenüber der Lyrik, nach der nicht jedes Wort besonders beladen sein will".[88] Die Direktheit der Mitteilung, die Öffnung der Lyrik auf die Umgangssprache und das Tagesgeschehen, die Theobaldy in Abgrenzung gegenüber der hermetischen Lyrik der 50er Jahre und deren Metapherngebrauch proklamierte, beruhten auf der Annahme, dass ein direktes Verhältnis zur gegenständlichen Realität möglich sei. Kling ist dagegen nie müde geworden, die Vermitteltheit jedes Weltbezugs durch die Sprache und andere Medien hervorzuheben. Indem er diese Grundhaltung zu einem Erkennungszeichen „der sprachkritisch-avancierten deutschen Lyrik"[89] erklärte, distanzierte er sich

---

87   Fridtjof Küchemann: „Dichter Thomas Kling. Gegen die Lehrer-Lempelhaftigkeit", in: *FAZ*, 13.09.2002.
88   Jürgen Theobaldy, Gustav Zürcher: *Veränderung der Lyrik. Über westdeutsche Gedichte seit 1965*, München 1976, S. 27.
89   Thomas Kling: *Itinerar*, S. 17.

auch von den Vertreter*innen der Neuen Subjektivität, deren Programm die westdeutsche Lyrik bis in die 80er Jahre hinein prägte.

Die *Akzente*-Auswahl versammelt zweifellos sehr unterschiedliche Lyriker*innen – deutscher, österreichischer, schweizerischer und japanischer Herkunft – und folgt darin Klings Abneigung gegen eine nationalistische Rezeption deutschsprachiger Literatur nach 1990.[90] Durch das breite Spektrum ihrer Themen und Fragestellungen lassen sich diese Lyriker*innen keinem allgemein erkennbaren Stil zuordnen: Die Form der Gedichte reicht, was das Schriftbild anbelangt, vom Sonett bis zum Blocksatz; sie knüpfen an eine Vielzahl unterschiedlicher poetischer Traditionen an und haben alle ihre spezifische Thematik (bei Tawada ist es der deutsch-asiatische Kulturvergleich, bei Schmatz das Spiel mit biblischen Sujets, bei Beyer die deutsche Geschichte). Dennoch haben diese Gedichte zwei gemeinsame Nenner: den sprachreflexiven Zug und die mal mehr, mal weniger stark betonte Anknüpfung an die Tradition der historischen Avantgarden. Auf auffällige Weise entscheidet sich Kling für jüngere Lyriker*innen, die sich auf die österreichische Avantgarde berufen (Waterhouse, Schmatz, Czernin), erweitert diese Auswahl jedoch um andere Positionen mit ähnlicher Tendenz. So ist das Werk von Yoko Tawada von einer ganz anderen literarischen Sozialisation geprägt, zeugt aber von einer Klings Position nahestehenden Beschäftigung mit den Strukturen, Bedeutungen und Formen der deutschen Sprache – besonders deutlich in ihren später publizierten Essays *Sprachpolizei und Spielpolyglotte* (2007). Den Ausgangspunkt von Tawadas Gedichtzyklus, den Kling in die Auswahl aufgenommen hat, bildet zwar eine äußere, visuelle Ähnlichkeit zwischen den Müllmännern in Hamburg und den buddhistischen Mönchen in Thailand – ihre orangefarbene Kleidung –, aber zugleich enthalten die Gedichte viele sprachreflexive Momente, etwa wenn die Autorin der Bedeutung der Wörter „schmutzig", „Schmutz" und „Schmuck" nachsinnt.[91]

Eine wichtige Position nimmt in dieser Hinsicht auch Gerhard Falkner ein, der im literarischen Feld der damaligen Zeit eine markt- und trendkritische Randposition vertritt. Seine poetologischen Aufzeichnungen *Über den Unwert des Gedichts* (1993) setzen mit Reflexionen über die Sprache ein.[92] So heißt es etwa bei ihm: „Absicht des Gedichts ist es, die Sprache zu sich kommen zu lassen und sich des Dichters für diesen Vorgang zu bedienen. Denn um

---

90  Vgl. auch Thomas Kling: *Sprachspeicher. 200 Gedichte auf Deutsch vom achten bis zum zwanzigsten Jahrhundert*, Köln 2001.
91  Siehe Yoko Tawada: „Die Orangerie", in: *Akzente* 5 (1996), S. 417–424.
92  Siehe „Teil I: Sprache – Abteilung A, Abteilung B" in: Gerhard Falkner: *Über den Unwert des Gedichts*, Berlin 1993, S. 7–15.

dies zu erreichen, sind hohe Energien nötig, Energien, die der Dichter aufzubringen hat, um die Sprache reaktionsfähig zu machen – sprachphysikalische Energien."[93] Dieser Gedanke steht der Poetik Klings, vor allem dem Begriff des „brennstabhaften der Sprache",[94] in dem ebenfalls physikalische Energie und Sprache zusammenfallen, überraschend nahe. Auch Bert Papenfuß ist damals ein aktiver Vertreter einer sprachkritisch orientierten Lyrik: einer „Sprachkritik als Systemkritik".[95] Das von Kling programmatisch betonte „Ernstnehmen der Sprache" ist also keineswegs ein alleiniges Merkmal der von ihm ausgewählten Lyriker*innen, sondern gehört zu einer sprachreflexiven Tendenz innerhalb der Lyrik der 90er Jahre, die er entschieden mitgeprägt hat. Welche Gründe führten ihn also dazu, keine Gedichte von Falkner oder Papenfuß in seine Anthologie aufzunehmen?

Tatsächlich war die Haltung gegenüber der Sprache nicht das einzige Kriterium, das Klings Auswahl leitete. Er selbst verwendet in einem Gespräch den Begriff des Kreises, um mehr oder weniger allgemeine, in objektiver Hinsicht schwer zu fassende Aspekte zu beschreiben:

> Ich glaube, dass ein kleiner Kreis eben immer wieder zur Genauigkeit des Gedichts, zum Gedicht als Bastion genauer Sprache, zurückfindet. Da gibt es immer einen Kreis [...]. Jetzt ist ein Kreis da, der, wie gerade beschrieben, das Gedicht als Präzisionsinstrument nutzt, als Instrument zur Wahrnehmung.[96]

Die „Genauigkeit des Gedichts", das „Gedicht als Bastion genauer Sprache" sind recht allgemeine Formulierungen, welche auch auf andere Lyriker*innen zutreffen könnten, die keine Einladung nach Hombroich erhalten haben. Der Begriff des „kleinen Kreises" ist nicht unproblematisch, ruft Assoziationen zum George-Kreis hervor[97] und suggeriert eine Gruppe mit ähnlichen Interessen, die sich vom Rest des literarischen Feldes nicht allein durch ihre Berufung auf die „Sprache", sondern auch durch ihre Anknüpfung an die avantgardistische Tradition abgrenzt. Gerhard Falkner bezieht sich dagegen stärker auf andere poetische Traditionen – Rilke, Hölderlin und die deutsche Romantik spielen bei

---

93   Ebd., S. 11.
94   Thomas Kling: *Itinerar*, S. 23.
95   Siehe Hermann Korte: *Deutschsprachige Lyrik nach 1945*, S. 228.
96   Kling, Lenz, Pütz: „Das Gedicht unter Dampf halten. Gespräch mit Thomas Kling – 13. November 1998", S. 176.
97   Ich danke Prof. Dr. Frieder von Ammon für diesen Hinweis.

ihm eine größere Rolle als bei Kling[98] –, und er selbst betont seine Ablehnung einer zu engen Orientierung an den Avantgarden in mehreren poetologischen Selbstaussagen.[99] Die Bedeutung der avantgardistischen Tradition spielt bei Kling und seinem Kreis nicht allein auf der Werkebene eine zentrale Rolle, sondern auch bei der gemeinsamen Positionierung innerhalb des literarischen Feldes: Abgesehen von Schmatz, Czernin und Waterhouse, stehen auch Beyer und Egger in einer gewissen Nähe zur Wiener Avantgarde, was nicht für alle sprachorientierten Lyriker*innen der 90er Jahre gilt. Darüber hinaus ist diesen Lyriker*innen eine marktkritische Position mit hohem Autonomieanspruch gemeinsam: Kling und Franz Josef Czernin verbindet – wie noch näher erläutert werden soll – dieselbe gegen die „Marktgefügigkeit" gerichtete „Unzufriedenheit mit den literarischen Verhältnissen".[100] Auch Oswald Egger gilt im Jahr seiner Peter-Huchel-Auszeichnung (2007) als ein Dichter, der „an den Erwartungshaltungen des Literaturbetriebs radikal vorbei [arbeitet]".[101] Um diese prekäre Position im literarischen Feld zu sichern und einander zu unterstützen, erweisen sich Gruppen und Kreise als hilfreiche Mittel, auch wenn sie nicht den einzig möglichen Weg zur literarischen Etablierung darstellen, wie es das Beispiel von Gerhard Falkner lehrt. Der Kreis um Thomas Kling diente nicht zuletzt zur Einnahme und Verteidigung einer literarischen Position. So entwickelte sich ein Netzwerk von verwandten Poetiken, die in keinem zu nahen, imitativen Verhältnis zueinander standen, und wohl deshalb gehörten die Lyriker Dieter M. Gräf und Norbert Hummelt zunächst nicht dazu.

### 3.2  Die Freundschaft mit Franz Josef Czernin

Die Freundschaft mit dem Lyriker Franz Josef Czernin (*1952) kann in diesem Zusammenhang zwei zentrale Aspekte von Klings Programm – seine Verbindung zur österreichischen literarischen Tradition und seine sprachreflexive Poetologie – veranschaulichen. Zweifelsohne unterscheiden sich Kling und Czernin viel stärker voneinander als die Lyriker, die der „Neuen Kölner Dichterschule" zugerechnet wurden. Daher scheint es sinnvoll, die

---

98    Siehe Michael Braun: „Lob der Unschärfe. Gerhard Falkners poetische Navigationen zwischen 1986 und 1992", in: Constantin Lieb, Hermann Korte, Peter Geist (Hg.): *Materie: Poesie. Zum Werk Gerhard Falkners*, Heidelberg 2018, S. 9–19.
99    Siehe z. B. Steffen Popp: „Die Begeisterung aber, die das Gefühl von Existenz vermehrt, ist für Poesie das ‚Erhabenste'. Gerhard Falkners Polemiken", in: Lieb: *Materie: Poesie*, S. 163.
100   Thomas Kling, Franz Josef Czernin: „Wandlung von Sprache in Sprache, E-Mails Juli-August 2002", in: *Schreibheft* 65 (2005), S. 155–162, hier: S. 155.
101   Siehe Christina Weiss: „Peter Huchel Preisträger Oswald Egger. Radikal an dem Markt vorbei", in: *Die Welt*, 25.03.2007.

Frage nach dem Einfluss durch eine Betrachtung der poetologischen und literatursoziologischen Gemeinsamkeiten zu ersetzen. Darüber hinaus ist Czernin, der 2007 den Österreichischen Staatspreis für Literaturkritik erhielt, selbst Literaturkritiker. Er kann also nicht nur seine eigene Position und die des gesamten „Kreises" verteidigen, sondern zugleich diejenige anderer Protagonist*innen des literarischen Feldes attackieren. Seine Besprechung von Grünbeins *Falten und Fallen* aus dem Jahr 1995 sowie seine Kritik an Marcel Reich-Ranicki repräsentieren – wie noch näher erläutert werden soll – einen Begriff von Lyrik, den auch Thomas Kling durch seine Aktivitäten in Hombroich etablieren wollte.

### 3.2.1 Allmähliche Annäherungen

In einem Gespräch mit Hubert Winkels und Heinrich Detering berichtet Czernin von seiner ersten Begegnung mit Thomas Kling:

> Meine Bekanntschaft mit Kling hat angefangen bei einem Colloquium in Bielefeld, das muss Anfang der neunziger Jahre gewesen sein. Das Colloquium galt – man kann den Begriff da nicht vermeiden – der ‚experimentellen Literatur', vielleicht 20 Autoren waren dabei, auch ein paar Germanisten. Man trug dort Gedichte vor, die dann kritisiert wurden, was nicht so einfach ist unter Autoren, da steht ja vieles auf dem Spiel. Eines Tages kam dann Thomas Kling, trug in diesem inneren Kreis seine Texte vor – und ich war entsetzt. Ich dachte mir: Ich verstehe eigentlich überhaupt nichts. Wobei: Es war nicht so sehr, dass ich nichts verstanden habe ... Wie soll ich sagen: Es war weniger ein hermeneutisches Problem. Ich konnte verstehen, um was es ging. Aber ich habe nicht verstanden, warum man so Gedichte schreibt.
>
> Das hatte nun zwar viel mit der Bielefelder Atmosphäre zu tun, aber nicht nur damit, sondern auch mit meinem eigenen Schreiben. Irgendwie ist es ja so, dass jeder Dichter eine Art kleines absolutes Reich errichtet; was wirklich anders funktioniert, kann er kaum verstehen. Meine kritischen Bemühungen sind da eigentlich der mehr oder weniger, ich fürchte: der immer mehr scheiternde Versuch, das zu verstehen, was wirklich anders funktioniert als mein eigenes Schreiben. Natürlich hat man auch das Gefühl: Es kann ja nicht so sein, dass alles, was man sich da aus den Fingern gesogen hat, so besonders maßgebend ist. Mit der Zeit habe ich aber dann doch, glaube ich, zu verstehen gelernt, wie Klings Gedichte sind, was sie wollen, und worauf sie hinaus wollen.
>
> Hinzu kam dann das Erlebnis der Lesung durch Kling. Durch seine Art des Vortrags habe ich manches von den Intentionen oder von dem,

was da gesagt wird und wie es gesagt wird, besser verstanden. Wir haben uns manchmal getroffen, hier, in Hombroich, oder in Wien. Geholfen hat dabei auch seine literarische Herkunft aus Wien, die verschiedenen Anknüpfungspunkte an Wiener Dichter, wie zum Beispiel die der Wiener Gruppe oder H.C. Artmann und Friederike Mayröcker. Das hat dann sozusagen eine Brücke geschlagen, auf der wir uns vielleicht in der Mitte, jedenfalls fast in der Mitte getroffen haben.[102]

Die von Czernin geschilderte Begegnung mit Kling ereignete sich im Rahmen des Bielefelder Colloquiums Neue Poesie am 15. März 1993. Das Unbehagen, das ihn überfiel, ist zunächst als eine persönliche Reaktion auf eine andere, von seiner eigenen Position abweichende Poetik zu verstehen; aber es gründet zugleich, wie Czernin selbst erklärt, in der „Bielefelder Atmosphäre": Das Bielefelder Colloquium Neue Poesie war ein Treffen internationaler Dichter*innen und Künstler*innen insbesondere aus dem Umfeld der Konkreten Poesie, das zwischen 1978 und 2003 einmal jährlich stattfand. Teilnehmer des Kolloquiums waren unter anderen Eugen Gomringer, Helmut Heißenbüttel, Franz Mon, Oskar Pastior und Gerhard Rühm. Klings Ablehnung der Konkreten Poesie wurde bereits im ersten Kapitel analysiert. Obwohl die Betonung der Materialität der Sprache Kling und die Autor*innen der Konkreten Poesie miteinander verbindet und er bisweilen serielle Sequenzen in seine Gedichte integriert, sind die Verfahren grundsätzlich verschieden: Der narrative Zusammenhang und die sprachliche Komplexität seiner Gedichte widersprechen dem Streben nach Vereinfachung und Verknappung in der Konkreten Poesie. Zugleich geht Kling nicht von einer strukturierenden Ordnung oder von formalen Problemen aus, sondern von einer chaotischen, unberechenbaren Wirklichkeit, die kein System zu fassen vermag. Allein schon dieser poetologischen Unterschiede wegen musste Klings Lyrik im Kontext des Bielefelder Colloquiums fremd wirken und auf Unverständnis stoßen. Trotz der gemeinsamen Herkunft aus den Avantgarden des 20. Jahrhunderts hat Kling in *Itinerar* (1997) die Unterschiede zwischen seinem poetologischen Selbstverständnis und demjenigen der Vertreter*innen der Konkreten Poesie deutlich hervorgehoben.

Czernins erste Reaktion ist jedoch nicht allein dem Umfeld des Bielefelder Colloquiums geschuldet, sondern grundsätzlichen Unterschieden. Anders als die Lyriker aus dem Umfeld der „Neuen Kölner Dichterschule", denen Kling

---

[102] „Hubert Winkels im Gespräch mit Franz Josef Czernin und Heinrich Detering (Raketenstation Hombroich, 26. Februar 2010)", in: Ammon, Trilcke, Scharfschwert (Hg.): *Das Gellen der Tinte*, S. 401–402.

zum bewunderten Vorbild wird, ist Czernin zunächst entsetzt. Er hat sein „kleines absolutes Reich" – seine eigene Poetologie – bereits geschaffen. Zwar ist er zu diesem Zeitpunkt noch kein vom Literaturbetrieb anerkannter Lyriker, der wichtige literarische Preise erhalten hätte, aber er hat bereits seit zehn Jahren publiziert und im literarischen Feld gewirkt. Sein Entsetzen wandelt sich indessen bald in einen produktiven Rezeptionsvorgang, den Czernin wie folgt rekapituliert:

> Vielleicht ist Rezipieren überhaupt ein ständiges Wechselspiel zwischen Unterwerfung und Versuchen, Distanz zu gewinnen, und zu dem Distanz-Gewinnen gehört auch, einen bösen Blick zu suchen, der einem zeigt: Das ist ja auch nur mit Wasser gekocht. Oder: Das ist auch nur Menschenwerk, oder ist auch nur ein Gleichnis. Da gibt es dann vieles, was man finden, was man ins Treffen führen kann – es ist ja tatsächlich eine Art Treffen. Man ist da irgendwie auf einem Kampffeld.[103]

Die Herausbildung einer eigenen Poetik verlangt ebenso sehr die Imitation – das Ausprobieren verschiedener Techniken – wie die kritische Distanznahme. Vollkommene Distanz, das machen Czernins Ausführungen deutlich, ist nicht möglich, und das Schreiben bleibt von fremden Einflüssen nie gänzlich frei. Eine andere Metapher, die Czernin gebraucht, ist die des „Kampffeldes": Den Gegner zu treffen, heißt ihn abwerten, wobei es sich gleichermaßen um Vorgänger*innen wie Zeitgenoss*innen handeln kann. Insofern die Redewendung „auch nur mit Wasser gekocht" im konkreten Sinne eine allgemeine Art der Zubereitung, des „Machens" oder des „Gemachtseins" meint, besteht Czernins Distanznahme zunächst in der kritischen Wahrnehmung der Konstruktionspraktiken des anderen, der auch nur „Menschenwerk" vollbringt.

Während die meisten Lyriker aus dem Umfeld der Kölner Gruppe erst allmählich ihre Distanz gegenüber Klings Werk erlangten, ging Czernin trotz aller poetologischen Unterschiede genau den umgekehrten Weg. Diese Unterschiede lassen sich schnell benennen: Zwar arbeiten beide innerhalb einer Tradition, die sich auf verschiedene Avantgardeströmungen des 20. Jahrhunderts, insbesondere auf die österreichische Avantgarde, beruft. Aber die Methodik und Schreibpraxis ihrer Gedichte ist nicht dieselbe. Beide Lyriker setzen Ideen der Wiener Gruppe fort, allerdings auf ganz verschiedenen Ebenen: Während die Wiener Gruppe für Kling vor allem hinsichtlich ihrer performativen Praxis eine gewisse Rolle spielte, knüpfte Czernin

---
103  Ebd., S. 404–405.

an ihre methodische Herangehensweise bei der Herstellung von Texten an – oder in den Worten von Norbert Hummelt: an „dieses sehr kühl Rechnerische, was zum österreichischen Avantgardismus gehört".[104] Nun war aber gerade diese Haltung, wie Hummelt im Hinblick auf Kling behauptet, „ja eigentlich nicht so seine Sache".[105] In einem Interview aus dem Jahr 1995 nennt Czernin einige für ihn prägende Leseerlebnisse: Rilke, verschiedene Lyriker*innen der Nachkriegszeit und vor allem Reinhard Priessnitz.[106] Wie Priessnitz geht Czernin von formalen Problemen aus und arbeitet an der Erneuerung tradierter lyrischer Formen wie dem Sonett, der Terzine oder der Stanze. 1982 erklärte Priessnitz in einem Gespräch mit Beth Bjorklund: „mein schreiben stellt eine wachsende auseinandersetzung mit den formalen problemen der dichtung dar: es ist ein versuch, die formen aufzuschliessen, verfahrensweisen zu vermischen und grenzen zu erweitern."[107] Auch Czernins Lyrik ist höchst reflexiv; stets thematisiert sie ihre eigene Form und ihren Sprachgebrauch. In dieser Hinsicht ist der folgende Satz von Priessnitz auch für Czernins Poetologie zentral: „schreiben selbst wird zum thema der dichtung. dichtung geschieht an dem punkt, wo sprache sich umdreht, um über sich selbst zu reflektieren."[108] Dieses sprachreflexive Element zeigt sich bei Czernin beispielsweise in seinem Umgang mit Redewendungen, die ebenso im Hinblick auf ihre wörtliche wie auf ihre übertragene Bedeutung untersucht werden. Zugleich entwickelt er in seiner Lyrik charakteristische Motive und Themenkomplexe, die sich von Klings Lyrik deutlich unterscheiden. Dies soll anhand des folgenden Gedichts aus dem Band *elemente, sonette* (2002) näher dargestellt werden:

sonett, mit rössern

uns zündend selbst, doch wund gescheuert, wild gemacht
durch all dies zeug, so bissig, heiss davon geritten,
schmerzhaft anspannen, -spornen dies, dadurch entfacht,
entfesselt uns, doch stehn auch, sattelfest, inmitten

---

104 Siehe Anhang, Gespräch mit Norbert Hummelt, Berlin, 29.09.2015.
105 Ebd.
106 Franz Josef Czernin: „Dass die Sprache in der Sprache verschwindet oder die Sprache die Sache hervorruft", in: Ernst Grohotolsky (Hg.): *Provinz sozusagen*, Graz 1995, S. 139–148, hier: S. 144.
107 Reinhard Priessnitz: „literatur als entfremdung", in ders.: *texte aus dem nachlass*, Droschl 1994, S. 193.
108 Ebd.

von flammen, ziehn den kreis: sind stoff, der treibt wie brennt,
brechend die bahn, da brand die rede hoch uns schwingt,
lostreten das, was züngelnd übergreift uns, -rennt
von haupt bis schwanz, doch auch gezäumt, dass dies entringt

einlenkend wie ausschweifend sich; auflodernd gehn
durchs eigne feuer jetzt, versprengt fast ausser band
ja, rand, doch bringen dies zum punkt, die runde drehn:

uns geben, nehmen überkopf wie -hals und -hand,
rings übertragen, -springen, doch auch wörtlich im geschehn,
fast zügellos, es halten, hellauf selbst, gebannt.[109]

Der Band, dem dieses Sonett entnommen ist, entwirft im Ausgang von der antiken Lehre der vier Elemente eine eigenständige Poetik: Die vier Elemente – Feuer, Wasser, Erde, Luft – bilden eine Art allumfassendes System, das den Sonetten zugrunde liegt. Das zitierte Sonett stammt aus dem dritten Teil – „Feuer" – und schöpft aus zwei zentralen Wortfeldern: dem des Feuers („zündend", „flammen", „stoff, der treibt wie brennt", „auflodernd") und dem der „Rösser" („wild gemacht", „anspannen, -sponnen", „entfesselt", „sattelfest"). Wie bereits der Titel andeutet, sind die „Rösser" kein objektiver Gegenstand, sondern bezeichnen die Vorgehensweise des Gedichts, das *„mit* rössern" geschrieben wird: So geht es vielmehr darum, die Bewegung der Rösser zu materialisieren, als sie zu repräsentieren. Auf der sprachlichen Ebene ist das Gedicht eine lange Aneinanderreihung von Partizipien und Verben im Infinitiv, die im Gegensatz zu den aktiven Verbformen kein Subjekt benötigen. Zwar deutet das Reflexivpronomen „uns" auf die erste Person Plural hin, doch verzichtet das Gedicht auf eine Präzisierung des Subjekts. Immer wieder kommen zwei gegensätzliche Bewegungen ins Spiel: das Wildmachen, Ausbrechen, Sprengen sowie die Fesselung und Bannung. Die Antonyme „zügellos" – „gebannt" in der letzten Strophe verdichten diesen Gegensatz. Er verschränkt zugleich zwei Tendenzen, die jedes moderne Sonett in sich vereinen muss: Die fixe Form suggeriert Fesselung und Fixierung des Wortmaterials, wird aber (zumindest bei Czernin) durch den Bruch mit der herkömmlichen Syntax zugleich gesprengt. Die Aneinanderreihung der Verben erzeugt den Eindruck einer permanenten Steigerung und Überbietung. Dabei fällt insbesondere Czernins Umgang mit idiomatischen Redewendungen auf: „außer Rand und

---

109 Franz Josef Czernin: *elemente, sonette*, München 2002, S. 79. ©

Band sein" (3. Strophe), „sich Bahn brechen" (2. Strophe), „einen Kreis ziehen" (2. Strophe). Czernin verändert sie oft, so im Fall des Syntagmas „von haupt bis schwanz" oder in der letzten Strophe: „uns geben, nehmen überkopf, wie -hals und -hand", eine Kombination verschiedener Redewendungen, die die herkömmlichen Syntagmen zerbricht: „überhandnehmen" wird mit der Redewendung „Hals über Kopf" assoziiert; eine Kontamination, der neue Bedeutungen entspringen. Derart wird die Aufmerksamkeit auf die wörtliche Bedeutungsebene, die verschiedenen Glieder des Körpers, gelenkt und am Ende eine Art selbstreflexives poetologisches Programm formuliert: „rings übertragen, -springen, doch auch wörtlich im geschehn".

### 3.2.2 Unterschiede: die abstrakte und die empirische Herangehensweise

Czernins Sonett hat mit Thomas Klings Gedichten wenig gemeinsam: Es geht von keiner konkreten Situation, von keiner Erzählung oder Ortsbeschreibung aus, bleibt ohne gegenständliche Referenzen. Obwohl das Gedicht immer noch auf ein sprechendes Subjekt verweist – es beginnt programmatisch mit einem „uns", dem Reflexivpronomen der ersten Person Plural –, rückt dieses nicht weiter in den Blick. Hauptsächlich besteht das Gedicht aus Verben der Bewegung und Veränderung: Vorgänge, deren Subjekt nicht näher definiert und lediglich durch die Motive des Feuers und der Rösser angedeutet wird. Zu behaupten, dass es sich um ein „Gedicht über Rösser" handele oder dass ihnen eine Stimme verliehen würde, hieße jedoch die Hauptmerkmale des Gedichts verkennen. Es wirkt bereits auf der Wortebene abstrakt: Was für ein Feuer ist gemeint? Im Übergang von der ersten zur zweiten Strophe heißt es „sattelfest, inmitten / von flammen", in der dritten Strophe geht es „durchs eigene feuer jetzt", durch ein Feuer also, das mit einer Besitzanzeige versehen wird, mithin einem möglichen Subjekt eignet. Dennoch bezieht sich das Vokabular auf keine konkrete Situation.

Dieser hohe Abstraktionsgrad unterscheidet Czernin Lyrik von derjenigen Klings, dessen Gedichte fast immer auf eine bestimmte Szenerie verweisen – meistens auf Orte des städtischen Raums,[110] aber auch auf ländliche Gegenden.[111] Hervorgehoben wird die „Gegenständlichkeit" des Ortes, der einem wahrnehmenden, beobachtenden Subjekt erscheint. Neben den

---

110 Siehe z. B. die früheren „ratinger hof"-Gedichte, „berlin. tagesvisum", „öffentliche verkehrsmittel", den Zyklus „kölndüsseldorfer (rheinische schule)", „russischer digest 1", „russischer digest 2", die zwei Zyklen „Manhattan Mundraum" und „Manhattan Mundraum 2".

111 Siehe z. B. „brief. probe in der eifel", „waldstück mit helikopter", den Zyklus „TYROLTIROL", „thüringer ton 1" und „thüringer ton 2" sowie „Eine Hombroich-Elegie".

„ratinger hof"-Gedichten, die das Geschehen innerhalb eines halb öffentlichen, halb intimen Ortes beschreiben, darf der Zyklus „wien. arcimboldieisches zeitalter" als frühestes Beispiel für diese ortspezifische Schreibweise gelten: Diese Gedichte schildern verschiedene Orte in Wien und Linz, oftmals Touristenziele, und veranschaulichen Klings spezifische Herangehensweise. Hier das zweite Gedicht aus dem Zyklus:

> EINS, STOCK-IM-EISN-
> platz darauf das chrysanthemen-
> teepee, wassergespeist; langsam ge
> streichelte augen .. dahinter die
> sandler, arge bezichtigung (in 1);
> unsicher, in die gesichter geschwan
> kt die flachn hände, hergestotterte
> alkoholikerfaust; die zwitschern
> in kodakkolor     fiakergäste;
>                         cara
> mustapha!, die sichel
> belagert die operngasse; körper-
> belagerung, noch immer; die ver
> dammten, die spritzenschübe, mar
> tialisches kontroll
> organ[112]

Das Gedicht beginnt im Zentrum Wiens, mit der genauen Angabe einer Adresse: „EINS, STOCK-IM-EISN- / platz", besser bekannt als Stephansplatz. Die erste Strophe stellt einen Kontrast her zwischen dem angenehmen Anblick („langsam ge / streichelte augen") eines Blumenstands mit Chrysanthemen („das chrysanthemen- / teepee") und der im Hintergrund erscheinenden Szenerie. Der Blick richtet sich weiter auf Obdachlose („die / sandler"), zwischen denen sich ein Konflikt anbahnt („arge bezichtigung"). Die Aufmerksamkeit konzentriert sich auf ihre Gesichter und Hände; eine „hergestotterte alkoholikerfaust" vereint synästhetisch visuelle und akustische Aspekte. Zuletzt wird mit der Erwähnung der Fiakergäste und dem „zwitschern in kodakkolor", Sinnbildern eines unbekümmerten Touristenlebens, ein weiterer Kontrast zu den Obdachlosen erzeugt. So reiht das Gedicht in seiner ersten Strophe verschiedene, von winzigen Details ausgehende, stets akustisch aufgeladene

---

112 Thomas Kling: *Gesammelte Gedichte*, S. 79.

Eindrücke aneinander. Die zweite Strophe verlässt dagegen die unmittelbare Gegenwart der Stadt und evoziert einen bestimmten Namen: Cara Mustapha Pascha (1634–1683), den Oberbefehlshaber der Zweiten Türkenbelagerung Wiens. Diese historische Referenz scheint sich zunächst nicht in die Schilderung der urbanen Szenen einzufügen. Die folgenden Verse verbinden diese beiden Momente in einem dichten Gewebe von Assoziationen; die Szene wechselt – vom Stephansplatz geht es in die Operngasse: Drogenkonsum und staatliche Kontrolle geraten in den Blick. Das Motiv der Sichel evoziert durch seine Halbmondform die Türkenbelagerung, ist aber zugleich ein Symbol für die Ernte, das Verfließen der Zeit und den Tod, der oft als Schnitter dargestellt wird. Die zweite Assoziationskette ist von den beiden Bedeutungen des Wortes „Belagerung" motiviert: Wieder ist damit die Türkenbelagerung gemeint, ebenso jedoch die „körper- / belagerung", die Körper im Griff der Drogen.

Der erste Teil des Gedichts könnte sich kaum stärker von Czernins Sonett unterscheiden. Evoziert wird eine Szene, die sich am Stephansplatz in Wien zuträgt – und das sogar unter Nennung einer genauen Adresse. Doch im zweiten Teil, der im Prinzip immer noch in der Stadtszene verankert ist, wird die Geschichte der Stadt mit ihrer Wahrnehmung in der Gegenwart kurzgeschlossen. Die verbindende Rolle spielt dabei die Sprache, die doppelte Bedeutung des Wortes „Belagerung". Es ist dieses sprachreflexive Moment, wo „Sprache sich umdreht, um über sich selbst zu reflektieren" (Priessnitz), das Klings Nähe zu einem Lyriker mit einer anderen Programmatik wie Franz Josef Czernin ermöglicht.

Im bereits zitierten Interview erläutert Czernin den Unterschied zu Kling wie folgt: „Bei Kling ist eine Art Empirie im Spiel, ein Empirismus: Da wird etwas herausgefunden am ganz Konkreten. Der fährt wohin und recherchiert. Nichts konnte mir fremder sein als diese Vorstellung, dass man, bevor man ein Gedicht schreibt, vor Ort recherchiert."[113] Im Grunde ist bereits der frühe Zyklus „wien. arcimboldeisches zeitalter" ein Beispiel für diese Vor-Ort-Recherche, gehen ihm doch längere Wien-Aufenthalte voraus.[114] Doch Klings Empirismus erschöpft sich nicht im Sammeln von Informationen; er könnte als eine besondere Sensibilität, als eine eigenständige Beobachtungsgabe bezeichnet werden – ein Aspekt, der sich in der deutschen Lyrik nach 1945 vor allem unter dem Einfluss der US-amerikanischen Lyrik entwickelt hat und für gewöhnlich

---

113 Czernin, Detering, Winkels: „Hubert Winkels im Gespräch mit Franz Josef Czernin und Heinrich Detering", S. 408.
114 Kling hielt sich 1979/80 und 1986 mehrere Monate in Wien auf. Siehe „Friederike Mayröcker porträtiert Thomas Kling", NDR 3, 23.01.1986.

mit Rolf Dieter Brinkmann verbunden wird. Im Vorwort zu *Die Piloten* (1968) schreibt Brinkmann:

> Es gibt hier kein anderes Material als das, was allen zugänglich ist und womit jeder alltäglich umgeht, was man aufnimmt, wenn man aus dem Fenster guckt, auf der Straße steht, an einem Schaufenster vorbeigeht, Knöpfe, Knöpfe, was man braucht, woran man denkt und sich erinnert, alles ganz gewöhnlich, Filmbilder, Reklamebilder, Sätze aus irgendeiner Lektüre oder aus zurückliegenden Gesprächen, Meinungen, Gefasel, Gefasel, Ketchup, eine Schlagermelodie [...]. Dankbar bin ich dagegen [d. h. im Gegensatz zur deutschsprachigen Lyrik] den Gedichten Frank O'Haras, die mir gezeigt haben, dass schlechthin alles, was man sieht und womit man sich beschäftigt, wenn man es nur genau genug sieht und direkt genug wiedergibt, ein Gedicht werden kann, auch wenn es sich um ein Mittagessen handelt.[115]

Vermittelt durch die Rezeption der US-amerikanischen Lyrik und unter dem Einfluss Brinkmanns öffnete sich die westdeutsche Lyrik der Wahrnehmung der alltäglichen Dinge und damit zugleich der Popkultur und ihren Medien, die die moderne Wahrnehmung prägen. Lyrik wird derart zu einer Form gesteigerter Aufmerksamkeit. „EINS-STOCK-IM-EISN" beginnt genau an dem Punkt, von dem Brinkmann spricht, nämlich mit dem Blick auf einen Platz. Diese Parallele zwischen Kling und Brinkmann, die Aufzeichnung von Sinneseindrücken, von visuellen und akustischen Details, ist Dieter M. Gräf nicht entgangen.[116] Die Bedeutung des Akustischen bei Kling und Brinkmann ist unübersehbar: Zwar spielen der Klang der Wörter und der Dialekt bei vielen Wiener Dichtern eine große Rolle, aber Klings soziologisches Interesse an dem, was auf der Straße gesprochen wird und sich mittels O-Ton in die Gedichte integrieren lässt, geht auf Brinkmann zurück. In seinen Überlegungen zu Brinkmanns akustischem Nachlass stellt Gerald Fiebig die nachvollziehbare These auf, dass Brinkmanns Experimente mit Tonbändern und die parallel dazu stattfindende Arbeit an den Gedichten von *Westwärts 1&2*, die aufgezeichnete O-Töne als Rohmaterial verwenden, wichtigen Anteil an der Herausbildung von Klings Poetik der Montage haben dürften.[117] Zugleich setzt Kling Brinkmanns

---

115 Rolf Dieter Brinkmann: *Standphotos. Gedichte 1962–1970*, Reinbek bei Hamburg 1980, S. 186–187.
116 Siehe Anhang, Gespräch mit Dieter M. Gräf, Berlin, 21.01.2019.
117 Gerald Fiebig: „Sprache Klang Subjekt. Überlegungen zur deutschsprachigen Gegenwartslyrik anlässlich Rolf Dieter Brinkmanns akustischem Nachlass und anderer aktueller

medienorientierte Poetik fort, indem er die mediale Vermittlung jeder Darstellung von Realität betont. „Die eigene *Optik* wird durchgesetzt, *Zooms* auf winzige, banale Gegenstände ohne Rücksicht darauf, ob es ein ‚kulturell' angemessenes Verfahren ist, *Überbelichtungen, Doppelbelichtungen* (etwa bei Biotherm), unvorhersehbare *Schwenks* (Gedanken-Schwenks), *Schnitte*: ein image-trick."[118] Dieser programmatische Satz Brinkmanns ließe sich auch als Beschreibung von Klings Gedichten lesen.[119] Obwohl sich Kling in seinen poetologischen Selbstbestimmungen von Brinkmann stets abgegrenzt hat[120] – tatsächlich ist seine Montagetechnik viel stärker von Mayröcker als von Brinkmann beeinflusst –, ist seine Nähe zu dieser Traditionslinie unübersehbar. Das wird gerade im Vergleich zu österreichischen Lyrikern wie Franz Josef Czernin deutlich, für die ein Gedicht nicht mit der Wahrnehmung, sondern mit einem Konzept, mit einem Konstruktionsplan beginnt, aus dem sich bestimmte thematische Vorbestimmungen ergeben.

Bevor das Verhältnis zwischen Klings und Czernins Poetik näher in den Blick rücken soll, ist es jedoch notwendig, zunächst Klings Verhältnis zu Brinkmann literaturtheoretisch zu erfassen. Die abwertenden Äußerungen über Brinkmann (Priessnitz sei höher als Brinkmann zu schätzen, sein „Berufsfuror" dürfte einem zu Recht „auf die Nerven gehen") und das Fehlen von essayistischer Auseinandersetzung mit Brinkmann könnten zu der falschen Annahme führen, das Werk dieses heimlichen Vorgängers spiele keine Rolle für Kling. Wie bereits gezeigt, ist dies schwerlich der Fall. Wenn Klings stille Bezugnahme auf Brinkmann also vom Modell der selbstgewählten, offen eingestandenen Einflüsse wie Mayröcker, Jandl oder Artmann abweicht, um was für ein Beispiel des Tradierens handelt es sich dann? Klings Verhältnis zu seinem literarischen Vorgänger Brinkmann ist offenbar von jener Bloom'schen Einflussangst geprägt, die er ansonsten paradigmatisch außer Kraft setzt. Von seinem starken Vorgänger übernimmt Kling die Aufmerksamkeit für die visuellen und akustischen Eindrücke aus der unmittelbaren Umgebung, doch zugleich erweitert er Brinkmanns Poetik, indem er durch seine Lektüre der Wiener Dichter*innen ein anderes Bewusstsein für Sprache und Geschichte entwickelt. Tatsächlich könnte man so weit gehen und sogar einen der sechs

---

Veröffentlichungen", auf *satt.org*, URL: http://www.satt.org/literatur/05_07_brinkmann.html, letzter Zugriff: 03.03.2024.

118 Rolf Dieter Brinkmann: „Notizen 1969 zu amerikanischen Gedichten und zu der Anthologie „Silverscreen", in: ders.: *Der Film in Worten. Prosa, Erzählungen, Essays, Hörspiele, Fotos, Collagen 1965–1974*, Reinbek bei Hamburg 1982, S. 248–269, hier: S. 267.

119 Vgl. „öffentliche verkehrsmittel", in: Kling: *Gesammelte Gedichte*, S. 70–72.

120 In *Itinerar* erklärt Kling z. B., dass ihm das Ingenieurstum der Wiener Gruppe näher lag als der „Berufsfuror" Brinkmanns. Kling: *Itinerar*, S. 22.

revisionistischen Mechanismen, die Bloom ins Zentrum seiner Theorie stellt, in Klings Verhältnis zu Brinkmann am Werk sehen, nämlich die Figur der „tessera" oder der antithetischen Vollendung: Für Kling scheint es so, als wäre Brinkmann nicht weit genug gegangen, oder als hätte dessen pop-poetisches Werk die Gegenwart zu oberflächlich analysiert. Bezüglich der Figur der „tessera" erklärt Bloom:

> In the *tessera*, the later poet provides what his imagination tells him would complete the otherwise "truncated" precursor poem and poet, a "completion" that is as much misprision as a revisionary swerve is. [...] the *tessera* represents any later poet's attempt to persuade himself (and us) that the precursor's Word would be worn out if not redeemed as a newly fulfilled and enlarged Word of the ephebe.[121]

Dieses „enlarged Word", das antithetisch, also im Gegensatz zu Brinkmann, durch die Einführung einer sprachreflexiven und historisierenden Komponente von Kling entwickelt wird, zeugt von einer „Stärke", die sich trotz aller Ablehnung der romantischen Tradition durchaus in Blooms Schema fügt. Der Unterschied liegt jedoch darin, dass die Überwindung des starken Vorgängers nicht – oder nicht nur – in der Tiefe des eigenen Selbst ihren Ursprung hat (Bloom), sondern durch eine produktive Rezeption verschiedener Einflüsse geschieht, die es Kling ermöglichen, eine gewisse Distanz gegenüber Brinkmanns Einfluss zu gewinnen.

Zurück zum Vergleich von Thomas Kling und Franz Josef Czernin: Klings Poetik unterscheidet sich also durch einen Empirismus, welcher der deutschen, oder besser: der deutsch-amerikanischen poetischen Tradition entstammt. Dieser Empirismus wurde indessen von einer Einflussangst angetrieben, die bei Kling zu einer Erweiterung von Brinkmanns Interesse an Sinneswahrnehmung und Medienreflexion führte. Darüber hinaus bewegen sich Thomas Kling und Franz Josef Czernin innerhalb bestimmter nationaler Rezeptionsgeschichten, die unterschiedliche Ausgangspositionen bedingen: Die amerikanische Lyrik scheint in der Bundesrepublik einen wesentlich stärkeren Einfluss als in Österreich gehabt zu haben – ob man sich nun von ihr abgrenzte oder an sie anknüpfte. Brinkmann ist Kling gegenwärtiger als Czernin. In einer Fußnote zu ihrer Studie zur Rezeption amerikanischer Lyrik in der Bundesrepublik bemerkt Agnes C. Mueller: „[D]ie bundesrepublikanische Rezeption amerikanischer Lyrik [ist] intensiver, weil gerade dort die politische Unsicherheit ein stärkeres Bedürfnis nach Anregungen von außen erzeugt

---

121 Harold Bloom: The anxiety of influence. A theory of poetry, Oxford 1997, S. 66–67.

hatte als beispielsweise in der Schweiz oder auch in Österreich."[122] Das heißt nicht, dass es in Österreich keine Rezeption der US-amerikanischen Lyrik gegeben hätte, aber die stärkere Präsenz der Avantgarden führte ihr gegenüber zu einer größeren Skepsis.[123]

### 3.2.3 Gemeinsamkeiten: Sprachreflexion

Für den in Westdeutschland sozialisierten Kling blieb diese Situation nicht ohne Folgen: Er setzt Brinkmanns wahrnehmungsorientierte Poetik fort und reflektiert die medientechnologischen Veränderungen seiner Zeit. Zugleich bezieht er sich dabei auf die österreichische Tradition. Obwohl Kling, anders als Czernin, die Lyrik nicht als eine Lösung formaler Probleme begreift, sind ihre Positionen dennoch in mancherlei Hinsicht miteinander verwandt und teilen gemeinsame Bezugspunkte: die Wiener Gruppe, H.C. Artmann und Friederike Mayröcker. Aber die beiden Lyriker beziehen sich auf unterschiedliche Aspekte dieser Vorbilder. So findet sich z. B. Mayröckers Montagetechnik, deren Bedeutung für Kling im ersten Kapitel nachgewiesen wurde, nicht bei Czernin: „sonett, mit rössern" ist keine Montage, die wie Klings Gedichte verschiedene sprachliche Elemente und Zitate zusammenführen würde, sondern von weitaus größerer sprachlicher Homogenität. Kling und Czernin teilen indessen das bereits zitierte Programm von Priessnitz: „schreiben selbst wird zum thema der dichtung. dichtung geschieht an dem punkt, wo sprache sich umdreht, um über sich selbst zu reflektieren." Vor diesem Hintergrund erweitert und kritisiert Kling Brinkmanns Ästhetik: Er beschreibt nicht länger nur konkrete alltägliche Situationen, sondern gestaltet zugleich den mit ihnen verbundenen charakteristischen Sprachgebrauch. Der folgende Auszug aus Czernins Aufsatz „Sprache und Gegenstand in der Poesie" ist in diesem Zusammenhang auch für Klings Poetik bedeutsam:

> Ein Verständnis, etwa eines Gedichtes, ist unzureichend, wenn die eingefleischten Gewohnheiten alltäglichen Sprach- und Weltgebrauchs unvermittelt angewandt werden.
> Diese Annahme enthalte: keines der Momente Sprache, Gegenstand und die Beziehungen zwischen ihnen kann in der Poesie, so wie es alltäglicherweise geschieht, als selbstverständlich vorausgesetzt werden.

---

122  Agnes C. Mueller: *Lyrik ‚made in USA'. Vermittlung und Rezeption in der Bundesrepublik*, Amsterdam 1999, S. 4.
123  Siehe Reinhard Priessnitz: „Meinetwegen, fuck you!", in: ders.: *literatur, gesellschaft etc.: aufsätze*, hg. von Ferdinand Schmatz, Graz 1990, S. 143–149.

Insofern enthält die Poesie, etwa ein Gedicht, das wahrnehmbare, vorgestellte, geträumte oder gedachte Dinge wie Äpfel, Birnen oder Totes zu bezeichnen sucht, nicht nur den Anspruch, den Gegenstand, sondern auch die Sprache selbst – in welchem Ausmaß auch immer – wie auch die Beziehung von Sprache und Gegenstand zu durchdringen; ja, auch die Beziehung der verschiedenen Arten von Gegenständen (wahrnehmbaren, vorgestellten, geträumten, gedachten) zueinander.[124]

Trotz der alltagssprachlichen Elemente, die in Klings Gedichten zu finden sind, werden „die eingefleischten Gewohnheiten alltäglichen Sprach- und Weltgebrauchs" von ihm keinesfalls „unvermittelt angewandt". Es ist eine artifizielle Sprache, die auf Dynamisierung und Intensivierung des sprachlichen Materials zielt, wie es bereits die Rede vom „brennstabmhafte[n] der Sprache"[125] ankündigt: In *Itinerar* wird dieses Programm als eine De- und Rekonstruktion des Sprachmaterials, seiner graphemischen, morphologischen und syntaktischen Eigenschaften aufgefasst; die Sprache selbst erscheint als Kraft und Energie. In Klings früher Lyrik geschieht dies durch harte Zeilenumbrüche und Wortfragmentierungen, die das performative Potential des Gedichts betonen. In der späteren Lyrik dagegen werden immer häufiger Wörter aus älteren und entfernten Sprachschichten verwendet, die sich der raschen Lektüre entziehen.

Betrachtet man das Verhältnis zwischen Gegenstand und Sprache bei Thomas Kling, so zeigt sich, dass er mit einer bestimmten Thematik immer auch den mit ihr verbundenen Sprachgebrauch reflektiert: Oft tauchen in diesen Gedichten programmatische Wortzusammensetzungen mit dem Stamm „Sprach-" oder „Sprache" auf: „unsere augen tragen sprachamptate / vor sich her durch einbahnstraßen sackgassen"[126], „unser sprachfraß"[127], „deine ungezügelten sprachen!"[128], „Sprache. Haltung"[129], „den sprachn das sentimentale / abknöpfn".[130] Der sprachliche Aspekt einer bestimmten Thematik, eines Gegenstandes wird stets hervorgehoben: Der „sprachfraß", der sogleich mit „junk food" parallelisiert wird, meint etwa die schnelle, verknappte Sprechweise der Jugendlichen. In vielen dieser Formulierungen

---

124 Franz Josef Czernin: „Sprache und Gegenstand in der Poesie", in: Klaus Amann, Alois Brandstetter (Hg.): *Freund und Feind*, Wien 2006, S. 140–164, hier: S. 145–146.
125 Thomas Kling: *Itinerar*, S. 23.
126 Kling: *Gesammelte Gedichte*, S. 20.
127 Ebd., S. 67.
128 Ebd., S. 132.
129 Ebd., S. 194.
130 Ebd., S. 328.

verdichtet sich das Programm einer sprachfokussierten Poetik: „den sprachn das sentimentale / abknöpfn" suggeriert den Verzicht auf Sentimentalität, auf alles rein Subjektive, Persönliche zugunsten objektiver Beschreibung und der Einbeziehung „niedrigerer" Ausdrucksformen aus dem Dialekt und der Umgangssprache. Klings Milieustudien, seine Szenen und Ortbeschreibungen sind stets voller umgangssprachlicher Elemente, Dialektreste, Slangs und Jargons: „Sprache, die das gesellschaftlich Tabuisierte, das nicht der Konvention entsprechende ausspricht".[131] Mit Klings wachsendem Interesse an der Geschichte wird auch seine Poetik zu einer „Spracharchäologie": „Diese Idee der ‚Wiederaufnahme', des Relaunching, verschwundene, veraltete Worte für das Gedicht zu reanimieren, beinhaltet den spracharchäologischen Aspekt."[132] Derart vollzieht sich die Sprachreflexion bei Kling auf zwei Ebenen: einer soziolinguistischen und einer historisch-etymologischen. Seine Gedichte durchqueren ein sprachliches Kontinuum, das von der Hochsprache und einer standardnahen Umgangssprache bis hin zum Dialekt reicht; dabei verbinden sich die tiefsten Schichten der Sprachgeschichte mit zeitgenössischem Slang und Begriffen aus abgelegenen Fachsprachen zu einem heterogenen Gewebe, in dem unterschiedliche Zeiten und Erfahrungswelten koexistieren.

In einer materialreichen Studie hat Indra Noël die sprachreflexive Tendenz Thomas Klings und vieler anderer zeitgenössischer Autor*innen untersucht.[133] Dabei ordnet sie Czernin und Kling zwei unterschiedlichen Traditionslinien zu, ohne die genaueren Zusammenhänge zwischen ihnen zu erhellen. Sie analysiert Czernins Werk in einem Kapitel über „Sprachartistik und Wort-Feld-Forschung: Lektüren aus Österreich" und setzt sich mit Kling (neben Bert Papenfuß, Bastian Böttcher, Christian Uetz, Oswald Egger und Ulf Stolterfoht) im darauffolgenden Kapitel unter dem Titel „Idiolekte, Fachsprachen" auseinander. In einer einführenden Bemerkung heißt es: „Von der österreichischen Traditionslinie der Sprachreflexion bis Ernst Jandl beeinflusst sind auch nach 1950 geborene nicht-österreichische Autoren, die von dieser Tradition stärker das Spiel auf Wortbildungsebene aufgreifen."[134] Klings Sprachreflexion ist nun tatsächlich auf eine österreichische Traditionslinie zurückzuführen, und Czernins Erläuterungen über das Verhältnis zwischen Sprache und Gegenstand bilden gewissermaßen die Grundlage von Klings Poetik. Auf der sprachlichen Ebene ist der Unterschied allerdings weitaus schwieriger auszumachen. Czernins Stil ist zwar idiosynkratisch, doch besteht

---

131 Thomas Kling: *Itinerar*, S. 41.
132 Ebd., S. 28.
133 Siehe Indra Noël: *Sprachreflexion in der deutschsprachigen Lyrik 1985–2005*, Berlin 2007.
134 Ebd., S. 99.

zwischen Klings Verfahren und dem seinen ein Kontinuum: Die Konzentration auf Alliterationen und Assonanzen, auf Klang und Rhythmus verbindet seine Poetik mit derjenigen Klings. Die Modifikation idiomatischer Wendungen, die man im „sonett, mit rössern" findet, ist zwar für Kling eher untypisch, kommt aber in Gedichten wie „di weite sucht"[135] durchaus zum Einsatz, wo die Redewendung „in Bausch und Bogen" auf ähnliche Weise wörtlich genommen und variiert wird. Der grundlegende Unterschied ist weniger auf der „Wortbildungsebene" zu suchen, wie Noël argumentiert, als vielmehr in Klings Realismus (vermittelt durch Brinkmann und die US-amerikanische Literatur), der sich in seinem Werk mit der österreichischen Sprachreflexion paart: Wenn Wien eine herausragende Rolle in der Entwicklung von Klings Poetik spielt, so hat er doch in seinen frühen Gedichten nie seine wahrnehmungs- und erfahrungsorientierte Ästhetik aufgegeben. Diesen Aspekt betont auch Norbert Hummelt, wenn er vom sozialkritischen Potential der frühen Gedichte Klings spricht und sie als „ziemlich krasse Statements zur Gegenwart"[136] bezeichnet. Das aber lässt sich weder von Czernins Gedichten noch von denen vieler anderer österreichischer Autor*innen behaupten, die Kling rezipiert hat. Darin besteht das Neue an seiner Lyrik ebenso wie an seinem Umgang mit der Tradition. Wenn Klings Gedichte im westdeutschen Kontext neuartig wirken konnten, dann vor allem wegen seines charakteristischen Umgangs mit der Sprache und der Montagetechnik, die er aus der Tradition der Wiener Avantgarde übernahm. Im Wien der 80er Jahre dagegen konnten diese Gedichte vermutlich nicht dieselbe Neuheit für sich beanspruchen, zeugten aber, im Vergleich zu Czernin, Schmatz oder Waterhouse, durch ihre Kombination von sozialkritischem Realismus und avantgardistischer Sprachreflexion von einer eigenen Stimme.

Als Beispiele einer in der österreichischen Avantgarde verankerten Poetik werfen Czernins Gedichte ein anderes Licht auf die spezifischen Merkmale der Poetik Thomas Klings. Czernin ist nicht nur eine wichtige Größe in Klings literarischem Netzwerk, das dieser nach seinem Umzug nach Hombroich dank seiner institutionellen Anbindung knüpft; er repräsentiert zugleich eine andere Rezeption von Klings Lyrik, die im Vergleich zur bewundernden Aufnahme durch die Vertreter der Kölner Gruppe auf distanziertere Weise verläuft. Die allmählich anerkannte Nähe schloss gleichwohl nicht die Herausbildung eigenständiger Positionen aus. Oder in den Worten Marcel Beyers: „[...] da macht einer ganz konsequent seine Sache, also kann ich auch ganz konsequent

---

135  Thomas Kling: *Gesammelte Gedichte*, S. 328.
136  Anhang, Gespräch mit Norbert Hummelt, Berlin, 29.09.2015.

meine Sache machen."[137] Unter Rückgriff auf seine institutionellen Mittel – er sorgte dafür, dass Czernin in der *Akzente*-Ausgabe vorgestellt wurde und 2003 als Gast bei der Reihe „Hombroich: Literatur" teilnahm – versuchte Kling, einer bestimmten sprachreflexiven, von der Tradition der Avantgarden inspirierten Lyrik eine größere Sichtbarkeit zu verschaffen. Derart erwuchs aus der historisch bedingten Nähe zwischen Czernins und Klings Poetiken eine Gemeinschaft innerhalb des literarischen Feldes.

3.2.4 Im autonomsten Teil des Lyrik-Feldes: „unsere Unzufriedenheit mit den literarischen Verhältnissen"

Einen Einblick in die Problematik dieser stark auf Autonomie ausgerichteten Lyrik erlaubt eine im *Schreibheft* (Ausgabe Nr. 65) veröffentliche E-Mail-Korrespondenz zwischen Kling und Czernin aus dem Sommer 2002. Im einführenden Kommentar begründet Czernin die Streichungen längerer Passagen, die sich kritisch auf die zeitgenössische Situation im literarischen Feld bezogen, und bemerkt weiter: „Ernst zu nehmen daran [d. h. am „Schimpfen"] war wohl vor allem unsere Unzufriedenheit mit den literarischen Verhältnissen. Es ist die Marktgefügigkeit, die überall geradezu selbstverständlich geworden ist, die uns zusetzte."[138] Czernin hat die Gründe für sein Ungenügen in einer kritischen Studie dargelegt, in der er die Lyrikrezeption Marcel Reich-Ranickis, einer exemplarischen Kritikergestalt des deutschen Feuilletons, und dessen Abneigung gegen avantgardistische Positionen analysiert. Die ästhetischen und sprachtheoretischen Prämissen dieser konservativen Art von Kritik, für die der Name Reich-Ranicki steht, werden von Czernin präzise herausgearbeitet:

> Sein Lyrikideal ist prosaisch und schließt die Dominanz der Trennung zwischen Form und Inhalt, Sprache und Sache oder Gedicht und Wirklichkeit ein, und damit den ein für alle Male gegebenen Unterschied zwischen eigentlicher und übertragener Bedeutung; und also lobt er jene Lyrik, in der *aktuelle Fragen frontal angegangen* werden, und liebt vor allem die Gedichte, die sich leicht ins Feuilleton einpassen lassen. Im Widerspruch zu jenen Trennungen aber genießt er in manchen Gedichten die *Gegenständlichkeit der Welt selbst*, ihr *Konkretes* mit Hilfe der Wörter, durch die sinnlich wahrnehmbare Gegenstände bezeichnet werden. Vielleicht weil der Lyriker seine Fragen vor allem *im Emotionalen*

---

137 Anhang, Gespräch mit Marcel Beyer, Berlin, 19.08.2015. Es handelt sich um einen direkten Kommentar zum Verhältnis zwischen Kling, Czernin und Priessnitz.
138 Kling, Czernin: „Wandlung von Sprache in Sprache. E-Mail Juli–August 2002", in: *Schreibheft* 65 (2002), S. 155.

*verankert*, ist für ihn die Lyrik dennoch die literarische Gattung, welche die Dinge besonders subjektiv betrachtet; besonders in der Lyrik auch zeigt sich für ihn das Persönliche, Private, besonders in der Lyrik drücken also Personen unmittelbar ihre Gefühle aus, aber auch ihre Biographie, gerade die Lyrik ist für ihn in hohem Maße autobiographisch und bekenntnishaft, obwohl sie doch andererseits auch ein Spiel mit gezinkten Karten ist.[139]

Die Trennung zwischen Form und Inhalt ist diesem Begriff von Lyrik zwar nicht fremd, aber er setzt voraus, dass der jeweilige Inhalt unmittelbar – „eins zu eins" – in die Sprache übertragbar und zuletzt von ihr unabhängig sei, womit ihre Eigenschaften als symbolisches Medium verdrängt werden. Diese Prämisse, so Czernin, ermöglicht es Reich-Ranicki, den außerliterarischen Kontext unmittelbar mit dem Werk kurzzuschließen: Gedichte werden – mittels einer als symptomatisch zu bewertenden Gleichsetzung – mit den Personen, die sie geschrieben haben, ihrer Biographie oder ihren Absichten assoziiert.[140] Texte, die sich einer solchen Lektüre verschließen, fielen unter Reich-Ranickis Verdikt, der darin nur der prominenteste Vertreter des deutschen Feuilletons war. Vor diesem Hintergrund lässt sich Klings oft vorgetragene Polemik gegen die Lyrik der 70er Jahre, die er als „nichtssagend, der Sprache gegenüber eine Frechheit"[141] bezeichnete, genauer verstehen. Sein von der Wiener Nachkriegsavantgarde geprägtes Bewusstsein für die sprachreflexiven Züge der Dichtung avancierte mit dem Aufkommen einer neuen Generation von Lyriker*innen seit Mitte der 80er Jahre zu einer vorherrschenden Position.

## 4 Thomas Kling und sein Antipode Durs Grünbein

Thomas Kling begegnete dem fünf Jahre jüngeren Lyriker Durs Grünbein (*1962) zum ersten Mal bei der Frankfurter Buchmesse im Jahr 1988.[142] Beide veröffentlichten zur ungefähr gleichen Zeit Werke beim Suhrkamp-Verlag, durch die sie einem größeren Publikum bekannt wurden: Thomas Kling seinen zweiten Band, *geschmacksverstärker*, der 1989 erschien, Grünbein sein Debüt *Grauzone morgens*, das 1988 auf die Empfehlung von Heiner

---

139 Franz Josef Czernin: *Marcel Reich-Ranicki. Eine Kritik*, Göttingen 1995, S. 202–203.
140 Vgl. ebd., S. 197.
141 Kling: *Itinerar*, S. 9.
142 Durs Grünbein: „Dioskurenklage", in: *den sprachn das sentimentale abknöpfn*, hg. von Heidemarie Vahl, Ute Langanky, Düsseldorf 2007, unpaginiert.

Müller veröffentlicht wurde. Beide Autoren forderten die Kritik also schon durch ihren gemeinsamen Verlag zu Vergleichen heraus: Werden sie – unter Ausblendung wesentlicher Unterschiede – zunächst als „Dioskurenpaar" einer „neuen deutsch-deutschen Dichtergeneration"[143] wahrgenommen, so kommt es im Laufe der Jahre zu einer zunehmenden Polarisierung, die jede Gemeinsamkeit auszuschließen scheint.[144] Die folgenden Ausführungen sollen einen differenzierten Blick auf dieses schwierige Verhältnis werfen, das in der Forschung nicht unbeachtet geblieben ist: So analysiert Heribert Tommek „die Konkurrenz der Autorpositionen von Thomas Kling und Durs Grünbein" in seinen Untersuchungen zur Geschichte des literarischen Feldes in Deutschland.[145] Der Schwerpunkt seiner detaillierten Fallstudie liegt auf der Geschichte der beiden Dichterkarrieren „zwischen Nischenexistenz und symbolischem" Aufstieg in den sogenannten „Nobilitierungssektor". Dabei wird der Aspekt der Konkurrenz im Sinne einer feldtheoretischen Argumentation stark betont, während Tommek die Ähnlichkeiten und Unterschiede zwischen den beiden Poetiken, vor allem ihre Positionierungen innerhalb der poetischen Traditionen, nicht genauer herausarbeitet. Auch Erik Schilling widmet sich in seiner Studie zu poetischen Beziehungen in der Lyrik des 20. Jahrhunderts dem Verhältnis zwischen Kling und Grünbein, bespricht ihre Poetiken jedoch getrennt voneinander und betrachtet vor allem die Ende der 90er Jahre beginnende Antikenrezeption beider Autoren.[146]

4.1    *Gemeinsame Anfänge: US- amerikanische Lyrik und Rolf Dieter Brinkmann*

*Grauzone morgens* beginnt mit einem gleichnamigen Zyklus, der Gedichte wie das folgende versammelt:

> MUNDTOT FRÜMORGENS genügt schon
>     ein einzelner Mann
>         alles ringsum
> in sich aufzusaugen wie hinterm
>     erstbesten Stellwerk am Nebengleis

---

143   Ebd.
144   So schreibt z. B. Helmut Böttiger in seiner Rezension von Grünbeins *Strophen für Übermorgen* (2007): „[...] sein [d. h. Grünbeins] Rivale Thomas Kling wurde jahrelang als Gegenfigur aufgebaut [...]" Helmut Böttiger: „Die Maske wächst in das Gesicht", in: *Die Zeit*, 07.12.2007.
145   Heribert Tommek: *Der lange Weg in die Gegenwartsliteratur. Studien zur Geschichte des literarischen Feldes in Deutschland von 1960 bis 2000*, Berlin, München, Boston 2015.
146   Erik Schilling: *Dialog der Dichter*, Bielefeld 2015.

dieser pissende Kerl. Unkraut und
                    brauner Schotter
soweit der Blick reicht. Ein Radio
        nölt späte Beatles-
                Verzweiflung, die ›Let it be‹-
Orgel schwimmt unterbrochen vom Lärm
        eines vorüberfahrenden Güter-
                        zuges mit
                Evergreen-Kühlwaggons,
zeitlupenhaft langsam, ganz nah und
        betäubend: giftiges Grün auf die
rostigen Gleise schmierend in mono-
                    toner
                Trauer von
Leguanen im Zoo oder Südfrücht-
        kisten voller Bananen, verfault.¹⁴⁷

Grünbeins frühe Gedichte sind visuelle und akustische Wahrnehmungsprotokolle, die sich zumeist auf Szenen am frühen Morgen konzentrieren. Gleise rücken in den Blick, eine ferne Gestalt (der „pissende Kerl"), der Boden („Unkraut und / brauner Schotter"), Musik (ein Beatles-Song) und der Lärm eines Zuges werden beschrieben, ebenso das „giftige[] Grün" der Schienen und ein Gefühl der Melancholie, das mit Leguanen im Dresdner Zoo und verfaulenden Bananen assoziiert wird. Der Akt des Aufschreibens ist in einigen dieser Gedichte gegenwärtig, und doch kommt es nie zu einer willkürlichen Aneinanderreihung von Eindrücken, da die Details bewusst gefiltert werden und ihnen ein exemplarischer Charakter zukommt, welcher noch präzisiert werden soll.

Eine objektive, teilnahmslose Beobachtung ist nicht Grünbeins Ziel (auch wenn das zitierte Gedicht einer solchen Idee noch am nächsten kommt). Adjektive wie „mundtot" und „betäubend", die Verankerung der Perspektive („soweit der Blick reicht") und die melancholische Stimmung verweisen auf ein Subjekt, das die Einwirkungen seiner Umgebung auf sein Denken und Fühlen reflektiert. Andere Gedichte betonen diese Subjektposition durch die Verwendung eines „Du", das als Teil eines Selbstgesprächs zu verstehen ist, also auf das schreibende Subjekt bezogen ist, aber auch ein anderes, angesprochenes Du, eine fremde oder vertraute Person meinen kann (dazu

---

147 Durs Grünbein: *Grauzone morgens*, Frankfurt a. M. 1988, S. 12.

gehört auch das – intertextuell auf Baudelaires Widmung der *Fleurs du mal* referierende – „mon frère"[148] in „Grauzone morgens"). So inszeniert Grünbein einen (Selbst-)Dialog, in dem Wahrnehmung und Reflexion, Beschreibung der Realität und Abgrenzung von ihr einander abwechseln. Zum Ausdruck kommt ein Lebensgefühl, das Momente der Langweile, Müdigkeit, Krankheit und Desillusionierung kennt und stets als Reaktion auf die äußere Umgebung – auf die Menschen und ihre Denkweisen, auf die Stadt, die Natur, die Monotonie des Alltags – zu verstehen ist. Dabei bleibt zuletzt eine Distanz zwischen dem Subjekt des Gedichts und der Gesellschaft.

Dass Grünbeins Gedichte nicht nur von einer bestimmten sozialen Realität, sondern von der Beschäftigung mit der literarischen Tradition geprägt sind, betonen die Erwähnungen zahlreicher Werke und Autor*innen: Dante, César Vallejo, Sappho, Matsuo Basho, Konfuzius. Im Titel des dritten Teils des Bandes, „Glimpses & Glances", hat man die Orientierung an William Carlos Williams bemerkt,[149] der diese Wörter in einer seiner Erzählungen verwendet,[150] ohne indessen eine mögliche Überschneidung von Williams' Einfluss mit anderen Lyriker*innen in Betracht zu ziehen (auf die noch zurückzukommen sein wird). Williams' Poetik richtet sich, wie diejenige des frühen Grünbein, auf epiphanische Momente des städtischen Lebens und entwickelt einen objektiven, scheinbar neutralen, an der visuellen Wahrnehmung orientierten Stil. Auch das Schriftbild vieler Gedichte in *Grauzone morgens* verrät eine Beschäftigung mit Williams und der modernen US-amerikanischen Dichtung. In seinen Gedichten entwickelt Grünbein eine amorphe, fragmentarische Form mit nach rechts eingerückten Versen, die keinem festen Prinzip oder Muster folgt und von Williams' Auseinandersetzung mit dem Versmaß inspiriert zu sein scheint, etwa von der triadischen Zeile („triadic line") und dem variablen Versfuß („variable foot"), einem metrischen Mittel, das Williams zufolge die Spannung der Form im freien Vers lösen sollte. Der Versfuß wurde bei Williams als eine zeitliche, rhythmische, syntaktische und typographische Einheit gedeutet.[151] Manche Gedichte in *Grauzone morgens*, so etwa „Badewannen",[152] verwenden Strophen mit fixen triadischen Versen, andere wirken noch spielerischer. Allerdings lässt sich diese Form nicht

---

148 Ebd., S. 10.
149 Thomas Irmer: „Durs Grünbein", in: *Deutschsprachige Lyriker des 20. Jahrhunderts*, hg. von Ursula Heukenkamp, Peter Geist, Berlin 2007, S. 717–721, hier: S. 712.
150 Siehe William Carlos Williams: „The Practice", in: *The Doctor Stories*, New York 1984, S. 119–127.
151 Siehe Eleanor Berry: „William Carlos Williams' triadic-line verse. An analysis of its prosody", in: *Twentieth Century Literature* 35:3 (1989), S. 364–388.
152 Durs Grünbein: *Grauzone morgens*, S. 50.

ausschließlich auf Williams zurückführen – auch Pound hat in den *Cantos* mit der Einrückung von Versen gearbeitet –, zumindest aber ist der Einfluss moderner US-amerikanischer Lyrik auf Grünbein unverkennbar.

Nicht zuletzt stellt sich im Hinblick auf den jungen Grünbein die Frage nach der Bedeutung eines anderen, stark von US-amerikanischer Lyrik beeinflussten deutschen Dichters: Rolf Dieter Brinkmann. Sie ist in der Forschung bislang wenig diskutiert worden. Norbert Hummelt konstatiert bei beiden Autoren ein ähnliches Verhältnis gegenüber der Umwelt,[153] und Hajo Steinen hat auf die Bedeutung Brinkmanns und der US-amerikanischen Moderne für die damals jungen Dichter*innen aus Sachsen hingewiesen.[154] Vieles in *Grauzone morgens* erinnert an Brinkmanns Poetik: die Orientierung an der unmittelbaren Umgebung und den medial vermittelten „Massen zersplitterter Bilder",[155] die programmatische Alltäglichkeit („Manchmal / ist nichts leicht banaler als ein / Gedicht"[156]) und die distanzierte Haltung gegenüber der Umwelt. Brinkmanns Köln und Grünbeins Dresden geben Anlass zu ähnlichen Motiven des Großstadtlebens: Schmutz, verseuchte Luft, Zerstörung, Ruinenhaftigkeit, Abgestorbenheit, Erschöpfung. Hervorgehoben wird das Ineinander von städtischem Raum und individueller Existenz. Zwar ist jene spezifische Mischung aus Argwohn und Verachtung, mit der Brinkmann seiner Umwelt begegnet,[157] bei Grünbein nicht im selben Maße ausgeprägt, beide aber schätzen die kritische Distanz, und bereits in *Grauzone morgens* scheinen die Züge einer freiwillig eingenommenen Außenseiterposition auf.

Mit Hummelt könnte man sagen, dass sowohl Klings als auch Grünbeins Gedichte im Hinblick auf ihre sozialkritischen Momente „krasse Statements zur Gegenwart"[158] sind. So kann ein frühes Gedicht von Kling wie „geschrebertes idyll, für mike feser" als „Sichtbarmachung latenter privater und öffentlicher Faschismen"[159] gelesen werden, während Grünbein eine kritische Sicht auf die Verhältnisse in der DDR entwickelt. Was sie verbindet, ist eine Auffassung

---

153 Siehe Anhang, Gespräch mit Norbert Hummelt, Berlin, 29.09.2015.
154 Siehe Hajo Steinen: „Schutzzone nachts. Über Drawert, Grünbein, Idel, Rosenlöcher", in: *Die Zeit*, 08.12.1989.
155 Durs Grünbein: *Grauzone morgens*, S. 15.
156 Ebd., S. 11.
157 Siehe Ulrich Rüdenauer: „Der große Außenseiter. Zum 65. Geburtstag des Dichters Rolf Dieter Brinkmann", Deutschlandfunk, 13.04.2005.
158 Siehe Anhang, Gespräch mit Norbert Hummelt, Berlin, 29.09.2015.
159 Manfred Ratzenböck: „Gegen die ‚Dichterzombies'", Internetseite Planet Lyrik, URL: http://www.planetlyrik.de/thomas-kling-geschmacksverstaerker/2011/04/, letzter Zugriff: 11.11.2018.

des Gedichts als „optische[s] und akustische[s] Präzisionsinstrument".[160] Auch wenn Klings frühe Gedichte eine andere soziale und kulturelle Realität beschreiben als diejenigen Grünbeins, so existiert doch zwischen ihren Poetiken gerade aufgrund der gemeinsamen Brinkmann-Rezeption eine Parallele. Zugleich lässt sich schon an diesen frühen Gedichten eine Bezugnahme auf unterschiedliche Traditionen erkennen: Bei Grünbein überwiegt die Beschäftigung mit der US-amerikanischen Moderne und ihrer Betonung der Subjektposition, während die Sprachreflexion der von Kling rezipierten österreichischen Nachkriegsavantgarde weniger stark berücksichtigt wird. Anders als Kling verschreibt sich Grünbeins Poetik nicht der „brennstabmhaften" Verformung von Sprachmaterial, sondern lässt die Wörter intakt. Wenn es formale Ähnlichkeiten gibt, so verdanken sie sich vor allem der gemeinsamen Auffassung, dass das Gedicht nicht länger als geschlossene Einheit betrachtet werden kann. Es bleibt von Anfang an Fragment, wie die von Grünbein gewählten Formen suggerieren.

### 4.2 Benn und die Naturwissenschaften

Zwei Brüche – ein poetologischer und ein historischer – prägen Grünbeins zweiten, 1991 erschienenen Band *Schädelbasislektion*: die Zäsur des Mauerfalls und eine in Reaktion auf dieses Ereignis erfolgende Hinwendung zur biologischen, körperlichen Bedingtheit des Menschen, die mit einer Ausklammerung der Politik einhergeht. In diesen Gedichten meint Grünbein rückblickend seine Stimme, ein stärkeres Körperbewusstsein und eine neue Auffassung des Ich gefunden zu haben.[161] *Schädelbasislektion* wird von einem gleichnamigen Zyklus eröffnet, der mit dem folgenden Gedicht beginnt:

> Was du bist steht am Rand
> Anatomischer Tafeln.
> Dem Skelett an der Wand
> Was von Seele zu schwafeln
> Liegt gerade so verquer
> Wie im Rachen der Zeit
> (Kleinhirn hin, Stammhirn her)
> Diese Scheiß Sterblichkeit.[162]

---

160 Thomas Kling: *Botenstoffe*, S. 94.
161 Durs Grünbein: *Vom Stellenwert der Worte. Frankfurter Poetikvorlesung 2009*, Berlin 2010, S. 35.
162 Durs Grünbein: *Schädelbasislektion*, Frankfurt a. M. 1991, S. 11.

Die in *Schädelbasislektion* gesammelten Gedichte weisen eine feste Strophenformen auf, diejenigen im ersten Zyklus beispielsweise jeweils achtzeilige Strophen. Die Verse folgen einem Reimschema. Das Subjekt des Gedichts, das Du, sieht sich auf das Grundwissen der Medizin, auf „anatomische Tafeln" reduziert. Das „Skelett an der Wand" bietet sich einem medizinischen Blick dar, der in einen Gegensatz zum Bereich der Metaphysik, zur „Seele", gebracht wird, die als Erklärungsprinzip anzuführen „verquer" wäre. Programmatisch werden vermeintlich veraltete Konzepte wie das der Seele durch neue medizinische Begriffe und Methoden ersetzt und die physische Sterblichkeit des Menschen objektiv-distanziert analysiert: Eine Absicht, der die affektiv aufgeladene letzte Zeile zugleich widerspricht.

Grünbein beginnt sich eng an den Naturwissenschaften zu orientieren, er entwickelt die „Neuro-Romantik [...] einer biologischen Poesie".[163] Die „Romantik", von der hier die Rede ist, besteht vor allem darin, dass diese Gedichte aus der Perspektive eines lyrischen Ich sprechen, auch wenn dessen Subjektivität bisweilen aus einer Vielzahl verschiedener Stimmen gebildet ist.[164] Neu ist dieses naturwissenschaftlich orientierte Programm nicht: Ihre Tradition reicht von Georg Büchner, mit dem sich Grünbein in seiner Büchner-Preis-Rede beschäftigt hat, bis hin zu Gottfried Benn und seinen *Morgue*-Gedichten (1912), die mit ihren präzisen Beschreibungen von Obduktionsverfahren einen schonungslosen Blick auf den körperlichen Verfall und seine Banalität inszenieren. Die Objektivität des medizinischen Vokabulars steht bei Benn ebenso wie bei Grünbein in einem Kontrast zu den Bezugnahmen auf die christliche und romantische Symbolik. Dabei wirkt Grünbeins Herangehensweise intellektueller, geht es doch nicht um die Darstellung einer der Lyrik zuvor fremden Realität, sondern um die Verbindung der Poesie mit den neuesten Erkenntnissen der Medizin und Neurologie.

Grünbeins Rezeption der Naturwissenschaften und die damit verbundene Körperthematik seiner Gedichte aus den 90er Jahren wurden in der Forschung bereits thematisiert,[165] aber zumeist unabhängig von der Lyrik Thomas Klings, die den Gedichten Grünbeins um einige Jahre vorausgeht. So beginnt Klings

---

163   Durs Grünbein: „Drei Briefe", in: ders.: *Galilei vermißt Dantes Hölle und bleibt an den Maßen hängen. Aufsätze 1989–1995*, Frankfurt a. M. 1996, S. 40–54, hier: S. 45.
164   Grünbein: *Vom Stellenwert der Worte*, S. 37.
165   Anna Alissa Ertel: *Körper, Gehirne, Gene. Lyrik und Naturwissenschaft bei Ulrike Draesner und Durs Grünbein*, Berlin 2010; Anne-Rose Meyer: „Physiologie und Poesie. Zu Körperdarstellungen in der Lyrik von Ulrike Draesner, Durs Grünbein und Thomas Kling"; siehe auch Ruth J. Owen: „Science in contemporary poetry. A point of comparison between Raoul Schrott and Durs Grünbein", in: *German Life & Letters* 54:1 (2001), S. 82–96; sowie Karen Leeder: „Cold media. The poetry of science and the science of poetry", in:

Debüt *erprobung herzstärkender mittel* (1986) mit einem Gedicht, das im Rahmen einer Laborszene das Herz eines Meerschweinchens beschreibt und dabei eine Reihe von Adjektiven verwendet, die die Herzmetaphorik ebenso verneinen, wie sie sie gerade in ihrer Negation heraufbeschwören, etwa wenn das Herz in Klammern als „flammenlos"[166] und „rankenlos"[167] bezeichnet und damit das Bild eines flammenden Herzens oder die Gestalt eines Rankenherzens evoziert wird. Zuletzt wird diese Laborszene einem religiösen Opferritual angenähert: Das Herz liegt „auf einem stillen laboraltar."[168] Die wesentlichen Unterschiede zwischen Klings und Grünbeins Poetiken, die beide jeweils naturwissenschaftliche Perspektiven in ein Spannungsverhältnis zu älteren, archaischen Erfahrungsformen von Körper und Tod setzen, treten bereits hier zutage: Im Zentrum von Klings Poetik steht das Herz, das metaphorisch für Emotionen und Affekte steht, während bei Grünbein das Gehirn zum Inbild des Denkens und der Vernunft wird: Nicht umsonst definiert er seine Poetik und die Dichtung im allgemeinen als zerebrale Kunst.[169] Geht Grünbein vom Subjekt und seinem intellektuellen Erleben aus, so ist dieses bei Kling zwar in den emphatisch-affirmativen Ausrufen und Kommentaren gegenwärtig, aber nicht der Mittelpunkt des Schreibens. Was zählt, sind nicht die Gedanken, sondern die Wörter, nicht der Sinn, sondern der Klang: Das „meerschweinherz" birgt auch ein „meerherz" in sich, und die Nähe von Herz und Harz wird von Kling mit einer Wortbildung wie „harzmeer" ausgeschöpft.

Schon in früheren Werken hat Kling die Wortfelder der Biologie und Medizin in seine Dichtung einbezogen. So verwandelt er in einem Gedicht wie „sektionsergebnis",[170] das keine tatsächliche Sektion, sondern Erinnerungsbilder und -fragmente aus der „archivlade" beschreibt, einen medizinischen Begriff in eine metapoetische Metapher seines Schreibens. Sie erscheint beim frühen Kling vor allem in jenen Gedichten, die sich auf die Geschichte beziehen. „zivildienst. lazarettkopf"[171] schildert Szenen aus der Pflegestation eines Altenheims. Krankheit und körperlicher Verfall stehen hier für das Verschwinden der Zeugen des Ersten (und Zweiten) Weltkrieges. Auf ähnliche Weise werden in „leidenfrost. quellenlage"[172] die Experimente

---

*Interdisciplinary Science Reviews* 30:4 (2005), S. 301–311. Keiner der Beiträge geht jedoch näher auf die Überschneidungen zwischen Grünbein und Kling ein.
166  Thomas Kling: *Gesammelte Gedichte*, S. 9.
167  Ebd.
168  Ebd.
169  Durs Grünbein: *Galilei vermisst Dantes Hölle*, S. 32.
170  Thomas Kling: *Gesammelte Gedichte*, S. 55.
171  Ebd., S. 110.
172  Ebd., S. 112.

des Mediziners und Lagerarztes Josef Mengele in Auschwitz evoziert, der den Namen „dr. leidenfrost" erhält. Medizinisches Vokabular wird derart bei Kling zu einer sprachlichen Ressource, die ein Schreiben und Nachdenken über die Geschichte erlaubt.

Grünbein und Kling stehen in der Tradition Gottfried Benns, der immer wieder, etwa in seinem Vortrag *Probleme der Lyrik* (1951), die Bedeutung des Wissens für den Dichter hervorgehoben hat: „Der Lyriker kann gar nicht genug wissen, er kann gar nicht genug arbeiten, er muss an allem nahe sein, er muss sich orientieren, wo die Welt heute hält, welche Stunde an diesem Mittag über der Erde steht."[173] Bei Grünbein klingt dieser Ratschlag wie folgt: „Dem Denken dort zuzuhören, wo es gerade, und immer wieder, sich neu formiert, gehört zu den verdammten Hausaufgaben des Dichters, der sich nicht mit den Raffinessen seines orphisch-dädalischen Handwerks begnügt."[174] Der Lyriker muss also mehr sein als mythischer Prophet (Orpheus) und Handwerker (Dädalus), er muss zum Wissens- und (im Falle Klings) zum Gedächtnisträger werden. Von Anfang an stehen sich Kling und Grünbein in dieser Hinsicht näher, als ihre späteren Divergenzen vermuten lassen. Fest steht jedoch auch, dass die naturwissenschaftlich orientierte Poetik, die Grünbein programmatisch in *Schädelbasislektion* (1991), sodann in *Falten und Fallen* (1994) und der Aufsatzsammlung *Galilei vermißt Dantes Hölle* (1996) entwickelt hat, bereits einige Jahre zuvor von Kling umrissen wurde. Dies könnte zumindest zum Teil die Spannungen zwischen den beiden Lyrikern erklären, auch wenn es zu keinem expliziten Konflikt (wie bei ihrer späteren Auseinandersetzung mit der Antike) kam. Tatsächlich treten die Naturwissenschaften im Laufe der Entwicklung von Klings Poetik eher zurück und weichen in den 90er Jahren einer zunehmenden Beschäftigung mit historischen Themen.

### 4.3 Widerstreitende Poetologien

Im Oktober 1995 wurde Grünbein der Georg-Büchner-Preis verliehen. Dass die Preisverleihung die Gemüter seiner Konkurrenten erhitzte,[175] ist mehr als wahrscheinlich: Preise spielen, wie Bourdieus Analysen zeigen, als Mittel der literarischen Legitimation eine zentrale Rolle im Prozess der ästhetischen Valorisierung und Anerkennung, indem sie zum kulturellen und ökonomischen

---

173 Zitiert nach Korte: „Säulenheilige und Portalfiguren? Benn und Celan im Poetik-Dialog mit der jüngeren deutschsprachigen Lyrik seit den 1990er Jahren", in: Karen Leeder (Hg.): *Schaltstelle. Neue deutsche Lyrik im Dialog*, Amsterdam, New York 2007, S. 109–137, hier: S. 120.
174 Durs Grünbein: *Galilei vermisst Dantes Hölle*, S. 13.
175 Siehe Anhang, Gespräch mit Norbert Hummelt, Berlin, 29.09.2015.

Kapital von Autor*innen beitragen[176] und die Rezeption und Distribution ihrer Werke bestimmen: Sie beeinflussen die Meinung der künftigen Leser*innen, initiieren die Kanonisierung und steigern die Verkaufszahlen.[177] Als bedeutendste Auszeichnung für deutschsprachige Literatur versetzte der Georg-Büchner-Preis Grünbein in eine andere Lage – und Liga – als Thomas Kling, welcher ein Jahr zuvor den Else-Lasker-Schüler-Preis erhalten hatte: ein Preis, der sich hinsichtlich des mit ihm verbundenen kulturellen, ökonomischen und symbolischen Kapitals kaum mit dem Büchner-Preis messen kann. Obwohl die Verleihung des Büchner-Preises an Grünbein, wie nicht zuletzt er selbst bemerkte, auch eine kulturpolitische Geste war,[178] löste der Preis einen Konkurrenzkampf zwischen Kling und Grünbein aus, der sich auch in poetologischen Divergenzen niederschlug. Mit Hummelts Worten: „[...] da waren einfach dann Fronten aufgerissen".[179]

Ein paar Monate vor der Verleihung des Büchner-Preises an Grünbein veröffentlichte Franz Josef Czernin im *Schreibheft* eine kritische Besprechung von *Falten und Fallen* (1994),[180] die die stilistischen Elemente von Grünbeins Poetik detailliert untersucht und eine exemplarische Kritik der zeitgenössischen, von Czernin als restaurativ empfundenen Lyrik entwickelt. Zentrale Elemente dieses Traditionalismus sind für Czernin der unreflektierte Gebrauch von Metaphern, die Übernahme rhetorischer Muster früherer Epochen, insbesondere von Rilke und Benn, der inflationäre Einsatz humanistischer Bildungstopoi, aber auch zeitgenössische Bezugnahmen auf die Populärkultur und wissenschaftliche Fachsprachen. Grünbein wiederhole diese Gesten der Tradition lediglich, überdenke sie jedoch nicht. Anstatt einer Erneuerung der lyrischen Formsprache komme es zu einer epigonenhaften Vermischung von Stilen. Die traditionelle Seite dieser Poetik werde durch ein zeitgenössisches Vokabular kaschiert. Czernin wirft Grünbein Oberflächlichkeit (seine

---

176 Siehe Pierre Bourdieu: *The field of cultural production. Essays on art and literature*, New York 1993.

177 Siehe Claire Squires: „A common ground? Book prize culture in Europe", in: *The Public* 11:4 (2004), S. 37–48, hier: S. 42.

178 „Was ich jetzt zu den 60 000 Mark Preisgeld gratis dazu kriege, sind eine Menge Feinde. Hinter der Wahl eines Ostlers steckt auch eine politische Ambition: Ich soll als die erste kulturelle Integrationsfigur der Nachwendeordnung aufgebaut werden." Zitiert nach Ulrich Krellner: „‚Zwischen Antike und X'. Zur Poetologie Durs Grünbeins", in: *Zwischen Globalisierungen und Regionalisierungen. Zur Darstellung von Zeitgeschichte in deutschsprachiger Gegenwartsliteratur*, hg. von Martin Hellström, Edgar Platen, München 2008, S. 41–52, hier: S. 46.

179 Siehe Anhang, Gespräch mit Norbert Hummelt, Berlin, 29.09.2015.

180 Franz Josef Czernin: „‚Falten und Fallen'. Zu einem Gedichtband von Durs Grünbein", in: *Schreibheft. Zeitschrift für Literatur* 45 (1995), S. 179–188.

Gedichte seien „Surrogate", „Designer-Drogen") und „künstlerische Schwäche" vor. Zugleich kritisiert er eine allgemeine Tendenz, literarische Traditionen auf bestimmte Verfahren und Formen des Schreibens zu reduzieren und sich der Literaturgeschichte in dieser verkürzenden, vereinfachenden Gestalt zu unterwerfen, anstatt sich ihrer zu bemächtigen.[181]

Diese von Czernin ins Spiel gebrachten Mechanismen der Unterwerfung und Bemächtigung lassen an Blooms Einflusstheorie denken. Vermutlich geht es Czernin um die Reformulierung eines ähnlichen Problems, nämlich der mangelhaften Bewältigung von Literaturgeschichte, die bei ihm, anders als bei Bloom, zu einem primär technischen Problem wird. Grünbein selbst betont jedoch, dass die technischen Aspekte der Lyrik für ihn nicht im Vordergrund stehen. Er schreibt sich in eine andere Tradition ein, die keinen Anspruch auf technische Erneuerung erhebt. Eine der Ursprungsdifferenzen zwischen seiner Poetik und der Klings fasst Grünbein auf folgende Weise zusammen: „Kling hatte so eine Vorstellung von ‚Moderne Plus'. Ich hatte damals lange Zeit erstmal die Idee von ‚Moderne jetzt wieder'. Moderne hieß für mich sehr viel, was verschollen war, was man wiederentdecken musste."[182] Es ist kein unwichtiger Faktor, dass die Tradition der Moderne in der DDR einen anderen Status hatte als in der BRD. Unter der Doktrin des Sozialistischen Realismus wurden Werke der klassischen Moderne als „formalistisch" verpönt.[183] „Man musste ganz von vorne beginnen, abgeschnitten von aller klassischen (und selbst der modernen) Tradition, im Vakuum einer Gesellschaft, die Literatur nur als ideologische Dienstleistung zuließ,"[184] erklärt Grünbein in seiner Frankfurter Poetikvorlesung. Sein Ziel war also zunächst die Vergegenwärtigung der Moderne, nicht die innovative Weiterentwicklung ihres Erbes, die Czernin als Kriterium avancierter Dichtung aufstellt. Dass es Mitte der 90er Jahre, wie Stolterfoht (in einem zu Beginn dieses Kapitels angeführten Zitat) meint, möglich geworden sei, „unterschiedliche[] poetologische[] Grundlagen zu diskutieren und zu respektieren",[185] lässt sich also zumindest bezweifeln. Die „Frontverläufe" traten vielmehr verschärft hervor: „Rilkes Panther und Jandls Mops hätten sich einiges zu sagen, wenn sie nur miteinander reden könnten",[186] bedauert Grünbein bereits 1996 in seiner Replik auf Czernin.

---

181  Ebd., S. 179.
182  Siehe Anhang, Gespräch mit Durs Grünbein, Ptuj, 26.08.2021.
183  Siehe Günter Erbe: *Die verfemte Moderne. Die Auseinandersetzung mit dem „Modernismus" in Kulturpolitik, Literaturwissenschaft und Literatur der DDR*, Wiesbaden 1993.
184  Durs Grünbein: *Vom Stellenwert der Worte. Frankfurter Poetikvorlesung 2009*, Berlin 2010, S. 18.
185  Ulf Stolterfoht: „Noch einmal. Über Avantgarde und experimentelle Lyrik", S. 190.
186  Durs Grünbein: „Feldpost", S. 192.

Grünbeins 2009 erschienene Poetikvorlesungen *Vom Stellenwert der Worte* können als eine Antwort auf Czernins fünfzehn Jahre zuvor formulierte Kritik gelesen werden. So positioniert er seine Poetik „jenseits der Avantgarden", wo sich „ein weites Feld aufgetan" habe.[187] Das Interesse am schreibenden Subjekt überwiegt alle formalen Fragen. Im Kapitel „Skizze zu einer persönlichen Psychopoetik" heißt es etwa: „Rhythmus, Metrik, Kadenz, all das waren rein sekundäre Phänomene, die sich der Stimmführung, der persönlichen Artikulationsweise des Gedichtschreibers, seinem Tonfall und Temperament fügten. Der Vers ist das Integral der Persönlichkeit."[188] Die Form wird also nicht vernachlässigt, aber sie ist sekundär. Das Gedicht als solches lasse sich rational nicht vollkommen erfassen: „Poesie ist Subjektmagie als Sprachereignis."[189] Grünbeins Schreibweise ist grundsätzlich eine persönliche: „Die Gesamtheit der Gedichte, die einer geschrieben hat, ergibt eines Tages das Kompendium seiner Gedanken und Gefühle."[190] Die Poetik, die Grünbein in seinen Vorlesungen umreißt, ließe sich leichter als diejenige Klings mit der anglo-amerikanischen Tradition der „lyric poetry" verbinden. Nach der traditionellen (vom Programm der Romantik geprägten) Auffassung gilt die „lyric poetry" als Medium des subjektiven, persönlichen Ausdrucks, auch wenn es in den letzten Jahren mehrere Versuche einer Neudefinition des Begriffs gegeben hat.[191] Allerdings hat auch Kling – und das insbesondere in seiner letzten Gedichtsammlung – mit dem lyrischen Ich gearbeitet; auch in seinem Werk finden sich also Gedichte, die „lyrischer" als andere sind.[192]

Es ist auffällig, dass sich Grünbein häufig auf die Dichter der Romantik und ihre Nachfolger*innen bezieht: Hölderlin, Rilke oder Wallace Stevens spielen für ihn eine größere Rolle als für Kling. Doch zum Teil sind die Bezugspunkte dieselben: Sie berühren die von Baudelaire über Mallarmé bis Stefan George verlaufende Linie der autonomen Lyrik, die das Artistische, Künstliche und Konstruierte des Sprachgebrauchs betont. Weiter geht es zu Gottfried Benn, der die beiden Dichter nicht nur durch seine Bezugnahmen auf die

---

187 Durs Grünbein: *Vom Stellenwert der Worte*, S. 7.
188 Ebd., S. 40.
189 Ebd., S. 52.
190 Ebd., S. 40.
191 Jonathan Culler schlägt folgende Parameter für das Lyrische vor: „lyric as voicing", „lyric as event", „lyric as ritual", „lyric as hyperbole". Siehe Jonathan Culler: *Theory of the lyric*, Cambridge MA 2017. Siehe auch: *New definitions of lyric. Theory, technology, and culture*, hg. von Mark Jeffreys, New York, London 1998.
192 So z. B. das Gedicht „sapphozuschreibun'. nachtvorgang", die Catull-Übersetzungen oder das Leopardi-Gedicht („Leopardi: L'Infinito / Das Unendliche") – Gedichte die also bewusst an die antike und romantische Lyriktradition anknüpfen.

Naturwissenschaften, sondern auch durch die technisch-kompositorischen Aspekte seines Schreibens prägt.[193] Kling und Grünbein teilen dasselbe Bewusstsein für die sprachlichen und kompositorischen Aspekte der Lyrik. Der wesentliche Unterschied liegt allerdings darin, dass Kling sein Sprachmaterial im Geiste der Konkreten Poesie aufbricht, verformt und fragmentiert, während bei Grünbein die Wortebene intakt bleibt und seine Gedichte mithin zugänglicher wirken. Grünbein nimmt die Programme der historischen und zeitgenössischen Avantgarden zur Kenntnis, aber er räumt ihnen eine geringere Bedeutung ein, als Kling es tut. Wäre also Grünbeins Programm, verglichen mit demjenigen Klings, traditionalistisch? Auch diese Frage lässt sich nicht leicht beantworten. Czernin hat einige Verfahren Grünbeins, etwa die Metapher, als traditionell bezeichnet; außerdem nennt er den Gebrauch des Reims und metrischer Muster. Wie sich jedoch im Laufe des folgenden Kapitels zeigen wird, lässt auch Kling bestimmte metrische Muster anklingen. Die Montagetechnik ist gewiss ein jüngeres Verfahren als die Metapher oder der Reim.[194] In Anbetracht des vom Mittelalter bis zu den historischen Avantgarden reichenden Traditionsspektrums, das Kling stets auf affirmative Weise rezipiert hat, stellt sich allerdings die Frage, in welcher Hinsicht seine Poetik weniger traditionell als diejenige Grünbeins sein soll. Auch alte Gedichtformen wie das Sonett, das zeigt nicht zuletzt Czernin selbst, oder die von Kling neu gedeutete Elegie[195] erscheinen in den Werken der sogenannten avantgardistischen Lyriker.

Ähnlich problematisch ist die Unterscheidung zwischen einer „avantgardistischen" oder „experimentellen" Lyrik auf der einen und einer „narrativen" Lyrik auf der anderen Seite – eine Trennung, die auch Stolterfoht in seinem Aufsatz suggeriert.[196] Grünbeins Sprache wirkt im Vergleich zu derjenigen Klings prosaischer: Vor allem in den früheren Gedichten wird von bestimmten Ereignissen erzählt, während später eher Gedanken zum Ausdruck gebracht oder Bilder beschrieben werden. Aber auch Klings Gedichte erzählen, und besonders die frühen schildern Ereignisse oder das Geschehen an bestimmten Orten, obwohl sie nie ein erzählerisches

---

193 Siehe *Vom Stellenwert der Worte*, S. 28–29.
194 Siehe Reinhard Priessnitz, Mechthild Rausch: „tribut an die tradition. aspekte einer postexperimentellen literatur", in: Reinhard Priessnitz: *literatur, gesellschaft etc.*, Werkausgabe 3/2, hg. von Ferdinand Schmatz, Linz 1990, S. 174–201.
195 Siehe z. B. Thomas Kling: „Eine Hombroich-Elegie", in: Thomas Kling: *Gesammelte Gedichte*, S. 803–827.
196 Siehe Ulf Stolterfoht: „Noch einmal. Über Avantgarde und experimentelle Lyrik", S. 189–200.

Kontinuum herstellen.[197] Programmatisch erklärt Kling, er habe sich nie für die permutativen und seriellen Verfahren der Konkreten Poesie interessiert, sondern für das „Erzählerische".[198] Es erweist sich also als schwierig, eindeutige Kategorien zur Abgrenzung der beiden Autoren zu finden. Kling hat sich nie ausschließlich auf avantgardistische Autor*innen bezogen, und Grünbein bewegt sich innerhalb eines breiten Traditionsspektrums. Bisweilen berufen sich beide Autoren auf dieselben Lyriker*innen, lesen sie aber auf unterschiedliche Weise. So ist Celan ein gemeinsamer Bezugspunkt, für den einen jedoch als Beispiel einer spracharchäologischen Schreibpraxis, für den anderen dagegen als Vertreter einer überzeitlichen Dialogpoetik.[199]

Umso nachvollziehbarer ist es, dass es zwischen den beiden Autoren einen langen, persönlichen Dialog gab: Grünbein erinnert sich an Gespräche über unterschiedliche Themen, unter anderem über August Stramm, Wiener Avantgarde, russische Moderne und bildende Kunst. Im Gegensatz zum polarisierenden Bild der Literaturkritik, spricht Grünbein von einem Verhältnis, das sich sehr früh entwickelt habe und von gegenseitiger Akzeptanz geprägt gewesen sei: „'Dadurch, dass wir uns früh kennengelernt hatten, hatten wir eine sehr frühe, alte Beziehung, so einen ungeschriebenen Pakt, dass wir uns wirklich akzeptieren erstmal.'"[200] Oft sind die Kategorien, die ein Werk auf eine bestimmte Position festlegen sollen, rein äußerlich und werden ihm von Literaturkritik und Literaturwissenschaft übergestülpt. Eine nähere Analyse der individuellen Poetiken und Arbeitsweisen zeigt jedoch rasch, wie unbegründet viele vermeintliche Unterschiede sind.

### 4.4  *Polemische Antikenrezeption*

Zu einer Polemik weitet sich der latente Konflikt zwischen Kling und Grünbein erst in der zweiten Hälfte der 90er Jahre anlässlich ihrer divergierenden Antikenrezeption aus: 1999 veröffentlicht Grünbein den Band *Nach den Satiren*, der sich programmatisch an den Satiren der römischen Literatur orientiert. Der Bezug zur Antike wird vor allem in den Rollengedichten im ersten Teil des Bandes, den *Historien*, offensichtlich, wo verschiedenen historischen Gestalten aus dem antiken Rom eine Stimme verliehen wird. Kling, der schon einige Jahre vor Grünbein mit antiken Motiven gearbeitet hatte, musste

---

197  Balmes nennt die Gedichte aus dem Band *geschmacksverstärker* (1988) „Mikroerzählungen". Siehe Kling: *Botenstoffe*, S. 204.
198  Ebd., S. 203.
199  Siehe Thomas Kling: „Sprach-Pendelbewegung. Celans Galgen-Motiv", in: *Text+Kritik* 53/54 [Themenheft: Paul Celan, 3. Aufl.], München 2002, S. 25–37; sowie Michael Eskin: *Poetic affairs. Celan, Grünbein, Brodsky*, Stanford 2008.
200  Siehe Anhang, Gespräch mit Durs Grünbein, Ptuj, 26.08.2021.

sich also (um Hummelt zu zitieren) „von rechts überholt"[201] fühlen. Seine Angriffe auf Grünbein wären im Sinne Bourdieus auch als Ausdruck eines starken Differenzierungsbedürfnisses zu verstehen, das Kling dazu brachte, auch geringen Unterschieden eine große Bedeutung einzuräumen: Der Band *morsch* (1996) endet mit einem Zyklus unter dem Titel „romfrequenz", der sich auf die römische Antike bezieht. Im darauffolgenden Jahr veröffentlichte Kling *Das Haar der Berenice* (1997), eine Übersetzung von Catulls Gedichten. Alle folgenden Bände enthalten Zyklen, die von antiken Vorlagen oder Motiven inspiriert sind. Zu nennen wäre der Zyklus „Actaeon. 1 – 5" in *Fernhandel* (1999), „Greek Anthology. Nach Kenneth Rexroth" in *Sondagen* (2002), „Vergil Aeneis – Triggerpunkte" sowie der Essay „Projekt Vorzeitbelebung" in *Auswertung der Flugdaten* (2005). Klings Auseinandersetzung mit der Antike erstreckt sich also fast über ein Jahrzehnt. Diese Polemik gegen Grünbein zielt zwar zunächst auf die Bestimmung einer eigenen, unverwechselbaren Position im Sinne Bourdieus, doch wie die folgenden Analysen zeigen sollen, entspringt dieses Bedürfnis nach Abgrenzung auch den gravierenden Unterschieden in ihrer Antikenrezeption.

Über die Bezugnahme auf die Antike bei Grünbein[202] und Kling[203] sowie über ihr Verhältnis zueinander im Hinblick auf dieses Thema[204] ist schon viel geschrieben worden: Peer Trilcke unterscheidet in seiner Dissertation ausgehend von der Hermeneutik Gadamers zwischen Grünbeins dominant hermeneutischem und Klings nicht-hermeneutischem Konzept der Geschichtslyrik.[205] Im Gegensatz zu Kling konzipiere Grünbein seinen Traditionsbezug stärker passivisch und orientiere sich „an Vorstellungen der festen

---

201 Siehe Anhang, Gespräch mit Norbert Hummelt, Berlin, 29.09.2015.
202 Siehe Michael von Albrecht: „Nach den Satiren. Durs Grünbein und die Antike", in: *Mythen und nachmythischer Zeit. Die Antike in der deutschsprachigen Literatur der Gegenwart*, hg. von Bern Seidensticker, Martin Vöhler. Berlin 2002, S. 101–116; Ulrich Krellner: „Zwischen Antike und X.' Zur Poetologie Durs Grünbeins", S. 41–52.
203 Frieder von Ammon: „originalton nachgesprochen'. Antike-Rezeption bei Thomas Kling", in: Kai Bremer, Stefan Elit, Friederike Reents (Hg.): *Antike – Lyrik – Heute. Griechisch-römisches Altertum in Gedichten von der Moderne bis zur Gegenwart*, Paderborn 2010, S. 209–240; Aniela Knoblich: *Antikenkonfigurationen in der deutschsprachigen Lyrik nach 1990*, Berlin 2014.
204 Erik Schilling: „antike, beschleunigt, als jagdstück'. Thomas Kling und Durs Grünbein", in: ders.: *Dialog der Dichter*, S. 129–155; Peer Trilcke: „Die hermeneutische Geschichtslyrik Grünbeins als Vergleichspol", in: ders.: *Historisches Rauschen. Das geschichtslyrische Werk Thomas Klings*, S. 262–300, Internetseite Georg-August Universität Göttingen, URL: http://webdoc.sub.gwdg.de/diss/2012/trilcke/, letzter Zugriff: 24.07.2021.
205 Ebd., S. 262–327.

Verbundenheit mit dem antiken Erbe".[206] In einer vergleichenden Analyse von Klings und Grünbeins Umgang mit Zitaten stellt Trilcke den „Ruin des Klassiker-Zitats"[207] bei Kling der „Sinn-Restauration bei Grünbein"[208] gegenüber. Anhand verschiedener Gedichte lasse sich Grünbeins Wiederherstellung der Bedeutungsmöglichkeiten von Wörtern aus antiken Kontexten aufzeigen; vor allem in den bereits erwähnten *Historien*-Gedichten, so Trilcke, „hebt sich die Differenz von Text und in den Text eigefügtem Zitat letztlich auf. Verschwunden ist die Vorstellung vom Zitat als etwas Bruchstückhaften [...]."[209] Dabei betrachtet Trilcke, der darin der Grünbein-Forschung folgt, *Nach den Satiren* als eine konservative Wende in Grünbeins Poetik.[210] Ein avantgardistischer Kritiker wie Franz Josef Czernin hatte ihre Prämissen bereits 1995 beschrieben. Die Unterordnung unter die „Sagkraft" der Tradition (Trilcke) beginnt also nicht erst mit Grünbeins Antikenrezeption.

Die divergierenden Ansätze von Klings und Grünbeins Antikenrezeption, in der sich ihre gegensätzlichen Poetologien kristallisieren, sollen im Folgenden anhand zweier Aufsätze, „Projekt Vorzeitbelebung"[211] und „Zwischen Antike und X",[212] skizziert werden. „Projekt Vorzeitbelebung", Klings letzter veröffentlichter Aufsatz, blieb in der einschlägigen Forschung fast unbeachtet, auch Aniela Knoblich streift diesen Text nur, ohne näher auf ihn einzugehen. „Projekt Vorzeitbelebung" ist eine Reflexion über den Mythos und den Kult des Dionysos und kreist um die dionysische Herkunft der Lyrik und der Kunst, um den Rausch, die Darstellung von Sexualität und Gewalt, aber auch um den Kern von Klings Poetologie und seine Bestimmung des Dichterischen. Anders als bei Grünbein geht es nicht um das antike Erbe als solches; Kling formuliert sogar die Hypothese, dass schon 400 v. Chr., als Euripides *Die Bakchen* schrieb, die dionysischen Feste eine „Vorzeitbelebung" gewesen seien, und nennt Dionysos nur in Anführungszeichen einen griechischen Gott, da der ihm gewidmete Kult auf archaische, vorzivilisatorische Formen des Bewusstseins

---

206 Ebd., S. 274.
207 Ebd.
208 Ebd., S. 278.
209 Ebd., S. 281.
210 Korte betrachtet *Nach den Satiren* als eine „werkgeschichtlich signifikante Zäsur" und bemerkt, dass sich Grünbein in diesem Band vom Stoff und Position her „konservativem Latinismus und Klassizismus verpflichtet fühlt". Siehe Hermann Korte: Durs Grünbein, in: KLG. *Kritisches Lexikon zur deutschsprachigen Gegenwartsliteratur*, Stand: 15.09.2016.
211 Thomas Kling: „Projekt Vorzeitbelebung", in: ders.: *Auswertung der Flugdaten*, S. 45–82.
212 Durs Grünbein: „Zwischen Antike und X", in: *Mythen und nachmythischer Zeit. Die Antike in der deutschsprachigen Literatur der Gegenwart*, hg. von Bern Seidensticker, Martin Vöhler, Berlin 2002, S. 97–100.

und der Kreativität verweise. Während Grünbein den Ursprung seiner Poetik in der Antike fixiert,[213] sucht Kling keinen zeithistorisch oder kulturell bestimmbaren Ursprung. Sein Aufsatz verschränkt vielmehr religionsmythologische und anthropologische Perspektiven mit poetologischen und literaturgeschichtlichen Reflexionen zur Überlieferung des „griechischen" Mythos durch die Literaturgeschichte. Neben Rudolf Borchardts Gedicht „Bacchische Epiphanie" (geschrieben zwischen 1901 und 1912, veröffentlicht 1924), das im Zentrum von Klings Aufsatz steht, beschäftigt er sich mit Euripides' *Bakchen*, Ovids *Metamorphosen* sowie Ezra Pounds Rezeption des Dionysos-Mythos (in den *Cantos* 2 und 79) und widmet dem Rausch bei Nietzsche und Benn eine Schlussbemerkung.

Unter Berufung auf das dem Dionysos bisweilen verliehene Epitheton Bromios („der Lärmende") beschreibt ihn Kling als einen Gott der Geräusche und assoziiert ihn mit der Arbeit des Dichters, denn dieser „*betont* stets – er erzeugt den Schall, den Klaps, den Knacks im Holz, den Rausch, das Rauschen in den Wipfeln".[214] Kling beschäftigen die mit dem Mythos verbundenen Rituale, vor allem die Umzüge der Bacchantinnen, die von den Frauen außerhalb der Städte, in der Wildnis der Berge, gefeiert wurden. Die Grausamkeit dieser Rituale, die Todesdrohung, die dem heimlichen Beobachter, dem „Voyeur" galt, und das Motiv der Zerstückelung faszinieren ihn sichtlich. Er zieht Parallelen zum Aktaeon-Mythos, mit dem er sich bereits in *Fernhandel* beschäftigt hat, aber auch zum Mythos der Medusa und ihrer Enthauptung als Variation des Zerstückelungsmotives – seine Assoziationen sind zahlreich und nur schwer in linearer Form zu rekonstruieren. Der Zerstückelung des Dionysos, der als Neugeborenes von den Titanen zerrissen wird, entspricht das gegensätzliche Motiv der Heilung: Rhea, seine Großmutter, liest die zerstreuten Glieder des toten Gottes auf und fügt sie neu zusammen. So kann Kling im Mythos des Dionysos eine Präfiguration seiner eignen Poetik erblicken, die unter dem Motto des „brennstabmhaften" von Anfang an sprachliche Dekonstruktion und Rekonstruktion miteinander verbindet: „[...] dieses Zerlegen, *um zu rekonstruieren*, ist das *brennstabmhafte* der Sprache, von der ich rede."[215] Als „Annäherung auf die Bündelung", als assoziativen Prozess, der unterschiedliches Material verbindet, beschreibt Kling das Zusammenwirken dieser

---

213 „Um an die Wurzel zu gehen oder *in medias res*: ja, auch ich verdanke die wichtigste Schreiblektion der römischen Literatur. [...] In welcher Epoche, Sprache oder Poesietradition auch immer, die Spur führte noch jedesmal zurück auf den harten Kern römischer Ausdruckskunst." Durs Grünbein: „Zwischen Antike und X", S. 97.
214 Kling: „Projekt Vorzeitbelebung", S. 55.
215 Kling: *Itinerar*, S. 23, im Original kursiv.

Grundtendenzen seines Schreibens noch in „Projekt Vorzeitbelebung".[216] Der „Wortklauberei", dem Beharren auf der buchstäblichen Bedeutung von Wörtern, stellt er den Vorgang des „Wortaufklaubens", der Sammlung und Vereinigung des Heterogenen gegenüber.[217] Begriffe aus der Landarbeit und dem Handwerk werden zu Metaphern dieses Schreibprozesses: Indem Kling das Dichten mit dem Schinden und Gerben, Techniken der Lederverarbeitung, assoziiert, betont er die Materialität des Schreibens und die langsame Umformung des Sprachmaterials.

Zugleich wiederholt Kling in diesem Aufsatz seine Auffassung des Gedichts als „Schädelmagie".[218] Die Motive der Zerstückelung und der Enthauptung verbindet er also mit einem weiteren Kult, der unter verschiedenen Namen wie Kopfkult, Schädelmystik, Schädelfaszination und Kopfjagd-Ritual bekannt ist. Stets geht es dabei um die Jagd nach dem Kopf eines Feindes, der zur Trophäe wird.[219] Nach dem Glauben der Vorzeit bewahrt der Kopf die Kraft und die Kenntnisse eines Menschen auch nach seinem Tod, er ist also als ein Symbol des Wissens, der Macht und des Andenkens.[220] Die Parallele zu Grünbein liegt auf der Hand: Der „Schädelbasislektion" entspricht der abgetrennte Kopf als Zentrum des Wahrnehmens, Erinnerns, Sprechens – mit dem wichtigen Unterschied, dass sich Kling gerade auf ein vormodernes, vorgeschichtliches, der Tradition der Aufklärung entgegengesetztes Konzept beruft. Tatsächlich steht der Kopf bei Kling weder für Persönlichkeit noch Ich, sondern für einen Typus: In seinen Gedichten ist die Rede von einem „lazarettkopf",[221] von einem „gequetschten kopf",[222] von einem hängenden „hirschkopf".[223] Oft geht es zudem nicht um einen, sondern um mehrere Köpfe,[224] und selten bleiben sie, wie es bereits das Motiv der Kopfjagd ankündigt, intakt. Während bei Grünbein das Gehirn-Motiv in einem gewissen Verhältnis zum Rationalismus der modernen Wissenschaft steht, tendiert Klings Metapher der vorrationalen „Schädelmagie" in die entgegengesetzte Richtung des Rituals und der Magie. Der Begriff knüpft an die vorgeschichtlichen magischen Ursprünge der Poesie

---

216   Kling: „Projekt Vorzeitbelebung", S. 61.
217   Ebd.
218   Ebd., S. 52.
219   Siehe Alfred Wieczorek (Hg.): *Schädelkult. Kopf und Schädel in der Kulturgeschichte des Menschen*, Regensburg 2011.
220   Ebd.
221   Kling: *Gesammelte Gedichte*, S. 110.
222   Ebd., S. 158.
223   Ebd., S. 201.
224   Ebd., S. 159; S. 219; S. 363; S. 378; S. 388.

an und verweist zugleich auf Schädelkult und Kopfjagd, Praktiken ritualisierter Gewalt, die sich in verschiedenen mythologischen Figuren manifestieren.

Parallel zu seinen mythologisch-poetologischen Überlegungen setzt sich Kling eingehend mit den literaturgeschichtlichen Überlieferungen des Dionysos-Mythos auseinander und unterscheidet zwischen den „ekstase- und blutbereiten *Bakchen* à la Euripides"[225] und der römischen Variante, dem „nun eher hedonistischen, sogar das bürgerlich Gemütliche streifenden Bacchus"[226] von Ovid. So beschäftigt er sich mit einem Thema, dessen Darstellung seit dem Aufkommen des Christentums und der Entwicklung einer bürgerlichen Sexualmoral verpönt wurde. Stets galten Rausch und Ekstase als Bedrohungen eines rationalen, autonomen Subjekts. Kling zielt auf eine Neubewertung der Literatur von einem antibürgerlichen Standpunkt aus: auf eine „Flucht aus dem Bürgertum",[227] um den Titel seiner Ball-Rezension aufzugreifen. Er richtet sich gegen „das leicht parfümierte Tableau hellenischer Forscher-Idyllik"[228] um 1900, gegen die „akademische[] Vorstellung von kultischer Regellosigkeit" und hält auch gegen Durs Grünbein eine Spitze bereit: „Wenn den Antikefreund das Fell juckt, er aber *kein* Gefühl für Geschichte hat? Dann bekommt man Kostümfilm – Sandalenfilme aus den Grünbein-Studios."[229] Ohne genauer auf Grünbeins Auseinandersetzung mit der Antike einzugehen, wirft ihm Kling (ähnlich wie Czernin zehn Jahre zuvor) Kulissenhaftigkeit und Oberflächlichkeit vor. Was mit dem „Gefühl für Geschichte" gemeint ist, bleibt zunächst unklar, zumal Kling nie der Vertreter einer gefühlsbetonten Poetik gewesen ist. Eine mögliche Antwort geben Klings Ausführungen zum eigentlichen Gegenstand seines Aufsatzes: Rudolf Borchardts Gedicht „Bacchische Epiphanie". Dessen poetisch-politisches Programm wird von Kling keineswegs bejaht – er unterstreicht vielmehr die dezidiert antimodernen Züge eines Traditionsverständnisses, das von einer bruchlosen Kontinuität mit der Antike ausgeht –, und doch versucht er sich an einer literaturgeschichtlichen Neubewertung eines kaum gelesenen Autors. Wie Kai Kaufmann bemerkt hat, fehlt Borchardt zwar in keiner deutschen Literaturgeschichte der Jahrhundertwende und gilt allgemein als einer der bedeutendsten Lyriker und Essayisten seiner Zeit, doch „verglichen mit Hugo von Hofmannsthal, Stefan George oder Rainer Maria Rilke [ist er] ein wenig gelesener und kaum

---

225 Kling: „Projekt Vorzeitbelebung", S. 49.
226 Ebd., S. 54.
227 Thomas Kling: „Flucht aus dem Bürgertum", in: *Die Zeit*, 11.12.2003.
228 Kling: „Projekt Vorzeitbelebung", S. 49.
229 Ebd.

erforschter Autor".[230] Vor diesem Hintergrund vollzieht der Aufsatz eine Umwertung, indem es einem wenig gelesenen Gedicht Anerkennung verschafft, seinen ästhetischen Wert, seine Nähe zum Expressionismus und seine hoch-artifiziellen Verfahren aufzeigt und es derart – auch gegen die Selbstpositionierung des Autors – als einen „der zentralen lyrischen Texte der deutschen Moderne" liest, als den es bereits Bernhard Fischer, der Herausgeber der 1992 erschienenen, Kling bekannten textkritischen Borchardt-Ausgabe, bezeichnete.[231]

Derartige literaturgeschichtliche Umwertungen und die mit ihnen einhergehende Aufmerksamkeit für Außenseiterfiguren liegen außerhalb von Grünbeins Programm, das vielmehr den Anspruch erhebt, die bereits attestierte Größe vergangener Epochen und Autor*innen zu erneuern – so auch in dem Aufsatz „Zwischen Antike und X". Auffällig ist zunächst der unterschiedliche Stellenwert, den die beiden Texte der Antike verleihen: Für Grünbein ist die römische Literatur „die wichtigste Schreiblektion",[232] am Anfang von Klings Poetologie steht dagegen der Expressionismus in Gestalt der „Menschheitsdämmerung" – auch aus diesem Grund setzt er sich mit einem Text auseinander, der hinsichtlich seiner formalen Aspekte der klassischen Moderne angehört. „Zwischen Antike und X" kommt mit einem gewissen Gestus der Verallgemeinerung fast ohne Referenzen auf einzelne Autor*innen und Werke aus: Die Rede ist von *der* „römischen Ausdruckskunst", von *der* „Sprache" Roms, zuletzt von „dem Römischen" und „dem Griechischen", dem in Grünbeins Augen offenbar einzigen signifikanten Unterschied in der langen Geschichte der Antike. Das Interesse an der historischen Überlieferung der antiken Literatur, das Klings Aufsatz prägt, weicht bei Grünbein den Definitionsversuchen einer ihm unmittelbar zugänglich scheinenden Essenz des Römischen und des Griechischen. Während Kling den Schreibakt als einen dynamischen Prozess des Zerlegens und Rekonstruierens auffasst, betont Grünbein die Härte und Unnachgiebigkeit der römischen Sprache:

> In welcher Epoche, Sprache oder Poesietradition auch immer, die Spur führte noch jedesmal zurück auf den harten Kern römischer Ausdruckskunst. Es war das Straffe und Vorwärtsdrängende lateinischer Verse, das mich in Bann schlug, ihr athletischer Stil, wie er sich aus der

---

230  Kai Kaufmann: *Rudolf Borchardt und der ‚Untergang der deutschen Nation'. Selbstinszenierung und Geschichtskonstruktion im essayistischen Werk*, Tübingen 2003.
231  Rudolf Borchardt: *Bacchische Epiphanie*, hg. von Bernhard Fischer, München 1992.
232  Grünbein: „Zwischen Antike und X", S. 97.

festgefügten Grammatik ergab, aus dem Zusammenspiel dieser gleichsam ineinander verzahnten Satzglieder.[233]

Bei Grünbein besitzt die Antike einen harten, festen, überzeitlichen Wert als ein „Produkt von dauerhafter Bedeutung".[234] Er beschreibt die lateinische Sprache als etwas Form- und Haltgebendes: „Latein, das war das perfekte Gehäuse, in dem die Affekte sich austoben konnten, ein Gedanken-Panzer, den Ideen fest angegossen, nach außenhin unerschütterlich [...]".[235] Grünbeins Gehäuse- und Panzermetaphern stehen im Gegensatz zu Klings Betonung des dionysischen Chaos; sein Interesse an der Antike zielt stets auf die Anfänge der westlichen Zivilisation, insofern die griechische und die lateinische Sprache für ihn auf einen Grundriss verweisen:

> Es ist, wohlgemerkt, nicht der eines einzelnen zufälligen Hauses, sondern der einer ganzen Stadt, in der wir bis heute zuhause sind, eines Gesellschaftstypus, der uns als soziale Wesen immer noch definiert. Das Griechische war der Auftakt zum logischen Denken, der Beginn aller Dialoge des Menschen (mit sich selbst und den anderen), während das Römische unser Denken in ein alphanumerisches Koordinatensystem zwang. Domestiziert haben beide uns [...][236]

Ein größerer Gegensatz zu Klings Faszination für die „kultische Regellosigkeit",[237] für Ekstase- und Rausch als Voraussetzungen einer vor-rationalen, sprunghaften Kreativität ließe sich schwer finden.

Die divergierende Antikenrezeption von Thomas Kling und Durs Grünbein ist das greifbarste Zeugnis eines poetologischen Konflikts – der „komplett unterschiedlichen DNA"[238] der beiden Lyriker.[239] Diesen zumeist still ausgetragenen Konflikt der Autoren könnte man als Bedürfnis nach Abgrenzung im Sinne Bourdieus verstehen. Oder steht hier doch etwas mehr auf dem Spiel? Der Unterschied zwischen einer kanonisierten und einer marginalisierten Tradition, zwischen einer bildungsbürgerlichen und einer antibürgerlichen Haltung? Nachdem die nähere Betrachtung bereits ergeben hat, dass der

---

233 Ebd., S. 97.
234 Ebd.
235 Grünbein: „Zwischen Antike und X", S. 97.
236 Ebd., S. 100.
237 Kling: „Projekt Vorzeitbelebung", S. 49.
238 Siehe Anhang, Gespräch mit Durs Grünbein, Ptuj, 26.08.2021.
239 Ebd.

schematische Gegensatz von Avantgarde und Konvention die Werke von Kling und Grünbein nicht angemessen zu fassen vermag, muss auch hier am Gedanken der fließenden Grenzen festgehalten werden. Wie zum Schluss gezeigt werden soll, treffen beim Vergleich zwischen Kling und Grünbein tatsächlich sehr viele Traditionen aufeinander, und die Logik der diametralen Unterschiede ist auch in diesem Fall eine von außen herangetragene, die den Texten und dem langen Kontakt zwischen den beiden Lyrikern nicht unbedingt gerecht wird.

### 4.5 Unterschiedliche Missionen

Anders als Kling, der sich anfangs an der Lyrik des Expressionismus und der Wiener Avantgarde orientierte, bezog sich Grünbein auf die ungleich stärker kanonisierten Werke von Dante, Hölderlin, Baudelaire, Rilke, Eliot, Benn, Celan und Mandelstam.[240] In seinem Schaffen ist ein Aspekt wenig sichtbar, der Klings Tätigkeit als Autor geprägt hat: die persönliche, später mit institutionellen Mitteln betriebene Förderung der jungen Generation ebenso wie älterer Autor*innen, die sich am Rand des tradierten Kanons bewegen. So bemerkt Hummelt im Hinblick auf einen Auftritt von Kling im Rahmen eines Germanistik-Seminars, das dieser mit der Lektüre von Gedichten des kurz zuvor verstorbenen Lyrikers Reinhard Priessnitz einleitete: „So war er immer: nie nur in eigener Sache unterwegs, sondern in Mission für eine vom Mainstream aller Zeiten verdeckte Linie ungebärdiger, verkannter, vom Kanon ausgegrenzter Poesie, die er als die wahre Literatur erkannte, und als deren modernen Exponenten er sich sah."[241]

Grünbein verfolgte diese „Mission" offenbar in geringerem Maße – zumindest auf weniger sichtbare Weise –, widmete seine Aufmerksamkeit aber besonders in den letzten Jahren einem vielfältigen politischen Engagement. Bereits seine Poetikvorlesungen zeigen, dass die Entwicklung seiner Poetik stärker vom zeitpolitischen Geschehen geprägt wurde als die seines westdeutschen Kollegen Thomas Kling. Für Grünbein waren ebenso die Dichter*innen der russischen Moderne – Ossip Mandelstam, Anna Achmatowa, Marina Zwetajewa – wie Joseph Brodsky als Fortführer dieser Tradition wichtige Bezugspunkte.[242] Bei allen Unterschieden stehen die Geschichte und die Folgen politischer Ideologien im Zentrum dieser von der Diktatur Stalins und dem repressiven

---

240 Siehe z. B. Michael Eskin: „Grünbein and the European Tradition", in: *Durs Grünbein. A companion*, hg. von Michael Eskin u. a., Berlin, Boston 2013, S. 28–29.
241 Norbert Hummelt: „Erinnerung an Thomas Kling", S. 106.
242 Siehe Anhang, Gespräch mit Durs Grünbein, 26.08.2021.

System der Sowjetunion geprägten Poetiken. Indem sie das Verhältnis zwischen dem Individuum und der Gesellschaft reflektieren, kreisen sie auch um den ethischen Kern des Schreibens.

Diese Tradition setzt Grünbein nicht nur in seinen Gedichten, sondern auch in seinem essayistischen Werk fort. In den Vorlesungen „Beyond Literature", die er als Lord Weidenfeld Lectures 2019 in Oxford gehalten hat, denkt Grünbein über die Zeit des Nationalsozialismus nach: Ausgehend von einem Briefmarken-Motiv beschäftigt er sich mit der Rolle der Fotografie und der Propaganda, mit dem Bau der Reichsautobahn und mit dem Luftkrieg, nicht zuletzt mit der Nachkriegszeit und der Gegenwart, die er unter Bezugnahme auf Zygmunt Bauman als eine „Retrotopia" deutet. Diese bestehe aus „rückwärtsgewandte[n] Visionen von der starken Nation mit befestigten Grenzen und einer möglichst starken Wirtschaft",[243] die sich als Reaktion auf die Globalisierung und die mit ihr einhergehende Migration entwickelt hätten. Immer wieder flicht Grünbein in seine Überlegungen zur deutschen Geschichte persönliche Erfahrungen ein, die es ihm ermöglichen, Parallelen zwischen dem Faschismus und dem Kommunismus zu ziehen. Er spricht aber auch über philosophische Diskurse, über bildende Kunst, Musik und nicht zuletzt über die Rolle der Literatur. Wenn Klings Engagement den vom Kanon verdrängten literarischen Außenseiter*innen gilt, so dasjenige Grünbeins den Opfern politischer Oppression, etwa dem österreichischen Maler und Gegner des NS-Regimes Edmund Kalb (1900–1952).[244] Den Satz, dass „sich niemand der Formung durch Geschichte [entzieht]", hätte auch Kling unterschreiben können.[245] Am Ende seiner Vorlesungen entwickelt Grünbein einen ethischen Gedanken: „Es gibt etwas jenseits der Literatur, das alles Schreiben in Frage stellt."[246] Hier scheint eine Dimension von Literatur auf, die Kling nicht öffentlich diskutiert hat. Gewiss kannte er die literarisch-intellektuellen Traditionen Ostdeutschlands und Osteuropas.[247] Dass ihm Grünbein bei der Buchmesse in Frankfurt Heiner Müller vorstellte, war ihm sogar besonders wichtig.[248] Den Raum „jenseits der Literatur" hat er als Autor jedoch nicht erforscht, so wie er auch die Rolle des Dichters in der Gesellschaft anders als Grünbein bestimmt hat. Gefragt nach der Stimme, die der Dichter außerhalb

---

243 Durs Grünbein: *Jenseits der Literatur. Oxford Lectures*, Berlin 2020, S. 122.
244 Ebd., S. 16–21.
245 Siehe Peer Trilcke: *Historisches Rauschen. Das geschichtslyrische Werk Thomas Klings*, URL: http://webdoc.sub.gwdg.de/diss/2012/trilcke/, letzter Zugriff: 24.07.2021.
246 Durs Grünbein: *Jenseits der Literatur*, S. 140.
247 Siehe Anhang, Gespräch mit Durs Grünbein, Ptuj, 26.08.2021.
248 Ebd.

seiner Kunst haben sollte, erwiderte er, er halte „den Dichter – im Gegensatz zu Herrn Enzensberger – für in genau dem Sinne geeignet, sich zu Entwicklungen zu äußern, wie das jeder Besitzer einer Lotto-Annahmestelle kann."[249] Damit betont Kling noch einmal seine Distanz gegenüber den Autor*innen der 68er-Bewegung, die gesellschaftliche und politische Themen im Medium literarischer Texte verhandeln wollten. Obwohl Klings Gedichte mit den Themen der linken Alternativbewegungen der 70er Jahre resonieren[250] und Trilcke im Hinblick auf *nacht. sicht. gerät* von „politische[r] Geschichtslyrik" spricht,[251] äußerte sich Kling nie öffentlich zum tagespolitischen Geschehen. Grünbein legt in dieser Hinsicht eine andere Haltung an den Tag. Nicht erst mit seinen Oxford Lectures, bereits in der Debatte mit dem Schriftsteller Uwe Tellkamp 2018 im Dresdener Kulturpalast nahm Grünbein gegenüber Tellkamps politischen Äußerungen öffentlich eine Gegenposition ein. Andere Themen, zu denen er öffentlich Stellung bezog, schließen unter anderem die Europäische Union,[252] die Bundestagswahl 2021[253] oder den russischen Angriffskrieg auf die Ukraine[254] ein. Die Stärke dieser Interventionen liegt im souveränen Umgang mit politischen und philosophischen Diskursen, nicht zuletzt aber in der Fähigkeit, sie mit persönlicher Erfahrung und künstlerischer Reflexion zu verbinden. Zuletzt treffen in der Konstellation Kling – Grünbein nicht nur Avantgarde und Tradition aufeinander. Geprägt sind die Haltungen der beiden Autoren auch von ihrer ost- und westdeutschen Herkunft. Gerade dieser Unterschied im Denken und Schreiben wurde jedoch zum Ausgangspunkt einer persönlichen Freundschaft und eines langjährigen gegenseitigen Interesses.[255]

---

249  Thomas Kling, Fridtjof Küchemann: „Dichter Thomas Kling. Gegen die Lehrer-Lempelhaftigkeit", in: *FAZ*, 13.09.2002.
250  Siehe Helene Jessula Wczesniak: *Thomas Kling. A poet of the late Bonn republic*, University of Oxford 2020, URL: https://ethos.bl.uk/OrderDetails.do?uin=uk.bl.ethos.816625, letzter Zugriff: 24.07.2022.
251  Siehe Trilcke: *Historisches Rauschen*, S. 140–229.
252  Durs Grünbein: „Ein Brief an Europa. Eine Insel, die es nicht gibt", in: *Der Standard*, 29.08.2021.
253  Durs Grünbein: „Parteilos", in: *Süddeutsche Zeitung*, 28.09.2021.
254  Durs Grünbein, Tobias Rüther: „Der Antifaschismus ist die wichtigste Bewegung des 20. Jahrhunderts", in: *FAZ*, 10.07.2022.
255  Siehe Anhang, Gespräch mit Durs Grünbein, Ptuj, 26.08.2021.

## 5 Thomas Kling und Raoul Schrott: Die Suche nach der verlorenen Mitte

Zwischen den sich immer stärker polarisierenden Positionen Klings und Grünbeins nimmt ein weiterer Hauptakteur der 90er Jahre eine vermittelnde Stellung ein: der Dichter Raoul Schrott (*1964). Das Verhältnis zwischen Kling und Schrott ist weniger konfliktgeladen als das zwischen Kling und Grünbein. Seit Mitte der 90er Jahre kennen sich die beiden Lyriker und pflegen miteinander gute Beziehungen: Was sie verbindet, ist der gemeinsame Bezug zu Tirol, zur klassischen Poesie und zu den historischen Avantgarden.[256] Gleichzeitig bewahrt Schrott kritische Distanz gegenüber Klings Poetik und seinem Auftreten in der Öffentlichkeit.[257] Schrott sucht die Mitte zwischen Klings und Grünbeins Position: Wie Kling erkundet er die klanglich-musikalische Seite der Lyrik, distanziert sich aber von dem, was er als dessen avantgardistische Manierismen empfindet. Zugleich verankert er jedoch seine Poetik in traditionellen Klang- und Stilfiguren wie dem Reim, der Metapher, dem Metrum und der Strophe, die es ihm ermöglichen, ausgehend von den Ursprüngen der Poesie einen neuen Mittelpunkt zu suchen, ohne die „zerebrale" Seite der Lyrik überzubetonen, wie es in seinen Augen Grünbein tut. In Anknüpfung an den gemeinsamen Vorgänger H.C. Artmann aktualisiert Schrott dabei vergessene oder wenig beachtete poetische Traditionen und nähert sich den kanonisierten poetischen Traditionslinien auf Umwegen.

### 5.1  *Gemeinsame Anfänge: die Avantgarden*

Raoul Schrotts erste Veröffentlichungen aus dem Jahr 1988 erforschten bis dahin unberücksichtigte Aspekte der Geschichte des Dadaismus. Seine Dissertation behandelt die Tirol-Aufenthalte der Dadaist*innen in den Jahren 1921 und 1922 (in Tarrenz bei Imst); in *Dada 21/22: musikalische Fischsuppe mit Reiseeindrücken* versammelte er zum Großteil unveröffentlichte Texte und Bilder von Autoren und bildenden Künstlern wie Tristan Tzara, Hans Arp, Max Ernst, André Breton und Paul Éluard – um nur die wichtigsten zu nennen – und interpretierte sie vor einem biographischen, kunst- und literaturgeschichtlichen Hintergrund. Eine wichtige Rolle bei den dargestellten künstlerischen Entwicklungsprozessen spielt die Auseinandersetzung mit der alpinen Landschaft, die eine existenzielle und für Dada typische Haltung begünstigt. Wie der Lyriker selbst rückblickend bemerkt, ermöglichte ihm

---

256  Gespräch mit Raoul Schrott, 08.09.2023, unveröffentlicht.
257  Ebd.

die Beschäftigung mit Dada eine literaturwissenschaftliche Ausarbeitung der Position der Moderne, von der sich viele Verbindungen zu späteren Literatur- und Kunstformen ableiten ließen; sie lieferte ihm zugleich einen Ausgangspunkt für seine Suche nach einer eigenen Position.[258] Zugleich lernte Schrott im Zuge seiner Recherchen über Dada 1986 den französischen Surrealisten Philippe Soupault (1897–1990) kennen, der ihm nicht nur Einsicht in die Nachlässe vieler Dadaist*innen und Surrealist*innen gewährte, sondern in seinen Augen auch die dichterische Existenz exemplarisch verkörperte.[259] Zudem erlaubte die Arbeit an der Dissertation neben dem Umgang mit diversen Originalmaterialien (Briefen, Fotos, Manuskripten) auch einen Einblick in die Gestaltung und Herstellung eines Buches.[260]

Ein Jahr später, in zeitlicher Nähe zu seiner Auseinandersetzung mit Dada also, veröffentlicht Schrott beim Haymon-Verlag in einer selbst angefertigten Kassette aus Kirschholz seinen ersten Gedichtband *Makame* (1989). Der Titel bezieht sich auf die alte arabische Gattung der Makame, die sich im 10. Jahrhundert als eine Form etablierte, die am besten als gereimte Prosa zu charakterisieren wäre. In der arabischen Tradition handelt es sich um Sammlungen kurzer, loser Erzählungen mit anekdotischem Charakter, die der Unterhaltung und Belehrung dienen, aber auch die Eloquenz ihres Autors beweisen sollen.[261] Der Protagonist dieser Geschichten ähnelt oft einer Trickster-Figur und verleiht diesem Genre seine dramatisch-pikaresken Züge. Aus Schrotts durchgehend gereimten Gedichten spricht ein Sprachkünstler, der sich ebenso stark an der Tradition wie an avantgardistischer Literatur orientiert. Wie der Lyriker selbst zugibt, orientieren sich die in der Kassette gesammelten Werke an avantgardistischen Vorbildern: eine Collage im Stil von Max Ernst, Gedichte im Stil von Hans Arp, Palindrome nach André Thomkins sowie weitere Gemeinschaftsarbeiten.[262] Den letzten Teil des Bandes, der aus drei Heften besteht, bildet das „herzynische manifest": Bereits diese Textform erinnert an die Tradition der dadaistischen Manifeste, insbesondere an Walter Serners *Letzte Lockerung* (1918), obwohl die Aufteilung des Textes in kurze

---

258 Raoul Schrott: „Einige ganz private Überlegungen zur Literatur und den eigenen Anfängen", in: ders.: *Die Erde ist blau wie eine Orange. Polemisches, Poetisches, Privates*, München 1999, S. 115–149, hier: S. 133.
259 Ebd., S. 134.
260 Ebd., S. 138.
261 Hussam Almujalli: *The function of poetry in the maqamat al-Harriri*, Lousiana State University 2020, URL: https://digitalcommons.lsu.edu/cgi/viewcontent.cgi?article=6211&context=gradschool_dissertations, letzter Zugriff: 29.07.2023.
262 Schrott: „Einige ganz private Überlegungen zur Literatur und den eigenen Anfängen", S. 141.

Paragraphen, die jeweils einem Begriff – darunter „zeitgeist", „zynismus", „demokratie", „kein" und „klüngel" – gewidmet sind, auch Ähnlichkeiten zu Oswald Wieners *Verbesserung von Mitteleuropa* (1969) aufweist. Im ersten Heft mit dem Titel „vice verca" finden sich Gedichte wie das folgende:

so nett so franz so zötig

ennuyiert knautschte der general im genitiv
sein seufzen moussierte von a bis e mollen
mouches volantes spießte er gezielt auf sein stativ
leck- und lockend mit seiner stilblüten pollen

schmeiß- und schmetterlinge gerieten da ins rollen
der l'art pour l'art laokoon mouillierte samten
bis sonnengeflecht und venusmörser heftig schwollen
und seiner kokarde vapeurs heftig ihren kokon besamten

kokett fing er seine grillen mit fäden aus fayence
elegisch extemporierte er ihre elfische elegance
faun- und faustisch nannte er sie faux amis

luxurieuse flatu- und flattierte er ihnen im winde
weil er schellack zapfte aus ihrer stirnrinde
tonikum für seine fossilen fose vließ[263]

Das Sonett zeigt beispielhaft die Verwendung von Alliterationen und Klangassoziationen, aber auch des Reims – Stilmittel, die hier alle so weit getrieben werden, dass eine klare Handlung oder Folge von Bildern schwer zu erkennen ist. Man könnte behaupten, dass die etwas unzeitgemäß wirkende Figur des Generals, der aufgrund von „stilblüten", „l'art pour l'art" und „laokoon" eine poetologische Komponente zukommt, durch ihr Tun etwas hervorbringt, das wie ein „Tonikum" gegen sich selbst und gegen eine als fossil empfundene Sprache wirkt. Bereits der General, der „im genitiv" knautscht, ist an sich eine Alliteration, wobei das Gedicht an zwei Stellen Genitivkonstruktionen verwendet: „seiner kokarde vapeurs", „seiner stilbüten pollen". Einige der Alliterationen könnte man als Stilblüten werten, so z. B. „flatulieren" und „flattieren". Nicht alle, aber viele der Klangassoziationen

---

263  Raoul Schrott: *Makame*, Innsbruck 1989, unpaginiert.

schöpfen aus französischen Fremdwörtern: „moussierte" (perlen), „mouches volantes" (Glaskörperflocken), „mouillierte" (bestimmte Konsonanten mithilfe des Lautes „j" erweichen). Manchmal folgen die Alliterationen den wörtlichen Bedeutungen einzelner Wortteile, z. B. „schmeiß- und schmetterlinge". Die Liste aller Klangfiguren wäre sehr umfangreich. Hier sei vor allem angemerkt, dass die dadaistischen Laut- und Simultangedichte zwar die klanglichen Komponenten der Sprache in den Vordergrund rücken, sich dabei jedoch wesentlich stärker von der herkömmlichen Semantik entfernen, als es in diesem frühen Gedicht von Schrott der Fall ist. Die Vermutung erscheint angebracht, dass die Arbeiten der österreichischen Nachkriegsavantgarde eine ebenso große, wenn nicht sogar größere Rolle für Schrotts Gedicht spielen. Schon allein die Verbindung von avantgardistischen Ansätzen mit älteren poetischen Traditionen wie dem Barock oder der mittelalterlichen arabischen Tradition verweist auf H.C. Artmann – und damit nicht zufällig auf denjenigen Dichter, der Schrott seine Anerkennung zollte.[264] Schrotts Kommentar zu diesen Gedichten lautet:

> Den Hauptanteil [des Bandes] hatten Gedichte, die das Lexikon voll ausschöpften, ohne daß ich danach noch hätte sagen können, was die Fremdworte denn nun wirklich bedeuteten – ich bat den Duden für diese Sonette um das Copyright und erhielt dann auch eine einschlägige Antwort. Kurz: es waren Lehrlingsstücke und Kalauer, nichts, auf das ich den Anspruch irgendwelchen Talents erheben möchte – aber ganz so schlecht dann wieder auch nicht.[265]

Diese Gedichtanalyse soll vor allem die gemeinsamen Anfänge Klings und Schrotts aufzeigen: Beide rezipieren, beeinflusst von H.C. Artmann, intensiv die Avantgarden aller Zeiten, beide entwickeln ein intuitives Gehör für den Klang der Wörter. Während Kling als Jugendlicher unter dem Einfluss des Expressionismus zu schreiben anfängt und allmählich die Wiener Nachkriegsavantgarde für sich entdeckt, fängt Schrott bei Dada, Surrealismus und ebenfalls bei der österreichischen Avantgarde an. Klings *der zustand vor dem untergang* und Schrotts *Makame* sind beide Sammlungen

---

264 Artmann hat sich zu Schrott wie folgt geäußert: „Wenn ich heute anfangen könnte, würde ich gerne dort weitermachen, wo er [d. h. Raoul Schrott] ist. Ja, ich beneide ihn." Internetseite Literaturverlag Droschl, URL: https://www.droschl.com/buch/fragmente-einer-sprache-der-dichtung/#:~:text=»Wenn%20ich%20heute%20anfangen%20könnte,jungen%20Tiroler%20Dichter%20Raoul%20Schrott, letzter Zugriff: 27.12.2023.

265 Schrott: „Einige ganz private Überlegungen zur Literatur und den eigenen Gedichten", S. 141.

von „Lehrlingsstücken", die sich eng an ihren Vorbildern orientieren. Die Avantgarden stellen somit einen wichtigen Berührungspunkt dieser Poetiken dar, wobei der größte Unterschied darin liegt, dass sich Schrott später von seinen Anfängen distanziert. Beide Autoren bleiben dieser Epoche jedoch verbunden: Balls Lautgedichte und seine „frühe Performances" werden von Kling schon in *Itinerar* als wegweisend betrachtet; im Avantgarden-Aufsatz in *Botenstoffe* (2001) schlägt er eine Brücke zwischen den Expressionisten, den Dadaisten, Walter Serner und der Wiener Nachkriegsavantgarde, dabei stets auch auf die Rezeptionsgeschichte in Deutschland verweisend; 2003 schreibt er einen Aufsatz über Hugo Ball und Emmy Hennings, in dem er sowohl auf das Gesamtwerk Balls als auch auf Hennings Arbeit eingeht; nicht zuletzt das für den Umschlag von *Auswertung von Flugdaten* verwendete Foto, das Kling auf einer Säule zeigt, lässt sich als eine Referenz auf Ball und die Figur der Säulenheiligen deuten. Auch Schrott setzt sich als Herausgeber und Wissenschaftler lange mit den historischen Avantgarden auseinander: Er veröffentlicht die gesamte Korrespondenz Tristan Tzaras (1992) und einen Ausstellungskatalog zu Dada in Österreich (1993), zudem beteiligt er sich an Diskussionen und Gesprächen über Dada, z. B. mit dem Philosophen Wolfram Eilenberger in einer Sendung des SRF anlässlich des hundertjährigen Jubiläums der Bewegung.

## 5.2 *Eine eigene Position: die Reise in die Mythologie*

Einen eigenen, wiedererkennbaren poetischen Stil entwickelte Schrott in seinem 1995 ebenfalls bei Haymon erschienenen Band *Hotels*, für den er im selben Jahr mit dem Leonce-und-Lena-Preis ausgezeichnet wurde. Der Band versammelt mit Ortsangabe und Entstehungsdatum versehene, zyklisch geordnete Gedichte. Von der Architektur und Einrichtung der Hotels ausgehend, werden Orte im Mittelmeerraum (Italien, Griechenland, Frankreich, Tunesien), aber auch in Tirol, Südtirol, Irland und Großbritannien beschrieben und zugleich in einen mythischen Kontext eingebunden:

x

gegen fünf uhr nachmittags wirft die sonne die träume
der kolonialisten an die wand · das malvenfarbene
ornament des verhedderten stores und der körper
in weiten kleidern die diskrete rose am revers
die worte zurechtgekämmt unter der brillantine 5
der schläfen und das mit fingern gefaßte glas · die
see vor der terrasse ist geduldig

sie zerreißt ein blatt papier
nach dem anderen und ist bis weit
nicht tief und grün wie das verrotende tang · *des flacons* 10
*de pétrole sont mis à votre disposition à la sortie*
*de la plage · veuillez en profiter pour nettoyer*
*le goudron des vos pieds* · im lee der sagezähne
der palmen knüpft der wind
den immer gleichen knoten 15
und hinter der silhouette der strandkörbe
und sonnenschirme liegt eine barkasse
auf dem kiel · ihr mast
der sich nach backbord neigt
habe ich mir ausgerechnet ist die achse der erde 20
fünfmal die karrenwand zum pol
der knapp über dem neonschild des nächsten hotels
zu liegen kommt · in den fünfzehn graden der ekliptik
prallt der mond in der zeitlupe der nächte ab
eine geometrische projektion des labyrinths 25
und darunter ist das meer nur geräusch · ein langes
ausrollen auf dem sandigen grund eine stille
ein widerstand
eines nur im anderen · und ulysses
an den mastschuh gebunden schlugen sie 30
das graue salz mit ihren rudern
vor dem hotel seines namens die flaggen europas gehißt
auf dieser insel der lotophagen ist ankaios
sein steuermann der schranken der einfahrt
mit livree und weißer schildkappe bedient · der weg 35
hinab und der weg zurück waren ein und derselbe
dazwischen nur erst dein schweigen dann
meines der vogelleib und der frauenkopf die zusammen
für einen augenblick einen körper ergaben
als du mir um den hals fielst mit einem wink der 40
brauen · im saal deckten die kellner schon zum frühstück
und das klirren der tassen war eine andere einsamkeit[266]

Der Unterschied zu den frühen Gedichten springt ins Auge: Die auch in späteren Bänden verwendete Kleinschreibung und der Verzicht auf alle

---

[266] Raoul Schrott: *Hotels*, München 1998, S. 29–30.

Interpunktionszeichen bis auf den Mittelpunkt lassen sich auf Stefen George zurückführen, der als Vertreter der Moderne, nicht aber der historischen Avantgarden gilt. Die Sprache dieses Gedichts ist zugänglicher, steht dem alltäglichen Sprachgebrauch näher, als es bei *Makame* der Fall war. Anders als bei Kling – doch ähnlich wie bei Grünbein – bleiben die semantische und die morphologische Wortebene intakt: Worte werden in der Regel nicht aufgebrochen und zu neuen Kombinationen amalgamiert. Das ‚zurechtkämmen der worte' (Vers 5), vermutlich eine Kombination aus „zurechtkommen" und „kämmen", stellt eine Ausnahme dar, suggeriert aber eher Ordnung und Reinigung als Intensivierung, anders als das *„brennstabmhafte* der Sprache" bei Kling. Obwohl dieses Gedicht französische Zitate, astronomisches Vokabular und Namen mythologischer Gestalten bzw. Personen integriert, ist es keine Montage im Sinne Thomas Klings. Die verschiedenen Sprachregister werden nicht gemischt oder überlagert, das Gedicht wirkt sprachlich viel homogener, als es bei Kling der Fall ist. Wie schon der erste Vers andeutet, arbeitet das Gedicht vor allem mit Bildern, die durch die Zeilenumbrüche und den Mittelpunkt gebrochen oder miteinander verbunden werden. So erklärt Schrott in seiner Grazer Poetikvorlesung:

> Was ein gelungenes Gedicht jedoch stets auszeichnet, sind seine Bilder und die Genauigkeit der Beobachtung: wieweit man in ihnen Dinge und Motive zu Ende denkt, Analogien zusammen- und weiterführt. Das ist neben der musikalischen die eigentliche Arbeit des Gedichts, das, was einem nicht nur zufällt.[267]

Zur „Musik" zählt Schrott „die Palette von Metrum, Rhythmus, Reimen, Alliterationen und Assonanzen, die Stimmigkeit, die Tonlagen",[268] „das, was uns über die Sterilität der Logik hinweghilft".[269] Auch in diesem Gedicht finden sich Alliterationen, Assonanzen und sogar Reime: Alliterationen verbinden Worte wie „rose am revers", „gefaßtes glas", „terrasse – zerreißt", „vogelleib und frauenkopf". Assonanzen ziehen sich durch „sonne – kolonialisten" „(in) weiten kleidern", „lee – sägezähne", „immer gleichen knoten", „achse der erde". Ein Binnenreim taucht in den Versen 32 und 33 auf: „flaggen – lotophagen". Sowohl die starke Bildlichkeit als auch die klangliche Dimension des Gedichts verweisen darauf, dass Klings und Schrotts Poetiken nicht diametral entgegengesetzt sind: Zwar folgt Schrott keiner Montageästhetik – er wechselt zwischen

---
267 Raoul Schrott: „Pamphlet wider die modische Dichtung", in: *Die Erde ist blau wie eine Orange. Polemisches, Poetisches, Privates*, München 1999, S. 21.
268 Ebd., S. 16.
269 Ebd.

verschiedenen Textsorten, nicht zwischen Sprachregistern oder Sprachebenen (z. B. in seinem Text über Winckelmanns Tod) –, doch auch er arbeitet mit Klang und Bildern, auch für ihn ist das Gedicht zuletzt ein „optisches und akustisches Präzisionsinstrument".[270]

Was den Aufbau der Bilder betrifft, so beschreibt das Gedicht zunächst das Licht, die Körper von Tourist*innen, den Blick auf das Meer und den Strand von der Hotelterrasse. Weil auf der den Gedichten jeweils gegenüberliegenden linken Seite des Buches der Name des Hotels sowie Ort und Datum des Aufenthalts angegeben sind (in diesem Fall: „hotels les sirènes, djerba, 1. 1. 93"), lassen sich die Szenen auf der tunesischen Insel Djerba lokalisieren. Ehemalige französische Strandvorschriften, die in das Gedicht integriert werden, verweisen auf die Spuren der Kolonialherrschaft. Das Motiv der auf einem Kiel liegenden Barkasse dient dagegen einer Reihe von Assoziationen zum Ausgangspunkt, oder, um Schrott zu zitieren: Es wird Anlass zum Weiterdenken von Analogien, die mit der tunesischen Gegenwart nicht mehr unmittelbar verbunden sind: So ist der Mast „die achse der erde" – ein Begriff, der aus der Astronomie kommt. Ebenso steht es mit den „fünfzehn graden der ekliptik" – gemeint ist damit die Bahn, in der sich die Sonne, von der Erde aus betrachtet, im Laufe eines Jahres am Himmel bewegt. Schrott, so erklärt er in der Einleitung, unternimmt in diesem Band den Versuch, das Reisen von seinen Ursprüngen her zu denken: Insofern die Sterne und andere Himmelskörper seit jeher wesentliche Orientierungspunkte gewesen sind, verknüpft die aus der Astronomie entlehnte Analogie das Thema des Reisens nicht nur mit den Ursprüngen der Navigation, sondern auch mit dem Anspruch der genauen Beobachtung: „Man reiste, es war einmal, chronometer und achromatische teleskope im gepäck, diverse sextanten, quadranten, graphometer und magnetometer, und eignete sich diese künstlichen horizonte an, standortbestimmungen einer anderen einsamkeit."[271]

Weitere Analogien findet Schrott in der Mythologie: Der Name des Hotels („hotels les sirènes") und die bereits eingeführte Schiffsmotivik motivieren das Bild von „ulysses / an den mastschuh gebunden". Damit wird nicht nur an die berühmte Szene erinnert, in der Odysseus der Lockung der Sirenen widersteht, indem er sich an den Mast seines Schiffes fesseln lässt und seinen Ruderern Wachs in die Ohren stopft; die Verwendung der lateinischen Form des Namens verweist zudem auf die von Joyce geschilderte Odyssee durch Dublin zu Beginn des 20. Jahrhunderts. Eine weitere Referenz auf denselben Mythos findet sich in der Beschreibung von Djerba als „insel der lotophagen" oder Lotosesser, womit ein Inselvolk gemeint ist, dem die Gefährten des

---

270  Kling: *Botenstoffe*, S. 142.
271  Raoul Schrott: *Hotels*, S. 6.

Odysseus begegnen; es ernährt sich von den Früchten eines Lotosbaumes, die eine berauschende Wirkung haben. Die Figur des Ankaios verweist auf eine weitere paradigmatische Reise, nämlich die Argonautensage, in der Ankaios als Argos Steuermann agiert. Diese europäischen Prototypen der Reise werden in einen modernen, touristischen Kontext eingebunden, und oft sind es die Zeilenumbrüche, die einen Wechsel der Ebenen ermöglichen: Ankaios bedient z. B. die Anreisenden mit „livree und weißer schildkappe".

Aber nicht allein das Thema des Reisens hat einen mythologischen Hintergrund. Wie Konstanze Fliedl in ihrer Rezension des Bandes bemerkt hat, bieten die *Hotels* nicht nur Gedichte von Reisen durch Italien, Griechenland und Tunesien, sondern auch „Wanderungen und Passagen durch die Wortgeschichte".[272] Bereits in der Einleitung erklärt Schrott, die Etymologie des Wortes Hotel verweise auf die griechischen Götter Hermes und Hestia: Hermes sei der Gott der Reisenden, Hestia die Göttin des Herdes und der Feuerstelle, zu welcher der Gast geführt wurde, mithin also eine Göttin der Gastfreundschaft. Deshalb erkunden auch die einzelnen Gedichte des Bandes immer wieder Motivfelder und Wortassoziationen rund um diese beiden Götter: Im Kommentar zu dem bereits zitierten Gedichts erklärt Schrott, dass in der Sprache Homers das Wort für Hestia nicht nur die Feuerstelle, sondern auch den Mast eines Schiffes meint, während es bei Platon gleichbedeutend für die Achse des Kosmos sei.[273] Hier zeigt sich die enge Verflochtenheit der einzelnen Motive im Gedicht, das nicht nur von einzelnen Bildern, sondern auch von historischen Wortbedeutungen ausgeht. Wie Kling ist also auch Schrott ein sprachbewusster Lyriker, der die Sprache nicht weniger „ernst" nimmt als Kling und sein Kreis.

Gegen Ende des Gedichts, ab dem 35. Vers, tauchen auch ein „ich" und ein „du" auf. An dieser Stelle, welche die Körperlichkeit des reisenden Paares in den Blick rückt, erscheint eine weitere mythologische Figur, die Harpyie, die aus einem Vogelleib und einem Frauenkopf besteht. Interessant ist der Zusammenhang zwischen den zuvor beschriebenen Strandszenerien, die ein scheinbar objektives, eher distanziertes Ich wahrnimmt, und dem Ende des Gedichts: Das Ich lässt seine Stimmung erahnen, ohne viel über sich zu sagen. Ähnlich wie bei Kling steht auch in Schrotts Gedichten das Ich nie im Zentrum des Gedichts. Vielmehr beobachtet es distanziert eine bestimmte Szenerie. Was die antike Thematik betrifft, sei zuletzt angemerkt, dass Schrott, Grünbein und Kling eine lange Tradition der Auseinandersetzung mit der Antike in der deutschen Lyrik fortsetzen, die von Goethe und Hölderlin bis hin

---

272  Konstanze Fliedl: „Wörter im Hotel", in: *Literatur und Kritik* 295/296 (1995), S. 90–91, hier: S. 90.
273  Raoul Schrott: *Hotels*, S. 28.

zu Stefan George reicht. Sie alle folgen „den Spuren der alten Bildungsreise, die Wissensprivilegien voraussetzte",[274] wie es Fliedl formuliert, alle schöpfen „aus den Reservoiren der Kulturgeschichte",[275] deren Kenntnis zum Verständnis ihrer Werke notwendig ist. Der wichtigste Unterschied zwischen Schrott und Grünbein auf der einen Seite und Kling auf der anderen liegt allerdings darin, dass Kling der antiken Vergangenheit nie eine überhistorische Unmittelbarkeit zuspricht, sondern, wie im Abschnitt über Kling und Grünbein gezeigt, gerade die Überlieferung und die Historizität des antiken Materials betont.

### 5.3 Lyrik- und Traditionsverständnis

Schrotts und Klings allgemeines Lyrik- und Traditionsverständnis wird im Folgenden anhand ihrer Arbeiten als Herausgeber von Lyrik-Anthologien und als Übersetzer beleuchtet – soweit solche Vergleiche überhaupt zulässig sind. Bereits 1991 veröffentlicht Schrott im Haymon-Verlag Übersetzungen des ersten bekannten Troubadours, Guihelm IX., deren vollständiger Titel wie folgt lautet: „Rime. Wie die elf Lieder des Guihelm IX. Herzog von Aquitanien & Graf von Poitiers, 1017–1127, von dem Raoul Schrott in das Deutsch geschrieben wurden und dieser sich, 1990–1991, darauf mit selbiger Feder ein Dutzend Verse machte, für Daniela". Schrott übersetzt also nicht nur die okzitanischen Gedichte, er macht zugleich von einem bereits erwähnten poetischen Konzept Gebrauch, nämlich von der Selbstinszenierung durch Masken oder „Personae", das auf Ezra Pound und H.C. Artmann zurückgeht. Hier sei nur darauf hingewiesen, dass auch Kling ungefähr zur gleichen Zeit an einem ähnlichen Text arbeitet, nämlich dem Monolog „wolkenstein. mobilisierun'", welcher den mittelalterlichen Dichter Oswald von Wolkenstein als Maske nutzt und 1993 im Druck erscheint.[276] Das Interesse an älteren literarischen Traditionen wie dem Mittelalter prägt also schon früh das Werk beider Lyriker.

Übersetzungen von Guihelm IX. finden sich auch in Schrotts Lyrikanthologie *Die Erfindung der Poesie* (1997), einem ebenso ehrgeizigen wie umfangreichen Projekt, das Gedichte aus viertausend Jahren versammelt: von 2400 v. Chr. bis 1400 n. Chr. Nicht weniger als Pounds bereits erwähnte Essaysammlung *Make it new* (1934) zielt auch Schrotts Anthologie auf eine Umwertung des etablierten literarischen Kanons. Nur reicht sie weit über die klassische Antike hinaus. Indem Schrott Gedichte zweier Dichterinnen der sumerischen Sprache an den Anfang setzt, verschiebt er die Aufmerksamkeit von der

---

274  Konstanze Fliedl: „Wörter im Hotel", S. 91.
275  So charakterisiert Kling Schrotts und Grünbeins Vorgehen in *Sprachspeicher*. Siehe Thomas Kling: *Sprachspeicher*, S. 311.
276  Dem Drucknachweis der *Werke in vier Bänden* zufolge erschien der Monolog zuerst in *Schreibheft*, Nr. 41, Mai 1993.

stark tradierten Literatur der griechischen und römischen Antike. Er möchte insbesondere die Verflechtungen der europäischen und der arabischen Traditionen aufzeigen, die für die Entwicklung der europäischen mittelalterlichen Lyrik eine wichtige Rolle spielten. Obwohl beide Traditionen ihren Ursprung in den ersten Schriftkulturen Mesopotamiens haben, treffen sie erst im mittelalterlichen Europa wieder zusammen: Schrott interessieren insbesondere die südlichsten Länder Europas, Spanien und Sizilien, wo sich der Islam seit dem 7. Jahrhundert ausbreitete. Ihre damalige Blüte verdanke die arabische Kultur und Literatur dem Wissen der Antike, das durch arabische Übersetzungen überliefert und weiterentwickelt worden sei, aber auch ihrer eigenen, reichen poetischen Tradition, die in der Anthologie vorgestellt wird. Die okzitanischen Troubadours, das möchte Schrott zeigen, hätten im Austausch mit dem andalusischen Raum nicht nur Themen ihrer Lyrik, sondern auch die charakteristische Strophenform und den Reim entwickelt. Dabei gilt seine Aufmerksamkeit nicht nur der arabischen, sondern auch der hebräisch-arabischen Tradition in Spanien, der er einen großen Einfluss zuschreibt. Schrott betont, dass der Reim selten in den indoeuropäischen Sprachen vorkommt und in der Literatur der Antike nur rudimentär ausgeprägt ist; in den orientalischen Sprachen hingegen entwickelt er sich sehr früh und wird zu einem dominanten Stilmittel. Wie die Troubadoure machten auch die irischen Mönche des 9. Jahrhunderts, die als Missionare die arabische Kultur kennenlernten, den Reim zu einem Prinzip ihrer Lyrik. Wiederholt hebt Schrott bei seinem Parcours durch die Literaturgeschichte hervor, wie wichtig nicht nur die Kenntnis der eigenen Traditionen, sondern auch der Austausch mit anderen Kulturen ist.

Diesem Thema begegnet man auch bei Kling, in Gestalt eines kulturellen Transfers zwischen Deutschland und Österreich, der zu Innovationen in der Lyrik führt. Dennoch lässt sich nicht nur im Hinblick auf Klings Anthologie *Sprachspeicher*, dessen Fokus auf den deutschsprachigen Traditionen liegt, sondern im Hinblick auf sein gesamtes essayistisches Werk behaupten, dass er als Lyriker viel stärker in den deutschsprachigen Traditionen verankert ist. Auch sein Werk als Übersetzer lässt sich nur schwer mit demjenigen Schrotts vergleichen: Im Laufe seiner Entwicklung profilierte sich Schrott nicht nur als Übersetzer zeitgenössischer englischsprachiger Lyrik (Derek Walcott), sondern auch antiker Texte (Euripides' Dramen, altägyptische Liebeslyrik, Gilgamesch-Epos, *Ilias* und Hesiods *Theogonie*). Als Übersetzer verfolgen Kling und Schrott verschiedene Ziele. Vergleicht man z. B. Klings Übersetzungen von Catull mit Schrotts Übersetzungen antiker Lyrik in *Die Erfindung der Poesie*, so wird deutlich, dass Kling den Texten seinen eignen Ton verleiht, während Schrott seine dichterische Stimme durch den anderen Dichter schult, um zu versuchen, so zu schreiben, wie Catull heute schriebe.[277] Dass die Kunst der Übersetzung möglichst selbstlos zu sein habe,[278] zeigt Kling als Übersetzer tatsächlich nicht. Schrott unterscheidet zwischen Übersetzungen und eigenen Gedichten, während bei Kling das eine ins andere übergeht. Kling und Schrott unterscheiden sich aber auch in ihrem allgemeinen Verständnis von Lyrik. Beide arbeiten zwar mit Klangfiguren, folgen also keiner streng rationalen Methode der Komposition; doch bereits Schrotts Vorwort zu seiner Anthologie und nicht zuletzt die Gedichte selbst betonen Elemente, die auf ein durchaus traditionelles Verständnis von Lyrik hindeuten: Immerhin ist Schrotts Anthologie eine „Geschichte der Strophe und des Reims"[279]; das, was moderne Poesie von archaischer Dichtung unterscheide, sei vor allem die Herausbildung eigener Metaphern, welche die „Denkbewegung der Reflexion"[280] veranschaulichen. Die Anthologie soll zeigen, wie die ursprüngliche Dominanz des Rhythmus allmählich „von deutlicher in den Vordergrund tretenden poetischen Bildern"[281] abgelöst wird. Die Entwicklung strenger Formen, etwa des Sonetts, steht im Vordergrund, obwohl sich auch Werke mit geringeren Formzwängen in der Anthologie finden.

All das sind Begriffe und Ansätze, die Kling höchstens zur Abgrenzung dienen, obwohl sie in seiner Poetik nicht abwesend sind: Er plädiert z. B. für die „Umgehung […] einer saturierten Metaphernhaltigkeit im Sinne einer seit Dekaden sehr kompliziert gewordenen Genitiv-Metapher"[282], auch wenn er selbst viele Metaphern verwendet. Auf eine formale Definition des Gedichts verzichtet er, obwohl auch er Gedichte in festen zwei- oder dreizeiligen Strophen geschrieben hat. Allein aus Schrotts Positionierung gegenüber dem Rhythmus wird der Kernunterschied zwischen diesen zwei Poetiken deutlich: Während der Rhythmus gemäß Schrotts Auffassung der Geschichte der Lyrik am Anfang (also bei den ersten Dichter*innen, die er wählt) zwar präsent ist, aber allmählich von der Bildlichkeit abgelöst wird, gilt Kling der Rhythmus als archaischer Ursprung der Poesie, mit dem sie stets verbunden bleibt. Nie wertet Kling den Rhythmus ab. Vielmehr setzt er an den vorzivilisatorischen, archaischen Ursprung der Poesie gerade den Rhythmus, den Klang und das Ritual, zu dem er auch den performativen Akt zählt.[283] Ein weiterer Unterschied zeigt sich in der Sprache der Gedichte: Den für Kling typischen Gebrauch sozialer und

---

277 Gespräch mit Raoul Schrott, 08.09.2023, unveröffentlicht.
278 Ebd.
279 Raoul Schrott: *Die Erfindung der Poesie. Gedichte aus den ersten viertausend Jahren*, München 2003, S. 15.
280 Ebd., S. 17.
281 Ebd., S. 21.
282 Kling: *Botenstoffe*, S. 215.
283 Siehe Thomas Kling: *Sprachspeicher*, S. 8.

geographischer Sprachvarianten mit ihren Regionalismen und Dialekten findet man bei Schrott nicht. Er verwendet eine wesentlich homogenere Form von Alltagssprache mit traditionellen Stilmitteln, die Zugänglichkeit vermittelt. Schrott begreift Ästhetik als eine „Art der Ökonomie", die „ein Maximum von Ideen mit einem [...] Minimum an Mitteln aus[drückt]";[284] Kling dagegen erschafft eine heterogene Sprache, die dem Motto „mehr ist gleich Meer (Überflutung)" folgt. Wie bereits angedeutet, lässt sich dieses Verhältnis jedoch nur schwer als Gegensatz zwischen Avantgarde und Tradition fassen, denn auch Schrott steht nicht in der Tradition der romantischen oder Bloom'schen „lyric subjectivity": „Kein gelungenes Gedicht spricht von sich oder seinem Ich."[285] Auch er setzt den tradierten Kanon nicht unmittelbar fort, sondern sucht nach unbekannten, von der Gegenwart vergessenen Innovator*innen, mit Pound gesprochen, nach den „men who found a new process, or whose extant work gives us the first known example of a process"[286]: Dazu zählen etwa Guihelm IX., der erste Troubadour, oder Giacomo da Lentino, der sizilianische Vorläufer Dantes und Petrarcas, der als erster die Sonettform entwickelte. Zugleich setzt er die bereits im Zusammenhang mit Pound und Kling thematisierte Kritik der Originalität fort und verleiht dem Begriff der Innovation neue Konturen:

> die Erfindung der Poesie läßt sich nur begrenzt auf Vorstellungen von Originalität oder gar Genialität reduzieren; statt von Innovation sollte man daher lieber von Instigation reden – vom Anregen und Anstiften.[287]

Schrott erforscht die traditionellen Mittel und Formen der Poesie, ohne eine konventionelle Geschichte der Lyrik zu präsentieren. Wo und wie positioniert er dabei sich selbst? Bereits im Vorwort zu seiner Anthologie bemerkt er, dass sich die Gegenwartslyrik entweder in „sentimentalen Anekdoten" oder in „postmoderner Sprachklitterung" erschöpft, „ihre Mitte aber längst verloren hat".[288] In klarer Abgrenzung zu postmodernen, avantgardistischen Ansätzen versucht Schrott diese „Mitte" zurückzugewinnen; im Gespräch mit Urs Engeler sieht er die Geschichte der deutschsprachigen Lyrik des 20. Jahrhunderts geprägt von zwei Traditionsbrüchen: der Moderne, welche zur alten Lyrik, die auf eine Tradition von dreitausend Jahren zurückblicken konnte, in Opposition gegangen ist, und dem zweiten Weltkrieg, der wiederum mit der Moderne

---

284  Raoul Schrott: *Die Erfindung der Poesie*, S. 20.
285  Ebd., S. 19.
286  Ezra Pound: *ABC of reading*, London 1951, S. 40.
287  Raoul Schrott: *Die Erfindung der Poesie*, S. 14.
288  Ebd., S. 8.

einen Traditionsbruch vollzog.[289] Schrott bezeichnet den Anschluss an die Moderne durch Lyriker*innen wie Pastior, Artmann, Jandl und Mayröcker, die alle den zweiten Weltkrieg erlebt haben, als „glaubwürdig".[290] Damit scheint er zu implizieren, dass er es für weniger „glaubwürdig" hält, wenn sich ein Kollege wie Kling an der Tradition der Nachkriegsavantgarden abarbeitet. Was einer solchen Auseinandersetzung wohl in seinen Augen fehlt, ist die bereits erwähnte „Mitte" zwischen den avantgardistischen oder „postmodernen" Positionen einerseits und „sentimentalen Anekdoten" andererseits.[291] Schrott positioniert sich also nicht gegen die avantgardistischen Ansätze, die er immerhin „interessant" findet; er will vielmehr einen Punkt einnehmen, den er als Mitte begreift.[292] Die Frage, ob diese Mitte in den 90er Jahren tatsächlich ein unbesetzter Raum war, soll später beantwortet werden. Zunächst gilt es festzuhalten, dass Schrott diese Mitte unter Bezugnahme auf Lyriker*innen des englischsprachigen Raums definiert: Anders als in Deutschland existiere diese Position im angelsächsischen Raum nach wie vor, wobei Schrott Lyriker*innen wie Seamus Heaney nennt.[293]

Schrotts „Pamphlet wider die modische Dichtung" macht deutlich, dass seine Polemik nicht (oder nicht nur) der „postmodernen Sprachklitterung" gilt. Etwas konkreter äußert er sich im Hinblick auf Durs Grünbein, der offenbar sein größerer Konkurrent ist, steht Schrott doch als eine Art „fortschrittlicher Konservativer"[294] der Position Grünbeins näher als derjenigen Klings. Im „Pamphlet wider die modische Dichtung" wendet er sich gegen den oberflächlichen Gebrauch von Fremdsprachen in der Gegenwartslyrik und zitiert dabei wohl nicht zufällig „mon frère" aus dem ersten Gedicht von Grünbeins Zyklus „Grauzone morgens".[295] Außerdem bezieht er sich auf das mit dem Datum „12/11/89" betitelte Gedicht Grünbeins aus *Schädelbasislektion* (1991), das ein „Zusichkommen des Gedichts apostrophierte" („Komm zu dir Gedicht, Berlins Mauer ist offen jetzt"). In Wahrheit, so Schrott, stelle das Gedicht „Notate aus dem Wunderland des eigenen Ich, fern jedes anderen Anspruchs" dar, dabei sei es „frei von jedem Anflug von Selbstparodie".[296] Ebenso verdammt er den von Grünbein in seiner Dankesrede zum Förderpreis des Bremer

---

289  Raoul Schrott: „Die Mitte zurückgewinnen. Raoul Schrott im Gespräch mit Urs Engeler", *Zwischen den Zeilen* 7/8 (1996), S. 146–157.
290  Ebd.
291  Ebd.
292  Ebd.
293  Ebd.
294  Henning Ahrens: „Der Künder der Mitte", Planet Lyrik, URL: http://www.planetlyrik.de/raoul-schrott-hrsg-die-erfindung-der-poesie/2011/03/, letzter Zugriff: 27.12.2023.
295  Raoul Schrott: „Pamphlet wider die modische Dichtung", S. 10.
296  Ebd., S. 12.

Literaturpreises vorgebrachten Gedanken, dass „der Außenraum vielleicht längst totcodiert, ausgeschritten und zuendegedacht" sei.[297] Die schärfste Kritik äußert er an Grünbeins angeblich oberflächlicher Beschäftigung mit den Naturwissenschaften, vor allem mit der Neurologie: Das gilt etwa für die Idee, dass „in der Neurologie die Poetik der Zukunft versteckt liege", oder Grünbeins Definition von Dichtung „als zerebrale[r] Seite der Kunst, in der das Gedicht das Denken in einer Folge physiologischer Kurzschlüsse vorführt".[298] Schrott und Kling vertrauen der Intuition stärker als Grünbein, beide sind sie mindestens so sehr an der zerebralen wie an der musikalischen Seite der Lyrik interessiert. Ob diese Polemik einem Bedürfnis nach Differenzierung der eigenen Position entspringt oder sich der verschärften Konkurrenz aufgrund der Büchner-Preis-Verleihung an Grünbein verdankt, ist schwer zu entscheiden. Jedenfalls ist das Verhältnis zwischen Kling und Schrott weniger konfliktgeladen. Zwar bleibt nicht auszuschließen, dass manche Bemerkungen in Schrotts Pamphlet auf Kling zielen,[299] doch nie kommt es zu einem offen ausgetragenen Streit.

### 5.4 Unterschiede: Darstellungen alpiner Landschaften

Um die Unterschiede zwischen Klings und Schrotts Poetik herauszuarbeiten, sollen zuletzt zwei Gedichte näher betrachtet werden. Schrotts Gedicht „GRAUKOGEL", das Kling in seine Anthologie *Sprachspeicher* aufnahm, stammt aus seinem zweiten Band *Tropen. Über das Erhabene* (1998), der die tropischen Gefilde als Landschaften der Extreme erkundet und sich, vermittelt durch das ästhetische Konzept des Erhabenen, auch anderen Beispielen „indifferenter Natur" wie den Bergen oder dem Meer zuwendet.[300] Darüber hinaus erforschen die in dem Band gesammelten Gedichte die rhetorischen Tropen und Redefiguren, die unsere Wahrnehmung beeinflussen. Zu Schrotts Auseinandersetzung mit den Naturwissenschaften und dem Ersten Weltkrieg liegen bereits viele Studien vor: Ruth J. Owen charakterisiert Schrotts Porträts von Naturwissenschaftlern als Figuren, die den Dichtern in vielen Hinsichten ähneln, insofern sie die Möglichkeiten der Wahrnehmung erweitern und das moderne lyrische Subjekt exemplifizieren.[301] Bezüglich Karen Leeders umfangreichem Vergleich zwischen Klings und Schrotts Gedichten über den Ersten

---

297 Ebd., S. 15–16.
298 Ebd., S. 20.
299 „Anatomische Prägnanz und strukturalistische Ambiguität, gekoppelt mit expressiver Notation und Sprachgewalt! Ein klares Auge für Klischees!" Ebd., S. 8.
300 Raoul Schrott: *Tropen. Über das Erhabene*, München 1998, S. 8.
301 Ruth J. Owen: „Science in contemporary poetry. A point of comparison between Raoul Schrott and Durs Grünbein" in: *German Life and Letters* 54:1 (2001), S. 82–96.

Weltkrieg[302] sei nur ergänzend angemerkt, dass Klings „Gemäldegedicht, Schruns", das einem 1916 bei Pasubio gefallenen Soldaten gewidmet ist, oder „Aufnahme 1914" aus *brennstabm* (1991) Schrotts Zyklus „Gebirgsfront 1916–18" um sieben Jahre vorausgehen und in dieser Hinsicht als wegweisend gelten dürfen. Im Mittelpunkt der folgenden Seiten soll jedoch die Darstellung der Alpen bei Schrott und Kling stehen. Schrotts *Tropen* (1998) und Klings Gedichtband *nacht. sicht. gerät* (1993) sind nur fünf Jahre voneinander entfernt, und beide enthalten sie Gedichte mit einem ähnlichen Sujet: Der Graukogel, der Schrotts Gedicht seinen Titel gibt, ist ein 2492 Meter hoher Gipfel in den österreichischen Hohen Tauern, einer Hochgebirgsregion in den Zentralalpen, während sich Kling im Zyklus „stromernde alpmschrift" den Schweizer Alpen widmet:

GRAUKOGEL

das kar · windholz auf dem jährigen schnee dürr und
zerstückelt · borstgras · in der leere die einem einsturz
vorausgeht raffen die wolken das gebirge zusammen
und die sonne zeichnet die schatten um in die falllinien
der nacht · jeder schritt weiter auf diesen tafeln zielt
auf eine mitte · aber das auge täuscht sich über fernen
abstand und höhe · was in der faltung des horizonts
sichtbar wird ist tage unbestimmt weit weg · das fenster
der tauern · heller hin zum rand des lichts geht die staffel
des massivs auf ins grau gestreuter bänder · glimmende
linsen überschoben und dann verworfen und blenden
in einem kambrium von grüngestein · die tiefe die darin
langsam eindrang und erstarrte · relikte eines inselbogens
und ein flaches meer das nach und nach austrocknete
zum schelf und salz aus den rauhwacken löst · kristalline
formen bis in die achtecke des fossilen planktons und
das leben das sich auf den flächen festsetzt · ein kühler
wind fällt von der kante auf die gletscherzunge nieder
das skelett eines gebirges aus dessen fleisch die knochen
treten in einem geäderwerk von bächen · haut und
bauch · aber das hieße schon vom mensch zu sprechen:

---

302 Karen Leeder: „rhythmische historia'. Contemporary poems of the First World War by Thomas Kling and Raoul Schrott", in: *Cultural memory and historical consciousness in the German-speaking world since 1500*, hg. von Christian Emden und David Midgley, Frankfurt a. M. 2004, S. 281–305.

die natur kennt keine schrift · spalten und risse lassen
bloß blindes am fels entziffern · erratisch grobe blöcke
und ein findling klafterweit von dem geröll einer moräne
weit oben an einem überhang reißt die kälte ihren keil
schroff in eine wand und die ausgesetzte spitze gleitet
ab viel zu langsam und unendlich stumm als könnte sich
die schöpfung mit einem mal in der verzögerung vollenden

habachtal, 13. 2. 98[303]

>             deilidurei faledirannurei,
>             lidundei    faladaritturei!
>             (heinrich von strättlingen, 13.jh.)

1
                        di alpm?
also, grooßformate drramatischster vrr-
kettungen; so dämmrunx-lilienstrahl in
riefenstahlscher lichtregie. christiani-
sierte gipfel, meinethalbn, freie fälle;
firnriß. „erstesahne-wand", schwefelhut-,
also schwarzgelbtragend, erwartet sie,
gefirnrißte jungfrau, ja was? ein ticket
nach? freikletterers morgengruß der ein-
checkt ebn ins hotel? der alpmmaler stri-
chelt das. und firn-[304]

Es fällt nicht schwer, sich vorzustellen, warum dieses Gedicht dem Bergsteiger Kling, der seinen ersten Text über eine Gruppenfahrt in die Eifel verfasste, gefiel. Tatsächlich spielten die Berge auch in der persönlichen Bekanntschaft der beiden Dichter eine Rolle.[305] Trotz der alpinen Motivik und der Abwesenheit eines Ich (das bei Kling nur mit „meinethalbn" impliziert ist), unterscheidet sich Schrotts Sprache stark von derjenigen Klings: Sie ist narrativer, homogener, enger an der Standardsprache orientiert. Kling stellt dem ersten Gedicht des Zyklus ein lautmalerisches Motto voran, einen sich wiederholenden Refrain aus Heinrich von Stretelingens „Nahtegal, guot vogellîn", der den Klang in den Vordergrund rückt: Paronomastische Klangassoziationen wie die Nähe

---

303   Schrott: *Tropen*, S. 79. ©
304   Kling: *Gesammelte Gedichte*, S. 395.
305   Gespräch mit Raoul Schrott, 08.09.2023, unveröffentlicht.

zwischen Firnriss (Riss von Firn, dem Gletschereis) und Firnis (Öl, das als Schutzschicht auf ein Material aufgetragen wird) treiben das Gedicht voran, das durch die Form der Aufzählung von der herkömmlichen Syntax abweicht. In Klings Gedicht dreht sich alles um die Darstellung und Medialisierung der Alpen in der Kulturgeschichte. Beides symbolisieren die Bergfilme von Leni Riefenstahl, die 1926 als Schauspielerin im Film *Der heilige Berg* debütierte und 1932 an der Seite von Béla Bálasz für den Film *Das blaue Licht* Regie führte. Kling, dem es nie um eine unmittelbare Darstellung der Natur ging, verweist auf die Lichtdramaturgie, die in *Das blaue Licht* eine zentrale Rolle spielt; zudem dient ihm der Bezug auf den Film, dem bereits Siegfried Kracauer präfaschistische Tendenzen attestierte,[306] als Ausganspunkt für die in weiteren Gedichten entwickelte Auseinandersetzung mit der ideologischen Vereinnahmung des Bergsteigens, wozu auch die Erstbesteigung der Eigernordwand (1938) und die Figur Heinrich Harrers herangezogen werden. Die „christianisierte[n] gipfel" beziehen sich auf die lange zurückreichende Tradition der Errichtung von Gipfelkreuzen, mithin nicht auf die reine Naturlandschaft, sondern auf eine vom Menschen zu Zwecken der Vermessung und Markierung geprägte Landschaft. Der Bezug auf das vor allem im 18. und 19. Jahrhundert verbreitete Genre der Alpenmalerei erinnert an eine historische Form von Alpendarstellungen. Was der „alpmmaler" jedoch „strichelt", ist keine Landschaft des 19. Jahrhunderts, sondern ein modernes Bild des Massentourismus und der Technisierung.

Schrotts Gedicht dagegen handelt nicht von Zeitgeschichte, sondern von der geologischen Vorzeit der Erde lange vor dem Entstehen der Menschheit; das wird bereits aus dem verwendetem Vokabular ersichtlich: „Kar" bezeichnet die Eintiefungen an Berghängen unterhalb des Gipfels, die von kurzen Gletschern ausgeschürft wurden; „Kambrium" die älteste erdgeschichtliche Periode des Paläozoikums; „flaches meer" meint vermutlich das Tethys-Meer, welches durch die Kollision Europas mit der Adriatischen Kontinentalplatte zu verschwinden begann und aus dessen Meeresgrund die Alpen entstanden; „Schelf" bezeichnet die in die See auslaufenden Ränder eines Kontinents, die vom Meer bedeckt sind, „Rauwacken" zellig-porös gewordenen Dolomit. Auch „Gletscherzunge", „Findling" und „Moräne" zählen zur geologischen Fachsprache. Wie schon die Begriffe der Leere, des Einsturzes, der Täuschung, der Unbestimmtheit, der Tiefe und Kälte andeuten, formen die Berge eine gefährliche, unvorhersehbare, eng mit dem Konzept des Erhabenen verbundene Landschaft: Schrotts Gedicht vergleicht zwar das Gebirge mit dem menschlichen Körper, distanziert sich aber zugleich von dieser anthropomorphen Naturbetrachtung: „aber das hieße schon vom mensch zu sprechen: /

---

[306] Siehe Siegfried Kracauer: *Von Caligari zu Hitler. Eine psychologische Geschichte des deutschen Films*, Frankfurt a. M. 1999.

die natur kennt keine schrift". Während Kling seinen Zyklus „stromernde alpmschrift" betitelt, kennt Schrotts Natur „keine schrift", sondern höchstens Unentzifferbares: „spalten und risse lassen / bloß blindes am fels entziffern". Schrotts Gedicht wendet sich also gegen den seit der Romantik vorherrschenden Topos von der Zeichenhaftigkeit der Natur, der für die deutsche Naturlyrik typisch ist und noch bei Peter Huchel wiederkehrt.[307] Klings Thema ist dagegen die „Vergesellschaftung der Natur", wie es Erk Grimm in Anlehnung an Ulrich Beck formuliert.[308] Schrott wiederum inszeniert die Naturlandschaft als Beispiel eines Erhabenen, das sich menschlichen Begriffen grundsätzlich entzieht und ihnen gegenüber seine Indifferenz behauptet. Es ist das „Unfaßbare der Natur",[309] welches das Gedicht auf eine zuletzt doch sehr wissenschaftliche Art, d. h. durch Einbeziehung der Geologie und der Subjektivität menschlicher Wahrnehmung („aber das auge täuscht sich über fernen / abstand und höhe") erahnen lassen möchte. Indem er sein Gedicht mit einer Reflexion über die Schöpfung beschließt, veranschaulicht Schrott zugleich die von ihm vorgebrachte Idee, das Erhabene sei „ein Surrogat für die Vorstellung des Heiligen".[310] Gewiss könnte man auch den Graukogel – ein beliebtes und touristisch erschlossenes Skigebiet im Salzburger Land – in Kling'scher Manier darstellen. Was sich in Schrotts Naturbeschreibung artikuliert, ist jedoch die Differenz einer Poetik, die den Rückbezug auf ältere ästhetische Konzepte wie das Erhabene nicht als reaktionär oder konservativ begreift, sondern als einen anderen, ebenfalls denkbaren Anfang.

## 6  Zusammenfassung

Anhand der in diesem Kapitel untersuchten Konstellationen ließen sich unterschiedliche Reaktionsweisen auf die Neuheit von Thomas Klings Werk im Verlauf der 90er Jahre aufzeigen. Dieter M. Gräf und Norbert Hummelt, die bald schon einer „Neuen Kölner Dichterschule" zugerechnet wurden, orientierten sich zunächst eng an seinem Stil – und das nicht nur an seiner Montagetechnik, sondern ebenso an der Interpunktion, dem Schriftbild und sogar an einzelnen Motiven. Das Bewusstsein für die Gefahr des Epigonentums führte jedoch rasch zu einer zunehmenden Distanzierung vom einstigen

---

307  Siehe z. B. das Gedicht „Unter der blanken Hacke des Monds" in Peter Huchel: *Gedichte*, Auswahl und Nachwort von Peter Wapnewski, Frankfurt a. M. 1989, S. 115.
308  Siehe Erk Grimm: „Lesarten der zweiten Natur. Landschaften als Sprachräume in der Lyrik Thomas Klings", in: *Text + Kritik* 147 [Themenheft: Thomas Kling], München 2000, S. 59–69.
309  Raoul Schrott: *Tropen*, S. 207.
310  Ebd., S. 206.

Vorbild: Eine bereits von Kling selbst im Hinblick auf seine expressionistischen Lektüren vollzogene Entwicklung, die sich mit Blooms starrer kategorialer Unterscheidung zwischen schwachen und starken Lyriker*innen nicht fassen lässt. Dabei wird die Distanzierung oft durch die Beschäftigung mit anderen Poetiken beschleunigt: Diese Rolle spielte Peter Waterhouse für Gräf oder die Literatur der Romantik für Hummelt. Im Gegensatz zu dem regional geprägten Kölner Netzwerk, das sich zu Beginn der 90er Jahre entwickelte, scharte Kling in der zweiten Hälfte der 90er Jahre selbst einen kleinen Kreis in Hombroich um sich. Das ästhetische Programm seiner Mitglieder war bestimmt durch eine sprachreflexive Tendenz, durch Referenzen auf die Tradition der historischen Avantgarden und durch eine transnationale Rezeption deutschsprachiger Lyrik. Das in der Wiener Avantgarde verankerte Bewusstsein für die Sprache erweist sich auch als ein Bindeglied zwischen Kling und Franz Josef Czernin, die trotz einer gewissen Nähe verschiedene Plätze im literarischen Feld ihrer Zeit einnehmen, insofern sie unterschiedliche Aspekte der ihnen gemeinsamen Traditionen hervorheben und fortsetzen. So gründete das mit Klings Lyrik verbundene Erneuerungspotential gerade in der Verschränkung der Wiener Avantgarde mit der wahrnehmungsorientierten, medienreflexiven Poetik Rolf Dieter Brinkmanns. Diese Bezugnahme – ebenso wie die auf Benn – teilte Kling mit Durs Grünbein, der nach einer anfänglichen Nähe eine Position „jenseits der Avantgarden" eingenommen hat. Obwohl man die Gedichte der auf den vorangehenden Seiten untersuchten Lyriker, verallgemeinernd gesprochen, entweder einer „avantgardistischen" oder einer „traditionellen", „lyrischen" oder auch „narrativen" Schreibweise zuordnen könnte, zeigt doch eine nähere Analyse dieser Poetiken, dass die Grenzen zwischen derartigen Kategorien fließend sind. Die divergierenden Antikenrezeptionen Klings und Grünbeins stehen zwar für einen latenten poetologischen Konflikt; aber der persönliche Austausch der beiden Lyriker ist nicht zuletzt ein Beweis für die Verbundenheit und gegenseitige Akzeptanz ost- und westdeutscher Traditionen. Das Verhältnis zwischen Kling und Raoul Schrott, einem weiteren Akteur der 90er Jahre, ist dagegen weniger konfliktgeladen: Schrott erforscht die traditionellen Mittel der Poesie, vollzieht aber, ähnlich wie Kling, eine Umwertung des literarischen Kanons, wenn er die Verflechtung europäischer und arabischer Literaturtraditionen betont. Im Vergleich zu Schrott scheint Kling stärker in der deutschsprachigen Tradition verwurzelt zu sein; auch als Übersetzer hat er sich weniger profiliert. Die Mitte, die Schrott zwischen den Positionen von Kling und Grünbein einnehmen will, definiert sich durch eine Anbindung an traditionelle poetische Stilmittel und Konzepte, verzichtet jedoch nicht auf das Sprachbewusstsein der Avantgarden. So ist Schrotts Werk ein Beweis für das breite Spektrum lyrischer Formen, das im Laufe der 90er Jahre nicht zuletzt in Reaktion auf Klings Poetik entstand.

KAPITEL 3

# Mentor, Förderer, Navigationshilfe: Thomas Kling und die jüngere Generation von Lyriker*innen

Im Jahr 2000 tat eine neue Generation von Lyriker*innen ihre ersten Schritte an die Öffentlichkeit. „Das sind Autoren, die zwischen 1968 und 1978 geboren wurden und um den Millenniumwechsel erste Publikationen in Anthologien oder Debütbänden vorgelegt haben".[1] So werden sie von Michael Braun in seinem grundlegenden Aufsatz über die Lyrik dieser Generation definiert. Als weitere Kriterien nennt Braun das Erscheinen der von Jan Wagner und Björn Kuhligk herausgegebenen Anthologie *Lyrik von Jetzt* (2003), den weiterhin relevanten und wegweisenden Leonce-und-Lena-Preis und Zeitschriften wie die 2001 in Hildesheim gegründete *BELLA triste*. Braun zufolge weist eine Reihe von Lyriker*innen, die sich (aus heutiger Sicht) tatsächlich etabliert haben, den Weg in das 21. Jahrhundert: Nico Bleutge, Daniel Falb, Hendrik Jackson, Steffen Popp, Marion Poschmann, Uljana Wolf, Monika Rinck, Sabine Scho, Uwe Tellkamp, Anja Utler, Jan Wagner.

## 1 Die jüngere Generation und ihre Bezugspunkte

Obwohl alle diese Lyriker*innen eigene, neue poetologische Programme entwickeln, knüpfen sie doch offensichtlich an Traditionen an. Verallgemeinernd gesagt lässt sich eine Vervielfältigung der Bezugspunkte beobachten, zu denen zunehmend auch fremdsprachige Lyrik gehört, d. h. ein breiteres Traditionsspektrum – im Vergleich zu den Traditionsbezügen der vorhergehenden Generation –, das zur Vielfalt der stilistischen Ansätze beiträgt. In seinem Aufsatz über das Konzept der Avantgarde und des experimentellen Schreibens in der deutschsprachigen Lyrik erklärte Ulf Stolterfoht hinsichtlich der Bezugspunkte der jüngeren Generation: „Mögen sich die Bezugsgrößen auch verändert haben – die neue amerikanische Lyrik mit Charles Simic und John Ashbery spielt jetzt sicher eine größere Rolle als die alten Zausel der Avantgarde –, wird man doch kaum einen Jüngeren finden, der nicht

---

1 Michael Braun: „Die vernetzte Zunge des Propheten. Eine kleine Strömungslehre zur Poesie im 21. Jahrhundert", in: Heinz Ludwig Arnold (Hg.): *Text + Kritik* 171 [Themenheft: Junge Lyrik], München 2006, S. 37–57.

auch Thomas Klings Gedichte als einen wichtigen Einfluss nennen würde.²" Thomas Kling steht hier für einen avantgardistischen Ansatz, auf den sich laut Stolterfoht fast allen Lyriker*innen der jüngeren Generation einigen könnten. Und tatsächlich werden sie alle Klings Werk gekannt haben, auch wenn es nicht für alle von ihnen – so etwa für Uljana Wolf, Monika Rinck oder Steffen Popp, der sich eher auf Gerhard Falkner bezieht – unmittelbar relevant gewesen ist. Gleichwohl war Kling für die ihm nachfolgende Generation nicht nur im poetologischen Sinne bedeutend, sondern auch durch seine Präsenz im literarischen Feld: als „Mentor",[3] „Vorbild"[4] und „Navigationshilfe"[5] sowie Herausgeber.[6]

## 2  Klings Einfluss und Präsenz im Lyrik-Feld

In seiner Rezension zu Klings letztem Band, *Auswertung der Flugdaten*, schreibt Nicolai Kobus:

> Kling hatte, was seine Arbeitsweise betraf, Einfluss auf etliche jüngere Autoren. Die Wahl der Stoffe, seine Montagetechnik, das Überblenden der Bildbereiche, der virtuose Umgang mit den unterschiedlichsten Tonlagen und Sprechhaltungen, vom angesägten Pathos bis zur lautschriftlich mitnotierten Umgangssprache, und vor allem die zwingend gründliche Materialrecherche als unbedingte Voraussetzung jeder ernsthaften Textarbeit.[7]

In seinem Nachwort zur Reclam-Auswahl der Gedichte Thomas Klings erwähnt auch Norbert Hummelt in einer kurzen Fußnote einige Lyriker*innen der jüngeren Generation, für die Kling wichtig war: „Später [d. h. nachdem sich die „Generationsgenossen Klings von seiner frühen Lyrik angeregt fühlten"] zeigen sich u. a. die Lyriker Sabine Scho, Anja Utler, Nico Bleutge und Norbert Lange auf je unterschiedliche Weise von Thomas Klings Texten

---

2  Ulf Stolterfoht: „Noch einmal. Über Avantgarde und experimentelle Lyrik", S. 191.
3  Helga Bittner: „Lyriker und Mentor Thomas Kling. Klings Dichterschule," in: *NGZ*, 03.09.2003; Anhang, Gespräch mit Anja Utler, Regensburg, 15.09.2015.
4  Sabine Scho: „Anworten von Sabine Scho", Internetseite „Forum der 13", URL: http://www.forum-der-13.de/seiten/fd13.php?comm=4369, letzter Zugriff: 06.07.2014; mittlerweile nicht mehr verfügbar.
5  Ebd.
6  Siehe Sabine Scho: *Thomas Kling entdeckt Sabine Scho*, München 2001.
7  Nicolai Kobus: „Im Wortsinn radikal", in: *TAZ*, 23.04.2005.

und Theorien beeinflusst."[8] Dieses Kapitel wird sich mit zwei Lyrikerinnen aus dieser Reihe auseinandersetzen – Sabine Scho und Anja Utler – und auf exemplarische Weise die verschiedenen poetologischen Anknüpfungen an Kling zu zeigen versuchen, um die Frage nach seiner Bedeutung und seinem Platz in der deutschen Lyrik um 2000 zu klären; und das nicht nur im poetologischen, sondern auch im literatursoziologischen Sinne, hinsichtlich seiner Unterstützung und Förderung junger, noch nicht etablierter Autor*innen. Dieses Interesse schließt, was die folgenden Analysen anbelangt, bereits einige der oben genannten Lyriker*innen aus, bei denen diese literatursoziologische Komponente weniger oder gar nicht ausgeprägt ist: Norbert Langes 2005 beim Verlag Lyrik Edition 2000 publiziertes Lyrikdebüt *Rauhfasern* scheint zwar in vielerlei Hinsicht von Klings Lyrik angeregt zu sein, der Autor (Jahrgang 1978) pflegte jedoch zu Kling keinen Kontakt. Nico Bleutge (*1972) verkehrte zwar persönlich mit Kling, nahm aber erst im September 2005, fünf Monate nach Klings Tod, an der letzten Lesereihe „Hombroich: Literatur" teil. Deshalb lassen sich die verschiedenen Aspekte der von Kling ausgehenden Förderung und Unterstützung viel besser anhand der Lyrikerinnen Sabine Scho und Anja Utler analysieren, die um das Jahr 2000 ihre ersten Schritte in die Öffentlichkeit tun. Diese Auswahl ist auch durch den Anspruch begründet, ausgehend von zwei möglichst verschiedenen Poetiken die ganze Vielfalt stilistischer Ansätze zu erkunden. Während sich Utlers Texte „gegen leichte Konsumierbarkeit [sträuben]"[9] und eine gewisse hermetische Tendenz aufweisen[10], wirken Schos Gedichte trotz ihrer sprachlichen Komplexität zugänglicher – und dies wohl auch aufgrund ihrer Themen, zu denen immer wieder die jüngere deutsche Geschichte mit ihren sozialen, ökonomischen und politischen Aspekten gehört. Mittels Montage und sprachlicher Variationen konfrontiert sie verschiedene Diskurse miteinander, während Utlers stark mit Klang und Rhythmus arbeitende Gedichte Formen der lyrischen Subjektivität und Emotionalität erkunden. Das vorliegende Kapitel konzentriert sich auf zwei spezifische Momente um das Jahr 2000, als die beiden Autorinnen ihre ersten Lyrikbände veröffentlichen. Die folgenden Seiten sind also nicht dem gesamten literarischen Oeuvre der beiden Lyrikerinnen gewidmet, auch wenn ihre weitere Entwicklung berücksichtigt wird.

---

8   Norbert Hummelt: „Nachwort", in: Thomas Kling: *schädelmagie. Ausgewählte Gedichte*, Stuttgart 2008, S. 74.
9   Björn Kuhligk, Jan Wagner (Hg.): *Lyrik von Jetzt. 73 Stimmen*, Köln 2003, S. 387.
10  Zur Tradition der hermetischen Poesie zählt sich auch die Autorin selbst. Siehe Anja Utler: *plötzlicher mohn*, München 2007.

## 3 Bourdieu: Interaktion im Lyrik-Feld

Bourdieus Theorie der Praxis und seine kultursoziologischen Schriften – *Die Regeln der Kunst* (1996), *The field of cultural production* (1993) – bilden im Folgenden den Rahmen für die Analyse der Interaktion zwischen Thomas Kling, Sabine Scho und Anja Utler. Sie ermöglichen es, den Etablierungsprozess der beiden Lyrikerinnen, die „Spielregeln" des literarischen Feldes also, die sie in Kontakt mit Thomas Kling bringen, zu thematisieren. Wie sich zeigen wird, ist die poetologische Nähe bis zu einem gewissen Grad auch eine kultursoziologische. Dabei dürfen die Unterschiede nicht übergangen werden, insofern jede Poetik durch ihre transhistorischen und transnationalen Bezüge stets wesentlich komplexer ist als das historisch bedingte soziale Netzwerk, innerhalb dessen sich die Lyriker*innen bewegen.

Das innerhalb eines Machtfeldes befindliche literarische Feld wird von zwei antagonistischen Prinzipien geregelt: dem *heteronomen* Prinzip des ökonomischen, kommerziellen Erfolges und dem *autonomen* Prinzip der Konsekration, Zelebration und Legitimation, gesellschaftlichen Instanzen, die den Künstler*innen und den Kunstwerken ihren Wert verleihen.[11] Im Zentrum dieser Verhältnisse steht die Frage der literarischen Legitimität:

> das Monopol literarischer Legitimität, das heißt unter anderem das Monopol darauf, aus eigener Machtvollkommenheit festzulegen, wer sich Schriftsteller (usw.) nennen darf, oder sogar darauf, wer Schriftsteller ist und aus eigener Machtvollkommenheit darüber befinden kann, wer Schriftsteller ist; oder, wenn man so will, das Monopol auf *die Konsekration* von Produzenten und Produktion.[12]

Veränderungen innerhalb des literarischen Feldes gehen vom Wechsel der Positionen aus, und zwar von den neuen Akteur*innen im Feld, die sich einen Namen machen müssen. Die internen Veränderungen entspringen der Struktur des Feldes, d. h. den synchronen Gegensätzen zwischen den antagonistischen Positionen (dominant/dominiert, konsekriert/Neuling, alt/jung). Für gewöhnlich geschieht der Wechsel durch die Anerkennung der Alten durch die Neuen – Hommage, Zelebrierung usw. – und der Neuen durch die Alten – Vorworte,

---

11  Pierre Bourdieu: *The field of cultural production. Essays on art and literature*, New York 1993, S. 37–40.
12  Pierre Bourdieu: *Die Regeln der Kunst. Genese und Struktur des literarischen Feldes*, Frankfurt a. M. 1999, S. 354.

Kooperation, Konsekration usw.[13] Die Initiative zur Veränderung geht stets von den neuen Akteur*innen innerhalb des Feldes aus,

> denen es auch am stärksten an spezifischem Kapital fehlt und die in einem Universum – in dem „sein" so viel ist wie „sich unterscheiden", das heißt eine distinkte und distinguierende Position einnehmen – nur insoweit überhaupt existieren, als sie, ohne es eigens wollen zu müssen, dahin gelangen, über die Durchsetzung neuer Denk- und Ausdrucksweisen, die mit den geltenden Gewohnheiten brechen.[14]

Der Paradigmenwechsel, der um das Jahr 2000 in der deutschen Lyrik stattfindet, beinhaltet einerseits, bedingt durch die Logik des Feldes, ein Moment des Neuen und der Veränderung, andererseits eine gewisse Kontinuität, die sich in der gegenseitigen Anerkennung der jüngeren und älteren Autor*innen zeigt. Tatsächlich haben wir es mit einem Pol des deutschen literarischen Feldes – genauer des Lyrik-Subfeldes – zu tun, der einen relativ hohen Autonomiegrad besitzt: Die Konsekrationsmechanismen spielen eine große Rolle, externe Einflüsse sind vor allem in der Anfangsphase der literarischen Etablierung unwichtig. Dadurch erweisen sich bestimmte literarische Autoritäten als wichtige Konsekrationsinstanzen im Etablierungsprozess der jüngeren Lyriker*innen.

Dabei gilt es, den allgemeinen kulturellen Wandel dieser Zeit wahrzunehmen – die Formation eines spezifischen, durch Orte, Treffpunkte und Netzwerke definierten Milieus. So schildert Gerhard Falkner im Vorwort zu *Lyrik von Jetzt* die Szene um das Jahr 2000 wie folgt:

> Während die Lyriklesungen in Literaturhäusern oft phänomenal leer blieben, also einen Saal, der vielleicht mit zwanzig Leuten besetzt ist, noch leerer aussehen lassen, als er sowieso schon ist, entstanden in Berlin aus den vor den 90er Jahren noch etwas staubigen Spielstätten der Alternativkultur Cafés, Clubs, Kinos und andere Auftrittsorte, die nicht immer, aber oft zum Bersten voll waren, wenn Gedichte gelesen wurden.
>
> Das hatte mehrere Gründe. Der erste liegt in der eingangs schon erwähnten, neuen Qualität der Kommunikation. Da ging eine SMS oder eine Mail an die Leute raus, die man sich als Zuhörer wünschte, und die kamen dann auch. Der zweite Grund liegt wohl am Hintergrund. Man hört Gedichte dort, wo man sonst vielleicht sowieso hingehen würde.

---

13 Bourdieu: *The field of cultural production*, S. 57.
14 Bourdieu: *Die Regeln der Kunst*, S. 379.

Mit etwas Glück waren die Brüder und Schwestern aus der neuen Musik, der bildenden Kunst oder vom Theater auch noch da, und man hatte nicht die krampfhafte Unterbrechungskunst mit Saxophon, Harfe oder Klanginstallation zu fürchten, welche die vom Lyrikgenuss schwirrenden Gehirne noch weiter intoxifizieren und durchklingeln. Und anschließend tanzt man vielleicht und kennt die Leute, von denen die Musik stammt oder die sie auflegen. Und schließlich geht es in den Gedichten oft um etwas, das nahtlosen Wiedererkennungswert bei gleichzeitig realzeitlichen Wallungswerten besitzt. Folgerichtig werden diese Veranstaltungen nicht von der Mimik seelischer Niedergeschlagenheit begleitet, sondern von Neugier und Konzentration. Angesiedelt haben sich diese Auftritte um eine Handvoll Zeitschriften und Spielstätten, dem Club Eschschloraque, dem SchokoLaden, dem Bastard Club im Prater, dem Kaffee Burger, dem Fischladen, dem Roten Salon, der Kalkscheune, dem Friedrichshainer Weinsalon und um die Zeitschriften „Intendenzen", die Literaturschachtel „Die Außenseite des Elements", die „Losen Blätter", die Veröffentlichungen des Kook Labels, „Lauter Niemand" oder bei der Leipziger „Edit". Anders als bei den groß gepowerten Literaturevents, bei denen die Elixiere des „Dabeiseins" überwiegen, blieb und bleibt auf diesen Lyrikbühnen die Hörspannung persönlich und intim.[15]

Abseits der etablierten literarischen Veranstaltungen trifft sich eine neue Generation im Umfeld der Berliner Musik- und Theaterszene an Orten, wo sich Alternativszene und Clubkultur vermischen. Unabhängig davon, ob die Lesungen tatsächlich zur literarischen Performance tendieren oder nicht, handelt es sich um Orte, an denen man sich in Szene setzt. Unter den Bedingungen der Berliner Nischenkultur und der neuen Medien (vor allem des Internets) formiert sich eine Generation von Lyriker*innen, die neue Veranstaltungsformate sucht. Verbindungen zu den Vorgänger*innen existieren trotzdem, wie Gerhard Falkners anerkennendes Vorwort beweist. Eine solche Beziehung ist im deutschen Lyrik-Feld um das Jahr 2000 kein Einzelfall, wie Klings Interaktion mit Sabine Scho und Anja Utler beweist. Bewusst setzt Kling eine Arbeit fort, deren Grundlagen er auf seine Erfahrungen in Wien zurückführt.[16] Tatsächlich spielt er im Etablierungsprozess der beiden Lyrikerinnen eine wichtige Rolle, auch wenn er keineswegs die einzige

---

15  Gerhard Falkner: „Vorwort", in: Kuhligk, Wagner: *Lyrik von Jetzt*, S. 7–12, hier: S. 9–10.
16  „In seinen jungen Dichterjahren hat er selbst erfahren, wie wichtig die Unterstützung älterer Kollegen ist, und noch heute schwingt Respekt und Dankbarkeit in seinen Worten, wenn er von Ernst Jandl und Friederike Mayröcker spricht." Helga Bittner: „Lyriker und Mentor Thomas Kling. Klings Dichterschule", in: *NGZ*, 03.09.2003.

Quelle symbolischer Anerkennung im lyrischen Feld jener Zeit ist, sondern mit verschiedenen anderen Instanzen zusammenwirkt, darunter Verlage, Literaturkritik, Preise und Wettbewerbe.

## 4   Klings Konsekrationsmechanismen

1997, etwa fünf Jahre, nachdem sie ihn zum ersten Mal beim Lyriktreffen Münster lesen hörte, entschloss sich Sabine Scho, Thomas Kling zu schreiben und ihm einige unveröffentlichte Gedichte vorzulegen.[17] Kling ließ diesen Gedichten eine erste, zunächst inoffizielle Konsekration widerfahren, indem er sie in einem Brief lobte. 1998 wird Kling, diesmal von Scho, wieder nach Münster eingeladen[18] – Zeichen der Anerkennung der „Alten durch die Neuen", die Hand in Hand mit der Anerkennung der „Jungen durch die Alten" geht. 1999 lädt Kling Scho nach Graz zum Steirischen Herbst ein,[19] einem internationalen Festival für Kunst und Literatur, an dem er mitwirkt. Scho nennt diesen Auftritt rückblickend eine „Feuerprobe".[20] Von Kling kommt auch die Initiative, Schos Lyrikdebüt *Album* innerhalb einer Reihe beim Europa-Verlag herauszugeben. 2001 erscheint das Buch unter dem Obertitel *Thomas Kling entdeckt Sabine Scho* zusammen mit einem Vorwort von Kling, das mit der Bemerkung endet, der Band gehöre (zusammen mit Marcel Beyers *Falsches Futter*) „zu den wichtigsten, nicht zuletzt durch die offene Geschlossenheit überzeugenden deutschen Gedichtbüchern der letzten Jahre."[21] Durch diese Sätze erhalten Schos Gedichte ihre literarische Legitimität, wie auch sie selbst als Lyrikerin (vom älteren, etablierteren Lyriker, der Autorität besitzt) anerkannt wird. Im selben Jahr erhält Scho zusammen mit Silke Scheuermann den Leonce-und-Lena-Preis „in Anerkennung für ein vielstimmiges, vielperspektivisches, hochkomplexes lyrisches Sprechen, das zeigt, was Lyrik zuallererst ist: ein schönes Spracherweiterungsprogramm."[22]

---

17   Sabine Scho: „Anworten von Sabine Scho", Internetseite „Forum der 13", URL: http://www.forum-der-13.de/seiten/fd13.php?comm=4369, letzter Zugriff: 06.07.2014; mittlerweile nicht mehr verfügbar.
18   Ebd.
19   Ebd.
20   Ebd.
21   Thomas Kling: „Bildwandlerinnen. Sabine Schos Album", in: Sabine Scho: *Thomas Kling entdeckt Sabine Scho*, München 2001, S. 5–8, hier S. 8.
22   Siehe Sabine Schos Profil auf Lyrikline, Internetseite Lyrikline, URL: https://www.lyrikline.org/de/gedichte/der-direktor-der-hindenburgschule-715#.WTxIgcYlHIU, letzter Zugriff: 18.09.2019.

Auch Anja Utler lernte Thomas Kling im Jahr 2001 beim Leonce-und-Lena-Wettbewerb kennen, zu dem er als Ehrengast eingeladen war. Anders als Sabine Scho hatte sie zu diesem Zeitpunkt bereits einen Lyrikband[23] sowie einzelne Gedichte veröffentlicht.[24] Kling kannte diese Texte und lud sie nach Hombroich ein, wo sie sich im selben Jahr als erste Stipendiatin des Programms „Fellowship Literatur" aufhalten konnte. Diese Rolle des Förderers und Unterstützers noch unbekannter Autor*innen ist – folgt man Bourdieu – keineswegs außergewöhnlich, vielmehr ist diese Position ein konstitutiver Teil der Spielregeln des literarischen Feldes. „Sich um den Nachwuchs zu bemühen"[25] – was laut Helga Bittner Klings Arbeit definiert –, gehört zur Arbeit aller etablierten Lyriker*innen, die eine Machtposition einnehmen wollen. Als eine solche Konsekrationsinstanz[26] erwies sich Thomas Kling auch hinsichtlich des zweiten Lyrikbandes von Anja Utler, dessen Umschlag das folgende Urteil von ihm zitiert: „Das ist ganz selten: Anja Utler empfindet die Sprache. Daher schreibt sie so hart und so blitzend, so mitleidend genau. Daher die sibyllinische Klarheit und der bestürzende Reichtum ihres Gedichts."[27]

Entscheidend an diesen Beispielen ist der Kontakt zu einem etablierten Autor, der mit seinem symbolischen und sozialen Kapital das Werk der Jüngeren fördert. Die Logik des Feldes, der Drang nach Wahrnehmung und Anerkennung bestimmt diese Verhältnisse. Die Aufgabe der etablierten Autor*innen besteht darin, den Prozess der Valorisierung, der ästhetischen Einschätzung und Anerkennung einzuleiten und voranzutreiben. Dabei ist die Nähe innerhalb des literarischen Feldes oft zugleich eine poetologisch-ästhetische. Die Wahl der etablierten Autor*innen scheint nicht willkürlich zu sein – die Verhältnisse werden einerseits bestimmt durch die Position der Lyriker*innen innerhalb des literarischen Feldes, andererseits durch Gemeinsamkeiten in den Poetiken, die den jüngeren Autor*innen mögliche Anknüpfungspunkte liefern. Oder wie es Anja Utler formuliert: „Man trifft sich und man hat sich was zu sagen, weil es bereits bestimmte Ähnlichkeiten gibt."[28] Bisweilen – vor allem in der frühen Schaffensphase – finden sich auch technische Ähnlichkeiten, die einen stilistischen Einfluss bezeugen. Trotzdem müssen alle Lyriker*innen eine eigene, unverkennbare Position einnehmen. Dies tun sie, indem sie Differenzen einführen – auf stilistischer, konzeptueller, thematisch-motivischer Ebene,

---

23 Anja Utler: *aufsagen*, Bunte Raben Verlag, 1999.
24 Siehe *Krachkultur*, Ausgabe 8 (1999).
25 Bittner: „Lyriker und Mentor Thomas Kling. Klings Dichterschule".
26 Klings Konsekrationsmacht ist abhängig von seiner Machtposition innerhalb des Lyrik-Subfeldes, die er an diesem Punkt seiner Karriere innehat.
27 Anja Utler: *münden – entzüngeln*, Wien 2004 [Umschlag].
28 Siehe Anhang, Gespräch mit Anja Utler, Regensburg, 15.09.2015.

MENTOR, FÖRDERER, NAVIGATIONSHILFE              247

durch eine jeweilige Perspektivierung usw. Anja Utler erläutert diese Aufgabe wie folgt: „Das ist auch immer wichtig in der Traditionsbildung, dass man Unterschiede festmachen kann. Da ist noch Raum für meine Stimme, da möchte ich nicht hin."[29] Für die etablierten Autor*innen geht die ästhetische Anerkennung jüngerer Autor*innen mit einer Verstärkung und Neudefinition der eigenen literarischen Position innerhalb der Literaturgeschichte einher. Ein Aspekt dieser permanenten Neudefinition ist nicht nur die Anerkennung, sondern auch die Kritik und Ablehnung jüngerer Lyriker*innen. Nicht auf alle zu Beginn dieses Kapitels erwähnten Lyriker*innen reagierte Kling positiv. Kritisch äußerte er sich beispielsweise über den sogenannten „Trend zu einem Naturlyrik-Relaunch"[30], dem „ein falschverstandener (oder etwa ‚richtig' aufgefasster?) Huchel, wenn nicht Lehmann, als Portalfigur dient."[31] Mit diesem Vorwurf des „Falschverstehens" meint Kling vor allem ein fehlendes Geschichtsbewusstsein: „Vermutlich werden uns die nächsten Jahre solche *Modelle der Geschichtslosigkeit*, bei biedermeierlich-angestrengtem Formstreben (Förmchenbacken) begleiten. So what!"[32] Wer genau an dieser Stelle gemeint ist, bleibt unklar; möglicherweise zielt Klings Invektive gegen die Wiederbelebung der Odenform bei Marion Poschmann. So betont seine Polemik gegen eine gewisse Tendenz in der Lyrik zugleich seine eigene, geschichtsbewusste Position.

## 5    Sabine Schos *Album* (2001)

Die Gemeinsamkeiten, die Kling und Scho in der Technik teilen, lassen sich anhand des folgenden Gedichtes der Autorin herausarbeiten:

> Richtfest für den Sortiermaschinen-Anbau
>
> die einzig wachen Aufrichter räumen dem
> Lorch Vakuumverfahren den Platz für die
>
> Auslese ein, Gleichenfeier „nix da von Hand
> schon gar nicht von eigener" sortieren, son-

---

29   Ebd.
30   Kling: *Botenstoffe*, S. 163.
31   Ebd.
32   Ebd.

dern, auswählen, Lorchs Sortilegium, *es geht
nicht mehr ohne* Dreikammer-Sortiersystem

Federn, Halbdaunen, Daunen, Landrupf aus
Polen, Beschluß vom Bettfedernkonsortium

„die dumme Gans, di leg i um" noch eine von
der Sorte, *heut liegt was in der Luft*, jenes Leich-

te, Lockere, Zwanglose als Schmok, *erdenfern
und spährenweit* [sic] „ich ahne und vermute"

nudeln und stopfen, Schmalz, Blut, Leber
„da bleibt man im Geschäft" über lange Zeit

hinaus entstäuben, waschen, trocknen, kühlen
plus Seife- und Bläuezufuhr, da hast du ein Bett

in den Daunen, erinnert an Wolken, aus der Luft
gegriffener Alp einer Unschuld vom Lande/Gänse-

züchterin, die das Bettenfach erlernen will „mir ist
so komisch zumute" (Pommerngänse) raumhohe

Sortiermaschinen „Manometer!" ein Bittermandelduft
sorgt für Wind „horch, hier wird nicht geschlafen!"

Ihr stockt der Atem, nachts in die Kissen geheult wo keine
Kissen und kein gemachtes Bett, *Bonjour tristesse*, Pro-
krustes, Staublunge und Hautblüte, der Alltag hat uns
                                                                  [wieder

193X Cäcilienbrücke und Bettfedern-Fabrik
lautloses Getöse, kein orgeln, keine Kirchenmusik, keine

Kirche, zu wem auch beten neunzehnhundertsounddreißig
Martyria als Bettenfabrik, jetzt bloß nicht frömmeln, sie steht
doch noch, Kleinkapitol in voller Wirtschaftsblüte von bigotten
Gänsen bewacht, con anima „haste Töne" ins *Keiner schlafe!*

eingestimmt Jupiter/Juno/Minerva = die Konkurrenz, die niemals
schläft, hat dem Kleinbetrieb konzertant die Serenade verstimmt

keine Sorge, den Seinen gibts der Herr im Schlaf, den weniger
Seinen „na, die bleim em wach, eena muß ja arbeeten" (lacht)

wenn der Mond aufgeht, Sterne am Himmel stehn in wolkenloser
Nacht, Diesseits als Dreikammer-Sortiersystem, sonst still

*Und wissen gar nicht viel*

die Gänschen vom Land am Meer, *rund und schön!*
Bettreif georgelte Automaten, die lernen schnell (*stech tiefer*)

sich hinzulegen, versus rapportati: sichten, sondern, auswählen
züchten und kultivieren, aus dem Staub gezogene Heloten, blond

und blaß, mustergültiges Gänseklein, oh Wunder, was ist das
für eine Sippschaft, die wäscht sich den Flaum, aber macht

sich nicht naß, keult, ochst, knechtet, schwitzt Blut und Wasser
Gänsewein bis die Federn fliegen, ohne Gans – ganz von allein

*Verschon uns*, Lorch! mit schlafen, sorg für Druckausgleich
„wir ham die ganze Nacht durchgemacht" gleichviel, laß

doch die Götter ruhig Strafen, wer da schläft, wen wunderts
                                                        sündigt
[*Gute Nacht und schlaft recht schön!*[33]

## 5.1  *Montagetechnik*

Das Gedicht handelt vom Arbeitsalltag der Frauen in einer Bettfedern-Fabrik während der 1930er-Jahre. Ähnlich wie Klings Gedichte arbeitet es mit umgangssprachlich gefärbtem O-Ton, der mit konkreten Sprecher*innen in Verbindung gebracht wird: In die kommentierende, vermittelnde Erzählinstanz werden die Stimmen bzw. Stimmfragmente des arbeitenden Frauenkollektivs sowie

---

33   Scho: *Thomas Kling entdeckt Sabine Scho*, S. 39–41.

des Vorgesetzten integriert: mit abwertenden Redewendungen („die dumme Gans, di leg i um"), Warnungen oder ironisierenden Kommentaren („na, die bleim em wach, eena muss ja arbeeten") wird die Arbeitsatmosphäre vermittelt. Dabei handelt es sich, ähnlich wie bei Kling, wohl nicht um tatsächlich Gehörtes, sondern um bewusst konstruierte Suggestionen von Mündlichkeit. Realistische oder realitätsnahe Redewendungen werden mit literarischen Zitaten kombiniert: „ich ahne und vermute" ist z. B. eine Zeile aus dem Schlager „Heut liegt was in der Luft", ebenso „mir ist / so komisch zumute". Viele andere Zitate und Anspielungen durchziehen das Gedicht: Matthias Claudius' „Abendlied", Celans „Todesfuge", ein Romantitel von Françoise Sagan, populäre deutsche Schlager und Fernsehsendungen. Permanent wird die Grenze zwischen gesprochener und geschriebener Sprache, zwischen Hoch- und Unterhaltungskultur verwischt. Auffällig ist der erzählerische Charakter des Gedichts, auch wenn es – im Vergleich zu Klings „Mikroerzählungen",[34] wie Balmes die *geschmacksverstärker*-Gedichte nennt – keine konkreten, punktuellen Ereignisse schildert: Es handelt von den Details des alltäglichen Lebens und ordnet sie in einen geschlossenen narrativen Zusammenhang ein. Die fragmentarische, mit inszeniertem O-Ton und literarischen Zitaten gespickte Erzählweise zeigt dennoch deutlich die Orientierung am Stil Thomas Klings.

5.2     *Schos Lyrik-Performance*
Schon der Gebrauch von inszeniertem O-Ton verleiht Schos Gedichten eine performative Dimension. Als Lyrik-Performerin steht Scho in einer Tradition des literarischen Vortrags, die Kling im deutschsprachigen Raum entscheidend mitgeprägt hat. Ihre Aufmerksamkeit gilt ausschließlich dem gleichsam als Partitur fungierenden Text.[35] Das Frontispiz von Schos Debüt schmückt ein Foto der Lyrik-Performerin, die sich über ein Blatt Papier mit einem als „bissig"[36] bezeichneten Gesichtsausdruck beugt – vor allem der Mund, der die Zähne zeigt, erinnert an ähnliche Bilder von Kling. Schos Lesungen, das beweisen die Aufnahmen, sind jedoch von einem Vortragsstil geprägt, der sich stark von Klings Arbeit mit permanent wechselnden Tönen, Lautstärken und Tempi unterscheidet. Er wirkt insgesamt ruhiger, aber nicht monoton, da Pausen und

---

34   Kling: *Botenstoffe*, S. 204.
35   Vgl. Thomas Kling: „DER DICHTER ALS LIVE-ACT. DREI SÄTZE ZUR SPRACHINSTALLATION", in: *Proe*, Berlin 1992, unpaginiert.
36   Siehe Nikola Roßbach: „Bildwandlerinnen. Die Lyrikerinnen Tanja Dückers, Sabine Scho und Silke Scheuermann", in: *Fräuleinwunder literarisch*, hg. von Christiane Caemmerer, Walter Delabar, Helga Meise, Frankfurt a. M. 2005, S. 191–212; Dorothea von Törne: „Vater, Mutter, Gedicht", in: *Freitag*, 14.03.2008.

wechselnde Betonungen einzelner Wörter oder ganzer Sätze das Sprechen dynamisieren. Wenn es im Vortrag so etwas wie ein Rollenspiel gibt, dann ist es subtiler als bei Kling. Wie bereits erwähnt, lud Kling Sabine Scho 1998 nach Graz zum Steirischen Herbst ein, an dem er als Kurator beteiligt war. Scho sah sich dort der Herausforderung gegenüber, einen angemessenen Vortragsstil für ihre Gedichte zu finden, um die „Feuerprobe"[37] zu bestehen: „Ich habe gut geschwitzt in Graz, denn mir war klar, dass ich Kling nicht blamieren durfte, denn so wie er von meinen Texten überzeugt war, ließ er keinen Zweifel daran, dass ich mich auch bei der Lesung gefälligst anzustrengen hätte."[38] Um sich der Konsekration durch Kling würdig zu erweisen, muss die nicht-etablierte Lyrikerin ausgehend von seiner performativen Arbeit einen eigenen Stil entwickeln. Dieser Auftritt weist Parallelen zu Klings erster Lesung in Wien auf,[39] bei der auch Mayröcker zugegen war. Die Arbeit am Vortrag des Gedichts wird nicht nur zu einer Voraussetzung der Konsekration, sondern zu einer unausweichlichen Regel des Spiels.

### 5.3 „Schreiben mit und über das Medium der Fotografie"

Neben der Betonung des performativen Charakters von Gedichten teilen Scho und Kling ein Interesse am Medium der Fotografie. Konkrete Bilder gehören oft zum Ausgangsmaterial ihres Schreibens, das immer wieder Begriffe aus der Optik als Metaphern für die textuelle Aneignung der Wirklichkeit übernimmt. Ausgeschnittene, meistens vergrößerte Details von Fotos aus einem antiquarischen Familienalbum werden in *Album*[40] in Sprache übersetzt, oft auch neben dem Text abgedruckt. Kling hat diese intermediale Herangehensweise an das Schreiben nicht erfunden. Zu seinen Vorläufer*innen gehören Rolf Dieter Brinkmann mit seiner Snapshot-Technik oder Arno Schmidt, der sich in Prosawerken wie *Landschaft mit Pocahontas* der Form des Fotoalbums annähert. Schos Verfahren ist allerdings eher mit Kling als mit Brinkmann oder Schmidt zu verbinden; es geht ihr nicht um eine Ästhetik des Augenblicks (Brinkmann), nicht um Erinnerungsprozesse (Schmidt), sondern um Geschichtsbilder und das kollektive Gedächtnis.

Auf der dem Text gegenüberliegenden Seite von „Richtfest für den Sortiermaschinen-Anbau" ist ein Ausschnitt aus einem Foto abgedruckt, das

---

37  Scho: „Anworten von Sabine Scho".
38  Ebd.
39  Kling: *Itinerar*, S. 12–13.
40  Astrid Mayerle: *Das ganz alltägliche Pathos. Wie Gegenwartslyriker ihre Bilder finden*, Radiosendung, Deutschlandradio Kultur am 21.07.2013, URL: https://www.deutschlandfunkkultur.de/das-ganz-alltaegliche-pathos-100.html, letzter Zugriff: 19.09.2022; E-Mail von Sabine Scho, 30.12.2016.

eine Gebäudefassade mit der Aufschrift „Bettfedern-Fabrik" zeigt. Andere Ausschnitte zeigen unter anderem das bebrillte Auge eines Mannes, in dem sich eine Frau spiegelt,[41] den Oberkörper und die Beine eines älteren Mannes in einem Anzug[42] oder den programmatischen Werbeslogan „Entwickeln, Kopieren, Vergrößern" hinter zwei Figuren.[43] Auf vielen Ausschnitten erscheinen die vergrößerten Details aus der Froschperspektive, wodurch eine ungewöhnliche, verfremdende Ansicht von erkennbaren Alltagssituationen mit allen sonst vernachlässigten Details entsteht. Nicht das Ganze und Große ist hier entscheidend, sondern der Hintergrund des Bildes (Gebäude, Fassade) oder isolierte Körperteile (Auge, Mund, Beine), die einerseits die thematische Tendenz des Gedichts aufgreifen (Wahrnehmungsprozesse, Sexualität), andererseits die Verwendung alltäglicher Objekte und ihre sozio-ökonomische Symbolik (Kleidung, Schmuck, Schuhe, Autos, Gewehr usw.) befragen. Nicht das Persönliche, Subjektive steht im Mittelpunkt dieser Gedichte, sondern der Mensch in einer historisch geprägten Umwelt. Der Text ist kein bloßer Kommentar der Bilder, so wie diese keine reinen Illustrationen des Textes sind – er geht zwar von der konkreten, historischen Alltäglichkeit aus, entwickelt aber die Details und Motive zu einem komplexen, sprachlich mehrdeutigen Gedicht weiter.

### 5.4 Beschäftigung mit der deutschen Geschichte

Neben ihrer Bezugnahme auf das Medium der Fotografie verbindet Thomas Kling und Sabine Scho eine weitere Gemeinsamkeit: die Beschäftigung mit der deutschen Geschichte des zwanzigsten Jahrhunderts. Gedichte wie „Richtfest für den Sortiermaschinen-Anbau", das die Kriegszeit thematisiert, bilden in *Album* eher Ausnahmen. Die meisten Gedichte beschäftigen sich mit der Nachkriegs- und der Wirtschaftswunderzeit, suggerieren dabei jedoch ein prekäres Verhältnis zur nationalsozialistischen Vergangenheit („Die Do 27") oder lassen in den Porträts, die sie von Menschen in ihrem Alltag zeichnen, historische, soziale und politische Zusammenhänge durchscheinen (z. B. „Der Direktor der Hindenburgschule", „Prof. Winter", „von Stapelfeld 1952"). Bei Kling wie bei Scho ist Geschichte in Form von kriegsideologischen Zitaten, O-Tönen oder historischem Material präsent. Die Beschreibung eines Fluges auf dem Oldenburger Flughafen alterniert mit Kriegszitaten wie „Danzig bleibt deutsch" („Kanadier im Anflug"); zur Beschreibung der Mundhygiene eines Schuldirektors fallen Formulierungen wie „verheerend"

---

41   Scho: *Thomas Kling entdeckt Sabine Scho*, S. 12.
42   Ebd., S. 16.
43   Ebd., S. 15.

und „völlig ausgebrannt" („Der Direktor der Hindenburgschule"). „Selten wird die Überfrachtung unserer Sprache mit Kriegsworten und kriegerischen Redewendungen und Floskeln so deutlich wie in diesem *Album*", bemerkt Dorothea von Törne in einer Rezension.[44]

Scho und Kling verbindet darüber hinaus der Sammlerinstinkt, die persönliche Faszination für historisches Material wie Familienalben, Fotografien und Postkarten. *Album* beschäftigt sich anhand eines antiquarischen Familienalbums und einer Studie über die Zeit des deutschen Wirtschaftswunders mit der Geschichte.[45] Darin liegen gewisse Parallelen zu Klings Gedichten, die zuweilen auch mit gefundenem Fotografien arbeiten – der Zyklus „AUFNAHME MAI 1914" integriert etwa Porträts eines Marineoffiziers aus dem Ersten Weltkrieg, die Kling Mitte der 80er-Jahre in einem Trödelladen in Wien gekauft hat.[46] Im etwas später entstandenen Zyklus „Der Erste Weltkrieg" bezieht sich Kling auf Dokumente aus dem Besitz seiner Familie sowie auf Filme des Militärhistorischen Museums in Wien. Dabei entwickelt er eine charakteristische Schreibweise, die persönliche Erfahrungen mit offiziellen historischen Berichten eng verknüpft: „AUFNAHME MAI 1914" kombiniert beispielsweise die Beschreibung eines bekannten Fotos von Georg Trakl mit Aufnahmen einer Militäroperation. Kling bezeichnete dieses Verfahren als eine Hervorbringung von „Innenschauen", als „Fensterbilder, die mit diesem Innen- und Außeneffekt arbeiten, Belichtungen",[47] als eine Kombination also von persönlichen, intimen Erlebnissen mit historischen Szenen.[48] In vielen seiner historischen Gedichte ist der familiengeschichtliche Kontext ersichtlich; das gilt etwa für die Bezugnahmen auf das Leben der Großeltern. Andere Gedichte gehen von den Erfahrungen des Autors aus – z. B. „zivildienst. lazarettkopf", das um seinen Zivildienst in einem Altersheim kreist.

Scho entwickelt dagegen in *Album* eine radikal entsubjektivierte Vorgehensweise, der keine sprachliche Reinszenierung persönlich erlebter Alltagsszenen zugrunde liegt; sie rekonstruiert den Alltag der 50er-Jahre in ihrer Imagination: „Es war die Aneignung einer fremden Geschichte, es ist nicht meine, nicht die meiner Familie, sondern eine paradigmatische für die 50er Jahre, die im privaten so viel von dem wiederfinden lässt, was heute in Geschichte eingegangen ist."[49] Der primäre Fokus gilt einzelnen Personen

---

44  Törne: „Vater, Mutter, Gedicht".
45  E-Mail von Sabine Scho, 30.12.2016.
46  Kling: *Botenstoffe*, S. 88.
47  Ebd., S. 239.
48  Siehe Carolin Duttlinger: „Grobkörnige Mnemosyne'. Picturing the First World War in the poetry of Thomas Kling", in: *Oxford German Studies* 34 (2005), S. 103–19.
49  Mayerle: *Das ganz alltägliche Pathos. Wie Gegenwartslyriker ihre Bilder finden.*

und deren Lebensläufen, die auf paradigmatische Art die Zeit(-geschichte) verkörpern: „Ich habe in *Album* versucht, eine Art fiktiven Lebenslauf eines Stückes Zeitgeschichte wiederzugeben, nicht einer Person, sondern Geschichte als Person betrachtet."[50]

Zudem nehmen die in *Album* versammelten Gedichte eine spezifische Perspektive auf die gesellschaftliche Stellung der Frauen ein. „Richtfest für den Sortiermaschinen-Anbau" ist ein gutes Beispiel für diese Aufmerksamkeit, von der auch viele andere Gedichte Schos zeugen, so etwa „Gruppenbild", „Mein Zimmer", „Vater, Mutter und Karin". Auch Kling hebt diesen besonderen Fokus hervor, wenn er in seinem Vorwort zu dem Band erklärt: „Ich kenne keine(n) der augenblicklich interessanten Dichter und Dichterinnen, denen die (ressentimentlos-didaktikfreie: eben dichterische) Benennung des Geschlechterkampfes [...] treffender gelingt, wie der 1970 geborenen Sabine Scho."[51]

### 5.5 Schreiben nach einem Plan

Dennoch bewegt sich die Poetik von *Album* in einem Netzwerk verschiedener Einflüsse und Traditionsbezüge und erschöpft sich keineswegs in den Gemeinsamkeiten mit Kling. Das Schreiben nach einem Plan, gemäß einer Regel – jedes Gedicht untersucht jeweils ein Foto aus dem Album – und die Tendenz zur Entsubjektivierung, die nicht nur *Album*, sondern das gesamte Werk Sabine Schos prägt, verbinden ihre Lyrik mit konzeptueller Kunst und Literatur. Künstler*innen wie Ilya Kabakov, Anna Oppermann, On Kawara, Marcel Broodthaers und Sophie Calle, die sich in ihren Werken mit erfundenen oder authentischen Lebensläufen und Dokumenten beschäftigen, gehörten bei der Arbeit an *Album* zu Schos Vorbildern.[52] Indem die in diesem Band versammelten Gedichte ausgehend von privaten Fotos unterschiedliche, zum Teil rein fiktive Geschichten erzählen, verwischen sie auf ähnliche Weise wie diese Künstler*innen die Grenzen zwischen Fakten und Fiktion. Doch eine wirkliche Parallele zur Konzeptkunst, wie sie etwa die Vertreter*innen eines „conceptual writing"[53] zu kreieren versuchen, bieten Schos Gedichte nicht. Der wesentliche Unterschied besteht in den technischen Verfahren. Während Texte des „conceptual writing" zumeist auf Verfahren der Appropriation

---

50  E-Mail von Sabine Scho, 30.12.2016.
51  Scho: *Thomas Kling entdeckt Sabine Scho*, S. 7.
52  E-Mail von Sabine Scho, 30.12.2016.
53  Als Beispiel seien Werke wie Kenneth Goldsmiths *Soliloquy* (2001) genannt, eine Transkription aller Worte, die der Autor in einer Woche sprach, wobei jeder Tag einen Akt des Textes bildet.

basieren und darauf zielen, den Begriff des Stils obsolet zu machen, montiert oder appropriiert Scho nur winzige sprachliche Fragmente, die sie in ansonsten stilistisch kohärente Texte einbindet. Die Idee des Werkes ist damit nicht wichtiger als dessen Realisierung. Die sprachliche Realisierung ist nur ansatzweise im Konzept zu finden, denn die Gedichte sind mehr als bloß in Sprache übersetzte Fotos, sie sind Texte mit bestimmten stilistischen Merkmalen.

### 5.6 Fazit

Schos *Album* zeigt exemplarisch die Entwicklung einer frühen Poetik, die zwischen Anknüpfung und Abweichung oszilliert. Die Lyrikerin orientiert sich stilistisch an Klings Gedichten – das zeigen die von ihr verwendeten O-Töne und Zitate aus heterogenen Quellen, die in einen narrativen Zusammenhang einmontiert werden –, hält aber zugleich Abstand. Der Ton dieser Gedichte ist distanziert-sachlich; auch auf formaler Ebene wird eine größere formale Geschlossenheit angestrebt. Umso deutlicher treten thematische Unterschiede hervor, so etwa Schos Aufmerksamkeit für Geschlechterverhältnisse.

## 6 Anja Utlers *münden – entzüngeln* (2004)

Auch Anja Utlers Anfänge als Lyrikerin sind von einer Faszination für die Gedichte Thomas Klings geprägt:

> Ich bin das erste Mal über einen oder zwei oder drei Texte von Thomas Kling gestolpert in einer Anthologie, ich habe dort durchgeblättert und ich habe mich gelangweilt. Ich fand sehr Vieles uninteressant und dann bin ich plötzlich hängen geblieben. Das waren die Texte von Thomas Kling [...]. Die Texte waren innerlich bewegt und waren unruhig und konnten etwas, wo ich den Eindruck hatte, dort wird nach etwas gesucht. Und das hat mich interessiert, wonach dort gesucht wird und was mir das sagen kann.[54]

Auf Anja Utlers und Thomas Klings „gemeinsame Wurzeln in grundlegenden ästhetischen Überzeugungen"[55] hat bereits Carsten Rohde verwiesen, der ihre Auffassung der Materialität der Sprache als Fortsetzung des *linguistic*

---

54  Siehe Anhang, Gespräch mit Anja Utler, 15.09.2015, Regensburg.
55  Carsten Rohde: Anja Utler, in: KLG. *Kritisches Lexikon zur deutschsprachigen Gegenwartsliteratur*, Stand: 15.07.2012.

*turn* deutete.[56] Dieser Gedanke soll im Folgenden um konkrete Beispiele und Gedichtanalysen ergänzt und in seiner Tragweite überprüft werden. In Utlers zweitem[57] Band *münden – entzüngeln* (2004) finden sich Gedichte wie das folgende, das sich noch weiter als Scho von Kling entfernt, zugleich aber Parallelen in der Technik aufweist:

> [entgegen zu stehen IV]
> – entgegen: entrinnen –
>
> verspüre nur: taumle, ja, murmle – ein *murmelnder*
> *bachlauf,* so heißt es – nicht kennen, ja
> vielmehr: entgegen zu stürzen sich schließlich
> zu: rinnen zu rieseln beginnen ergießen sich
> sperrende kiefer bis: tief in die niederung
> – talsohle, heißt es – wie: eingeschleust sein
> aus dem: speichel- ins bachbett – *ent-*
> *lastungsgerinne* – entsickert, gemündet in
> schlingende flutende; fransen mäandernde
> adern sich aus – richtung: talsperre – jochbein, ja
> gurgeln und stockt stottert fängt: sich an reusen aus
> hornblatt, gezähnt, flutet im: gerodeten mund[58]

In Vergleich zu Klings Nominalstil wird die in diesem Gedicht entwickelte Syntax von Verben vorangetrieben, die Bewegung und Dynamik suggerieren: von „taumle" und „stürzen" über die vielen Verben, die Unterschiede in der Bewegung des Wassers andeuten – „rinnen", „rieseln", „ergießen", „entsickert", „gemündet", „flutet" –, bis zu den Verben des Sprechens und der Lautproduktion („murmle", „gurgeln", „stockt stottert"), der Kognition („nicht kennen") und des Empfindens („verspüren").

### 6.1  *Die Heterogenität der Sprache*

Auf den ersten Blick erinnert hier beinahe nichts an den Stil der Gedichte Thomas Klings. Das Schriftbild ist wesentlich homogener, beschränkt sich auf die Kleinschreibung, verzichtet auf die Schrägstriche, die bei Kling den stilistischen Bruch markieren, zudem fehlen die harten Worttrennungen. Eine

---

56  Ebd.
57  Sie debütierte 1999 mit dem Band *aufsagen*, beim Bunte Raben Verlag. Broschierte Ausgabe, 19 Gedichte.
58  Utler: *münden – entzüngeln*, S. 14.

direkte Imitation von Klings Stil, wie sie in den frühen Gedichten von Dieter Gräf oder Norbert Hummelt zu beobachten war, bleibt aus. Utler schlägt jedoch auch eine andere Richtung ein als Scho, denn selbst das für Kling typische Montageverfahren, fehlt hier – zumindest auf den ersten Blick. Trotz seiner vermeintlichen Homogenität ist das Gedicht nämlich ein konstruierter Text, der verschiedene sprachliche Ebenen verbindet. Die verwendeten Substantive, die in zwei Fällen auch visuell durch Kursivierung hervorgehoben werden, eröffnen durch ihre geographisch-technischen Konnotationen eine weitere lexikalische Ebene: Das „Entlastungsgerinne" bezeichnet ein Element der Flussregulierung, das als Hochwasserschutz dient, die „Talsohle" den Talboden und die „Talsperre" eine Anlage, die als Absperrbauwerk an einem See eingerichtet wird. Aufgrund der vielfältigen Ansätze und Verfahren, die Utler in ihren Gedichtbänden erprobt, ist es wesentlich schwieriger (als bei Kling oder vielen anderen Lyriker*innen), die sprachlichen und stilistischen Charakteristiken anhand eines einzelnen, exemplarischen Gedichts zu bestimmen. Wenn *münden – entzüngeln* vor allem auf ein gewisses biologisches und geographisch-technisches Vokabular beschränkt bleibt, das Utler mit noch näher zu untersuchenden Elementen mündlicher Rede verbindet, so lässt sich im Hinblick auf die weitere Entwicklung ihrer Poetik dennoch ein – mit Kling geteiltes – Bewusstsein für die Heterogenität von Sprache, für ihre fachspezifischen, umgangssprachlichen und historischen Schichten konstatieren. Wie Kling, der in einem seiner Gedichte beispielsweise Termini der Sprache der Bergleute verwendet,[59] schöpft auch Utler aus zahllosen Quellen, die sie in der heterogenen Textur ihrer Gedichte zusammenführt. Dabei besteht das Besondere dieses Gebrauchs fachspezifischer Wörter gerade darin, dass sie ein eindeutiges Verstehen des Gedichts unterbinden: Im Kontext des lyrischen Sprechens wird jede eindeutige Referenzialität zugunsten von Ambivalenz und semantischer Mehrdeutigkeit suspendiert.

### 6.2  *Klanglichkeit und Sprachrhythmus*

Der Klang spielt in Utlers Gedicht eine große Rolle. Beschrieben wird die Bewegung des fließenden Wassers mittels Verben, die immer wieder eine Nähe zur Artikulation von Sprache suggerieren, wobei unterschiedliche Klangfiguren zum Einsatz kommen. Alliterationen verbinden viele der Verben: „rinnen – rieseln", „stockt – stottert", „flutende – fransen", Reime und Assonanzen durchziehen das Gedicht: „taumle – murmle", „schlingende – flutende". Meistens verbindet die Verben ein daktylischer Rhythmus („TAU-mle,

---

[59]  Siehe z. B. das Gedicht „Vitriolwasser", in: Kling: *Gesammelte Gedichte*, S. 855.

ja, MUR-mle – ein MUR-meln-der BACH-lauf, so HEISST es"), der sich stellenweise in eine Aneinanderreihung von betonten Silben verdichtet („STOCKT STOTT-ert FÄNGT"). Kling, der über ein ausgeprägtes Bewusstsein nicht nur für den Klang der Wörter, sondern auch für den Rhythmus der Sprache verfügte, erklärte bereits in *Itinerar* die metrische Synkopierung und die unregelmäßige, gleichsam unebene Metrik zu einem wesentlichen Kennzeichen nicht erst des zeitgenössischen Gedichts.[60] Auf programmatische Weise rückte er die Metrik in den Mittelpunkt, plädierte aber für eine gewisse Unregelmäßigkeit, für Sprünge und Leerstellen.[61] Auch von der Lyrik der 60er Jahre, die sich, orientiert an zeitgenössischen US-amerikanischen Strömungen, von der „Festgelegtheit und Kurzatmigkeit" metrisch regulierter Strophen[62] abgrenzte und stattdessen eine freirhythmische, auf der individuellen Atmung basierende Prosodie entwickelte,[63] unterscheidet sich Klings Konzeption des Rhythmus. Zu diesem Aspekt seines Werkes gibt es bislang keine umfassende Studie. Oft reißt Kling in seinen Gedichten metrische Rhythmen an, ohne sie konsequent zu Ende zu führen; vielmehr lässt er diese Passagen in die Rhythmik mündlicher Rede übergehen oder mit ihr abwechseln. In ihrer Analyse des Gedichts „Kiel" aus dem Zyklus „beowulf spricht" bemerkt Sophia Burgenmeister, dass sich „die ruhige Bewegung im Rhythmus dieses mittleren Teils des Gedichts [wider]spiegelt, der für Klings Lyrik ungewöhnlich regelmäßig und dabei stark von Daktylen geprägt ist, die hin und wieder durch Trochäen ersetzt werden."[64] In anderen Gedichten, etwa in dem bereits im ersten Kapitel zitierten Gedicht „ratinger hof, zettbeh (3)", findet man keine längeren Gedichtteile, sondern einzelne Syntagmen (wie „gekeckerte fetzen", „beschädigtes leder", „verderbliche ware" usw.), denen ein wiederkehrendes metrisches Muster zugrunde liegt, nämlich eine Kombination aus Daktylus und Trochäus, die von einer unbetonten Silbe eingeleitet wird. Zugleich gibt es Passagen ohne erkennbares Metrum, die rhythmisierte Spreicheinheiten aufweisen (wie „HIER KÖNNEN SIE / ANITA BERBER/VALESKA GERT BESICHTIGEN / MEINE HERRN.. KANN ABER INS AUGE GEHEN"). In diesem Sinne steht Thomas Kling für eine Wiederentdeckung metrischer Rhythmen (nach der Periode der 60er und

---

60  Kling: *Itinerar*, S. 23.
61  Ich danke Andreas Bülhoff für einige Hinweise zu Klings Umgang mit metrischen Rhythmen.
62  Walter Höllerers „Thesen zum langen Gedicht", zitiert nach: Burkhard Meyer-Sickendieck: „Rhythmusstörungen. Zur Prosodie des freien Verses in der postmodernen Lyrik", in: *Mitteilungen des Deutschen Germanistenverbands* 64/4 (2014), S. 347–361, hier: S. 351.
63  Ebd.
64  Sophia Burgenmeister: *Der „Blick auf Beowulf". Eine Spurensuche zwischen Medialität und Materialität bei Thomas Kling und Ute Langanky*, Berlin 2018, S. 103.

70er Jahre), die er jedoch nicht streng befolgt, sondern um andere Formen der Rhythmisierung erweitert: eine Tendenz, die Utler ihrerseits weiterführen wird, indem sie sich unter Verwendung erkennbarer Metren zugleich am Rhythmus der gesprochenen Sprache orientiert.

### 6.3 Mündlichkeit

Eine weitere Parallele zu Klings Verfahren zeigt sich in Utlers Interesse an gesprochener Sprache. Anders als die Slam Poetry, lassen Kling und Utler nur bestimmte Elemente der Mündlichkeit in ihre Gedichte einfließen, die sich ebenso sehr aus der Schriftkultur speisen. Utler integriert Aspekte der Mündlichkeit in ihren Zyklus „entgegen zu stehen", in dem ein Gespräch angedeutet und die indirekte Rede im Präsens verwendet wird. Der Text enthält für die mündliche Rede typische Ellipsen und Unterbrechungen, umgangssprachliche Elisionen und Redewendungen. Zugleich reichen der breite Wortschatz, die höchst artifizielle Syntax, die Strukturiertheit des Textes und seine literarischen Referenzen offensichtlich weit über die mündliche Kommunikation hinaus. Der Bereich der Mündlichkeit umschließt bei Utler auch die nicht-verbale Ebene der Kommunikation, die vielfältigen Ausdrucksweisen und Artikulationsmomente des Sprechens. Der Zyklus beginnt mit einem Murmeln, also mit einer leisen, unverständlichen Art des Sprechens, das oft nicht für andere bestimmt ist, lauscht daraufhin einem sprechenden „du", geht sodann in ein deutlich artikuliertes Sprechen über („du / ragst du sprichst"), bevor es wieder abbricht, „stockt stottert". Die physiologischen Grundlagen der verbalen Artikulation geraten in den Blick („spreche ich speichle ich"), bevor das Gedicht mit der Frage endet, was ein Lied sei. Doch zu einem richtigen Gesang kommt es hier nicht. Die Gedichte über mythologische Figuren aus Ovids *Metamorphosen* im vierten Teil des Bandes reflektieren nicht nur diese Artikulation von Sprache, sondern integrieren sie in den Text, indem sie die Laute in eckigen Klammern notieren.[65] Damit unterscheidet sich Utler von Kling, dessen Gedichte bisweilen längere Sätze im Stil mündlicher Rede (in Form eines inszenierten O-Tons) enthalten[66] und sich primär an der verbalen Kommunikation orientieren. Das Interesse für die Schnittstelle zwischen Mündlichkeit und Schriftlichkeit ist jedoch dasselbe. Damit einher geht die seit den 90er Jahren vorherrschende, von Peter Geist konstatierte „Verklammerung der Motivfelder ‚Sprache' und ‚Körper',

---

65  Siehe Utler: *münden – entzüngeln*, S. 59–91.
66  So etwa die Stimme des „crackhead[s]" in „Manhattan Mundraum" (Kling: *Gesammelte Gedichte*, S. 436) oder in „brief. probe in der eifel" die Stimme des „sohn[s] einer / altn pendlerin" (ebd., S. 158).

die Interaktion von Sprachkörper und Körpersprache im Gedicht".[67] Diese Tendenz kann zwar, wie es Geist tut, mit der Benn-Rezeption in Verbindung gebracht werden, gewiss spielt jedoch gerade für die Lyriker*innen der jüngeren Generation auch Kling eine Rolle. Die „Benutzung von Sprachkörpern" erklärte Kling in *Itinerar* zum Teil des dichterischen Prozesses[68] und lieferte dafür spätestens mit dem Zyklus „Manhattan Mundraum" in *morsch* (1996) ein hervorragendes Beispiel. In diesem Zyklus deutet Kling Stadt und Text gleichermaßen als einen Sprachkörper: „die stadt ist der mund / raum. die zunge, textus; / stadtzunge der granit: / geschmolzener und / wieder aufgeschmo- / lzner text."[69] Wie Geist bemerkt, zieht Kling die „Außenwelt in die Sprach-Körper-Spannung [hinein]".[70] Utler führt diese Tendenz weiter. Dass in ihrem Zyklus die Natur, nicht der urbane Raum vorherrscht, dass sie Innen- und Außenwelt ineinander überblendet, ist nicht relevant, insofern sowohl Kling als auch Utler die Grenzen zwischen Natur und Kultur, Bewusstsein und Außenwelt verwischen: Manhattan wird bei Kling als ein von Naturkräften beherrschter Raum dargestellt; mentale Prozesse, Stimmungen und Reflexionen durchziehen den Text, während umgekehrt auch bei Utler die Technik in die Welt der Natur eingreift. Beide bringen die Wahrnehmung eines Raumes mit dem Sprechen als physischem, vom Körper ausgehenden Prozess in Verbindung.

### 6.4   Utlers Lyrik-Performance

Als Lyrik-Performerin steht Utler in einer bestimmten Tradition des mündlichen Vortrags von Lyrik, die Kling im westdeutschen literarischen Raum stark beeinflusst hat. Ähnlich wie Scho imitiert jedoch auch Utler nicht Klings Vortragsstil; sie arbeitet mit anderen Mitteln: mit dem Einsatz von Pausen, mit verschiedenen Tempi, mit Verlangsamung und Beschleunigung. Für ihre weiteren Arbeiten – *brinnen* (2006) und *jana, vermacht* (2009) – entwickelte sie jeweils spezifische Vortragsweisen, die auch die technischen Möglichkeiten der Aufzeichnung, Reproduktion und Bearbeitung mehrerer Stimmen nutzen. Diese Polyphonie, die bei Utler durch die Montage wiederkehrender

---

67   Peter Geist: „Zur literarischen Benn-Rezeption im Westen und Osten Deutschlands nach 1945", in: Christian M. Hanna, Friederike Reents (Hg.): *Benn-Handbuch. Leben – Werk – Wirkung*, Stuttgart 2016, S. 389.
68   Kling: *Itinerar*, S. 23.
69   Kling: *Gesammelte Gedichte*, S. 435.
70   Geist: „Zur literarischen Benn-Rezeption im Westen und Osten Deutschlands nach 1945", S. 389.

Stimmen realisiert wird,[71] lässt sich durchaus mit Kling verbinden. Bei ihm sind es die verschiedenen Sprechweisen und Idiome, die historisch oder sozial identifizierbaren Stimmen, die mittels O-Ton in die Gedichte eingebunden werden und den polyphonen Charakter seines Schreibens ausmachen. Den gemeinsamen Punkt ihrer Poetiken bildet die Materialität und Objektivität der polyphonen Montage, diese Absage an ein Verständnis der Stimme als Mittel eines authentischen Selbstausdrucks.

Trotz ihrer besonderen Aufmerksamkeit für den Klang und den Rhythmus der Sprache, trotz der Einbeziehung mündlicher Redeformen und ihres performativen Vortragsstils unterscheidet sich Utler von Kling hinsichtlich ihres Gebrauchs von Syntax und Interpunktion. Utlers charakteristischer Gebrauch konjugierter Verbformen, die vielen reflexiven Verben und die häufige Verwendung der erste Person Singular verweisen auf ein subjektzentriertes Schreiben, das in Kontrast zu Klings oft distanzierter Subjektposition steht. Hinweise auf andere mögliche literarische Einflüsse bietet der Band selbst. Utler orientiert sich – wie es auch die poetologischen Anmerkungen in *plötzlicher mohn* (2007) bestätigen – programmatisch an der Literatur des slawischen Raumes, insbesondere an der russischen Literatur. Im ersten Teil von *münden – entzüngeln* findet sich ein Zitat des slowenischen Dichters Dane Zajc, im zweiten Teil wird dem Gedicht „Sybille" ein Zitat von Marina Zwetajewa vorangestellt. Abgesehen von sprachwissenschaftlichen oder auf die Antike bezogenen Zitaten sind es die einzigen expliziten Verweise auf die Lyrik des 20. Jahrhunderts. Im Folgenden soll nachgewiesen werden, dass die Lyrik Marina Zwetajewas, mit der sich Utler auch als Literaturwissenschaftlerin beschäftigt hat,[72] einen prägenden Einfluss auf die Entwicklung ihres poetischen Stils ausgeübt hat:

> Wer für mich definitiv sehr sehr wichtig war und auch wichtig geblieben ist, ist Marina Zwetajewa [...]. Was sie macht, diese Kombination aus Emotionalität, Leidenschaftlichkeit, Laut und Bedeutung, das ist etwas wie ein glühender Kern, der mich immer sehr angesprochen hat und gleichzeitig hat sie für mich immer auch einen Raum geboten, wo ich sehen konnte, sie geht wohin, wo ich eigentlich nicht hingehen möchte.[73]

---

71  Siehe Anja Utler: *brinnen*, Wien 2006; Anja Utler: *jana, vermacht*, Wien 2009.
72  Sie wurde mit einer Arbeit über „Weibliche Antworten' auf ‚menschliche Fragen'? Zur Kategorie Geschlecht in der russischen Lyrik (Z. Gippius, E. Guro, A. Achmatova, M. Cvetaeva)" promoviert.
73  Siehe Anhang, Gespräch mit Anja Utler, 15.09.2015, Regensburg.

## 6.5 Russische Lyrik: Marina Zwetajewa

Auf die Bedeutung der russischen Lyrik, insbesondere derjenigen Zwetajewas, für die in *münden – entzüngeln* versammelten Gedichte haben die Lyriker Hendrick Jackson[74] und Jan Wagner[75] zwar bereits hingewiesen, aber die Kritik hat davon offenbar keine Notiz genommen. Ein 2003 anlässlich des Leonce-und-Lena-Preises im *Tagesspiegel* erschienener Artikel präsentiert Utler als eine Lyrikerin, „[...] deren poetische Lehrjahre ein ‚Fellowship Literatur' im Vers- und Pflanzenreich zu Hombroich einschließen"[76] – und nicht etwa Russland und Zwetajewa. Ähnlich steht es mit dem bereits erwähnten KLG-Artikel über Anja Utler[77], der zwar auf die Bedeutung Klings, nicht aber auf die der russischen Lyrik für ihr Schreiben eingeht.

Der folgende Vergleich vom ersten Gedicht aus Zwetajewas Zyklus „Сивилла" [Sibylle] und Utlers „sibylle – gedicht in acht silben" soll das Verhältnis zwischen den zwei Lyrikerinnen genauer analysieren:

Сивилла

1.

Сивилла: выжжена, сивилла: ствол.
Все птицы вымерли, но Бог вошёл.

Сивилла: выпита, сивилла: сушь.
Все жилы высохли: ревностен муж!

Сивилла: выбыла, сивилла: зев
Доли и гибели! – Древо меж дев.

Державным деревом в лесу нагом –
Сначала деревом шумел огонь.

Потом, под веками – в разбег, врасплох,
Сухими реками взметнулся Бог.

---

74   Siehe Hendrick Jackson: „Über ein Gedicht Anja Utlers", Internetseite Lyrikkritik, URL: http://www.lyrikkritik.de/Utlers%20Gedicht.html, letzter Zugriff: 20.07.2017.
75   Siehe Jan Wagner: „Vom Pudding. Formen junger Lyrik", in: *Text + Kritik* 171 [Themenheft: Junge Lyrik], München 2006, S. 52–67.
76   Katrin Hillgruber: „Kein Laut zuviel", in: *Der Tagesspiegel*, 17.03.2003.
77   Rohde: Anja Utler, in: KLG.

И вдруг, отчаявшись искать извне:
Сердцем и голосом упав: во мне!

Сивилла: вещая! Сивилла: свод!
Так Благовещенье свершилось в тот

Час не стареющий, так в седость трав
Бренная девственность, пещерой став

Дивному голосу...
– так в звёздный вихрь
Сивилла: выбывшая из живых.

5 августа 1922[78]

[Sibyl

1.

Sibyl: burnt out, sibyl: a tree trunk. All the birds have died out, but a god has entered.

Sibyl: drunk dry, sibyl: aridity. All her veins have dried out: the man is zealous!

Sibyl: departed, sibyl: mouth of fate and destruction! – A tree among maidens.

Like a sovereign tree in a bare forest – fire first roared through the tree.

Then, beneath the eyelids – swiftly, unexpectedly, god surged up through the dry rivers.

And suddenly, in despair of seeking without: heart and voice fallen: within me!

Sibyl: soothsayer! Sibyl: vault! Thus the Annunciation was accomplished in that

---

78  Marina Cvetaeva: *Izbrannye proizvedenija*, Moskau, Leningrad, 1965, S. 198–199.

Unaging hour, thus into the grayness of grasses ephemeral maidenhood, become a cave.

For the divine voice ... – thus into an astral whirlwind Sibyl: departed from the living.[79]]

sibylle – gedicht in acht silben

> Сивилла: выжжена, сивилла: ствол.
> Все птицы вымерли, но Бог вошел.
>
> Sibylle: ausgebrannt, sibylle: Stamm.
> Die Vögel ausgelöscht, Gott aber kam.
>
> (Marina Cvetaeva)

hat die: körner berührt, bloßen augs: bloßen munds ist ent-
zunden, sibylle, sie schaudert, glüht: sand sengt die kuppen die
finger die zunge schlägt funken im körper: loht auf

.

sie: taumelt, sibylle, verfallen dem: rinnenden sand stürzt sie, strömt
– myriaden von poren – durchweht sie durchzuckt sie die sonne – wird:
sonnensturm – murmelt sie spuckt, weiß: sie senkt sich nicht mehr

.

ist: geborsten, sibylle, der: splitter im fleisch ist sie – blutet noch? –
spreißelt – entzweit, klafft: den lippen gleich, strunk – ist: lamelle,
    verholzt
sie: durchschneidet das licht, trieft: sie knarzt, das: entquillt

.

---

79   Olga Peters Hasty: *Tsevaeva's Orphic journeys in the worlds of the word*, Evanston, Illinois 1996, S. 88. Ich danke der Northwestern University Press und Olga Peters Hasty für die Erlaubnis, die englische Übersetzung im vollen Umfang zitieren zu dürfen. Zurzeit ist keine deutsche Übersetzung des Gedichts verfügbar.

sibylle so: gähnt sie, ächzt: schwingen die: stimmlippen, -ritzen sie
kratzen: hinweg übern kalk, scheuern, reißen ein: krater vom
becken zur kehle der: stimmschlund, sibylle, sie: zittert, vibriert

.

vibriert, ist: das beben, sibylle – erschütterung – zuckt: in den sand- in
den luftwirbeln knirscht sie verwirft: das gelenk sich staucht, wimmert:
   zur
nehrung: verzehrt sie sich – zittert: entwurzelte kiefer – sie: erodiert

.

sibylle sie: türmt sich, wird: klippen sie zischt ist die: gischt in den
poren verglüht sie versprüht: sibilanten, erlischt -sss- ebbt
flutet sich selbst und: stöhnt auf

.

ihr: schwindelt, sibylle sie: bricht sich in wirbelnder hitze sie: zischelt
sirrt: sumpf, tümpel glitschende schenkel der: schilfgürtel nässt sie um-
züngelt sich selbst gurgelt – natter – entwischt sie und: girrt

.

.

und still. bloß die witterung: brandstätte rodung vernehmbar – ist:
ehemals knistern – und: fäulnis die zehen befingern den strunk:
eine pilzige höhlung, bestochern die ab- geworfene haut: sie zerfällt
an den schuppigen sohlen und: raschelt auf[80]

### 6.5.1    Körperlichkeit und die weibliche Stimme

Im Zentrum beider Gedichte steht die mythologische Figur der Sibylle von Cumae. Bereits hier zeigt sich ein wichtiger Unterschied zu Klings Poetik, denn obwohl sich in *Auswertung der Flugdaten* (2005) auch ein Sibyllen-Zyklus findet, liegt der Fokus bei ihm nur selten auf einzelnen Figuren und

---

80   Utler: *münden – entzündeln*, S. 89–91.

deren Entwicklung.[81] Vielmehr sind es größere historisch-geographische Zusammenhänge, die zum Thema werden. Klings Gedicht „Sibylle Cumaea"[82] geht zudem nicht von Ovid aus, sondern von Vergils *Aeneis*, was zu einer ganz anderen Thematik führt, nämlich der Interaktion zwischen Aeneas und der Sibylle als Wegweiserin in die Unterwelt. Bei Ovid hingegen fungiert Sibylle nicht nur als eine Verbindung zur Unterwelt, sondern agiert als eine Figur mit einer eigenen körperlich-akustischen Entwicklung. Der Sibylle schenkt Apollo zwar so viele Lebensjahre, wie es Staubkörner in einem Haufen Sand gibt, er gewährt ihr aber nicht die ewige Jugend. Über Jahrhunderte verkümmert ihr Körper, bis zuletzt nur ihre Stimme übrigbleibt. Zwetajewas und Utlers Gedichte kreisen um die Aspekte der Körperlichkeit und der weiblichen, lyrischen Stimme. Tatsächlich steht Zwetajewa für eine oft in der ersten Person Singular vorgetragene lyrische Poesie des Gefühls. Die beiden Gedichte von Utler und Zwetajewa sind zugleich poetologische Texte, die unterschiedliche Positionen vertreten. Zwetajewas Gedicht ist eine Reflexion auf den kreativen Akt: Indem Sibylle ihre körperliche Existenz verneint und als astraler Wirbelsturm transzendiert, indem sie mithin ihre physische Existenz sublimiert, findet sie ihre göttliche, ihre dichterische Stimme. Gott ist hier mit dem von außen kommenden Feuer der Inspiration verbunden, zugleich steht er für den Geist, den immateriellen Bereich, den die Figur der Sibylle nach ihrer Verwandlung bewohnt. Vor allem das dritte Gedicht dieses Zyklus (das hier nicht zitiert wird) veranschaulicht durch das Bild eines Kliffs die abgesonderte, isolierte Position, die ein sich selbst transzendierendes dichterisches Subjekt einnimmt.[83] Utlers Gedicht betreibt dagegen eine Wiederaneignung der Immanenz, eine radikale Materialisierung von Sprache und Körper. Anders als in Zwetajewas Gedicht bleibt Sibylle untrennbar an ihre körperliche Existenz gebunden: In jeder der acht Strophen vollzieht sie einen Akt der Verwandlung, keiner aber endet mit ihrem Tod – die letzte Strophe macht die Häutung einer Schlange zum Sinnbild von Zerstörung und Erneuerung. Die Stimme verweist hier nicht auf das Unsichtbare – wofür bei Zwetajewa die geschlossenen Augen und das Herz stehen –, sondern materialisiert sich im Körper der Sibylle, ja sie wird zu einem Teil der Umwelt, die die Figur durchstreift. Utlers Sibylle kommuniziert auf der Ebene der nicht-verbalen Laute und Geräusche:

---

81   Als wichtigste Ausnahmen wären der Wolkenstein-Zyklus und der Droste-Zyklus zu nennen. Siehe Kling: *Gesammelte Gedichte*, S. 561–579; S. 688–672.
82   Ebd., S. 924.
83   Für eine ausführlichere Analyse des Zyklus in Verbindung mit dem Orpheus-Mythos und Zwetajewas eigenem poetischen Denken siehe Peters Hasty: *Tsevaeva's Orphic journeys in the worlds of the word*, S. 83–110.

Sie murmelt, spuckt, gähnt, ächzt, stöhnt, vibriert, zischt, zischelt, sirrt, girrt und bringt auf diese Weise Spannung, Erschöpfung, Schmerz und Lust zum Ausdruck. Damit gewinnt die Figur zugleich eine größere Unabhängigkeit. Während in Zwetajewas Gedicht die Inspiration als ein von außen und von einem Anderen – von Gott – kommendes Feuer aufgefasst wird, ist sie bei Utler mit der Zunge und den Fingerkuppen der Protagonistin, mit ihrer sinnlichen, visuellen und akustischen Wahrnehmung verbunden. Schon in der ersten Strophe entzündet sich das ganze Potential dieser alle Sinne ansprechenden Lyrik.

### 6.5.2   Silbe, Metrik, Interpunktion

Von zentraler Bedeutung in diesem Zusammenhang ist die klangliche Ebene von Zwetajewas Gedichten, vor allem die Assoziation semantisch unterschiedlicher, jedoch klangähnlicher Wörter, die zum zentralen Prinzip ihres poetischen Denkens wird.[84] So operiert der erste Teil des „Sivilla"-Zyklus mit einer Anhäufung von Verben und Adjektiven, die mit dem Präfix „vy" beginnen: „vyžžena" (ausgebrannt), „*vy*merli" (gestorben), „*vy*pita" (ausgetrunken), „*vy*sochli" (ausgetrocknet), „*vy*byla" (ausgegangen). Diese Akkumulation des „vy" verstärkt den Eindruck der Entleerung und des Auslaufens, der den physischen Verfall und Niedergang der Figur begleitet. Auch auf der Mikroebene der einzelnen Strophen zeigt sich diese zentrale Rolle des Klanges: Konzentriert arbeitet Zwetajewa mit Alliterationen, Assonanzen, Reim und Homophonie. So z. B. in den Versen: „Сивилла: выбыла, сивилла: зев / Доли и гибели! – Древо меж дев." Die ersten drei Wörter sind durch einen inneren Reim verbunden: „Sivilla – vybyla". Typisch für Zwetajewa ist auch der monosyllabische Endreim („zev-dev"), während „doli i gibeli" durch Assonanz zwei semantisch getrennte Wörter miteinander verbindet. Die Silbe scheint hier die kleinste Einheit des Textes zu sein, die Form ergibt sich nur graduell, indem sie der Sprache vom schreibenden Subjekt „Silbe für Silbe abgelauscht [wird]"[85]. Der Hörsinn spielt eine wichtige Rolle im Schreibprozess Zwetajewas, auf ihn können verschiedene seiner Aspekte wie die räumliche Gestaltung des Schriftbildes, die Kadenz und das Tempo zurückgeführt werden: „Mehr nach links – nach rechts, höher – tiefer, schneller – langsamer, hinausziehen – abbrechen, das sind die genauen Hinweise meines Gehörs – oder die von einem Etwas an mein Gehör.

---

84   Vgl. Simon Karlinsky: *Marina Cvetaeva. Her life and art*, California 1966, S. 143–144.
85   Zitat von Zwetajewa, zitiert in Fritz Mierau „Zwetajewa lesen", in: Marina Zwetajewa: *Vogelbeerbaum. Gedichte*, München 1999, S. 12.

All mein Schreiben ist Sich-hinein-hören."[86] Diese akustische Komponente des Textes manifestiert sich in seiner rhythmischen Kraft: Zwar weichen die meisten Gedichte Zwetajewas von traditionellen metrischen Versstrukturen ab, doch haben sie eine erkennbare metrische Struktur – in den oben zitierten Versen aus dem Anfang des Gedichts finden sich z. B. abwechselnd Daktylen und Choriamben (- ◡ ◡ - ◡◡ - ◡◡ -). Auch die höchst idiosynkratische Interpunktion, die durch einen intensiven Gebrauch des Gedankenstrichs, des Doppelpunkts und des Ausrufezeichens geprägt ist, verdankt sich einem Streben nach Rhythmisierung. Der Gedankenstrich markiert Pausen und verstärkt die Betonung von Silben, ist aber auch ein Zeichen des semantischen oder sprachlichen Wechsels, welches unter anderem direkte Rede oder eine andere Informationsebene andeutet. Der Doppelpunkt funktioniert zugleich als Mittel der Ankündigung sowie der syntaktischen Verkürzung und Verknappung, so etwa in den ersten Versen des oben zitierten Gedichts: „sivilla: vyžžena, sivilla: stvol" (sibylle: ausgebrannt, sibylle: stamm). In beiden Fällen ermöglicht der Doppelpunkt eine direkte Verbindung des Subjekts und des Verbes bzw. des Adjektivs und im zweiten Falle auch die Auslassung des Hilfsverbs (*ist* Stamm). Der Doppelpunkt ermöglicht die charakteristische elliptische Syntax Zwetajewas, er ist das Zeichen ihrer ökonomischen, bis zur Lakonie gesteigerten Art des Schreibens.

Auf der Mikroebene der Texte ist die Silbe für Utler ebenso wie für Zwetajewa das kleinste Bauelement des Verses, beide konzentrieren sie sich mit äußerster Akribie auf einzelne Laute. Bei näherer Betrachtung sind auch Utlers Texte voller Klangfiguren, die einen ähnlichen Eindruck lautlicher Dichte und Konzentration erzeugen. In der zweiten Strophe überwiegen beispielsweise die alliterativen Effekte der s-Konsonanten: „*s*and *s*türzt *s*ie, *s*trömt", „*s*ie *s*onne: wird *s*onnen*s*turm", „*s*ie *s*enkt *s*ich" usw. Die dritte Strophe, die Sibylles Verbrennen schildert, ist von harten „t"-Konsonanten durchzogen: „spreiße*lt* – entzwei*t*, klaff*t*", „trief*t*: sie knarz*t*, das: entquill*t*". Oft arbeitet das Gedicht mit inneren Reimen: „z*ischt* – g*ischt* – erl*ischt*" (6. Strophe), „s*irrt* – g*irrt*" (7. Strophe) sowie mit der Wiederholung einzelner Präfixe: „*durch*weht sie *durch*zuckt" (2. Strophe), „*ver*glüht sie *ver*sprüht" (6. Strophe).

Zweifelsohne gibt es auf der stilistischen Ebene, was die Klangfiguren und den Rhythmus anbelangt, eine gewisse Überschneidung zwischen Kling und Zwetajewa. Beide arbeiten mit Alliterationen, Assonanzen und innerem Reim, beide lassen metrische Rhythmen anklingen. Diese Überschneidung ist nachvollziehbar, denn auch Kling knüpft an die Tradition der Moderne an, wie es

---

86  Marina Zwetajewa: „Dichter über Kritiker", in: dies.: *Ein gefangener Geist*, Frankfurt a. M. 1989, S. 25.

bereits im ersten Kapitel anhand seines Verhältnisses zu Benn gezeigt wurde. Er teilt die Auffassung vom Gedicht als Artefakt und Konstrukt, ebenso die Distanz vom spontanen Ausdruck, den es durch technische Verfahren zu ersetzen gilt. Kling und Zwetajewa gehören beide zu Utlers Vorbildern, ohne dass man die klanglich-rhythmischen Aspekte ihres Schreibens auf eine einzige Quelle zurückführen könnte. Die Verfahren ähneln sich bis zu einem bestimmten Punkt, und doch ist es klar, dass Kling und Zwetajewa für zwei grundverschiedene, historisch voneinander entfernte Poetiken stehen. Klings (und Utlers) Sprache ist stärker fragmentiert als die Zwetajewas; sie distanziert sich von der Sphäre des Persönlichen, die bei Zwetajewa, wenn auch nicht immer, eine gewisse Rolle spielt.

Was die Gedichte in *münden – entzüngeln* mit denen Zwetajewas verbindet, ist die Interpunktion, besonders die Verwendung des Gedankenstrichs und des Doppelpunkts. Der Gebrauch dieser beiden Zeichen wirkt im Deutschen ungewöhnlicher als im Russischen, wo der Gedankenstrich anstelle der Anführungszeichen für die direkte Rede verwendet wird oder in Sätzen erscheint, in denen Subjekt und Prädikat im Nominativ stehen und eine Auslassung des Verbes „sein" möglich ist. Natürlich prägt der Gedankenstrich auch die deutsche Lyrik, z. B. die des Expressionismus, doch bei Zwetajewa wird er nicht bloß als ein Stilmittel verwendet, um ein bestimmtes Wort zu betonen, einen Vers zu ergänzen oder ein Überraschungsmoment einzuführen, sondern er strukturiert sowohl rhythmisch als auch graphisch den gesamten Text.

Der Gedankenstrich hat bei Utler, ähnlich wie bei Zwetajewa, die Aufgabe, den Wechsel zwischen unterschiedlichen semantischen Ebenen oder eine rhythmische Unterbrechung zu markieren. Der Sprachfluss wird durch Fragen, Präzisierungen, Einschübe und Erweiterungen unterbrochen und zugleich fortgesetzt. Ähnliches gilt für den Doppelpunkt, der zum einen als Pause, zum anderen als syntaktisches Bindungselement funktioniert und eine Art Übergang oder Transformation (mit offenem Ende) andeutet.

Anders als bei Zwetajewa, in deren Gedichten ein elliptischer Nominalstil überwiegt, beruht Utlers Syntax vor allem auf Verben, wird von ihnen vorangetrieben und entfaltet sich meistens in einer oder mehreren Strophen, die kein Punkt beendet. Andere Satzzeichen, etwa der Doppelpunkt, übernehmen die Funktion des Punktes. Die Pausen werden an eher ungewöhnlichen Stellen gesetzt, häufig nach scheinbar unbedeutenden Wörtern wie Personalpronomina (sie), Demonstrativpronomina (der, die, das) oder nach Konjunktionen (und). Der Effekt dieses Interpunktionssystems, das sich an der russischen Lyrik zu orientieren scheint, wirkt im Deutschen gleich doppelt künstlich: Zum einen dadurch, dass der Gebrauch des Doppelpunkts und des

Gedankenstrichs in der deutschen Lyrik eher ungewöhnlich ist, zum anderen dadurch, dass Utler den Doppelpunkt als ein Mittel der überraschenden Unterbrechung, ja der Verwirrung benutzt. Darin unterscheidet sich Utler von Zwetajewa, deren Gebrauch der Interpunktion vor allem durch den Wunsch nach einer möglichst ökonomischen Steigerung der sprachlichen Expressivität motiviert ist. Obwohl beide Werke von einer virtuosen Künstlichkeit, von einem Bewusstsein des poetischen Handwerks und der Form gekennzeichnet sind, scheint sich Utler noch stärker als Zwetajewa von der Alltagssprache zugunsten einer bewusst artifiziellen Sprache zu entfernen.

Obwohl sich Utler unübersehbar an einigen Motiven aus Zwetajewas Gedicht orientiert – etwa am Motiv des ausgebrannten Baumstammes, der zu einer weiteren Reihe von Motiven der zerstörten Landschaften führt –, lässt sich eine ebenso starke Tendenz zur Distanzierung beobachten. Es handelt sich also nicht um eine Imitation, sondern um ein Weiterdenken desselben Themas. Ähnliches ließe sich auch für die technischen Aspekte der Gedichte sagen: Utlers Gedichte orientieren sich erkennbar am reifen Stil Zwetajewas (der 20er und 30er Jahre), aber diese stilistischen Elemente werden zu Bestandteilen einer anderen Poetik. Utler bezieht sich auf eine Vielzahl von Lyriker*innen und reagiert auf eine andere Zeit. Die russische Lyrik spielt für sie eine ähnliche Rolle wie für Kling die Wiener Nachkriegsavantgarde.

## 6.6 Fazit

Das Beispiel Anja Utlers zeigt – im Vergleich zu Schos Debüt, in dem sich Einflüsse Klings mit Ansätzen konzeptueller Kunst vermischen – den zum Teil konvergierenden Einfluss mehrerer Lyriker*innen. Die Distanz gegenüber Klings Poetik, die bei Scho im Laufe ihrer Entwicklung immer deutlicher wird, lässt sich bei Utler bereits in *münden – entzüngeln* feststellen. Bestimmte technische Ähnlichkeiten zeigen sich vor allem in der Arbeit mit dem Klang und dem Rhythmus – in den verschiedenen Klangfiguren sowie in der unregelmäßigen Verwendung metrischer Rhythmen –, doch nicht im Sinne einer offensichtlichen Nachahmung. Dennoch steht auch diese Poetik in der von Thomas Kling geprägten Tradition. Dies zeigt sich besonders an Utlers Interesse für die Formen mündlicher Rede: am Kommunikationsverhältnis, das die Gedichte signalisieren, an bestimmten Merkmalen der mündlichen Rede wie Ellipsen und Unterbrechungen sowie an der sprachlichen Übersetzung nicht-verbaler Prozesse der Artikulation und Lautbildung. Von Kling (und Ernst Jandl) ist auch Utlers Arbeit als Lyrik-Performerin geprägt. In ihrer Aufführungspraxis distanziert sie sich von einer traditionellen Auffassung der Stimme als Ausweis von Authentizität und inszeniert eine technisch erzeugte Mehrstimmigkeit, die ihren objektivierenden, künstlichen Umgang mit unterschiedlichen Ausdrucksweisen unterstreicht. Sprache ist für Utler ein physiologisches Phänomen: eine Idee, die auch die selbstreflexive Ebene ihrer Gedichte bestimmt. Alle diese Aspekte bezeugen eine Nähe zwischen Utler und Kling, die mit anderen Vorbildern und Referenzen einhergeht; so orientiert sich Utlers Verwendung der Interpunktion an den Gedichten Zwetajewas. Die russische Lyrikerin weist Utler auch den Weg zur Entwicklung einer lyrischen Subjektivität, die Kling fremd ist. Die Körperlichkeit, die Utler ihrer Sibylle im Gegensatz zu Zwetajewa und ihrem Streben nach Transzendenz verleiht, bestätigt jedoch zugleich den Einfluss der deutschsprachigen Lyrik der zweiten Hälfte des 20. Jahrhunderts auf ihr Werk.

## 7  Zusammenfassung

Anja Utler und Sabine Scho, die beide zu Beginn ihrer literarischen Entwicklung Thomas Kling rezipieren, bewegen sich in ihren Gedichten in einem Spannungsfeld zwischen Nähe und Distanz gegenüber seiner Poetik. Bei Scho wird die Nähe auf stilistischer Ebene im Montage-Charakter der Gedichte aus *Album* sichtbar, der in den folgenden Bänden (*farben* und *Tiere in Architektur*) immer weiter verblasst. Bei Utler ist dieser stilistische Einfluss trotz gewisser Ähnlichkeiten in der Technik schwieriger zu analysieren, insofern die Verfahren Zwetajewas für sie eine mindestens ebenso große Rolle spielen. Die Nähe der von Scho und Utler vertretenen Poetiken zu derjenigen Klings lässt sich dennoch anhand einzelner allgemeiner Punkte umreißen: Dazu gehören bei Scho das Schreiben am Leitfaden der Fotografie, die Beschäftigung mit der deutschen Geschichte und der auf Recherche basierende Schreibprozess, bei Utler die Verwendung von Elementen der mündlichen Rede und die Verschränkung von Sinn und Körper. Beide räumen der performativen Arbeit einen besonderen Platz in ihrem Schaffen ein. Diese Aspekte sind nicht zufällig mit Klings Werk verbunden. Es war für beide Lyrikerinnen der im *deutschsprachigen* lyrischen Feld naheliegendste Orientierungspunkt. Vergleicht man Scho und Utler mit Kling und seinen Vorgänger*innen, d. h. der Lyrik der 60er und 70er Jahre, so zeigt sich, dass ihre Gedichte keinen radikalen Neuansatz formulieren, sondern innerhalb eines gewissen Kontinuums bereits vorhandene poetologische Prämissen aufgreifen und weiterdenken.

Die beiden Lyrikerinnen, mit denen sich dieses Kapitel befasst hat, stehen in einem anderen Verhältnis zu Kling als seine älteren Zeitgenossen Gräf, Hummelt und Beyer, die ihn als einen Kollegen wahrnahmen, der ihnen vielleicht um einen Schritt voraus war. Der Altersunterschied ist größer, das Verhältnis folglich asymmetrisch und von einer Hierarchie zwischen den jungen, nicht-etablierten Lyrikerinnen und dem bereits etablierten Lyriker geprägt: Im Jahr 2000, als Scho und Utler an ihren Debüts arbeiteten, wurde Kling zum Mitglied der Deutschen Akademie für Sprache und Dichtung ernannt. Die Lyriker*innen der jüngeren Generation waren zwar frei in der Wahl ihrer Orientierungspunkte, diese selbst aber waren bereits das Resultat einer internen Hierarchisierung des literarischen Feldes. Utler verweist auf das damit verbundene Rezeptionsproblem, das die vermeintlich freie Wahl von Vorbildern infrage stellt: „Man rezipiert, weil bestimmten Stimmen Nachmachpositionen zugeteilt wurden, man rezipiert nichts unvoreingenommen. Man ist nicht souverän im Hinblick auf die Tradition. Man ist auch sehr, glaube ich, dumm."[87] Obwohl die Herausbildung von Traditionslinien auch von soziologischen Mechanismen abhängt, leugnet keine der beiden Lyrikerinnen die Bedeutung Klings für ihre Entwicklung. Seine Konsekration ihrer Gedichte verschaffte ihnen Anerkennung und Aufmerksamkeit, birgt aber zugleich die Gefahr einer einseitigen Rezeption, die andere Traditionslinien ausblendet.[88] Dennoch ist der Verweis auf Kling, wie sich gezeigt hat, keineswegs irreführend, insofern beide Lyrikerinnen die von ihm geprägte Tradition bewusst weiterführen, mag auch ihr Blick auf die Gegenwart ein anderer sein.

---

87   Siehe Anhang, Gespräch mit Anja Utler, 15.09.2015, Regensburg.
88   Ihren Kommentar auf die hier vorgestellte Argumentationslinie und ihre eigene Wahrnehmung des Rezeptionsprozesses stellte Anja Utler im Rahmen des Thomas Kling-Symposiums im Juli 2021 vor. Siehe: Anja Utler: „Aus der ‚verbrei / tert[n] breitn- / wirkun": 10 Einzelpunkte. Replik auf Izabela Rakar" in: Raphaela Eggers, Ute Langanky, Marcel Beyer (Hrsg.): *worte. und deren hintergrundstrahlung*, Düsseldorf 2022, S. 123–128.

KAPITEL 4

# Resümee und Ausblick

Welche poetologischen und soziologischen Aspekte haben über die Entwicklung von Lyriker*innen im späten 20. und frühen 21. Jahrhundert entschieden? Diese Frage bildete den Ausgangspunkt des vorliegenden Buches. Im Zusammenhang damit galt es zu erklären, wie Lyriker*innen an poetische Traditionen anknüpfen und zugleich Neues hervorbringen können. Dabei sollte zugleich ein im Hinblick auf die Arbeiten Harold Blooms alternatives Modell des Einflusses und der Bildung von Tradition entwickelt werden, das auf einem Verhältnis der Bestärkung und Bestätigung durch literarische Vorbilder und Vorgänger*innen beruht.

Die Analyse hat gezeigt, dass das Lesen – und Hören – von Lyrik von zentraler Bedeutung für die Entwicklung einer eigenen Poetik sind. Im Fall Thomas Klings zeigt sich ein weites Spektrum prägender Einflüsse, das ebenso Autor*innen der klassischen Moderne wie Vertreter*innen der historischen Avantgarden und Nachkriegsavantgarden umfasst. Ausgehend von diesen Referenzen lassen sich die Mechanismen studieren, die er sich zunutze gemacht hat, um im Sinne Bourdieus als Lyriker Eingang in das literarische Feld zu finden und seine eigene Position zu markieren. Geschickt verweist Kling auf viele Lyriker*innen, die zwar gewisse poetologische Prämissen und Themen mit ihm teilen, aber keineswegs einen stilbildenden Einfluss auf sein Schreiben ausgeübt haben. Diese entscheidenden Namen nennt er – nicht ohne bewusste Verzögerung – erst in seinem zweiten Essayband *Botenstoffe* (2001); doch selbst dort bleiben einige Schlüsselwerke, etwa Mayröckers Gedichtband *Tod durch Musen* (1966), unerwähnt. Gewiss sollen hier Quellen verwischt und die eigene Abhängigkeit verschleiert werden, das strategische Ziel dieses Zeigens und Verbergens ist jedoch die Distanzierung von bestimmten Autor*innen zur Betonung der eigenen Differenz. Bourdieus „Regeln der Kunst" bestimmen also die programmatischen Selbstaussagen des Lyrikers, auch wenn seine Poetologie die ästhetischen Programme der von ihm am häufigsten erwähnten Autor*innen und Bewegungen in so mancher Hinsicht fortsetzt.

Die Kategorie des Neuen galt es dabei in einen historischen Kontext zu stellen. Kling zog die Impulse für seine Erneuerung der deutschen Lyrik aus seiner Verbindung zu den Autor*innen der österreichischen Nachkriegsavantgarde – Friederike Mayröcker, Ernst Jandl und H.C. Artmann.

Neu, ungewohnt, befreiend, aber auch befremdlich mussten seine Gedichte nicht zuletzt vor dem Hintergrund der im Westdeutschland der 80er Jahre vorherrschenden Lyrik, besonders derjenigen der „Neuen Subjektivität", wirken. Pounds Idee der Erneuerung der Literatur durch transnationalen Austausch steht somit in einer gewisser Nähe zum poetologischen Programm Klings: Von Bedeutung für die Lyrik der 80er und 90er Jahre war vor allem der kulturelle Transfer zwischen Westdeutschland und Österreich, wo die Tradition der historischen Avantgarden fortlebte. Wie das zweite Kapitel gezeigt hat, eröffnete Kling einer bestimmten Generation von Lyriker*innen neue Schreibweisen, zu denen ein intuitiver Umgang mit der Montagetechnik, das Interesse an den Formen der mündlichen Rede und die performative Dimension des Textes gehören.

Zum Teil ist die Rolle des Erneuerers, die Kling für sich beanspruchte, ein Produkt seiner Selbstinszenierung. Wenn er gegen die seines Erachtens ästhetisch unergiebige westdeutsche Lyrik der 70er und 80er Jahre zu Felde zieht, wiederholt er letztlich Pounds Konzept der Literaturgeschichte, das zwischen Phasen der Erneuerung und der Stagnation unterscheidet und literarische Evolutionen stets als Reaktionen auf Phasen der Erschöpfung und des Eklektizismus deutet. Kling inszeniert also – auch darin ein Nachfolger Pounds – keinen für die historischen Avantgarden typischen Traditionsbruch, sondern eine Erneuerung der Lyrik durch die Wiederentdeckung marginalisierter, verdrängter, übersehener Autor*innen.

Der Blick auf verschiedene Poetiken zeigt, dass Einfluss ein konstitutiver Teil der Entwicklung aller Lyriker*innen ist. Bei Kling wie auch bei denen, die sein Werk rezipiert haben, lässt sich ein Spektrum unterschiedlicher Reaktionen beobachten: von einer engen Orientierung, die bisweilen an Imitation grenzt, über die erkennbare Aneignung derselben Schreibverfahren, die auf einen anderen Kontext übertragen werden, bis hin zu einem souveränen Umgang mit Einflüssen, der nicht selten schwer zu beweisen ist. Auf die Frage, wie gegenüber einem starken Einfluss Distanz zu gewinnen sei, geben insbesondere die Lyriker, die Kling Anfang der 1990er Jahre in Köln rezipiert haben, eine Antwort: Dieter M. Gräf erklärt, dass ihm die Lektüre von Peter Waterhouse bei seiner Loslösung von Kling geholfen habe, während Norbert Hummelt durch die Entdeckung der deutschen Romantik zu einer eigenen Stimme fand. Ein gutes Beispiel für die Gefahr der Imitation ist nicht zuletzt Klings erster Gedichtband *der zustand vor dem untergang* (1977), der sich eng an expressionistischer Lyrik orientiert. Erst durch die Kenntnis der österreichischen Nachkriegsavantgarde und anderer Poetologien konnte sich Kling von diesen anfänglichen Vorbildern befreien. Anhand dieser Beispiele lässt sich gegen

Bloom zeigen, dass beinahe alle Lyriker\*innen mit einer Phase der Imitation beginnen, die sie durch Lektüren und die Fortsetzung des eigenen Werkes überwinden. Blooms fixe Kategorien von „starken" und „schwachen" bzw. „guten" und „schlechten" Lyriker\*innen erweisen sich somit als unbrauchbar, da, um es mit Bloom zu sagen, alle Lyriker\*innen am Anfang „schwach" und durch fortgesetzte Arbeit allmählich „stärker" und souveräner im Umgang mit den einstigen (oder neuen) Einflüssen werden. Wie Gräf bezüglich Kling erklärt, wirkt jeder Einfluss zugleich gefährdend und bestärkend. Im Gegensatz zu Bloom wurde Einfluss im Rahmen dieses Buches als ein technisch-sprachliches Phänomen untersucht und nicht als ein psychologischer Mechanismus, den ein quasi-solipsistisches Selbst gegenüber den anderen entwickelt. Zudem wurde der Einfluss nicht allein als zeitlich-chronologische Folge verstanden, sondern in einem synchronen Querschnitt betrachtet. Zu einem bestimmten Zeitpunkt (der ersten Hälfte der 90er Jahre) lässt sich die allmähliche Ausbreitung von Schreibverfahren beobachten, denen ein Lyriker (Thomas Kling) nach Art des Poundschen „Innovators" in den Augen einer bestimmten Generation zu neuer Aktualität verhalf. Kling ist allerdings – darin liegt der Unterschied zu Pounds Modell – nicht in jeder Hinsicht ein „man who found a new process", vielmehr hat er Verfahren eines bestimmten literarischen Milieus, das noch nicht zu größerer Bekanntheit gelangt war, in einen anderen Kontext übertragen.

Antworten auf die Frage nach den wichtigsten Stationen in der Entwicklung eines Lyrikers, der eine von seinen Zeitgenoss\*innen als innovativ wahrgenommene Poetik entwickelt hat, liefert das zweite Kapitel. Kling bekräftigt seine avantgardistische Position in jenem Teil des literarischen Feldes mit dem höchsten Anspruch auf Autonomie, indem er sich institutioneller Mittel ebenso wie persönlicher Freundschaften und Allianzen bedient, die notwendig sind, um eine symbolisch einträchtige, aber finanziell prekäre marktkritische Position im literarischen Feld einzunehmen. Die Gestaltung von Lesereihen und die Herausgeberschaft einzelner Ausgaben von Lyrikzeitschriften erlaubt es Kling, einer bestimmten Form von Lyrik die institutionelle Weihe zu verleihen und dadurch zugleich seine eigene Position zu stärken. Die Frage der Macht in kultursoziologischem Sinne ist dabei wiederum mit poetologischen Aspekten verknüpft: Die Herausbildung von Gruppen verläuft über die gemeinsame Bezugnahme auf avantgardistische Traditionslinien bei gleichzeitiger programmatischer Distanzierung von den herrschenden zeitgenössischen Lyrik-Diskursen. Klings Freundschaft mit Franz Josef Czernin kann als Beispiel für eine poetologische Wahlverwandtschaft dienen, die in der gemeinsamen Anknüpfung an das sprachreflexive Element der Wiener Avantgarde gründet. Zugleich lässt sich an dem Verhältnis der beiden Dichter das kritische Potential von Netzwerken untersuchen: Indem Czernin die Poetik des vermeintlichen Gegners Durs Grünbein attackiert oder die ästhetischen Prämissen der Literaturkritik Marcel Reich-Ranickis analysiert, verteidigt und stärkt er auch Klings Position.

In diesem Zusammenhang ist der Vergleich der Poetik Klings mit der Grünbeins erhellend, zeigt er doch, dass Rivalitäten und Polemiken zu einem guten Teil vom Literaturbetrieb hervorgebracht werden. Literaturpreise und die Äußerungen der Literaturkritik tragen zur Konkurrenz zwischen Lyriker*innen bei. Damit sollen poetologische Unterschiede nicht geleugnet werden, vielmehr gilt es einzusehen, dass die von der Kritik verwendeten Kategorien oft diffus sind. So hat sich im Fall von Kling und Grünbein gezeigt, wie schwer es ist, zwischen avantgardistischer und traditioneller oder narrativer Lyrik zu unterscheiden. Trotz gravierender Unterschiede, die am Beispiel ihrer Auseinandersetzung mit der Antike besonders greifbar werden, überschneiden sich die frühen Poetiken von Kling und Grünbein in mancherlei Hinsicht. Der Idee einer Gegnerschaft widerspricht am stärksten der langjährige persönliche Kontakt zwischen den beiden Autoren.

Dass Einfluss nicht bloß als ein poetologisches, sondern auch als ein soziologisches, von der Position der Akteur*innen im literarischen Feld abhängiges Phänomen zu begreifen ist, zeigt der dritte Teil des vorliegenden Buches. Kling gelang es, seine Position ebenso bei seinen Altersgenoss*innen wie bei den Vertreter*innen einer jüngeren Generation zu behaupten. Weil im Mittelpunkt literarischer Konkurrenzkämpfe, Bourdieu zufolge, das Monopol auf literarische Legitimität steht, bildet die Konsekration neuer Autor*innen und Werke einen konstitutiven Teil der „Regeln des Spiels". In dieser Hinsicht hat Kling mit seiner Unterstützung und Förderung jüngerer Lyriker*innen – sei es durch Vorworte, Verlagsverbindungen oder institutionelle Fördermöglichkeiten – zugleich seine eigene Position im literarischen Feld der Zeit ausgeweitet: Anerkennung kann nur spenden, wer selbst anerkannt wird. Damit wird der zu Anfang dieser Studie postulierte Gedanke von der bewussten und aktiven Wahl der literarischen Vorfahren relativiert: Anja Utler und Sabine Scho waren zwar in der Wahl ihrer Orientierungspunkte frei, doch waren sie zugleich in die Spielregeln des Feldes eingebunden.

Die Vermutung liegt nahe, dass sich nach dem Tod eines Autors auch sein Einfluss ändert. Dem Autor Thomas Kling sind zwei Werkausgaben, Hörbücher und zahlreiche Veranstaltungen – zumeist im akademischen Kontext – gewidmet worden. Die nach seinem Tod einsetzende Kanonisierung hat jedoch nicht zu einer intensiveren Wirkung auf jüngere Generationen geführt: Erkennbare Kling-Referenzen sind in der Lyrik nach 2005 eher selten zu finden.[1] Dennoch wäre es eine vorschnelle Annahme, dass sein Werk nicht mehr gelesen wird. So widmet Mara Genschel in ihrem 2008 erschienenen Debüt *Tonbrand, Schlaf* Kling das Gedicht „Radiophoneme", das durch die Verwendung von Begriffen aus der Elektroakustik und Klangassoziationen auf den akustisch-performativen Aspekt seiner Arbeit anspielt. Ein anderes Beispiel: In Georg Leß' Debüt *Schlachtgewicht* (2013) findet man das Gedicht „Entzündungswert", das bewusst den von Kling verarbeiteten Aktaeon-Mythos fortschreibt. Dies beweist, dass die Rezeption Klings noch lange nicht zu Ende ist: Die Auseinandersetzung mit ihm vollzieht sich weniger auf der Ebene stilistischer Aneignungen, sondern gilt vor allem Klings weiterhin aktuellen technischen und poetologischen Fragen sowie den Themen und Motiven seiner Gedichte.

Die Komplexität der gleichzeitigen Bezugnahmen auf verschiedene Traditionslinien ist im dritten Teil des Buches sichtbar geworden. Anja Utler und Sabine Scho beziehen sich bereits in ihren ersten Lyrikbänden nicht allein auf die Poetik Thomas Klings. Vor allem in Utlers Fall lassen sich die verschiedenen, jedoch verwandten Einflüsse aus dem deutschsprachigen und russischsprachigen Raum schwer voneinander trennen. Ein ähnliches Bild vermittelt Klings Poetik, die Verfahren der österreichischen Nachkriegsavantgarde mit einer von Brinkmann geprägten westdeutschen Tradition zusammenführt. Ähnliche Tendenzen lassen sich bei jenen Lyrikern, die von der zeitgenössischen Kritik einer „Neuen Kölner Dichterschule" zugeordnet worden sind, aufzeigen. Bei genauerer Betrachtung sind diese Konstellationen von einem Umgang mit einer Vielzahl verschiedener, synchroner Einflüsse geprägt: Traditionslinien werden hier auf eine Weise fortgesetzt, die weder Eliot noch Pound bedacht haben. Dass Rezeptionsprozesse selten gradlinig verlaufen und sich in unterschiedliche Richtungen verzweigen, hat dagegen Ernst Jandl hervorgehoben. Er spricht von der Suche nach Ansatzpunkten, die es in der Tradition zu finden gelte:

> diese ansatzpunkte sind stellen mit einem offenen ende, stellen, wo etwas begonnen hat und nicht weitergeführt oder noch nicht ausgebaut wurde, punkte, von denen aus sich weiterarbeiten lässt. freilich, die steuerung auf solche punkte erfolgt nicht neutral, sondern von vornherein in einer richtung, die festgelegt ist, durch den umstand der person,

---

1 In der Anthologie *Lyrik von Jetzt 3* (2015) lässt sich kein unmittelbar von Klings Stil beeinflusstes Gedicht finden.

die nach einem solchen punkt sucht, und durch die umstände von ort und zeit dieses suchens. [...]

tradition so gesehen, ist etwas lebendiges und in steter bewegung; etwas, in dem sich vieles gleichzeitig bewegt, zusammenläuft oder sich trennt, zu immer neuen mustern.

tradition besteht aus traditionen.[2]

Jandls an Pound erinnernde Vision einer lebendigen, beweglichen Tradition hebt sich deutlich von Blooms, Eliots oder auch Grünbeins Bildern einer festgefügten, statischen, homogenen Tradition ab. Die Tradition wird zu einem Text, zu einem aus heterogenen Materialien gewobenen Textil. Ein solcher Traditionsbegriff entspricht den Poetiken Klings und seiner Nachfolger*innen, die sich zwischen verschiedenen, räumlich und zeitlich entfernten Traditionen bewegen und in neue, mal überraschende, mal eklektische Muster zusammenlaufen. Der Begriff des „offenen Endes" deutet an, dass es sich, anders als bei Bloom, um keine Revision des Vergangenen handelt, sondern um einen in die Zukunft weisenden Prozess, der von unterschiedlichen, bisweilen unkalkulierbaren Faktoren abhängig ist. Das autonome Subjekt, das bei Bloom im Zentrum des revisionistischen Prozesses steht, verschwindet hier nicht gänzlich, aber es zerstreut sich in verschiedene Aspekte: in seine „Umstände", den Ort und die Zeit des Suchens. Bestimmt wird dieser Prozess also nicht von der Persönlichkeit des schreibenden Subjekts, sondern von isolierten biographischen und historisch-geographischen Koordinaten.

Das schreibende Subjekt und das lyrische Ich werden in diesen Poetiken also nicht auf die für viele Avantgarden typische Art verbannt. In seinem „Technischen Manifest der futuristischen Literatur" (1912) proklamierte etwa Marinetti die Zerstörung des „Ich" und der gesamten Psychologie des Menschen, die durch eine „lyrische Obsession der Materie" ersetzt werden sollte. Weder die Tradition noch das lyrische Ich werden in der Lyrik Mayröckers, Klings oder Utlers ausgelöscht. Ebenso wenig ließe sich behaupten, dass sie – denkt man an Peter Bürgers Definition der Avantgarde – die bürgerliche Institution Kunst zu attackieren streben. In welchem Sinne wurde hier also der Begriff der Avantgarden für einen Teil der zeitgenössischen deutschen Lyrik beansprucht? Die avantgardistische Tradition, an die Kling, seine Zeitgenoss*innen und seine Nachfolger*innen anknüpfen, ist vor allem durch einen bestimmten Umgang mit der Sprache als wirklichkeitskonstitutiver Kraft verbunden.

---

2 Ernst Jandl: „Voraussetzungen, Beispiele und Ziele einer poetischen Arbeitsweise. Ein Vortrag", in: ders.: *ernst jandl für alle*, Darmstadt 1974, S. 247.

# RESÜMEE UND AUSBLICK

Um den Unterschied gegenüber der anderen Tradition noch einmal deutlich zu machen: Oft wird Grünbeins Gedichten eine besondere Wirklichkeitsnähe zugeschrieben. So schreibt Maxim Biller, er liebe Grünbeins Gedichte, „weil die Welt in ihnen immer ganz real ist und Worte trotzdem so schön matt blitzen und funkeln wie Sonne auf einem alten, staubigen Fensterglas."[3] Diese Metaphern suggerieren nicht, dass die Sprache ein vollkommen transparentes Medium ist (das Glas ist staubig, die Worte blitzen matt), aber sie lassen sie noch immer als ein Fenster zur Welt erscheinen. Die Gedichte der an die Avantgarden anknüpfenden Lyriker*innen verdanken sich dagegen einem Verständnis von Sprache unter umgekehrten Vorzeichen: Die Metaphorik der Transparenz, des Lichts und des Fensters erweist sich für sie zur Beschreibung der Funktion der Sprache im Gedicht als ungenügend, weil sie Sprache als ein Mittel und Medium begreifen, welches das Reale zuallererst hervorbringt – und dieses Moment des Hervorbringens wird von ihren Gedichten stets zugleich thematisiert. Die vorangegangenen Seiten haben jedoch gezeigt, dass die Grenzen zwischen diesen beiden Herangehensweisen fließend sind und die Beziehungen zwischen ihren Repräsentant*innen durchaus von gegenseitiger Akzeptanz geprägt sein können, was nicht zuletzt zur außerordentlichen Vielfalt der zeitgenössischen deutschsprachigen Lyrik beigetragen hat.

Abschließend sei darauf hingewiesen, dass die im Titel zitierte „verbrei / terte breitn- / wirkun'" aus einem Gedicht von Kling stammt, das Reinhard Priessnitz gewidmet ist – gemeint ist also die Breitenwirkung von Priessnitz. Auch wenn Kling Priessnitz' *vierundvierzig gedichte* (1978) zu einer „in ihrem Einfluss kaum zu überschätzenden Gedichtsammlung"[4] erklärt, so lässt sich doch trotz einiger Gemeinsamkeiten, etwa der Arbeit an der Schnittstelle zwischen Schriftlichkeit und Mündlichkeit, schwer ein prägender Einfluss von Priessnitz in Klings Werk konstatieren. Es überrascht deswegen nicht, dass Kling mit einem anderen Bild als dem der Breitenwirkung schließt:

        verbrei
            terte breitn-
wirkun'?
      laß doch laß, bleibendes felsn, g
felstes, ja: felsn[5]

---

3 Maxim Biller: „Durs Grünbein. Der gute Deutsche", in: *Die Zeit*, 18.04.2021.
4 Thomas Kling: *Itinerar*, Frankfurt a. M. 1997, S. 22.
5 Thomas Kling: „einer der felsn", in: ders.: *Gesammelte Gedichte*, Köln 2006, S. 248.

Verweigert Kling hier eine Antwort auf die Frage nach der Wirkung, weil ihm die Frage, was vom Werk eines Dichters bleibt, wichtiger erscheint? Der Fokus verschiebt sich unversehens auf „g / felstes, ja: felsn", diese traditionellen Symbole des Festen und Bleibenden. So kann man auch die Situation um Thomas Kling heute sehen: Sein Werk ist zu einem „bleibende[n] felsn" der Literaturgeschichte geworden. Auch wenn sich die jüngere deutschsprachige Lyrik nur selten unmittelbar auf Kling bezieht, so bewegt sie sich doch in einem Raum, den bereits sein Werk eröffnet hat. Interessant ist auch, dass Kling hier auf ein mittlerweile vergessenes Verb zurückgreift, das das Grimmsche Wörterbuch belegt.[6] Das Schwanken des Wortes „felsn" zwischen Verb und Substantiv lässt noch einmal die Bewegung und Unabschließbarkeit hervortreten, die jede Rezeption als Prozess der Annäherung und Distanzierung prägen.

---

6  „felsn", in: *Deutsches Wörterbuch von Jacob und Wilhelm Grimm*, Neubearbeitung (1965–2018), digitalisierte Version im Digitalen Wörterbuch der deutschen Sprache, URL: https://woerterbuchnetz.de/?sigle=DWB&lemid=F02716, letzter Zugriff: 06.12.2021.

# Anhang

1 „[...] ich mache erstmal die Kiste zu": Gespräch mit Marcel Beyer: Göttingen, 13.11.2014

*Was für eine Bedeutung spielt Friederike Mayröcker für Thomas Klings Schreiben, hat er etwas von ihr übernommen?*
So auf den ersten Blick würde ich nicht sagen, dass Thomas Kling von Mayröcker was übernommen hat. Wie die Elemente zueinanderfinden, das scheint mir schon ein anderer Weg zu sein und ein anderes Ergebnis bei Mayröcker als bei Thomas Kling. Kling hat [in den Gedichten bis Ende der 80er Jahre] so getan, als würde er Montagen erstellen und damit eigentlich soziale Milieus oder soziale Situationen ausleuchten: also die Grillsituation, die Psychiatriesituation usw. Solche aus den zusammenfindenden Elementen abstrahierbare Situationen findet man eigentlich in Mayröckers Gedichten so nicht. Aber ich glaube auch, was schon sehr wichtig war, ist einfach der Gestus, mit dem Friederike Mayröcker arbeitet, also die Tatsache, dass sämtliches Sprachmaterial potentiell Material für ein Gedicht sein kann. Das ist so was ganz Basales, und das ist so ungeheuer wichtig, dass man fast nicht begreift, wie wichtig das ist. Es gibt eben nicht die Sprachsphäre die gedichtfähig ist und andere Sprachsphären sind es nicht, also sei es nur, dass man Hierarchien hat von was weiß ich ... also alles von der Sophienausgabe von Goethe bis zur Bild-Zeitung runter. Also was so sprachliche Niveaus und damit verbundene Milieus angeht. Dass potentiell alles darauf geprüft werden kann, ob es gedichtfähig ist. Das schon im schriftlichen Bereich, dann natürlich die Mitschrift des Mitgehörten am Nebentisch oder ganz wichtig, ich glaube, das ist ein Element, das auch für Thomas Kling wichtig ist: Der Funke der überspringt, wenn man etwas falsch gelesen oder falsch gehört hat. Es gibt ein Gedicht von ihm, da kommt das Wort „Leidenfrost" im Titel vor, und es gab aber von Friederike Mayröcker ein Gedicht kurz vorher in *Gute Nacht, guten Morgen*, das heißt „Leibenfrost", und Leibenfrost war ein Mediziner oder so, nach dem ist eine Straße benannt unweit von Friederike Mayröckers Wohnung. Man könnte jetzt sagen, das ist nicht ein tatsächlicher Verhörer, aber ein mutwilliger Verhörer, aus Friederike Mayröckers Titel Leibenfrost Leidenfrost herauszuhören und dann den damit geöffneten semantischen Räumen zu folgen oder in sie hineinzugehen. Es gibt noch was Ähnliches, und das hätte dann der Thomas Kling übernommen, es gibt in langen Gedichten in *Tod durch Musen* bei Friederike Mayröcker das, was Thomas Kling den „inszenierten O-Ton" genannt hat. Also Textpassagen,

die den Gestus forcierter Mündlichkeit haben, aber irgendwie spürt man, dass das jetzt nicht etwas Aufgeschnapptes ist, sondern das ist so inszeniert, und so sieht es auch in Thomas Klings Gedichten aus. Das ist ja nicht das Mitgehörte oder in der Kneipe Aufgeschnappte, sondern es ist eine Nachbildung des Jargons, einer Sprechweise, von Artikulationsweisen. Das wäre vielleicht eine Parallele, wenn man bedenkt, dass ja in der zweiten Hälfte der 60er Jahre die große O-Ton Bewegung kam, wo man wirklich das Mikrophon hingehalten hat und hat die Leute wirklich so reden lassen, wie sie reden, und hat das dann montiert und daraus Hörspiele gemacht. Und dagegen wäre das schon wieder eine Gegenbewegung, nein, es ist eine hoch artifiziell inszenierte Rede, im Gestus des nicht Inszenierten, des nicht artifiziell Mündlichen.

*Im Thomas Kling-Archiv findet man auch Briefe von Mayröcker, in denen sie Klings frühe Gedichte kommentiert. Was bedeutet Mayröcker für Kling als Mentorin?*
Das ist, glaube ich, eher so was wie eine Begleiterscheinung, es ist nicht der wichtigste Teil. Ja, natürlich, sie ist eine sehr genaue Leserin und ist auch so ein Profi, dass sie sehr schnell ein klares Urteil finden kann, und das stimmt einfach. Aber das wäre noch eigentlich nicht Mentorin. Mentorin ist sie – oder ich habe das so empfunden – also einmal von der Haltung zur Literatur, die sie selber vorlebt: Sie ist im Schreiben absolut kompromisslos, folgt eigentlich nur ihren eigenen Vorstellungen. Konventionen sind ja manchmal das, wovon man sich abstößt, um dann etwas anderes zu machen, aber die existieren für Friederike Mayröcker überhaupt nicht. Diese Beharrlichkeit und diese Konsequenz, diese Radikalität, das ist so vorgelebt im Werk, das ist etwas, was mich bis heute enorm beeindruckt. Und sie ist ja im Umgang mit Menschen der höflichste, freundlichste Mensch, und die ganze Radikalität geht einfach in die Arbeit. Da lässt sie sich auch nicht reinreden. Das wäre eine Figur, an der man sich orientieren kann, und dann wird sie natürlich durch die Art, wie sie mit Menschen umgeht, zu einer Mentorenfigur, weil sie einfach jedem gegenüber freundlich und offen auftritt. Und das ist ja auch nicht etwas, was alle Schriftsteller haben. Also wenn jetzt jemand, der seine ersten Manuskripte schreibt und ihr die in die Hand drückt, tatsächlich eine Antwort bekommt und tatsächlich ein Kontakt entsteht – man sieht das ja immer wieder in den Büchern, wenn sie aus Texten Jüngerer zitiert, also steht sie mit denen offenbar in Kontakt –, dann signalisiert sie damit, dass sie einen ernst nimmt. Also diese beiden Dinge: Auf der einen Seite absolut kompromisslos und radikal, und auf der anderen Seite sehr bereit dazu, diejenigen, die nachkommen, ohne Wenn und Aber ernst zu nehmen. Darin würde ich jetzt die Mentorenfunktion sehen, viel stärker darin, als dass sie Texte revidiert oder dass sie einem

befreundeten Zeitschriftenherausgeber sagt, hier, druckt doch mal was von dem oder so.

*Wie sind Sie auf Klings Lyrik gestoßen?*
Es gab in den 8oer Jahren so eine Einrichtung, die hieß Literaturtelefon, mit wechselnden Programmen, da konnte man eine Telefonnummer wählen und dann wurde etwas vorgelesen, von lebenden Dichtern. Das habe ich immer gerne gehört. Und dann gab es einen Auftritt von Frank Köllges und Thomas Kling in diesem Literaturtelefon. Es kann sein, dass ich das davor gehört habe, bevor ich durch Friederike Mayröcker auf Thomas Kling aufmerksam geworden bin, es kann aber auch sein, dass es alles dieselbe Zeit war. Ich war einfach fanatischer Mayröcker-Leser und bin dann auf Friederike Mayröckers Begleittext in der *erprobung herzstärkender mittel* aufmerksam geworden, dann war ich in der Folge bei Lesungen gewesen, habe dann kontinuierlich Gedichte geschrieben und habe dann gemerkt, ich mache jetzt mal die Kiste zu. Erstmal abwarten. [...]

*Was ist das Spezifische an Thomas Klings Arbeit mit der Montagetechnik, wie unterscheidet sich das von anderen Beispielen der Montage in der Literatur?*
Ich glaube, es gibt nicht verschiedene Ansätze der Montage, aber verschiedene Absichten mit der Montage. Also wenn man schaut: Konkrete Poesie, in der auch montiert wird, aber dann wieder schaut auf die Wiener Gruppe, wie arbeitet die Wiener Gruppe mit Montage, funktioniert das völlig anders? Oder es hat andere Absichten, oder man sucht etwas anderes? Vielleicht so. Es gibt diese Hausarbeit von Thomas Kling über *Vitus Bering* [Konrad Bayer: *Der Kopf des Vitus Bering*]. Da setzt er sich mit der Montage auseinander. Alles zieht auf den *Kopf des Vitus Bering* ab. Und da kommt Kulturgeschichte mit rein, Schamanismus, was ihn immer interessiert hat, abgelegene Wörterbücher. Über die Montage wird versucht, einen Funken zu erzeugen, wieder zu ganz anderen Stellen zu gehen. Es erschöpft sich nicht im Montieren. Und das hätte Thomas Kling sehr stark abgesetzt gegen das Montieren, wie es in der Konkreten Poesie funktioniert, das hätte er wahrscheinlich ganz trivial empfunden. Dass nicht zwei Dinge zueinanderkommen und eine dritte Ebene entsteht, vielleicht, und bei Konrad Bayer können es schon zwanzig andere Ebenen sein, die sich da auftun. Die didaktische Herangehensweise beim Montieren entfällt. Das Beispiel für Montagegedichte im Deutschunterricht ist das Gedicht von Ingeborg Bachmann, „Reklame". Da gibt es die kursiv gesetzten Passagen und die nicht kursiv gesetzten Passagen, schon sieht man, dass es montiert ist. Und dann weiß einfach jeder Deutschlehrer daraus eine Botschaft zu lesen.

*Gibt es einzelne Texte, Bände von Thomas Kling, die für Sie wichtig waren? Was hat Sie besonders beeindruckt?*
Ja, jeder Band wieder, weil Thomas Kling mit jedem Band überrascht hat. Weil er konnte sehr apodiktisch Dinge ablehnen und sagen, das und das kommt überhaupt nicht in Frage, wer sich dem und dem widmet oder wer das und das macht, hat sowieso von Poesie keine Ahnung, und ich hatte das Gefühl, dass es oft für ihn so war: „Jetzt habe ich das so behauptet, jetzt wollen wir mal sehen, ob das stimmt." Und dann finden sich wirklich solche Momente, die er vorher kategorisch abgelehnt hat, sie finden Einzug in den nächsten Band, oder in den nächsten Jahren kommen die in Gedichte rein. Also irgendwann taucht die erste Person in seinen Gedichten auf, oder es tauchen Landschaftsbilder auf, die erstmal Landschaftsbilder sein sollen; bei der Hombroich-Elegie („Eine Hombroich-Elegie") gibt es solche Momente; dann sind da die Turmfalken, die Falken, und sie dürfen tun, was sie wollen, müssen in dem Moment nicht auf irgendwas anderes verweisen. Und das wäre etwas gewesen, was Thomas Kling zehn Jahre zuvor absolut abgelehnt hätte, dass man sowas schreibt. Und das war eben überraschend, immer wieder der nächste Band und der nächste ... oder dass er eben in die Historie geht. Dass er mit „di zerstörtn" plötzlich in den Ersten Weltkrieg zurückgreift, dass er wirklich historische Räume zunimmt und so weiter. Also immer wieder mit jedem Band gab es solche Momente ... dass er in *morsch*, diese „Romfrequenz" – was ist das da bitte, warum schreibt er jetzt ein Gedicht über Rom? Insofern hat er wirklich immer wieder mit jedem Band enorm überrascht. Habe ich ein Lieblingsbuch von Thomas Kling? Es wechselt auch immer. Sagen wir mal so: Wenn ich vier Wochen weg wäre, und ich wollte ein Gedichtband von Thomas Kling mitnehmen, ich würde *Sondagen* mitnehmen. Das war auch so ein ungeheurer Schritt, dass auf einmal die erzählenden Sätze auftauchen, also einfach von der grammatikalischen Struktur, das hat es vorher so auch nicht gegeben. Also *morsch* war so ein Gedichtband, der äußerst verknappt, und sagen wir so: Die Assoziationshöfe um die Worte werden so wie weggekappt, also es ist sein strengstes Buch überhaupt, und dann, wie eine Gegenbewegung, gibt es so erzählende Momente in *Sondagen*, dann wird mal das Bild beschrieben und dann wird mal von der Hexe erzählt.

*Warum war Wien in dieser Zeit so interessant, welche Bedeutung hat Wien als literarischer Ort?*
Wien hat mich einfach immer interessiert oder war eine magische Stadt, weil die Literatur, die ich gelesen habe, aus Wien kam. Ich habe ganz wenig bundesdeutsche Literatur gelesen, es war alles von Hugo von Hofmannsthal bis zur Wiener Gruppe und dann Jandl und Mayröcker, irgendwas war halt mit diesem Wien, dass so interessante Literatur aus ihm herkam, in der Prosa

Robert Musil usw. Insofern war das eine Stadt, die mich interessierte, ich war dann 84 das erste Mal in Wien, dann habe ich 87 Friederike Mayröcker kennengelernt und habe sie auch getroffen, wenn ich in Wien war. Und dann habe ich 88 das Mayröcker-Archiv eingerichtet in Wien. Da war ich zwei Monate dort. Irgendwie ist Wien immer eine feste Größe geblieben, aber ich bin z. B. nie so, wie das Thomas gemacht hat, ich bin nie so in diese Künstlerkreise eingetaucht. [...] Ja, wegen der Literatur und auch natürlich wegen seiner Lage: Wien war die östlichste Stadt, also so von der ganzen Prägung, die man zu Zeiten des Kalten Krieges hatte; also das Gefühl, wie die Wiener sagen, man ist hier schon auf dem Balkan; aber für mich war einfach Osteuropa präsent: in den Namen der Leute, viel auch natürlich im Vokabular, wo man merkt, dass es so anders ist und dass es aus dem slawischen Raum kommt, Lebensmittel usw. Das war noch ein zusätzlicher Reiz, der aber vielleicht sowieso schon dazu beiträgt, dass die Literatur so interessant ist, weil einfach eine Durchdringung mit anderen Sprachen und Kulturen etwas Selbstverständliches ist.

*Könnte man sagen, dass Kling die Wiener Literatur nach Deutschland importiert hat?*
Für eine bestimmte Altersgruppe oder ein Milieu? Die ganze Wiener Gruppe zieht ja in den 60er Jahren nach Berlin und damit ist sie eigentlich präsent. Und dann sieht man, Gerhard Rühm ist z. B. in Köln, der WDR ist enorm wichtig für Schriftsteller, unheimlich wichtig, mit den Aufträgen, die er ausgibt, für Menschen, die zwischen Literatur und Kunst angesiedelt sind, in dem Bereich arbeiten mögen usw. Insofern würde ich sagen, dass eine Durchdringung mit der Ex-Wiener Gruppe eigentlich schon da ist. Dann erscheint dieser dicke Reader bei Rowohlt, Konrad Bayer ist bei Rowohlt, [Oswald Wieners] *Die Verbesserung von Mitteleuropa* erscheint auch bei Rowohlt, die verschwindet dann wieder: *Die Verbesserung von Mitteleuropa* war jetzt 30 oder 40 Jahre nicht lieferbar, und gibt es jetzt wieder, es heißt schon, sie war dann wieder weg ... Es ist ja nicht so, dass die Wiener Gruppe plötzlich Breitenwirkung entwickelt hat, als Thomas Kling sie bringt, nein, ich glaube die Verbindungen waren schon da seit den 60er Jahren. Aber ich glaube schon, dass mit Thomas Kling nochmal ganz neu für die Szene der Lyriker Ansätze der Wiener Gruppe fruchtbar gemacht wurden, also gar nicht so sehr: „jetzt muss man das auch so machen", sondern dass man zur Kenntnis nimmt, das alles hat es also gegeben, und so kann man es ja auch machen. Nicht dass man es nochmal genau so macht, auf die Bühne geht und Witze ohne Pointe erzählt, sondern einfach um zu sehen, das gehört schon alles zum literarischen Raum.

*LCB, 19.08.2015*

*Kling in Wien: Welche Personen waren in dieser Zeit noch wichtig?*
[...] er hat immer gesagt, dass dieser Joe Berger für ihn so wichtig war, und der Joe Berger ist halt so eine Figur, der hat auch Bücher gemacht, aber in den Büchern erkennt man gar nicht so richtig – das sind so Märchen und so Kunstmärchen –, man erkennt gar nicht, was an dieser Figur so wichtig sein soll. Aber der Joe Berger hatte irgend so eine Performancegruppe gegründet, und da war auch Reinhard Priessnitz Mitglied. Es gab in Deutschland ein ganz wichtiges Folk-Festival, das haben sie in einem Jahr gesprengt mit ihrem Auftritt, weil das mehr so Happening war, was auf der Bühne gemacht war. Insofern war der Joe Berger schon Schriftsteller, vielleicht nicht so ein toller Schriftsteller, aber eine ganz wichtige Szenefigur, ganz wichtig in der Zeit und im sozialen Milieu, im Vernetzen von Leuten, Machen von Veranstaltungen ... ich weiß nicht, wann genau Thomas sie kennengelernt hatte, aber ich glaube, dass er früh Kontakt hatte mit Franz Josef Czernin und mit dem Ferdinand Schmatz. [...] Ich glaube nicht, dass sie direkt wichtig waren. Ich könnte mir vorstellen, dass es so eine Bestärkung war, die haben beide so was ganz Eigenständiges gemacht, und das kann einen selber bestätigen, auch selber radikaler und eigenständiger zu werden und nicht zu schauen, was passiert denn so in der Breite, was machen denn alle anderen Dichter so, was ist jetzt der Konsens. So würde ich das ja auch sehen bei Priessnitz, es gibt ja keinen so erkennbaren Priessnitz-Einfluss bei Thomas Kling, sondern eher so: da macht einer ganz konsequent seine Sache, also kann ich auch ganz konsequent meine Sache machen [...].

2  „[...] einen gewissen Abstand zu wahren": Gespräch mit Norbert Hummelt, Berlin, 29.09.2015

*Wie sind Sie mit Thomas Kling und seinen Gedichten in Kontakt gekommen, waren Sie mit ihm befreundet?*
Ich bin ja ein paar Jahre jünger als Thomas Kling und habe ihn zum ersten Mal 1986 bei einer Lesung in Düsseldorf erlebt. Das war für mich ein sehr starker Eindruck, ich war ganz am Anfang eigentlich mit dem Schreiben von Gedichten, und das war eine gewisse Zeit auch ein Einfluss im Schreiben, in den Texten selber aber eigentlich nur sehr kurz. Die Begegnung war sehr wichtig für mich. [...] Wann ist man mit einem befreundet? Vom Ende her ja. Ich habe für das Kölner Stadtmagazin Rezensionen zu seinen Büchern geschrieben und war bei vielen Lesungen – es war jetzt so ein freundschaftlicher Umgang, aber es war keine nahe Freundschaft, und die nähere Freundschaft sehe ich eigentlich erst ganz am Schluss, als er krank war in den letzten Monaten seines Lebens. Ich bin damals auf der Raketenstation Hombroich der letzte von ihm

eingeladene Fellow von ihm gewesen und habe da eben drei Monate verbracht, die ersten zwei Monate lebte er noch, den dritten Monat war er schon tot. In der Zeit war eine Nähe, die ich auch als freundschaftliche Nähe in Erinnerung behalte, wo es einmal wichtig war, dass wir eine ähnliche Herkunft hatten: Er ist ja in Bingen geboren und in Düsseldorf aufgewachsen, und ich eben in Neuss, und das liegt sehr nah beieinander. Meine Mutter war zwei Jahre vorher gestorben, oder ein Jahr vorher eigentlich, und mein Elternhaus war ganz in der Nähe der Raketenstation. Wir haben sehr persönlich in dieser Zeit gesprochen, und seine Mutter ist dann auch gestorben, Anfang 2005, weswegen er ihr das Gedicht „Bärengesang" im letzten Band [*Auswertung der Flugdaten*] noch widmen konnte. Da waren einfach diese persönlichen Dinge wichtig, und [...] er war am Ende schon ein Freund, das war aber ein langer Weg dahin, wobei es für mich schon wichtig war, einen gewissen Abstand zu wahren. Er war keine einfache Person, er konnte einen sehr vor den Kopf stoßen, er war sehr radikal, auch in der Ablehnung und im Verteidigen der eigenen Sache, da gab es eigentlich nur schwarz oder weiß für ihn. Für mich war er als Autor wichtig, aber ich bin dann in meinem Schreiben ziemlich bald einen ganz anderen Weg gegangen. Ich habe seine Bücher trotzdem immer sehr aufmerksam gelesen, jedes sofort gekauft, viele besprochen, bin zu vielen Lesungen hingegangen. Das war für mich eigentlich immer der Autor – und das ist eigentlich bis zum Schluss so geblieben –, auf dessen Bücher ich am meisten gespannt war. Und das war eigentlich am meisten schon die räumliche Nähe natürlich, eigentlich ist er immer im Raum Köln-Düsseldorf geblieben. Als er in Köln lebte, hatte er eine starke Präsenz, eine ganz andere, als wenn er auf Lesereise war. Man konnte ihn da in Köln erleben, man konnte sich da verabreden, und das war schon ... er war halt wirklich nahe. Da war es schon eine Zäsur, als er sich dann zurückgezogen hat auf die Raketenstation, da konnte man ihn zwar auch treffen, aber das war schon wichtig für ihn, einen geschützten Raum zu haben für sein Arbeiten, auch persönlich. Das Schreiben hat sich dann auch geändert, ich glaube, er musste da aus einer Gemengelage, die eine Großstadt ja auch ist, raus [...].

*In Anschluss an die Lesung von Thomas Kling beim NRW-Autorenwettbewerb in Düsseldorf (1986) schreiben Sie: „ [...] da war etwas Neues, etwas Wildes, wie ich es nie zuvor gelesen hatte; etwas Herausforderndes." In welchem Sinne waren Thomas Klings Gedichte neu?*
Man muss das Neue im Kontext meines eigenen Lesens sehen. Es war für mich damals – ich war 23, ich hatte nicht so einen Großvater wie Thomas Kling, der ihm schon mit 15 die *Menschheitsdämmerung* in die Hand gedrückt hat, ich bin eigentlich erst viel später zu diesen Dingen gekommen und habe erst in der Zeit meines Studiums (Anglistik/Germanistik) sehr vieles entdeckt – in gewisser

Weise war für mich damals alles neu. Nicht nur Thomas Kling. Deswegen ist das eine persönliche und ein bisschen vom Gefühl geleitete Äußerung, wenn man es aber dann im Zusammenhang sieht von dem, was war, war eben ein solcher Ansatz, der sehr belesen, sehr tief in bestimmte Traditionslinien eingreift, also die Wiener Schule und Trakl ... das war aber schon auch von Anfang ein sehr starker Zugriff auf die Gegenwart. Ich würde schon so weit gehen und sagen, dass die ersten zwei Bände etwas Sozialkritisches haben. Das waren dann schon so Genrebilder, gerade so berühmte Gedichte, die Kultcharakter hatten wie „geschrebertes idyll" oder „brief. probe aus der eifel", die haben nicht nur diesen literarhistorisch belesenen Gestus, sondern das sind ziemlich krasse Statements zur Gegenwart. Und greifen auf eine ganz andere Weise etwas auf, was die von Kling viel geschmähte Lyrik der 70er Jahre getan hat, nämlich gesellschaftliche Zustände auch zu beleuchten, also von so einem 68er-Impuls her kritisch zu sein. Das ist natürlich bei Thomas Kling ganz anders, aber es ist schon eine Weise sich auseinanderzusetzen, sich zu positionieren auch in der Gesellschaft der Zeit, und nicht nur, was das literarische Tableau, sondern was das gesellschaftliche Klima angeht.

Ich habe mich jetzt in der letzten Zeit nochmal viel mit Rolf Dieter Brinkmann beschäftigt, den ich zwar natürlich auch sehr lange kenne – in Köln war er auch so eine Art Hausheiliger. Ich habe auch in der Nähe gewohnt, aber der war natürlich schon tot, als ich dahin kam, er wurde gelesen, aber mir ist durch die Beschäftigung mit Brinkmann – ich habe ein kleines Feature über Brinkmann gemacht – nochmal klar geworden, dass Kling von ihm eigentlich auch viel genommen und verlängert hat, einfach von diesem Furor, von dieser Zornigkeit, von dieser Attacke, erstmal jetzt von Brinkmann gesprochen gegen alles: gegen die Bundesrepublik, wie sie war, gegen das, was geschrieben wurde, aber auch dagegen, wie die Stadt Köln aussah, überhaupt diese ganze Wirklichkeit aussah, aber auch das, was dann kritisch aus linksideologischer Hinsicht dagegen vorgebracht wurde. Brinkmann war eigentlich gegen alles, ja, und hat da eben einen gewaltigen Furor ausgestaltet. Und manches bei Thomas Kling knüpft, glaube ich, auch durchaus an Brinkmann an. Man kann es vielleicht auch daran sehen, dass er ihn eigentlich eher nicht erwähnt, dass Kling über Brinkmann weniger spricht, und durch diese Art, sich im Schreiben durch die Negativität zu pushen, hat er schon etwas von Brinkmann. Und er hat ganz sicher auch von der technischen Seite des Schreibens her – wie er eine eigene Orthographie quer zur herrschenden Orthographie entworfen hat, wie er Zitate untermischt, und wie er mit verschiedenen Schreibweisen arbeitet –, viel von Arno Schmidt. Auf den geht er auch nicht so richtig viel ein, und das ist schon auch ein Einfluss, bei dem ich mich aber vergleichsweise wenig auskenne und noch viel weniger auskannte, als ich Thomas Kling kennengelernt habe. Wenn man sich diese beiden Autoren ansieht, finde ich in den frühen Bänden (*erprobung herzstärkender mittel, geschmacksverstärker*) von denen mehr vom Geist und teilweise auch von der Sprachtechnik her, als ich da von der Wiener Gruppe finde. Also wo ist da bei *geschmacksverstärker* irgendein direkter Gerhard Rühm- oder Artmann- oder Konrad Bayer-Einfluss? Ich glaube, die fand er halt sehr toll, die hat er zwar auch selber nicht miterlebt, aber in seiner für ihn prägenden Zeit, als er Anfang 20 in Wien war, wurde er da so herangeführt und hat den Reinhard Priessnitz auch sehr bewundert, und er hat den Priessnitz richtig herumgetragen. Als ich ihn eingeladen hatte nach Köln zu einer Lesung, wollte er eigentlich Priessnitz lesen, der ein Jahr vorher gestorben war, und das ist so eine Tradition, in die er sich selber gerne stellen wollte. Wenn ich wieder die Texte vergleiche: Kling – Priessnitz, die gefallen mir ähnlich gut, aber ich sehe so richtig viel Verwandtschaft eigentlich nicht. Vor allem weil Thomas Kling dieses mathematische Kalkül, dieses sehr kühl Rechnerische, was zum österreichischen Avantgardismus gehört, was z. B. Schmatz und Czernin weitergetragen haben, – das war ja eigentlich gar nicht so seine Sache. Er hat ja schon immer auch erzählerisch gearbeitet und nie rein sprachbezogen.

Das ist Strategie, das ist Spurenverwischen, das ist auch legitim, das gehört einfach dazu, sich als Autor zu inszenieren. Wenn man selber gerne darauf verweist, woraus man schöpft, kriegt man das von den Kritikern sehr gerne um die Ohren gehauen. Thomas Kling hat von Anfang an seinen Auftritt im Literaturbetrieb strategisch geplant, soweit man sowas planen kann. [...]

*In welchem Sinne stellte Thomas Klings Position eine Herausforderung für seine Zeitgenossen dar?*
Einfach zu überlegen, was man macht. Also Distanz ist schon immer wichtig, egal ob man jetzt einen Autor stark findet in der Begegnung, oder jemanden auf sich wirken lässt, der jetzt schon hundert oder zwei hundert Jahre tot ist. Distanz muss man immer nehmen, man muss einfach selber auf sich schauen und sehen, was ist das, was bin eigentlich ich im Schreiben und was sind mögliche Einflüsse, wie gehe ich damit um, wie kann ich das steuern. Ich möchte das ein bisschen vergleichen mit dem Auftauchen von Stefan George, gut hundert Jahre früher, da gibt es schon viele Ähnlichkeiten. Ähnlich ist zum Beispiel gerade auch, dass als George loslegte, also in den 90er Jahren des 19. Jahrhunderts, vorher eine ziemlich flaue Zeit war, eine literarisch eher lasche Zeit, das war eine ähnliche Lage, wie Thomas Kling sie festgestellt hat; was für George eine literarisch minderwertige Zeit war, das waren für Thomas Kling die 70er und die frühen 80er, das ist natürlich etwas, wovon man sich abstoßen kann. Von George gibt es einen Satz: „Bevor ich kam, da waren die Gedichte

noch alle gut. Es gab ja keinen Maßstab, es gab ja mich noch nicht." Erstmal eine starke Behauptung, man muss die ja nicht teilen. Aber es ist schon so, da sehe ich wirklich eine Parallele, wenn man das einfach zur Kenntnis genommen hatte und wenn man die Begegnung ... die Bühnen unserer Zeit sind wesentlich öffentlicher als damals in dieser Geheimgesellschaft des George-Kreises, als man eingeladener Gast in irgendwelchen Berliner Villen sein musste, aber das hat ja auch seine Wirkung gehabt. Bis zum Ersten Weltkrieg war das das angesagte Ding, jeder der neu die Bildfläche betrat, ob das Hofmannsthal war, ob das Benn war, ob das Rilke war, die mussten sich halt alle überlegen: „Oh, es gibt George, was mache ich jetzt?" Das würde ich schon übertragen: „Oh, es gibt Thomas Kling, was mache ich jetzt?" Dass man sich überlegt, da ist eine gewisse Position, die hat eine gewisse Strahlkraft, eine gewisse Stärke, und der gegenüber, dazu muss ich mich verhalten.

Natürlich gab es auch andere Autoren, die damals neu waren, die ich auch gelesen habe, z. B. Durs Grünbein. Thomas Kling hätte sich sicher gefreut, hätte er gewusst, dass ich seine Gedichte [eines Tages] herausgeben würde. Er hätte aber mit Sicherheit den Kontakt abgebrochen, wenn er gewusst hätte, dass ich ein paar Jahre später auch die Gedichte von Durs Grünbein bei Reclam herausgegeben habe. Das ging dann für ihn nicht. Bei allem, was man gegen die späteren Gedichte von Grünbein einwenden kann, hat das dann sehr viel mit Konkurrenz zu tun, mit einem Büchner-Preis, der sehr früh verliehen wurde, und da waren einfach dann Fronten aufgerissen.

*Gibt es auch Ähnlichkeiten zwischen Kling und Grünbein?*
Sehr viele Ähnlichkeiten gibt es in der Schreibhaltung, glaube ich, nicht, aber eigentlich in der Ausgangslage [...], ich habe gerade bei dem ersten Band von Grünbein, *Grauzone morgens*, der 88 erschienen ist, noch kurz vor dem Mauerfall, habe ich noch viel stärker so eine Brinkmann-Verwandtschaft gesehen, gerade der erste Band von Grünbein kommt ihm von der Haltung nahe: dass sich ein sehr nervös, kompliziert wahrnehmendes und sich artikulierendes Subjekt von einer eigentlich feindlichen Umwelt attackiert fühlt und versucht, diesen Angriff zu kontern mit Sprache, mit Belesenheit, einfach mit Ausdruck. Das kann man vielleicht auch auf Kling beziehen, da sehe ich gerade auch zwischen Grünbein und Brinkmann eine Parallele: Was für Brinkmann Köln war, war für Grünbein halt Dresden, das waren für mich die ersten starken Bilder, abgesehen davon, was man aus dem Fernseher kannte, die ich von Dresden hatte, und interessant ist ja, dass Grünbein später von diesem ersten Band sehr stark abgerückt ist. Und dann mit dem zweiten in eine sehr starke wissenschaftskompatible Richtung gegangen ist, wo er dann die Neurologie und andere Disziplinen aufgegriffen hat, und

sich mit der Kenntnis und dem Vokabular aus der naturwissenschaftlichen Forschung bewaffnet hat. Ähnliches hat Kling auch gemacht, es gab schon einen gewissen Wettstreit, wer kapert sprachlich welches Feld. Und dass man sich mit der Sprache als Dichter nicht in einem abgelegenen Winkel versteckt, sondern dass man sich positioniert, da gibt es dann vielleicht eine gemeinsame Genealogie zu Benn, der das auch gemacht hat als ausgebildeter Naturwissenschaftler, als Arzt: dass man sich in der Lyrik eben auch orientiert am neuesten Stand dessen, was man weiß, was man wissenschaftlich weiß, was erkenntnismäßig abgeht, und natürlich daran, wie mediale Entwicklung abgeht und dass man alle diese Dinge im Auge hat. Politische Umbrüche sind für Grünbein natürlich ein besonderes Thema, der Untergang der DDR. Die literarischen Mittel gehen also auseinander, es gibt so eine Konkurrenz im Abstecken von bestimmten Claims, und aneinandergeraten sind sie natürlich ganz besonders in der Landnahme der Antike, als Grünbein dann in *Nach den Satiren* sehr stark Richtung Rom marschiert ist, und Thomas Kling fühlte sich da ein bisschen von rechts überholt. Er hat ja auch Catull übersetzt und hat sich auf seine Weise beschäftigt mit der Antike, in den Essays in *Auswertung der Flugdaten*, wo er ihm „Sandalenfilme aus den Grünbein-Studios" vorwirft. Das ist eine Polemik, die – wenn man sie mit einem gewissen Humor liest, den Kling immer gehabt hat – als Ausdruck produktiver Konkurrenz gesehen werden kann.

*Welche anderen Autoren waren für Sie damals noch wichtig?*
Mayröcker, Jandl, Kling, Autoren der klassischen Moderne (Eliot, Benn), das habe ich alles gleichzeitig gelesen, und für mich war dann immer die Romantik auch sehr wichtig, das war interessant gerade in der Gleichzeitigkeit, das waren Autoren unterschiedlicher Richtung, unterschiedliche Epochen, für meine Findungsprozesse im Schreiben war das eigentlich das Entscheidende. Das war jetzt nie irgendwie nur Kling, im universitären Rahmen ist man ja mit vielem konfrontiert ... der Ausnahmepunkt war, dass so ganz gegenwärtig jemand da ist, der was Neues macht, und der durch seinen Auftritt provoziert, den man auch kennenlernen kann, das unterscheidet das natürlich.

Verschiedene Traditionen: das ist einfach eklektisch, dass es schon darum geht, im Schreiben und im Lesen herauszubekommen, woher was kommt, von der ganzen Breite der Bibliothek herauszukriegen, was ist für mich wichtig, das ist für mich auch eine Fähigkeit, über Jahrhunderte hinweg zu sprechen, und ich habe immer – das geht mir bis heute so, wenn ich mich beschäftige mit der Zeit um 1800, das hat einfach was Frisches, was Zeitgenössisches – ich habe dann das Gefühl, ich habe da eine Art Direktleitung dahin, das ist für mich nicht museal, wenn ich mich dahin denke, in die Kreise der Jenaer

Frühromantik, oder im Moment bin ich wieder mit Hölderlin stark beschäftigt, Eichendorff ist für mich einfach ein sehr wichtiger Dichter geworden. Dann ist das natürlich erstmal eine schräge Mischung, ja, also es gibt vielleicht nicht so viele, die Eichendorff und Thomas Kling gleichzeitig gelesen haben, beides hat in irgendeiner Weise etwas mit mir zu tun, aber ich glaube, dass so die literarische Tradition insgesamt sich vollzieht. [...]

3  „[...] von Kling wegzukommen": Gespräch mit Dieter M. Gräf, Berlin, 21.01.2019

*Wie begann ihre literarische Entwicklung, wie sind Sie auf Thomas Kling gestoßen?*
[...]
1990 ist für mich ein wichtiges Jahr, ich bin im Dezember 1990 nach Köln gezogen, davor lebte ich in Ludwigshafen und in Mannheim, die liegen sehr nahe beieinander, ich hatte studiert, ich habe versucht, mit Freunden, Dichterfreunden, in Mannheim etwas aufzuziehen, uns als Generation zu finden. Wir machten ein Anthologieprojekt, 20 – 20, es sollte aus 20 Gedichten bestehen von 20 Autoren, wir schauten herum wen es so gibt, unsere Generation existierte noch nicht, wir mussten uns erst finden und suchen. Dieser Freund von mir, Thomas Gruber, der auch einen Leonce-und-Lena-Förderpreis gewonnen hat, der aber dann abgetaucht ist und heute in der Werbebranche tätig ist, der hat mir ein Gedicht vorgetragen, das ihm sehr, sehr gut gefallen hat, Ende der 80er Jahre muss das gewesen sein, er war ganz begeistert von diesem Mann, das war Thomas Kling, und es war der Band aus der Eremiten-Presse. Ich hörte mir das so an, es hatte mich damals noch nicht *so* beeindruckt, dann war ich eine Zeitlang in München, und dann war ich in einer Buchhandlung und sah diesen Band von Thomas Kling aus der Eremiten-Presse und ich war hin und weg. Ich war fassungslos, so gut fand ich das, und auch so nahe bei dem, was Thomas Gruber und mich interessierte: es war so wie einen engen Verwandten zu finden quasi, ja Sprachverwandten, wir waren gar nicht vorbereitet, dass es so etwas gibt, jemand, der uns dermaßen nahesteht, und dann aber auch, der einen Schritt weiter war, das hat uns auch berührt. Und wir dachten, der wird sich jetzt auch freuen, uns zu finden, Leute, die ähnlich orientiert sind, wir fanden uns eigentlich sehr gut, wir wollten wohin, wir entwickelten Dinge, die es so noch nicht gab in der Lyrik, und plötzlich fanden wir jemanden, der im Grunde schon da war, wo wir hin wollten. Thomas Gruber, der ihn vor uns entdeckt hat, fiel auch die Aufgabe zu, ihn zu kontaktieren für die Anthologie, ob er bereit wäre, einen Text zur Verfügung zu stellen, dann

gab es keine Antwort. Gruber hat dann sonntags Kling angerufen, die waren per Sie, Kling war auch relativ höflich, sagte er, formell, Kling meinte vielen Dank, aber er habe kein Interesse.
[...]

*Im welchen Sinne waren diese Gedichte neu?*
Sie brachten Tempo in die deutsche Gegenwartsdichtung, das gab es vorher so nicht. Nehmen wir mal eine andere Generation, also jemanden, den alle in meiner Generation sehr bewundern, Ernst Jandl. Alle, die ich kenne, finden Jandl einfach großartig, aber bei Jandl ist noch kein Tempo da. Ich habe mir das so erklärt, wir sind diese Stroboskop-Generation, da ist das Flackernde, das sind die Programme, in denen man anfängt herumzuswitchen; die Generation Jandl-Mayröcker, die hatten noch keine Sprache dafür gesucht, Mayröcker dann eher, aber bei Kling kommt Tempo in die Lyrik, da kommen Brüche, Einschübe herein, so wie wenn man eine schnelle Fahrt durch die Gegend mit dem Auto macht. Dann kommen mal Neonleuchten ... es kommt ein Anruf, das sind ganz unterschiedliche Eindrücke, Stimmen kommen in die Gedichte, das gab es so vorher nicht. Das hat Kling in die deutsche Gegenwartsdichtung gebracht, finde ich. [...] Da er die Sprache heranbringt ... schwierige Lyrik, die aber auch etwas Bodenständiges hat. Ich finde, er ist in gewisser Hinsicht ein Nachfolger von Rolf Dieter Brinkmann, aber ich glaube an der Stelle dreht er sich jetzt in seinem Grab um. Ich glaube, das hörte er nicht gerne. Die Verbindung zu Brinkmann finde ich sehr deutlich auch über die Köln Schiene, aber es gibt Äußerungen von Kling, die abfällig zu Brinkmann sind. Kling hat immer sehr entschieden seine eigenen Interessen vertreten als Dichter, also er wollte sich auch immer klar positionieren. Wenn er so etwas sagt, heißt es nicht unbedingt, dass es nicht stimmt, sondern dass er einfach nicht will, dass man ihn so sieht. Aber warum das so ist, kann ich nicht erklären, weil, eigentlich, ist auch Brinkmann eine großartige Referenz.

*In welcher Hinsicht war Brinkmann für Kling wichtig?*
Aus meiner Sicht kann ich sagen, beide sind interessiert an Sinneseindrücken, an dem, was um sie herum passiert. Brinkmann könnte jetzt auch hier sitzen [...], er (und Kling) könnten beide von Gesprächsfetzen, die sie hören, von der Bewegung, die sie sehen oder von sprachlichen Fundstücken ausgehen, während auch Autoren, die ich schätze, wie Waterhouse oder Egger, Pastior oder Jandl oder Mayröcker, die arbeiten ja anders, sie sind nicht so interessiert, irgendein Detail zu beschreiben. Einen Gegenstand, z. B. einen Ring, oder eine Stimme, die sie hören, die rüberzubringen, darin sehe ich eine Gemeinsamkeit. Das Interesse am gesprochenen Wort, das Interesse am Sound, auch eine ganz

exponierte Position nach außen zu vertreten. Bei Brinkmann war das noch stärker, aber Kling war auch ziemlich eigen. Dieses Interesse an der Straße, an dem, was man sieht, an der Sinneswahrnehmung.

*Es gab diesen Begriff der „Neuen Kölner Dichterschule". [...] Warum ist das ein heikles Thema?*
Das ist der zentrale Punkt, der uns trennte, denke ich. Ich erzähle es mal vom Ende her. Ich hatte mit der Frau von Oswald Egger [Katharina Hinsberg] einmal ein gemeinsames Stipendium, insofern kommt man sich etwas näher, und die hat sich dann einmal bereiterklärt, weil das Verhältnis von mir und Kling schlecht war, zu vermitteln, da war Kling schon ziemlich krank, glaube ich, jedenfalls war das in der späten Zeit. Die ist einmal zu Kling gegangen und hat gesagt, du wir haben einen gemeinsamen Freunden Dieter, ich bin mit Dieter befreundet, ich bin mit dir befreundet, könnt ihr euch denn nicht vertragen, was ist zwischen euch? Und dann hat er wohl nur gemeint: „Neue Kölner Schule, das verzeih ich Gräf nie." Es gab einmal eine Rezension von Michael Braun in der *Zeit*, da hat er von der „Kling-Schule" gesprochen, eine Rezension zum frühen Kling, und ich glaube, das gefiel Thomas Kling gut – er war ja auch noch ein jüngerer Typ –, dass es schon eine Kling-Schule gibt und dass es so in der *Zeit* steht. Dann gab es eine Anthologie von Hubert Winkels und Hajo Steinert, bei *KiWi* herausgegeben, da waren dann einige Kölner Autoren auch vertreten, darunter ich. Also einige aus diesem Umfeld, die so eine ähnliche Orientierung haben. Und ich glaube, ich bin mir jetzt so nicht ganz sicher, es gab eine Rezension in der FAZ, „Neue Kölner Schule", irgend so eine Anspielung, und sobald man in die Richtung ging – es gab ja eine Kölner Schule, es ist ein Begriff, der mir nie eingeleuchtet hat: Nicolas Born, Peter Handke, einige Leute, deren Verbindung ich nicht so klar sehe, wurden als „Kölner Schule" bezeichnet. Nun, ich habe ja auch meine Eitelkeiten. Ich war auch noch jung, ich war gerade nach Köln gekommen und ich wollte ein klein wenig Literaturgeschichte schreiben. Der Begriff „Neue Kölner Schule" gefiel mir super, ich fand das auch großartig, ich ziehe jetzt nach Köln, und gleich kommt der erste Terminus, den wir reinbringen in die Literaturgeschichte. Thomas Kling, Marcel Beyer, Norbert Hummelt und ich selbst. „Neue Kölner Schule". Ehrlich gesagt, ich finde diesen Begriff heute noch überzeugend, weil es eine echte Verbindung ist, und es ist ja aus allen irgendwas geworden, wobei Kling die große charismatische Gestalt war ... Hummelt hat sich anders entwickelt, aber damals war er auch relativ nahe mit seinem ersten Band dran. Ja, bei Kling gingen die Klappen herunter. Das hasste er, mutmaße ich. „Kling-Schule" gerne, aber dass er nicht mehr als herausragende Gestalt wahrgenommen wird, sondern Teil einer Schule, mehr oder weniger ebenbürtig mit

Hummelt, mir und Beyer, und vielleicht merkte er auch, dass dieser Begriff eine Suggestivität hat. Wegen irgendeinem blöden Begriff muss man sich nicht lange aufregen, weil der fällt in sich zusammen. Kling hatte im Grunde diesen Begriff verboten. Wenn ich diesen Begriff heute noch aufbringe, muss ich damit rechnen, dass das Leute gegen mich aufbringt.

*Was war der Grund, dass so viele Lyriker Ende der 80er, Anfang der 90er nach Köln gezogen sind, inwiefern hat das mit der Literatur oder Kunst zu tun?*
Ich erinnere mich noch gut an ein Telefonat, das ich mit Thomas Gruber geführt hatte, der mich auf Kling hingewiesen hatte. Wir lebten im Rhein-Neckar-Raum, wir entwickelten dort ganz gute Projekte, aber litten daran, dass dies nie außerhalb des Raumes, dieser Gegend dringen konnte. Ich machte mal eine Veranstaltung, mit anderen, da kamen um die 400 Leute. Aber sowas drang nie nach außen, was wir auch machten, und wir beschlossen beide, wir müssen hier raus. Wir müssen was anderes versuchen, er ging nach London und dann kam ich irgendwie auf Köln. Ich erinnere mich noch an dieses Telefonat, da sagte Gruber, Köln, das hat was. Es sind ganz wichtige Sachen der Avantgarde von Köln ausgegangen. Stockhausen, Kagel, es gibt auch ein paar Jahre, in denen nichts passiert, aber alle zehn Jahre geht von Köln was Wichtiges aus. Wir waren auch auf Marcel Beyer aufmerksam geworden, der hat damals bei einem unwichtigen Wettbewerb den zweiten Preis gewonnen und hatte uns auch für die Anthologie eingeschickt, und Thomas Gruber sagte, ich kann es dir nicht richtig begründen, aber Marcel Beyer wird ein Großer. Das hat schon dazu beigetragen, ich hatte den Eindruck, Westberlin war damals nicht so attraktiv, wie es heute erscheinen mag, es gab Ostberlin, das attraktiv war, aber ich bin kein Ostdeutscher, die waren mehr unter sich, da kann man nicht einfach dazu kommen, die hatten eine ganz andere Geschichte, ja. Dann gab es Wien, das war für mich nicht so zugänglich ... warum soll ich nach Wien ziehen als Deutscher? Und Köln war nicht so weit weg von Mannheim, ich hatte dort eine Frau kennengelernt, und da war Kling, da war Beyer, und da war Hummelt, die waren schon da, ich bin als letzter dazu gekommen. [...] Es gab eine Literaturszene in Köln und ich war echt überzeugt, diese Tendenz, diese „Neue Kölner Schule", wird die deutsche Lyrik verändern. Insofern fühlte ich mich auch am richtigen Platz. [...] Also Köln wurde schon ein Zentrum, auch für diese Tendenz. Da waren auch wichtige Maler dort, aber denen begegnete ich nicht damals, ich war damals schon auch interessiert, aber eher vage, ich kam nicht in die Kunstszene, Kling allerdings schon. Die Kunstszene in Köln war in der Zeit auf internationalem, hohem Niveau, auch die Galerieszene, aber das entging mir mehr oder weniger. Ich wusste das natürlich, hatte aber keinen tieferen Zugang.

*Gab es andere Lyriker, die für die Entwicklung Ihres Schreibens wichtig waren?*
[...]
Kling war damals besonders wichtig, dieses zeitgeschichtliche, historische Interesse hatten wir gemeinsam, oder wie er z. B. dieses Jetzt herstellt, er hatte immer diesen Zeigegestus, zeigt dann mit dem Zeigefinger auf irgendwas, stellt das so quasi vor uns hin, und dennoch dieser starke Sound, der von alledem ausgeht, das hat mir sehr, sehr gut gefallen, da hatte ich auch ein großes Bedürfnis danach, dass ein Klangkörper entsteht. Es ging dann irgendwie in Fleisch und Blut und wurde dann natürlich auch ein Problem. Also es gab für mich beides: es hat mir geholfen, ich war ja noch ein unbekannter Autor, und in dieser Auseinandersetzung mit Kling kam ich sehr voran. Ich bekam dann z. B. auch den Leonce-und-Lena-Förderpreis, später den Hauptpreis, ich kam dann zu dem Verlag [Suhrkamp], ich hatte den gleichen Lektor wie Thomas Kling, Christian Döring, ohne dass Kling mir dabei geholfen hätte. [...] Ich habe mich eine Zeitlang zu intensiv mit ihm auseinandergesetzt, es war schon eine Obsession. Wie das bei einer Verliebtheit ist, irgendwann ebbt es ja auch ab, und ich brauchte diese Stimme von ihm, die mich weiterbrachte und gefährdete, beides zugleich eine Zeitlang, und irgendwann brauchte ich sie auch nicht mehr. [...] Ich wurde mit *morsch* nie so warm, ich finde es marmorn, kühl, kam da nicht richtig rein, aber vielleicht war das schon die Ablösungsphase. Und dann ging er ja zu DuMont und seine DuMont-Bände haben mich nicht mehr so erreicht.
[...]
Einen Namen wollte ich vielleicht noch nennen. Ich glaube es hat mir damals geholfen ... ich brauchte damals in der Phase in stärkerem Maße andere als heute. Ich glaube, es hat mir dann geholfen, dass ich Peter Waterhouse gelesen habe. Waterhouse und Kling haben sich ja auch gut verstanden, Waterhouse erzählte mir noch, wie er ins Krankenhaus fuhr, Kling besuchen, und dass es so berührend gewesen sei ... ja, *Die Geheimnislosigkeit: ein Spazier- und Lesebuch* (1999) las ich, das beeindruckte mich, vor allem der erste Text, ich hatte auch eine Zeit, in der ich regelmäßig meditierte, auch das zog mich stärker zu diesem waterhousigen Sprechen. Der Begriff der Durchlässigkeit gefällt mir sehr bei Waterhouse, und das hat mir dann auch geholfen, von Kling wegzukommen. Kling ist aus meiner Sicht sehr ego-stark, man sieht dann die Welt durch die Augen von Thomas Kling, und das auf eine sehr spezielle Weise. Es hat auch etwas sehr Viriles. [...] Diese Ausstrahlung ist auch in den Texten, er ist jemand, der einen packt und mitzieht und anweist, auf Dinge zu sehen. Bei Kling wird alles zu Kling ... und Waterhouse ist eben das Gegenteil mit seiner Durchlässigkeit.

[...]
Und es hat sich dann immer so weiter entwickelt, dann kam irgendwann Brigitte Oleschinski in die Wahrnehmung dazu, Beyer eh, Ulrike Draesner, die meines Erachtens auch von Kling beeinflusst wirkte, und so ging das immer weiter.

Mit Thomas Kling gab es eine weitere Gemeinsamkeit: Wir mochten beide die Neue Innerlichkeit überhaupt nicht. Das ist merkwürdig bei Kling, es gibt ein paar Dinge, da sind wir total ähnlich und es gibt andere Dinge, da sind wir grundverschieden. [...] Diese Ablehnung der Neuen Innerlichkeit war für uns beide, unabhängig voneinander, zentral, behaupte ich. Da wurde die Verdichtung zurückgenommen, die vorher da war, aus dem verständlichen Grund, die wollten mehr Verständlichkeit, mehr Menschen erreichen, und sagen: ich sitze nicht im Elfenbeinturm, ich bin ein Typ wie ihr auch, ihr macht das und ich mach jenes und wir kommen irgendwie zusammen. Jürgen Theobaldy könnte ich z. B. nennen, Michael Buselmeier, damals schrieb auch Ursula Krechel so, Theobaldy und Krechel haben sich auch ziemlich stark verändert, Buselmeier auch. Jürgen Theobaldy schrieb damals über irgendwelche sexuellen Nöte, das Gedicht heißt „Harte Eier", ja, genau so ist es auch, so ein bisschen bukowskihaft. Ich habe ihn bei einer Lesung in Mannheim aus dem Publikum heraus gefragt, wenn ich jetzt die Zeilenumbrüche aus dem Gedicht herausnehmen würde, wäre es für mich gar kein Gedicht mehr, sondern einfach ein Prosatext, und dann meinte er: „Sie haben aber ein konservatives Literaturverständnis" – da gab es gar keine Verständnismöglichkeit.
[...]

## 4 „Man ist nicht souverän im Hinblick auf Tradition": Gespräch mit Anja Utler, Regensburg, 15.09.2015

*Welche Dichter bzw. Texte betrachten Sie als wichtig für Ihre literarische Entwicklung als Lyrikerin?*
Ich finde das immer sehr schwierig zu sagen, weil das ein kontinuierlicher Prozess ist, wo sich die Texte auch ablösen, die wichtig sind. In bestimmten Zeiten sind bestimmte Texte wichtig und dann verlieren sie manchmal an Bedeutung, manchmal bleiben sie aber auch bedeutend. Wer für mich definitiv sehr, sehr wichtig war und auch wichtig geblieben ist, ist Marina Zwetajewa. Auch aus der Erfahrung heraus, dass ich sie eigentlich nicht übersetzen kann. Ich habe immer wieder versucht, sie zu übersetzen, und ich kann diese Art von Verbindung, die sie zwischen Laut und Bedeutung herstellt, diese absolute Verquickung, die kann ich schwer nachahmen. D. h. es ist ein dauernder

Versuch, den man im Deutschen machen kann, um dem nahe zu kommen und Übersetzungen zu machen, und das interessiert mich. Was sie macht, diese Kombination aus Emotionalität, Leidenschaftlichkeit, Laut und Bedeutung, das ist etwas wie ein glühender Kern, der mich immer sehr angesprochen hat, und gleichzeitig hat sie für mich immer auch einen Raum geboten, wo ich sehen konnte, sie geht wohin, wo ich eigentlich nicht hingehen möchte. Das ist auch immer wichtig in der Traditionsbildung, dass man Unterschiede festmachen kann. Da ist Raum für meine Stimme, da möchte ich nicht hin. [...]

Ich sehe diesen Begriff der Tradition auch durchaus problematisch, weil er ist auch eine Illusion, es ist immer eine Auswahl, die getroffen wird. Man hat nicht den Zugriff auf eine tatsächliche Vergangenheit, in der so und so viele Sachen geschrieben sind, und man kann nicht alles rezipieren, man rezipiert immer einen Ausschnitt, und dieser Ausschnitt ist immer willkürlich. Und ich denke, es ist nicht der Ausschnitt, den man rezipiert, von dem man sagt, man rezipiert es, weil es das Beste war. Man rezipiert aus Zufall. Man rezipiert, weil bestimmten Stimmen Nachmachpositionen zugeteilt wurden, man rezipiert nichts unvoreingenommen (ohne Vorurteile). Man ist nicht souverän im Hinblick auf die Tradition. Man ist auch sehr, glaube ich, dumm.

Ja, ich denke schon, dass sich im Laufe des Denkens der Blick auf bestimmte Leute ändert. Aber selbst wenn ich einen Dichter anders beurteilen würde, als ich ihn vor 10 Jahren beurteilt habe, weil das, was damals für mich wichtig war, verdaut und durch ist und ich das jetzt nicht mehr finden kann, dann kann ich ihm das nicht zum Vorwurf machen. Vor allem bleibt diese Wichtigkeit, die man hatte, und die Arbeit, die man hatte, bleibt trotzdem bestehen. Da muss man fair sein, das kann man nicht revidieren. Nein, das hat in einer bestimmten Zeit eine bestimmte Bedeutung und die war wichtig.

*Wie sind Sie zum ersten Mal auf die Texte von Thomas Kling gestoßen?*
Ich bin das erste Mal über einen oder zwei oder drei Texte von Thomas Kling gestolpert in einer Anthologie, ich habe sie durchgeblättert und habe mich gelangweilt. Ich fand sehr vieles uninteressant und dann bin ich plötzlich hängengeblieben. Das waren die Texte von Thomas Kling. Dort passiert etwas in diesen Texten und dieses etwas, was dort passiert, verwickelt mich selber als Rezipientin, ich muss eine Position dazu finden. Es sind Texte, die eine Unruhe ausstrahlen. Das sind nicht Texte, die von einer selbstgewissen Position aus sprechen, ich weiß, wie dichten geht, ich weiß, worüber ich spreche und ich handle souverän ein Thema ab. Die Texte waren innerlich bewegt und waren unruhig und konnten etwas, wo ich den Eindruck hatte, dort wird nach etwas gesucht. Und das hat mich interessiert, wonach dort gesucht wird und was mir das sagen kann.

*War Thomas Kling für Sie ein Mentor? Wäre dieses Wort zutreffend? Worin zeigt sich seine Arbeit als Mentor und Förderer von jungen Autor\*innen?*
Ich weiß nicht, weil ich den Begriff Mentor nicht verstehe. Mit dem Begriff Protegé habe ich ein größeres Problem, weil es heißt, es ist ein Schützling. Kategorien, die von außen her kommen und die mit meiner Realität nichts zu tun haben. In der Beziehung, die ich zu Thomas Kling hatte, gab es drei Schritte. Der erste war, ich kannte einfach nur seine Texte, ich hatte diese Texte geschätzt und ich hatte kein Interesse daran, den Menschen Thomas Kling kennenzulernen. Ich interessiere mich in erster Linie für Texte, für Gedanken, für Fragen, die man stellen kann, weniger für die Leute, die dahinter stehen. Ich habe Thomas Kling dann 2001 kennengelernt, dort habe ich beim Leonce-und-Lena-Wettbewerb teilgenommen, er war Ehrengast. Ich habe nicht vorgehabt, mit Thomas Kling zu sprechen, weil ich es für problematisch halte, mit jemandem zu sprechen, dem man eigentlich nichts zu sagen hat außer: „Ich finde Ihre Texte ganz ganz toll". Das ist eine sonderbare Kommunikationssituation. Und ich kann auch nicht Thomas Kling etwas über seine Texte sagen, denn er weiß alles. Es gibt eine Hierarchie des Lobens, als 27-jähriger kann ich nicht zu einem Menschen gehen und ihn loben, der zahlreiche Bücher publiziert hat und der in seiner Entwicklung ganz woanders steht. Aber Thomas Kling hat mit mir gesprochen, man konnte ihm nicht auskommen, wenn er mit einem reden wollte, dann hat er mit einem geredet, er hat mit mir geredet, und es hat sich herausgestellt, er hatte bereits Gedichte von mir gelesen und er wollte mich kennenlernen und er hat mich dann nach Hombroich eingeladen. Ich war dort auf einer Lesung und hatte dort drei Monate das Stipendium. Das hat mir sehr geholfen, und das ist wirklich diese Phase, wo ich sagen würde, vielleicht war er dort wirklich sowas wie ein Mentor, wobei die konkrete Ausgestaltung einer solchen Mentorschaft dann darin bestanden hätte, dass er mir die Möglichkeit gab, zu lesen, öffentlich aufzutreten auf der Raketenstation, dass er mir einen Kontakt zu einer Zeitschrift in Österreich (*manuskripte*) hergestellt hat, und das war es eigentlich, alles andere würde ich dann unter dem Begriff Freundschaft fassen, die später gekommen ist. Ich war später dann mit Thomas Kling befreundet, unter Beibehaltung dieser Hierarchieverhältnisse, aber das ist dann etwas anderes, das war dann vielleicht eine Freundschaft zwischen zwei Personen, vielleicht auch zwischen zwei Dichtern, aber die wird von diesem Begriff Mentorschaft nicht abgedeckt.
[...]
Ich glaube, das ist einerseits ein Unterschied in der Persönlichkeit, auf jeden Fall, aber geht es dort, glaube ich, um Haltung, vielleicht weniger um bestimmte nachweisbare Merkmale in Texten, aber nur sekundär, primär

glaube ich, geht es um Haltung: der Literatur gegenüber, auch Haltung anderen Menschen gegenüber, Haltung bestimmten Themen und der Sprache gegenüber. Ich glaube, das ist eine Traditionslinie, die schwer bestimmbar ist, aber die für Thomas Kling, glaube ich, wichtig war. Er war niemand – na gut, ich kann diese Aussage nicht treffen, aber ich persönlich habe das so wahrgenommen, dass für ihn diese Dimension der Haltung wichtig war. Und er hatte eine bestimmte Haltung der Widerständigkeit, die aber nicht gleichbedeutend ist mit einer Sucht, sich allen gegenüber abzugrenzen, sozusagen, ich verlasse das; ich glaube er hat da sehr fein differenziert zwischen Dingen, die man forttreiben möchte, und auch Haltungen, die man weiterentwickeln möchte, und bestimmten Dingen, die er abgelehnt hat, auch der Literatur gegenüber und zwischen Menschen, von denen er sich sehr stark abgegrenzt hat. Und ich denke diese Haltungsweitergabe, die er dann auch bei mir gesehen hat, eine gewisse Haltung, ja eben der Widerständigkeit, die hat dort eine Verbindung geknüpft, wo sie poetisch vielleicht auf den ersten Blick vielleicht nicht sichtbar ist oder nur in bestimmten Aspekten sichtbar ist. Eine widerständige Haltung, eine Haltung, die kritisch ist, und eine Haltung, die es mit der Literatur ernst meint, also die nicht Literatur als Mittel zu einem bestimmten Zweck betreibt, sondern die Literatur um ihrer selbst willen.

*Gibt es bestimmte Gedichte, Bände von Kling, die für Sie besonders wichtig waren?*
Nein, es gibt nicht diese bestimmten Texte ... jetzt komme ich wieder zum Begriff der Haltung ... es sind bestimmte Ansatzpunkte, die er hat in seiner Dichtung, und die sind für mich wichtig. Für mich ist wichtig diese Art der Mündlichkeit, die er in den Texten hat, die er auch als Performer hatte, aber die auch in den Texten steht. Für mich ist wichtig diese Haltung in den Texten, zu sagen, ich kann mit der Welt und der Realität nur umgehen, wenn ich an und mit der Sprache arbeite, und das unterläuft die populäre Definition von Experiment vollkommen. Ich halte Kling für einen politischen Dichter und ich halte ihn für einen Dichter, der vollkommen unnaiv ist und der weiß, dass man nur mit der Realität arbeiten kann, wenn man an der Sprache arbeitet. Dass man in diesem Verschränkungsbereich arbeiten kann. Das ist etwas, wo immer auch eine Abkürzung genommen wurde bei Kling, in der Rezeption, es wurde dann zu häufig gesagt, ja er ist ein Sprachzertrümmerer. Es geht nicht darum, Sprache zu zertrümmern – falls diese Geste, was ich nicht glaube, bei Thomas Kling überhaupt stattfindet –, sondern es geht darum, etwas zu zeigen, eine Berührung mit der Realität, bestimmte Themen adäquat, dichterisch adäquat zu behandeln. Diese Verknüpfung hat mich immer sehr interessiert, weil ich persönlich ... es ist der einzige Weg, den man gehen kann. Diese Trennung zwischen Realität und Sprache – man arbeitet entweder mit der Welt oder

man arbeitet mit der Sprache –, die im deutschsprachigen Raum immer wieder stur gemacht worden ist, das halte ich für lächerlich und absurd. Und der dritte Punkt, der für mich in den Texten immer wieder sehr wichtig war, die Texte sind leidenschaftlich, sie haben eine Passion, sie sind voller Emotion, und auch hier greift meines Erachtens dieses vollkommen Unnaive. Thomas Kling war kein Dichter, der der Meinung war, man könne diese Leidenschaft erzeugen, indem man leidenschaftlich ein Gedicht schreibt, sondern er hat immer wieder sehr stark betont, dass Gedichtschreiben ein kühler Prozess ist, ein Prozess der Komposition, ein Prozess, wo das Material bereits abgehandelt sein muss, das ist nicht spontan, nicht Inspiration, aus romantischer Haltung raus, sondern das man komponiert. Diese Verbindung ist etwas, wo ich finde, das sieht man in den Texten, die spüre ich in den Texten sehr stark, und das ist eine Haltung, die ich selber anstrebe.

*War Kling als Lyrik-Performer für Ihre Lesungen/Performances wichtig? Worin liegt die Bedeutung Klings als Lyrik-Performer für den deutschsprachigen Raum?*
Man trifft sich und man hat sich was zu sagen, weil es bereits bestimmte Ähnlichkeiten gibt. Ich habe eine Ausbildung als Sprecherzieherin gemacht und für mich war die akustische Dimension von Literatur immer primär, ich arbeite vom Gehör her, ich arbeite nicht von der Schrift her, und selbstverständlich gibt es da einen Überschneidungsbereich, und deswegen hat mich das immer sehr interessiert, was er da macht, aber ich glaube, er kommt auf der Bühne zu ganz anderen Ergebnissen, als ich auf der Bühne komme. Bei Kling sehe ich oder habe ich gehört eine direkte Ansprache des Publikums, er steht auf der Bühne, er spricht, er spricht laut, er spricht aggressiv, zum Teil schreit er. Er hat etwas sehr Schneidendes in der Diktion, er hat etwas … er bringt eine Distanzierung in die Stimme, er hat eine Ironie, er hat eine Schärfe, er tritt mit dieser Schärfe dem Publikum gegenüber. Er schleudert es in das Publikum, es gab teilweise auch – da war ich nie dabei –, es gab offenbar Reaktionen aus dem Publikum, wo Kling angeblich dann Leute auf die Bühne geholt hat: „So jetzt mach du", wenn Anwürfe aus dem Publikum kamen. Wenn du es also besser kannst, dann mach du. Es gab da eine direktere Ansprache an das Publikum. Das, was ich mache, ist anders. Ich suche dann diese Verbindung zum Publikum, die dann aber über den Blick läuft, nicht herzustellen, sondern ich versuche eigentlich den Text zwischen mich und das Publikum zu stellen, ich versuche so zu sprechen, dass der Text heraustreten und das Publikum nur mit dem Text und nicht mit mir als performender Person interagieren kann. Und das, glaube ich, sind unterschiedliche Herangehensweisen. Kling zitiert Mündlichkeit und er tut es auf der Bühne, das sind Dinge, die kann man sprechen, die haben einen Klang, auch in der Alltagsrede, das sind Intonationsfolgen, die man auf

der Straße hören kann, die man im Fernseher hören kann, in den Medien. Das mache ich nicht, ich habe eine Art zu sprechen auf der Bühne, die mit dem Alltag eigentlich nichts zu tun hat, sehr wenig zu tun hat, ich arbeite mit Rhythmen, die eigentlich diesem Alltäglichen entgegenstehen, die einen anderen Raum aufmachen als das Alltägliche. Da läuft das sehr, sehr weit auseinander und dort, wo man sich wieder treffen würde, wäre der Begriff der Haltung. Man performt etwas, man macht es aber nicht in Richtung einer Gefälligkeitsperformance, wo am Ende alle einverstanden sind und freundlich abnicken und schulterzuckend nach Hause gehen, ich bin mir sicher, dass er es nicht wollte. Es hatte eine provokative Kraft, auf andere Art und Weise als meine Arbeit. Ich möchte auch nicht, dass Leute das freundlich abnicken. Auch eine Frage von Intensität, wie sehr gebe ich mich auf der Bühne? Thomas Kling hat sicher eine ganz andere Art sich auf der Bühne zu geben und zu öffnen als ich das habe, aber von der Intensität, glaube ich, besteht wieder eine Ähnlichkeit. Kling hat ganze Phrasen zitiert, in den Gedichten hat er auch verschiedene Sprechrollen. Man konnte sich Physiognomien vorstellen von Leuten, die so etwas sprechen, in die verschiedene Sprachebenen hineinfließen. Ich komme von der Akustik, vom Mündlichen, das sind diese Energien, die sich dann tatsächlich in einer Stimme spießen und auseinanderstreben.

[...]

## 5    „[...] dann wurden auch die Klingen gekreuzt": Gespräch mit Durs Grünbein, Ptuj, 26.08.2021

*In Ihrer Frankfurter Poetikvorlesung schreiben Sie: „Jenseits der sogenannten Avantgarden von einst hat sich ein weites Feld aufgetan. Man kann nun wieder von vorn anfangen, ein jeder bei sich selbst." Wie würde man diese Tradition „jenseits der Avantgarden" genauer definieren? Ist es eine Tradition der Romantik, des Subjektiven, des Ausdrucks von Persönlichkeit?*

Nein, was ich meinte war, die später Geborenen, die Nachgeborenen haben jetzt alle Möglichkeiten, alles, was die Tradition geboten hat, inklusive die Romantik, die Klassik, aber vor allem die Moderne, alle Experimente, die es schon gegeben hat, für sich weiter zu entwickeln. In dieser Situation sind wir jetzt. Wir sind tatsächlich in einer postmodernen Situation, und jeder, der jetzt anfängt, Gedichte zu schreiben, und zurückschaut auf alles, was passiert ist, irgendwo beginnen kann, irgendetwas weiterentwickeln kann.

Im Falle Klings war das ganz stark sichtbar – eines der ersten Gespräche, das wir führten, war über August Stramm. Also diese Schützengraben-Poesie, das man die Worte zerhacken muss, der Schock des Geschehenden, des Geschehenen, das war für ihn anscheinend sehr sehr verbindlich. Mir hat er mal gesagt, was hältst du von August Stramm, natürlich, ich habe August Stramm schon gelesen gehabt, und für ihn war es aber sozusagen wie heilig. Von da aus konnte man weitergehen, man musste jetzt in die Worte hineingehen und die Worte vielleicht selber zerstören, oder aufbrechen. Und das war für ihn so wichtig und verbindlich. August Stramm fällt mir als erster ein unter seinen Schutzheiligen. Und da kam er ziemlich schnell zu den Wiener Experimentellen, Wiener Schule. Wir haben über Jandl geredet, Mayröcker, Konrad Bayer und H.C. Artmann. Das waren alles viel wichtigere Größen als damals für mich. Also vielleicht hatte ich schon was gelesen, aber für ihn war das unbedingt ein Impuls zu schreiben an der Stelle. Das meinte ich an der Stelle mit der Vorlesung damals: Alle Jüngeren, die ich jetzt kenne oder kennenlernte, die haben jetzt die Freiheit, an irgendeiner Stelle weiterzumachen.

*Wie viel von den Avantgarden kannte man im Osten?*
Im Osten kannte man mehr die östlichen Avantgardetraditionen, z. B. Chlebnikow, für mich persönlich natürlich ganz viel wichtiger, Mandelstam. Die Gespräche über Mandelstam mit ihm waren auch interessant, übrigens das muss ich sagen, Kling war der einzige, den ich in dieser Zeit im Westen kennengelernt habe, der interessiert war an der osteuropäischen, russischen Moderne. Viele waren da völlig ignorant. Er war in keiner Weise ignorant. Nie. Im Gegenteil: Er hat mich ausgefragt, was weiß ich darüber besser, und wo bei mir Lektürevorsprünge, und natürlich haben wir Gespräche über Mandelstam, Achmatowa, Zwetajewa geführt. Da konnte ich ihm sagen, ja, es stimmt, die sind für mich sehr viel früher ins Leben getreten und wichtig geworden. Das waren allerdings auch Fragen über die Ethik der Lyrik, was in dieser russischen modernen Poesie weitergetragen werden musste, weil es unter Gefahr stand, vergessen zu werden unter der Sowjetherrschaft, und das hat mich sehr geprägt. Wir haben, glaube ich, nie über Brodsky gesprochen, oder wie es dann weiterging, das war später.

Wenn ich meine Gedanken ordnen will, ich habe mir ein paar Sachen hier notiert. Ich habe mir sogar den Eröffnungssatz notiert: Unsere Wege haben sich gekreuzt, gekreuzt in mehrfacher Hinsicht, dann wurden auch die Klingen gekreuzt. Er hat immer wieder später auch zurückgeschlagen, ich habe ihn nie angegriffen, interessanterweise, und das hat von Anfang an unsere Beziehung sehr bestimmt. Er war der aggressivere, wahnsinnig aggressiv, manches habe ich nicht verstanden: Warum greift er mich jetzt an für irgendetwas? Dann hat er versucht, mich wieder zu verteidigen, habe ich auch gehört draußen, so ungefähr, lass mal den Grünbein machen, dann macht er seine Sache. Aber meine antiken Obsessionen hat er nicht geteilt. Dann kommt dieser Satz „das sind Sandalenfilme aus den Grünbein-Studios", das kommt aber aus dieser Ursprungsdifferenz heraus: Kling hatte so eine Vorstellung von „Moderne

Plus". Ich hatte damals lange Zeit erstmal die Idee von „Moderne jetzt wieder". Und Moderne hieß für mich sehr viel, was verschollen war, was man wiederentdecken musste. Kling war dann ein bisschen mehr in Richtung Westkunst abgedröselt – Westkunst hieß immer: Du musst noch mehr vorausgehen, dich fortbilden, du musst ganz viel Gepäck abwerfen, das ist alles Ballast.

Da habe ich mir jetzt Namen aufgeschrieben: Ich besuche Kling eines Tages in Köln (ich bin hingefahren), er holt mich am Bahnhof ab und führt mich in seine kleine Wohnung, wirklich wild, und dann sagt er: Morgen gehen wir zum Dokoupil und zum Peter Bömmels und dann zeige ich dir noch das, und da würde er mir dringend zeigen, wie er vernetzt war in der Künstlergemeinde. Es war dieses sogenannte „Mülheimer Freiheit", das waren Künstler, zum Teil im selben Alter oder manche einen Tick älter, die in ihren Ateliers neue Sachen machten. Das wollte er mir dringend zeigen. Sehr lange konnten wir schwärmen z. B. von Blinky Palermo, d. h. das war für ihn ein Auftrag, er war mittendrin in dieser Szene, und hat es für sich als Auftrag fürs Schreiben begriffen: So modern wie die musst du werden, Minimum. Das war für mich exotisch, wie Schule, das war wirklich anders. Das Gespräch über die Kunst, über die neuen Künstler hat immer funktioniert. Wir konnten uns ganz schnell verständigen, was ist jetzt wieder passiert, was muss man sehen, welche Ausstellungen und so.

[...]

Wir sind eigentlich erst durch Suhrkamp zusammen gekommen und es gab eine Messe, Frankfurter Buchmesse, wo er und ich die beiden neuen Lyriker waren in dem Verlag. Er kam aus dem Westen, ich kam aus dem Osten. Und er zeigt mir die ganze Buchmesse, führt mich überall rum, erklärt mir den Westen. Kling war derjenige, der mir zuerst den Westen erklärt hat. Er hat z. B. gesagt: Hast du jetzt schon Rezensionen? – Ich frage: Was ist das? – Die FAZ, die Süddeutsche, die werden jetzt bestimmt dein Buch besprechen. – Und ich so: Und was heißt das? – Wie, was heißt das? Du bringst ein Buch heraus, hier in dieser westlichen Welt und dann muss das besprochen werden, okay, pass mal auf, wer dein Buch bespricht und erzähl mir das, dann kann ich dir sagen, wer das ist. – Ich vollkommen naiv: Was ist Rezension? Das erklärt den Unterschied. Kurz vor dem Mauerfall. [...] Und bei dieser Buchmesse war es, dass Kling mit mir herumging, er war sozusagen mein Partner, mein Ursprungsmensch im Westen, das werde ich ihm immer anrechnen. Er war derjenige, der da war, der mich am Bahnhof abholte als allererstes und mir versuchte, diese Welt zu erklären. Er war so interessiert an dieser anderen Welt, diesem Mirakel, dass jemand aus dem Osten kam und etwas Interessantes machte, da wollte er mir alles gern zeigen. Und so kommt es, dass wir dann nach Düsseldorf kommen und er mir seine frühen Verleger vorstellte, die beiden sehr sehr freundlichen Herren [das Verlegerpaar der Eremiten-Presse].

Dann habe ich angefangen, Kling zu lesen: Also ich kannte dieses allererste Buch von Suhrkamp, und habe mir immer wieder das angeschaut, immer wieder umgeblättert, immer wieder: Was macht er da eigentlich, wie er die Seite aufbricht, wie er schon im Text ins Performative geht, der Text muss sozusagen öffentlich funktionieren. Das war ihm früh klar, er musste tatsächlich aufs Klavier springen können und sagen: Alle mal Ruhe, jetzt kommt Gedicht. Das hatte nur er so, den ich kennengelernt habe. Also das war von Anfang an die Wurzel seines Schreibens, nicht nur, dass ein Gedicht auf einem Stück Papier [steht], sondern es muss sofort – heute würde man sagen, Kling wäre ein Rapper geworden – er hatte von Anfang an diese Idee, es muss funktionieren in einer Öffentlichkeit. Er hat Leute angeschrien, wenn sie bei Lesungen gequatscht haben. Was ich Aggression genannt habe, habe ich schnell begriffen, ist gar nicht Aggression, sondern war so eine ganz zarte Aggression: Es ging immer nur darum, sich Gehör zu verschaffen. Ich habe ihn bewundert für eine Weile, richtig bewundert als Role Model für die Poesie. Also ich habe gesehen, dass er tatsächlich in einer Gesprächssituation aufspringen konnte, sich Gehör verschaffen konnte. Er hat viel Streit angezettelt, immer wieder, und das ging dann über Jahre, wenn ich ihn wieder traf: Wie ist er jetzt drauf? Greift er mich an? Ist er erstmal freundlich oder nicht? Kommen wir miteinander klar? Dadurch, dass wir uns früh kennengelernt hatten, hatten wir eine sehr sehr frühe, alte Beziehung, so einen ungeschriebenen Pakt, dass wir uns wirklich akzeptieren erstmal. So verschieden wie wir waren, komplett verschiedene DNA.

[...]

Er war immer z. B. interessiert am übergreifenden literarischen Geschehen: Also wir sind wieder in Frankfurt, wieder bei der Messe, da sagt er zu mir, du musst mir Heiner Müller vorstellen, den kannte ich gut. Da bin ich hingegangen zum Heiner und habe ihn angeschleppt und gesagt, das ist Thomas Kling. Er hatte sofort zu Heiner Müller was zu sagen, er hatte alles gelesen, er wusste, da kommt noch eine Tradition auf ihn zu. Zum einen, eine eher intellektuelle literarische Tradition, das fehlte ja bei ihm ein bisschen. Ich würde heute sagen, nachträglich, Kling ist mit 50 gestorben, manchmal führe ich über seinen Tod hinaus interne Gespräche mit ihm, also er war eine der großen Figuren, die ich kennengelernt habe, z. B. heute würde ich ihn fragen, hat er noch mitgekriegt, dass Heiner Müller gerade in der späten Phase für sich den Pasolini wiederentdeckt hat, das ganze Werk von Pier Paolo Pasolini, also nicht nur die Filme, sondern vor allem auch die Literatur und die Haltung, eine Form der ursprünglichen Kapitalismuskritik, daran war z. B. Kling sehr interessiert, er spürte, dass es noch eine andere Tradition gibt, natürlich eher intellektuell getrieben, die aus dem Osten kam, also von Brecht her. Über

solche Sachen haben wir uns vorsichtig unterhalten können. Aber das war ihm so wichtig, dass ich ihm Heiner Müller vorstelle.
[...]
Ich habe jahrelang gedacht, ich bin viel großzügiger als er, viel solidarischer, freier. Dann habe ich aber oft gemerkt, dass er auch sehr großzügig ist. Wenn man die Essays liest und feststellt, wie großzügig sein gesamtes literarisches Weltbild ist, was er dann alles integriert hat später, ist wirklich atemberaubend gut. Er hat praktisch seinen Kreis immer weiter erweitert. Er wusste aber anscheinend erstmal die Position zu finden und die richtig zum Teil aggressiv durchzuboxen. Ich hatte das so nicht. Aber ich habe es immer bewundert, immer zu kämpfen um seine Position. Er hat mich bei Festivals zur Seite genommen und gesagt: „War doch scheiße hier, oder?" Ja, ok, es war scheiße, aber er war da wenig konziliant. Später habe ich gedacht, so ist man, wenn man weiß, wenn man spürt, dass man viel weniger Zeit hat. Er war extrem unduldsam, in jeder Hinsicht. Das Wort abschneiden, Parade fahren, öffentlich, quer durch diesen Raum ... Nur wenn wir unter vier Augen waren, dann funktionierte das. In der Öffentlichkeit war es schwierig dann später, dann hatte er seine Hofhaltung, er hatte seine Adlaten, dann kam ich und er musste irgendwas sagen. Also wir waren manchmal kurz vor Prügelei, ich hätte nie gedacht, dass ich mich um Literatur prügeln muss, es war kurz vor der Handgreiflichkeit. [...] Es war immer Gipfeltreffen, immer Kampf und Aggression. Dann wieder kam eine andere Begegnung, ein Jahr später, da kommt er auf mich zu und umarmt mich. Ich sehe einen Menschen, der großzügig ist, der wieder was gelernt hat und mir zeigen wollte, dass wir eigentlich Gebündelte sind in der Poesie.

*In einer Rezension wird behauptet, „Kling wurde jahrelang als Gegenfigur aufgebaut", also gegen Sie. Ist das eine Polarisierung, die von außen kommt?*
[...]
Also Kling steckte schon im Schützengraben der Moderne. Da bin ich wieder bei Stramm. Ich habe später darüber nachgedacht, dass Stramm für ihn so wichtig war. Er hatte die Idee, praktisch vom ersten Weltkrieg her, dass es eine Art Schützengraben gibt, aus dem sich die Vertreter der Moderne oder der Tradition bekämpfen müssen bis aufs Blut.

*Das ist ähnlich wie die Kritik von Czernin.*
Die Kritik von Czernin ist interessant. Der Ausgangspunkt war, wir waren zusammen irgendwo, ich weiß nicht mehr wo, und da stehen wir nachts draußen, Kling, Czernin und ich, und reden sehr freundlich. Drei Wochen später kommt sozusagen der Generalangriff. Überdings habe ich neulich Franz

Josef Czernin wieder getroffen, es war eine ganz andere Situation, und er kam auf mich zu, wir haben geredet, es war sozusagen, als wäre nichts geschehen. Jetzt habe ich nochmal mit einer österreichischen Literaturwissenschaftlerin, die ihn gut kennt, geschrieben, dann hat sie aber gesagt, du hast nicht verstanden, Czernin wollte einfach nur freundlich sein zu dir. Ich habe gesagt, nein, nein, kein Problem, aber hatte er nicht anscheinend ein Problem mit mir, ich hatte nie ein Problem mit ihnen, ich habe überhaupt kein Problem mit dem, was Czernin macht, was Kling macht, was irgendwer macht, das ist nicht mein Problem. Jeder soll das tun, was er dringend tun muss. Aber die hatten anscheinend vorübergehend immer ein Problem mit mir. Ich weiß, man hat es mir erklärt, was Kling nicht wirklich verwunden hat, war der Büchner-Preis, das war tödlich. Danach war es ganz schlimm. Weil er dann natürlich gesehen hat, dass mein Model der Ausdruck war, den sie auf den Thron heben mussten, ich habe das aber selber für mich nicht so gesehen und hoffe, es nicht nur so, und später erst hat er begriffen, dass man an mir nur ein Exempel statuierte, was ich bis heute glaube, also ich war derjenige, den man benutzt hat für eine neue literaturpolitische Situation. Schirrmacher schreibt dann, „die erste Stimme der neuen Republik", was immer das heißt, habe ich nicht gemacht. Das hat Kling persönlich herausgefordert. Ich habe später immer gesagt: „Kling, Kling, Kling – Büchner-Preis", aber man hat mich nicht gehört.

*Sie schreiben in der Replik auf Czernin, dass es keinen Dialog zwischen diesen zwei Traditionen gab.*
Außer unseren persönlichen, den immer. Aber in der Öffentlichkeit nicht. Also wir wurden gegeneinander aufgestellt.

*Wie würden sie die Situation heute bewerten?*
Als ich ihn zum letzten Mal sah, also wir hatten denselben Lektor, Christian Döring, der dann wegging zu DuMont. Ich könnte sagen, es war interessant, als ich in den Suhrkamp Verlag in Frankfurt kam. Im Büro von Christian Döring hing ein großes Plakat von Kling an der Wand, nicht von mir. Da war ein Gedicht, „ratinger hof", glaub ich, und mir war klar, dass ist eure Linie, einer von euch, den man jetzt richtig fördern muss. Er war der Held sozusagen. Ich war auch zum Beispiel mal bei der Lesung des Verlegersohns Joachim Unseld, – es war eine kurze Zeit, in der ihn Vater in den Verlag nahm als Test für die Nachfolge. Das ist dann schiefgegangen, aber Unseld hat in Frankfurt ein großes Haus geführt und machte selber Lesungen, Veranstaltungen, da waren wir ein paar Mal. Es gibt so einen Abend, da uns Unseld alle einlädt und ich bin wieder mit Kling da und er wurde vorgerufen: „Mach da eine deiner tollen Lesungen." Nicht ich, sondern er. Das ist klar. Er war sozusagen der Starling

des westdeutschen Literaturbetriebs. Was sie irritiert hat, war, dass man mich auch nicht wirklich wegkriegte aus dem ganzen Geschehen. Ich hatte vorübergehend sogar die Vorstellung, das waren so eliminatorische Phantasien, die er [Kling] hatte. Eigentlich musste ich weg. Wäre besser, wenn ich nicht da wäre. Zum 50. Geburtstag [vermutlich 47.] gab es eine Party in Köln, in so einem Keller, und da kam Kling mit Christian Döring und so, und wir wussten Kling hatte eine Krankheitszeit hinter sich, es ging ein bisschen besser. Und er steht vorne am Pult, er ist Jubilar, in so einem schwarzen Jackett, und irgendwie, mittenheraus von dem Pult, spricht er mich an, quer durch die Menge, um mir eigentlich zu sagen, weißt du, wir hatten eine echt schöne Zeit. Ist traurig, oder? Das war das letzte Mal, das ich ihn sah. Ich halte diese Erinnerung gerne, weil alle Klingianer mir gegenüber später immer so eine Scheu gehabt haben, so als wäre ich die dubiose Figur. In dem Moment, wo sie merkten, es gibt überhaupt kein Problem für mich, sondern im Gegenteil, ich habe die große Zeit, die wir gemeinsam hatten, als wirklich bereichernd empfunden. Dann hat sich das ein bisschen gelockert und so, heute ist es noch ein gutes Verhältnis.

Aber was z. B. Kling viel früher als ich hatte: Er hat sich viel früher archiviert. Kling hat viel früher begriffen, dass sein ganzes Leben darauf hinausläuft, z. B. erforscht zu werden als ich. Er hat praktisch sein eigenes Archiv eingerichtet in Hombroich. Also nicht nur, dass er die Öffentlichkeit erobern wollte durch seine Performance-Acts und begriffen hat, wie ein unbekanntes Publikum sofort zu erobern ist, sondern er hat auch sehr früh begriffen, dass es wichtig ist, alles aufzuheben. Ich habe heute von ihm auch noch ein paar Sachen, und es ist interessant, wie er das macht. Einmal hat er mir so eine Fotografie geschickt, er mit dunkler Brille, signiert, so wie ein Star. Er wusste, dass Literatur ein Star-System ist. Wie Film-Business, Hollywood. Das wusste er und ich nicht. Das war das Ding „Was ist eine Rezension?" Er hat mir erklärt, was hat der geschrieben, wie hat der reagiert, kennst du den, mach dich mal bekannt mit dem und dem, wichtiger Literaturkritiker. Da musst du aufpassen, da ist der Schirrmacher. Ich habe von ihm viel gelernt über den, mit Habermas ausgedrückt, „Strukturwandel der Öffentlichkeit" der Literatur. Er war Teil dieses Strukturwandels der Öffentlichkeit, er hat sehr schnell begriffen für sich, durch die bildenden Künstler, glaube ich. Da hat er die Stars gesehen, Immendorff, Beuys, Palermo. Da hat er begriffen: So wie die muss ich sein. Ich darf nicht einfach so ein Lyriker sein, ich muss eine öffentliche Figur werden, muss mich deutlich bemerkbar machen. Weil er eben anders aufgewachsen war, hat er das früher schon begriffen.

# Bibliographie

### Primärliteratur

Achleitner, Friedrich: „wir haben den dialekt für die moderne dichtung entdeckt ...", in: Gerhard Fuchs, Rüdiger Wischenbart (Hg.): *H.C. Artmann*, Graz 1992, S. 37–40.

Artmann, H.C.: *The Best of H.C. Artmann*, hg. von Klaus Reichert, Frankfurt a. M. 1975.

Artmann, H.C.: *Achtundachtzig ausgewählte Gedichte*, hg. von Jochen Jung, Wien 1996.

Bayer, Konrad: *Sämtliche Werke*, hg. von Gerhard Rühm, Stuttgart 1985.

Benn, Gottfried: „Probleme der Lyrik" in: Gottfried Benn: *Gesammelte Werke in vier Bänden, Band 1. Essays, Reden, Vorträge*, hg. von Dieter Wellershoff, Wiesbaden 1965, S. 494–536.

Benn, Gottfried: *Gedichte in der Fassung der Erstdrucke*, hg. von Bruno Hillebrand, Frankfurt a. M. 2006.

Beyer, Marcel, Wichmann, Haiko: „Von K. zu Karnau. Ein Gespräch mit Marcel Beyer über seine literarische Arbeit" (1993), thing.de, URL: http://www.thing.de/neid/archiv/sonst/text/beyer.htm, letzter Zugriff: 30.7.2018.

Beyer, Marcel: *Falsches Futter*, Frankfurt a. M. 1997.

Beyer, Marcel: „Recherche und ‚Recherche'", in: *Sichtungen. Archiv, Bibliothek, Literaturwissenschaft* 10/11 (2007/08), S. 363–371.

Beyer, Marcel: „New York State of Mind", in: *Sprache im technischen Zeitalter* 209 (2014), S. 123–135.

Borchardt, Rudolf: *Bacchische Epiphanie*, textkritisch hg. und mit einem Nachwort von Bernhard Fischer, München 1992.

Brecht, Bertold: „Die Strassenszene. Grundmodell eines epischen Theaters", in: ders.: *Werke*, Bd. 22, Vol. 1, Berlin 1993, S. 377.

Brinkmann, Rolf Dieter: *Standphotos. Gedichte 1962–1970*, Reinbek bei Hamburg 1980.

Brinkmann, Rolf Dieter: *Der Film in Worten. Prosa, Erzählungen, Essays, Hörspiele, Fotos, Collagen, 1965–1974*, Reinbek bei Hamburg 1982.

Brinkmann, Rolf Dieter: „The Last One. Autorenlesungen. Cambridge Poetry Festival 1975" (CD), München 2005.

Brinkmann, Rolf Dieter: *Westwärts 1&2. Gedichte*, Erweiterte Neuausgabe, Reinbek bei Hamburg 2005.

Brinkmann, Rolf Dieter: „Wörter Sex Schnitt. Originaltonaufnahmen 2005" (CD), München 2005.

Collins, Billy: „Billy Collins on how to become a poet, and why poetry can be a game", Internetseite National Public Radio, URL: https://www.npr.org/2016/12/14/504716937/billy-collins-on-how-to-become-a-poet-and-why-poetry-can-be-a-game, letzter Zugriff: 03.08.2022.

Czernin, Franz Josef: „Falten und Fallen'. Zu einem Gedichtband von Durs Grünbein", in: *Schreibheft. Zeitschrift für Literatur* 45 (1995), S. 179–188.

Czernin, Franz Josef: *Marcel Reich-Ranicki. Eine Kritik*, Göttingen 1995.

Czernin, Franz Josef: „Dass die Sprache in der Sprache verschwindet oder die Sprache die Sache hervorruft", in: Ernst Grohotolsky: *Provinz sozusagen*, Graz 1995, S. 139–148.

Czernin, Franz Josef: *elemente, sonette*, München 2002.

Czernin, Franz Josef: „Sprache und Gegenstand in der Poesie", in: Klaus Amann, Alois Brandstetter (Hg.): *Freund und Feind*, Wien 2006, S. 140–164.

Czollek, Max, Fehr, Michael, Prosser, Robert (Hg.): *Lyrik von Jetzt 3*, Göttingen 2015.

Eliot, T.S.: „Introduction. 1928", in: Ezra Pound: *Selected poems and translations*, hg. von Richard Sieburth, London 2011, S. 363–364.

Eliot, T.S.: „Tradition and the individual talent", in: ders.: *The sacred wood. Essays on poetry and criticism*, London 1960.

Falkner, Gerhard: *Über den Unwert des Gedichts*, Berlin 1993.

George, Stefan: *Gedichte*, hg. von Günter Baumann, Stuttgart 2008.

Goldsmith, Kenneth: *Uncreative writing. Managing language in the digital age*, New York, 2011.

Gomringer, Eugen (Hg.): *konkrete poesie. deutschsprachige autoren*, Stuttgart 1986.

Gomringer, Eugen: *theorie der konkreten Poesie. texte und manifeste 1954–1997*, Wien 1997.

Gomringer, Eugen: „vom vers zur konstellation", Planet Lyrik, URL: http://www.planet lyrik.de/eugen-gomringer-zur-sache-der-konkreten/2017/08/, letzter Zugriff: 12.08.2019.

Gräf, Dieter M.: *Rauschstudie. Vater + Sohn*, Frankfurt a. M. 1994.

Gräf, Dieter M.: *Treibender Kopf*, Frankfurt a. M., 1997.

Grünbein, Durs: *Grauzone morgens*, Frankfurt a. M. 1988.

Grünbein, Durs: *Schädelbasislektion*, Frankfurt a. M. 1991.

Grünbein, Durs: *Galilei vermißt Dantes Hölle und bleibt an den Maßen hängen. Aufsätze 1989–1995*, Frankfurt a. M. 1996.

Grünbein, Durs: „Dioskurenklage", in: *den sprachn das sentimentale abknöpfn*, hg. von Heidemarie Vahl, Ute Langanky, Düsseldorf 2007, unpaginiert.

Grünbein, Durs: *Vom Stellenwert der Worte. Frankfurter Poetikvorlesung 2009*, Berlin 2010.

Grünbein, Durs: *Jenseits der Literatur. Oxford Lectures*, Berlin 2020.

Grünbein, Durs: „Ein Brief an Europa. Eine Insel, die es nicht gibt", in: *Der Standard*, 29.08.2021.

Grünbein, Durs: „Parteilos", in: *Süddeutsche Zeitung*, 28.09.2021.

Grünbein, Durs, Rüther, Tobias: „Der Antifaschismus ist die wichtigste Bewegung des 20. Jahrhunderts", in: *FAZ*, 10.07.2022.

Höllerer, Walter (Hg.): *Ein Gedicht und sein Autor*, München 1967.

Hummelt, Norbert: *knackige codes*, Berlin 1993.

Hummelt, Norbert: *singtrieb*, Schupfart 1997.

Hummel, Norbert: „Marcel Beyer und die Jahre mit ‚Postmodern Talking'. Bericht über ‚das einzige Sprechduo der Welt'", in: Marc Boris Rode (Hg.): *Auskünfte von und über Marcel Beyer*, Bamberg 2000, S. 47–56.

Hummelt, Norbert: „Erinnerung an Thomas Kling", in: *Castrum Peregrini* 268/269 (2005), S. 103–110.

Hummelt, Norbert: „Nachwort", in: Thomas Kling: *schädelmagie. Ausgewählte Gedichte*, Stuttgart 2008, S. 69–81.

Hummelt, Norbert, Siblewski, Klaus: *Wie Gedichte entstehen*, München 2009.

Jandl, Ernst: „Voraussetzungen, Beispiele und Ziele einer poetischen Arbeitsweise", in: Thomas Kopfermann (Hg.): *Theoretische Positionen zur Konkreten Poesie*, Tübingen 1974, S. 41–59.

Jandl, Ernst: *ernst jandl für alle*, Darmstadt 1974.

Jandl, Ernst: *Laut und Luise*, Frankfurt a. M. 1990.

Jandl, Ernst: *Autor in Gesellschaft. Aufsätze und Reden*, München, 1999.

Kling, Thomas: *der zustand vor dem untergang*, unpaginiert, Stiftung Insel Hombroich, Thomas Kling.

Kling, Thomas: Sprachinstallation ‚Op de Eck' / Thomas Kling liest aus „erprobung herzstärkender mittel", (Schlagzeugbegleitung: Geräusche, wie wenn Gegenstände, Möbelstücke z. B., zerstört würden; Sprecher-Chor) Düsseldorf (?), ca. 1985 (Privat-Aufnahme, verrauscht, mit Kneipengeräuschen) Kassette (U.L.) Stiftung Insel Hombroich, Thomas Kling.

Kling, Thomas, Mayröcker, Friederike: „Friederike Mayröcker porträtiert Thomas Kling", NDR 3, 23.01.1986.

Kling, Thomas, Hansen, Al, Grundheber, Ingrid: „Drei freie Minuten, Talk Act", Köln, 08.04.1988, Privat-Aufnahme, CD. Stiftung Insel Hombroich, Thomas Kling.

Kling, Thomas, Beyer, Marcel: „Das Eingemachte – Smalltalk 91. Thomas Kling und Marcel Beyer talken über", in: *Konzepte* 10 (1991), S. 53–61.

Kling, Thomas: „DER DICHTER ALS LIVE-ACT. DREI SÄTZE ZUR SPRACHINSTALLATION", in: *Proe*, Berlin 1992, ohne Paginierung.

Kling, Thomas: „Die Rede, die in Schrift fließt. Zum Abschluss der Priessnitz-Werkausgabe", in: *Schreibheft* 45 (1995), S. 189–190.

Kling, Thomas: „Editorial", in: *Akzente. Zeitschrift für Literatur* 5 (1996), hg. von Michael Krüger, S. 387.

Kling, Thomas: *Itinerar*, Frankfurt a. M. 1997.

Kling, Thomas, Lenz, Daniel, Pütz, Eric: „Das Gedicht unter Dampf halten. Gespräch mit Thomas Kling – 13. November 1998", in: Daniel Lenz, Eric Pütz: *LebensBeschreibungen. Zwanzig Gespräche mit Schriftstellern*, München 2000, S. 172–182.

Kling, Thomas: *Botenstoffe*, Köln 2001.

Kling, Thomas: *Sprachspeicher. 200 Gedichte auf Deutsch vom achten bis zum zwanzigsten Jahrhundert*, Köln 2001.
Kling, Thomas, Küchemann, Fridtjof: „Dichter Thomas Kling. Gegen die Lehrer-Lempelhaftigkeit", in: *FAZ*, 13.09.2002.
Kling, Thomas: „Sprach-Pendelbewegung. Celans Galgen-Motiv", in: *Text+Kritik* 53/54 [Themenheft: Paul Celan, 3. Aufl.], München 2002, S. 25–37.
Kling, Thomas: „Flucht aus dem Bürgertum", in: *Die Zeit*, 11.12.2003.
Kling, Thomas, Balmes, Hans Jürgen: „Brandungsgehör. Nachbildbeschleunigung. Thomas Kling im Gespräch mit Hans Jürgen Balmes", in: *Neue Rundschau* 4 (2004), S. 127–136.
Kling, Thomas, Czernin, Franz Josef: „Wandlung von Sprache in Sprache, E-Mails Juli–August 2002", in: *Schreibheft* 65 (2005), S. 155–162.
Kling, Thomas: *Auswertung der Flugdaten*, Köln 2005.
Kling, Thomas: *Gesammelte Gedichte. 1981–2005*, hg. von Marcel Beyer, Christian Döring, Köln 2006.
Kling, Thomas: *Das brennende Archiv. Unveröffentlichte Gedichte, Briefe, Handschriften und Photos aus dem Nachlaß sowie zu Lebzeiten entlegen publizierte Gedichte, Essays und Gespräche*, hg. von Norbert Wehr und Ute Langanky, Berlin 2012.
Kling, Thomas, Janssen, Ulrike, Wehr, Norbert: „Die gebrannte Performance", Düsseldorf 2015.
Kling, Thomas: *Werke in vier Bänden*, hg. von Marcel Beyer, Gabriele Wix, Peer Trilcke, Frieder von Ammon, Berlin 2020.
Kling, Thomas, Pastior, Oskar: „Grüß mir die Enttrüttung. Aus dem Briefwechsel", hg. von Diego León-Villagrá, in: *Schreibheft* 94 (2020), S. 151–164.
Kuhligk, Björn, Wagner, Jan (Hg.): *Lyrik von Jetzt. 73 Stimmen*, Köln 2003.
Lethem, Jonathan: *The ecstasy of influence. Nonfictions, etc.*, New York 2011.
Lönnrot, Elias: *Kalevala. Das finnische Epos*, Salzburg 2004.
Marinetti, Filippo Tommaso: *Manifeste des Futurismus*, Berlin 2018.
Mayröcker, Friederike: *Benachbarte Metalle*, hg. von Thomas Kling, Frankfurt a. M. 1997.
Mayröcker, Friederike, Beyer, Marcel: „Eigentlich ist es nichts anderes als ein poetischer Synthesizer", Internetseite Urs Engeler, URL: http://www.engeler.de/beyer mayroecker.html., letzter Zugriff: 13.02.2019.
Mayröcker, Friederike: „Zuschreibung, oder die Vermeerung der Sprache bei Thomas Kling", in: *Gesammelte Prosa III*, hg. von Klaus Reichert, Frankfurt a. M. 2001.
Mayröcker, Friederike: *Gesammelte Gedichte. 1939–2003*, hg. von Marcel Beyer, Frankfurt a. M. 2004.
Moore, Richard O.: *USA. Poetry* (1966), Youtube, URL: https://www.youtube.com/watch?v=344TyqLlSFA, letzter Zugriff: 10.06.2019.
Neufert, Detlef F.: *Brennstabm und Rauchmelder. Porträt Thomas Kling*, WDR 1992.

Pastior, Oskar: *Feiggehege. Listen, Schnüre, Häufungen*, Berlin 1991.
Pastior, Oskar: *Höricht*, Spenge 1975.
Pastior, Oskar: *Ingwer und jedoch. Texte aus diversem Anlaß*, Göttingen 1985.
Pastior, Oskar: *Das Unding an sich. Frankfurter Vorlesungen*, Frankfurt a. M. 1994.
Piringer, Jörg: „wieder. sprechen. lernen.", Internetseite ORF-Kunstradio, URL: http://www.kunstradio.at/2001A/29_04_01.html, letzter Zugriff: 21.04.2019.
Pound, Ezra: *Make it new. Essays*, Cambridge 1949.
Pound, Ezra: *ABC of reading*, London 1951.
Pound, Ezra: *Literary essays of Ezra Pound*, hg. von T.S. Eliot, London 1954.
Pound, Ezra: *Selected prose*, hg. von William Cookson, London 1973.
Pound, Ezra, Williams, William Carlos: *Selected letters of Ezra Pound and William Carlos Williams*, hg. von Hugh Witemeyer, New York 1996.
Pound, Ezra: *Selected poems and translations*, hg. von Richard Sieburth, London 2011.
Priessnitz, Reinhardt: *vierundvierzig gedichte*, Linz 1978.
Priessnitz, Reinhardt: *literatur, gesellschaft etc. aufsätze*, hg. von Ferdinand Schmatz, Linz 1990.
Priessnitz, Reinhardt: *Texte aus dem Nachlass*, hg. von Ferdinand Schmatz, Wien 1994.
Richter, Toni: *Die Gruppe 47 in Bildern und Texten*, Köln 1997.
Rühm, Gerhard (Hg.): *Die Wiener Gruppe. Texte, Gemeinschaftsarbeiten, Aktionen*, Reinbek bei Hamburg 1967.
Scho, Sabine: *Thomas Kling entdeckt Sabine Scho*, München 2001.
Scho, Sabine: „Anworten von Sabine Scho", Internetseite Forum der 13, URL: http://www.forum-der-13.de/seiten/fd13.php?comm=4369, letzter Zugriff: 06.07.2014, nicht mehr verfügbar.
Schrott, Raoul: *Makame*, Innsbruck 1989, unpaginiert.
Schrott, Raoul: „Die Mitte zurückgewinnen. Raoul Schrott im Gespräch mit Urs Engeler", *Zwischen den Zeilen* 7/8 (1996), S. 146–157.
Schrott, Raoul: *Hotels*, München 1998, S. 29–30.
Schrott, Raoul: *Tropen. Über das Erhabene*, München 1998.
Schrott, Raoul: *Die Erde ist blau wie eine Orange. Polemisches, Poetisches, Privates*, München 1999.
Schrott, Raoul: *Die Erfindung der Poesie. Gedichte aus den ersten viertausend Jahren*, München 2003.
Stolterfoht, Ulf: „Noch einmal. Über Avantgarde und experimentelle Lyrik", in: *BELLA triste. Zeitschrift für junge Literatur* 17 (2007), S. 189–200.
Trakl, Georg: „Brief an Erhard Buschbeck vom Juli 1910", in: Georg Trakl: *Dichtungen und Briefe*, hg. von Walther Killy und Hans Szklenar, Salzburg 1987.
Utler, Anja: *aufsagen*, Bunte Raben Verlag, 1999.
Utler, Anja: *münden – entzüngeln*, Wien 2004.
Utler, Anja: *plötzlicher mohn*, München 2007.

Utler, Anja: *brinnen*, Wien 2006.
Utler, Anja: *jana, vermacht*, Wien 2009.
Wiener, Oswald: „das ‚literarische cabaret' der wiener gruppe", in: Peter Weibel (Hg.): *Die Wiener Gruppe. A Moment of Modernity 1954–1960*, Wien, New York 1997, S. 309–321.
Wienes, Robert: *Alles Geschriebene bisher quark*, München 1988.
Williams, William Carlos: „The Practice", in: *The Doctor Stories*, New York 1984, S. 119–127.
Waterhouse, Peter: *Die Geheimnislosigkeit. Ein Spazier- und Lesebuch*, Wien 1996.
Zwetajewa, Marina: *Izbrannye proizvedenija*, Moskau, Leningrad, 1965.
Zwetajewa, Marina: *Vogelbeerbaum. Gedichte*, München 1999.
Zwetajewa, Marina: *Ein gefangener Geist*, Frankfurt a. M. 1989.

## Sekundärliteratur

### Monographien und Artikel über Kling oder mit Bezug auf Kling

Ammon, Frieder von: „‚originalton nachgesprochen'. Antike-Rezeption bei Thomas Kling", in: Kai Bremer, Stefan Elit, Friederike Reents (Hg.): *Antike – Lyrik – Heute. Griechisch-römisches Altertum in Gedichten von der Moderne bis zur Gegenwart*, Paderborn 2010, S. 209–240.
Ammon, Frieder von, Trilcke, Peer, Scharfschwert, Alena: *Das Gellen der Tinte. Zum Werk Thomas Klings*, Göttingen 2012.
Ammon, Frieder von, Zymner, Rüdiger (Hg.): *Gedichte von Thomas Kling. Interpretationen*, Leiden 2019.
Arnold, Heinz Ludwig (Hg.): *Text + Kritik* 147 [Themenheft: Thomas Kling], München 2000.
Balmes, Hans Jürgen: „Pantheon-Auge", in: Thomas Kling, Catull: *Das Haar der Berenice*, Ostfildern vor Stuttgart 1997, S. 47–56.
Bittner, Helga: „Lyriker und Mentor Thomas Kling. Klings Dichterschule," in: NGZ, 03.09.2003.
Braun, Michael: „Wortgestöber", in: *Die Zeit*, 03.05.1991.
Braun, Michael: „Ein nomadischer Sprachreisender", in: NZZ, 04.04.2005.
Brüggemann, Annette: „Geschmacksverstärker – Schreiben nach Thomas Kling", WDR3open: WortLaut, 30.03.2006, 23:05–24:00 Uhr.
Burgenmeister, Sophia: *Der „Blick auf Beowulf". Eine Spurensuche zwischen Medialität und Materialität bei Thomas Kling und Ute Langanky*, Bielefeld 2018.
Böttiger, Helmut: „Die Maske wächst in das Gesicht", in: *Die Zeit*, 07.12.2007.
Duttlinger, Carolin: „‚Grobkörnige Mnemosyne'. Picturing the First World War in the poetry of Thomas Kling", in: *Oxford German Studies* 34 (2005), S. 103–119.

Gräf, Dieter M.: „Thomas Kling, ‚Erprobung herzstärkender Mittel'", in: *Litfass* 46 (1989), S. 185.

Grätz, Katharina: „Ton. Bild. Schnitt. Thomas Klings intermediale ‚Sprachinstallation'", in: *literatur für leser* 2 (2005), S. 127–146.

Grimm, Erk: „Materien und Martyrien", in: *Schreibheft* 47 (1996), S. 124–130.

Grimm, Erk: „Mediamania? Contemporary German poetry in the age of new information technology. Thomas Kling and Durs Grünbein", in: *Studies in Twentieth Century Literature* 21.1 (1997), S. 275–301.

Karbjuhn, Charlotte: „Vom physiognomischen Fragment zum Röntgenatlas. Invasive Visualität bei Thomas Mann, M. Blecher, Thomas Kling und Durs Grünbein", in: *KulturPoetik* 16:2 (2016), S. 227–252.

Knoblich, Aniela: *Antikenkonfigurationen in der deutschsprachigen Lyrik nach 1990*, Berlin 2014.

Kobus, Nikolai: „Das Röcheln der Archive. Thomas Klings Gedichtband ‚Fernhandel'", auf literaturkritik.de, URL: https://literaturkritik.de/id/824, letzter Zugriff: 11.08.2024.

Kobus, Nicolai: „Im Wortsinn radikal", in: TAZ, 23.04.2005.

Korte, Hermann: „Säulenheilige und Portalfiguren? Benn und Celan im Poetik-Dialog mit der jüngeren deutschsprachigen Lyrik seit den 1990er Jahren", in: Karen Leeder (Hg.): *Schaltstelle. Neue deutsche Lyrik im Dialog*, Amsterdam, New York 2007, S. 109–137.

Leeder, Karen: „‚rhythmische historia'. Contemporary poems of the First World War by Thomas Kling and Raoul Schrott", in: *Cultural memory and historical consciousness in the German-speaking world since 1500*, hg. von Christian Emden und David Midgley, Frankfurt a. M. 2004, S. 281–305.

Leeder, Karen: „‚spritzende brocken: der erinnerung / versteht sich'. Thomas Kling's poetry of memory", in: *Forum for Modern Language Studies* 41:2 (2005), S. 174–186.

Lehmkuhl, Tobias: „Wespe stachel mich an!", in: *Die Zeit*, 27.11.2014.

Lentz, Michael: „Prophezeiungen aus hingestückter Stimme. Aber die Sprache, dieses vollständige Fragment. Thomas Klings letzter Gedichtband ‚Auswertung der Flugdaten', das Vermächtnis eines Wortschatzgräbers", in: FAZ, 13.08.2005.

Meyer, Anne-Rose: „Physiologie und Poesie. Zu Körperdarstellungen in der Lyrik von Ulrike Draesner, Durs Grünbein und Thomas Kling", in: *Gegenwartsliteratur* 1 (2002), S. 107–133.

Müller, Lisa: *Schriftpoesie. Eigenbedeutung lyrischer Schriftlichkeit am Beispiel Thomas Klings*, Paderborn 2021.

Nawata, Yuji: „Visual representativeness in uncomprehended script and material script. Examples from contemporary German literature", in: *Ars Semeiotica* 38 (2015), S. 59–68.

Ratzenböck, Manfred: „Gegen die ‚dichterzombies'", Planet Lyrik, URL: http://www.planetlyrik.de/thomas-kling-geschmacksverstarker/2011/04/, letzter Zugriff: 11.11.2018.

Reißer, Johann: *Archäologie und Sampling. Die Neuordnung der Lyrik bei Rolf Dieter Brinkmann, Thomas Kling und Barbara Köhler*, Berlin 2014.

Ries, Thorsten: „The rationale of the born-digital dossier génétique. Digital forensics and the writing process. With examples from the Thomas Kling Archive", in: *Digital Scholarship in the Humanities* 33 (2018), S. 391–424.

Schilling, Erik: *Dialog der Dichter. Poetische Beziehungen in der Lyrik des 20. Jahrhunderts*, Bielefeld 2015.

Springer, Mirjam: „‚sounds vom schreibgebirge'. Thomas Klings Zyklus ‚Spleen. Drostemonolog' (1999)", in: *Droste-Jahrbuch* 10 (2013), S. 205–245.

Stahl, Enno (Hg.): *Duo-Kreationen. Thomas Kling und Frank Köllges gemeinsam und mit anderen*, Düsseldorf 2016.

Stahl, Enno, Döring, Christian: „Gespräch über Thomas Kling. Christian Döring im Interview mit Enno Stahl", Internetseite Literatur Archiv NRW, URL: http://www.literatur-archiv-nrw.de/lesesaal/Interviews/Gespr_ch_ueber_Thomas_Kling/seite_1.html, letzter Zugriff: 25.01.2019.

Stockhorst, Stefanie: „Signale aus der Vergangenheit. Formen und Funktionen des Traditionsverhaltens in Thomas Klings Essayistik", in: *Zeitschrift für Germanistik* 21:1 (2011), S. 114–130.

Tommek, Heribert: *Der lange Weg in die Gegenwartsliteratur. Studien zur Geschichte des literarischen Feldes in Deutschland von 1960 bis 2000*, Berlin 2015.

Trilcke, Peer: *Historisches Rauschen. Das geschichtslyrische Werk Thomas Klings*, elektronische Dissertation, Göttingen 2012, URL: webdoc.sub.gwdg.de/diss/2012/trilcke/, letzter Zugriff: 16.09.2022.

Wczesniak, Helene: *Thomas Kling. A poet in the late Bonn Republic*, University of Oxford 2020, URL: https://ethos.bl.uk/OrderDetails.do?uin=uk.bl.ethos.816625, letzter Zugriff: 16.09.2022.

Winkels, Hubert: „Weltkrieg im Bleiglanz", in: *Frankfurter Rundschau*, 21.04.2001.

Wix, Gabrielle: „Stratigraphic soundings. A genetic approach to the German poet Thomas Kling", in: *Variant. The Journal of European Society for Textual Scholarship* 12/13 (2016), URL: https://journals.openedition.org/variants/334, letzter Zugriff: 30.01.2019.

### *Weitere Sekundärliteratur*

Ahrens, Henning: „Der Künder der Mitte", Planet Lyrik, URL: http://www.planetlyrik.de/raoul-schrott-hrsg-die-erfindung-der-poesie/2011/03/, letzter Zugriff: 27.12.2023.

Almujalli, Hussam: The function of poetry in the maqamat al-Harriri, Lousiana State University 2020, URL: https://digitalcommons.lsu.edu/cgi/viewcontent.cgi?article=6211&context=gradschool_dissertations, letzter Zugriff: 29.07.2023.

Ammon, Frieder von: *Fülle des Lauts. Aufführung und Musik in der deutschsprachigen Lyrik seit 1945. Das Werk Ernst Jandls in seinen Kontexten*, Stuttgart 2018.

Arnold, Heinz Ludwig (Hg.): *Text + Kritik, Sonderband: Die Gruppe 47. Ein kritischer Grundriss*, München 2004.

Arnold, Heinz Ludwig (Hg.): *Text + Kritik* 171 [Themenheft: Junge Lyrik], München 2006.

Bachtin, Michael M.: *Die Ästhetik des Wortes*, hg. von Rainer Grübel, Frankfurt a. M. 1979.

Bayerdörfer, Hans Peter: „Weimarer Republik", in: Walter Hinderer: *Geschichte der deutschen Lyrik vom Mittelalter bis zur Gegenwart*, 2. erweiterte Auflage, Würzburg 2001, S. 439–477.

Beach, Christopher: *ABC of influence. Ezra Pound and the remaking of the American poetic tradition*, Berkley 1992.

Berry, Eleanor: „William Carlos Williams' triadic-line verse. An analysis of its prosody", in: *Twentieth Century Literature* 35:3 (1989), S. 364–388.

Bezzel, Chris: „zwischensprache. zu einem gedicht und einem brief von reinhard priessnitz", „Dossier Reinhard Priessnitz", in: *Sprache im technischen Zeitalter* 100 (1986), S. 276–285.

Biller, Maxim: „Durs Grünbein. Der gute Deutsche", in: *Die Zeit*, 18.04.2021.

Bishop, Claire: *Installation art. A critical history*, London 2005.

Bisinger, Gerald: *Über H.C. Artmann*, Frankfurt a. M. 1972, S. 41–45.

Bloom, Harold: *The anxiety of influence. A theory of poetry*, Oxford 1997.

Bourdieu, Pierre: *The field of cultural production. Essays on art and literature*, New York 1993.

Bourdieu, Pierre: *Die Regeln der Kunst. Genese und Struktur des literarischen Feldes*, Frankfurt a. M. 1999.

Braun, Michael: „Traumstücke & Textmaschinen. Zu Gedichten von Dieter M. Gräf und Jayne-Ann Igel (Bernd Igel)", in: *Sprache im technischen Zeitalter* 122 (1992), S. 132–136.

Braun, Michael: Norbert Hummelt, KLG. *Kritisches Lexikon zur deutschsprachigen Gegenwartsliteratur*, Stand: 01.03.2014.

Caemmerer, Christiane, Delabar, Walter (Hg.): *„Ach, Neigung zur Fülle –". Zur Rezeption ‚barocker' Literatur im Nachkriegsdeutschland*, Würzburg 2001.

Cramer, Sibylle: „Kriegt seinen Schatten", in: *Süddeutsche Zeitung*, 03.07.1997.

Culler, Jonathan: *Theory of the lyric*, Cambridge MA 2017.

Deleuze, Gilles, Guattari, Félix: *Tausend Plateaus. Kapitalismus und Schizophrenie*, Berlin 1992, S. 12–42.

*Deutsches Wörterbuch von Jacob und Wilhelm Grimm*, Neubearbeitung (1965–2018), digitalisierte Version im Digitalen Wörterbuch der deutschen Sprache, URL: https://woerterbuchnetz.de/?sigle=DWB&lemid=F02716, letzter Zugriff: 06.12.2021.

Doggett, Frank: „Romanticism's singing bird", in: *Studies in English Literature 1500–1900* 14:4 (1974), S. 547–561.

Duden Online, URL: https://www.duden.de/woerterbuch, letzter Zugriff: 25.09.2024.

Eliade, Mircea: *Shamanism. Archaic techniques of ecstasy*, Princeton 2020.

Epping-Jäger, Cornelia: „Diese Stimme mußte angefochten werden'. Paul Celans Lesung vor der Gruppe 47 als Stimmereignis", in: Günter Butzer, Joachim Jacob (Hrg.): *Berührungen. Komparatistische Perspektiven auf die deutsche Nachkriegsliteratur*, München 2012, S. 263–280.

Erbe, Günter: *Die verfemte Moderne. Die Auseinandersetzung mit dem „Modernismus" in Kulturpolitik, Literaturwissenschaft und Literatur der DDR*, Wiesbaden 1993.

Ernst Jandl Internetseite, URL: https://www.ernstjandl.com/lesungen.php, letzter Zugriff: 20.06.2019.

Ertel, Anna Alissa: *Körper, Gehirne, Gene. Lyrik und Naturwissenschaft bei Ulrike Draesner und Durs Grünbein*, Berlin 2010.

Eskin, Michael: *Poetic affairs. Celan, Grünbein, Brodsky*, Stanford 2008.

Eskin, Michael: „Grünbein and the European Tradition", in: *Durs Grünbein. A companion*, hg. von Michael Eskin u. a., Berlin, Boston 2013, S. 28–29.

Fiebig, Gerald: „Sprache Klang Subjekt. Überlegungen zur deutschsprachigen Gegenwartslyrik anlässlich Rolf Dieter Brinkmanns akustischem Nachlass und anderer aktueller Veröffentlichungen", satt.org, URL: http://www.satt.org/literatur/05_07_brinkmann.html, letzter Zugriff: 03.03.2024.

Fliedl, Konstanze: „Wörter im Hotel", in: *Literatur und Kritik* 295/296 (1995), S. 90–91.

Friedrich, Hugo: *Die Struktur der modernen Lyrik. Von Baudelaire bis zur Gegenwart*, 2. Auflage, Hamburg 1958.

Gardner, Gordon, Mesmer, Mohammed, Sullivan (Hg.): *Flarf. An anthology of flarf*, Washington, D.C. 2017.

Geist, Peter: „Zur literarischen Benn-Rezeption im Westen und Osten Deutschlands nach 1945", in: Christian M. Hanna, Friederike Reents (Hg.): *Benn-Handbuch. Leben – Werk – Wirkung*, Stuttgart 2016, S. 389.

Gilbert, Sandra M., Gubar, Susan: *The madwoman in the attic. The woman writer and the nineteenth-century literary imagination*, New Haven, London, 1979.

Göbel, Helmut, Eckel, Hermann, Gleinig, Kirsten, Meffert, Monika (Hg.): *Briefe an junge Dichter*, Göttingen 1998.

Grabner, Lenz, Stibor, Otto, Weinheber, Josef: *Josef Weinheber im Bilde*, Leipzig 1940.

Grube Wohlfahrt, grubewohlfahrt.de, URL: http://www.grubewohlfahrt.de/seite/545408/a-z.html, letzter Zugriff: 09.08.2024.

Heißenbüttel, Helmut: „Konkrete Poesie", in: *Über Literatur*, Olten 1966, S. 71–74.

Hentea, Marius: „The problem of literary generations. Origins and limitations", in: *Comparative Literature Studies* 50:4 (2013), S. 567–588.

Hiebel, Hans H.: *Das Spektrum der modernen Poesie. Interpretationen deutschsprachiger Lyrik 1900–2000 im internationalen Kontext der Moderne Teil II (1945–2000)*, Würzburg 2006.

Hillgruber, Katrin: „Kein Laut zuviel", in: *Der Tagesspiegel*, 17.03.2003.
Hinderer, Walter: „Poesie zum Beißen und zum Kauen", in: *FAZ*, 03.07.1982.
Irmer, Thomas: „Durs Grünbein", in: *Deutschsprachige Lyriker des 20. Jahrhunderts*, hg. von Ursula Heukenkamp, Peter Geist, Berlin 2007.
Jackson, Hendrick: „Über ein Gedicht Anja Utlers", Internetseite Lyrikkritik, URL: http://www.lyrikkritik.de/Utlers%20Gedicht.html, letzter Zugriff: 20.07.2017.
Jäger, Maren: „Die deutschsprachige Lyrik im Jahr 1995", in: *Wendejahr 1995. Transformationen der deutschsprachigen Literatur*, hg. von Heribert Tommek, Matteo Galli, Achim Geisenhanslüke, Berlin, Boston 2015, S. 267–300.
Jeffreys, Mark (Hg.): *New definitions of lyric. Theory, technology, and culture*, New York, London 1998.
Kaltenbeck, Franz: „Über ein Gedicht von Reinhard Priessnitz", Planet Lyrik, URL: http://www.planetlyrik.de/franz-kaltenbeck-zu-reinhard-priessnitz-gedicht-der-blaue-wunsch/2013/06/, letzter Zugriff: 15.08.2019.
Karlinsky, Simon: *Marina Cvetaeva. Her life and art*, California 1966.
Kaufmann, Kai: *Rudolf Borchardt und der ‚Untergang der deutschen Nation'. Selbstinszenierung und Geschichtskonstruktion im essayistischen Werk*, Tübingen 2003.
Klein, Christian (Hg.): *Marcel Beyer. Perspektiven auf Autor und Werk*, Stuttgart 2018.
Korte, Hermann: *Deutschsprachige Lyrik seit 1945*, 2. Auflage, Stuttgart 2004.
Korte, Hermann: Durs Grünbein, in: *KLG. Kritisches Lexikon zur deutschsprachigen Gegenwartsliteratur*, Stand: 15.09.2016.
Kramer, Sibylle: „Kriegt seinen Schatten", in: *Süddeutsche Zeitung*, 03.07.1997.
Krellner, Ulrich: „‚Zwischen Antike und X.' Zur Poetologie Durs Grünbeins", in: *Zwischen Globalisierungen und Regionalisierungen. Zur Darstellung von Zeitgeschichte in deutschsprachiger Gegenwartsliteratur*, hg. von Martin Hellström, Edgar Platen, München 2008, S. 41–52.
Krüger, Dieter: „Nationaler Egoismus und gemeinsamer Bündniszweck. Das ‚NATO Air Defence Ground Environment Programme' (NADGE) 1959 bis 1968", in: *Militärgeschichtliche Zeitschrift* 64 (2005), S. 333–358.
Leeder, Karen: „Cold media. The poetry of science and the science of poetry", in: *Interdisciplinary Science Reviews* 30:4 (2005), S. 301–311.
Lieb, Constantin, Korte, Hermann, Geist, Peter: *Materie: Poesie. Zum Werk Gerhard Falkners*, Heidelberg 2018.
Marquardt, Axel: Oskar Pastior, *KLG. Kritisches Lexikon zur deutschsprachigen Gegenwartsliteratur*, Stand: 01.06.2011.
Maye, Harun, Reiber, Cornelius, Wegmann, Nikolaus (Hg.): *Original / Ton. Zur Mediengeschichte des O-Tons*, Konstanz 2007.
Mayerle, Astrid: „Das ganz alltägliche Pathos. Wie Gegenwartslyriker ihre Bilder finden", Deutschlandradio Kultur, 21.07.2013.

Meyer-Sickendieck, Burkhard: „Rhythmusstörungen. Zur Prosodie des freien Verses in der postmodernen Lyrik", in: *Mitteilungen des Deutschen Germanistenverbands* 64:4 (2014), S. 347–361.

Mueller, Agnes C.: *Lyrik ‚made in USA'. Vermittlung und Rezeption in der Bundesrepublik*, Amsterdam 1999.

National Poetry Library, „Advice for emerging poets", Internetseite National Poetry Library, URL: https://www.nationalpoetrylibrary.org.uk/write-publish/advice-emerging-poets, letzter Zugriff: 03.08.2022.

Neunzig, Hans A.: *Hans Werner Richter und die Gruppe 47*, München 1979.

Noel, Indra: *Sprachreflexion in der deutschsprachigen Lyrik 1985–2005*, Berlin 2007.

North, Michael: „The making of ‚make it new'", in: *Guernica Magazine*, 15.08.2013, Internetseite Guernica, URL: https://www.guernicamag.com/the-making-of-making-it-new/, letzter Zugriff: 04.09.2024.

North, Michael: *Novelty. A history of the new*, Chicago 2013.

Osterkamp, Ernst: „Schneemanöver", in: *FAZ*, 04.10.1997.

Owen, Ruth J.: „Science in contemporary poetry. A point of comparison between Raoul Schrott and Durs Grünbein", in: *German Life & Letters* 54:1 (2001), S. 82–96.

Perloff, Marjorie: *Radical artifice. Writing poetry in the age of media*, Chicago 1990.

Perloff, Marjorie: *Unoriginal genius. Poetry by other means in the new century*, Chicago 2010.

Peters Hasty, Olga: *Tsevaeva's Orphic journeys in the worlds of the word*, Evanston, Illinois 1996.

Piel, Wiljo: „Nato-Kaserne geräumt", *Neue Grevenbroicher Zeitung*, 11.10.2007.

Pirol, Moritz: *Halali 2. Ein Thema in zwanzig Variationen*, Hamburg 2010.

Poetry Foundation, URL: https://www.poetryfoundation.org, letzter Zugriff: 24.09.2024.

Porgy & Bess – Jazz & Music Club Vienna Internetseite, URL: https://www.porgy.at/en/events/8851/, letzter Zugriff: 20.06.2019.

Ramm, Klaus: „Zehr das Ohr vom Ohr das zehrt. Ein Radioessay über die verschlungene Akustik in der Poesie Oskar Pastiors", in: Jörg Drews (Hg.): *Vergangene Gegenwart – gegenwärtige Vergangenheit. Studien, Polemiken und Laudationes zur deutschsprachigen Literatur 1960–1994*, Bielefeld 1994, S. 77–78.

Raphael, Max: *Wiedergeburtsmagie in der Altsteinzeit. Zur Geschichte der Religion und religiöser Symbole*, Frankfurt a. M. 1979.

Riha, Karl: H.C. Artmann, in: KLG. *Kritisches Lexikon der deutschsprachigen Gegenwartsliteratur*, Stand: 01.08.2007.

Rohde, Carsten: Anja Utler, in: KLG. *Kritisches Lexikon der deutschsprachigen Gegenwartsliteratur*, Stand: 15.07.2012.

Roßbach, Nikola: „Bildwandlerinnen. Die Lyrikerinnen Tanja Dückers, Sabine Scho und Silke Scheuermann", in: *Fräuleinwunder literarisch*, hg. von Christiane Caemmerer, Walter Delabar, Helga Meise, Frankfurt a. M. 2005.

Rüdenauer, Ulrich: „Der große Außenseiter. Zum 65. Geburtstag des Dichters Rolf Dieter Brinkmann", Deutschlandfunk, 13.04.2005.

Rüdenauer, Ulrich: „Erdkunde und Menschenfleisch. Zum Werk des Büchner-Preisträgers 2016 Marcel Beyer", Deutschlandradio Kultur, 04.11.2016.

Seidensticker, Bern, Vöhler, Martin (Hg.): *Mythen und nachmythischer Zeit. Die Antike in der deutschsprachigen Literatur der Gegenwart*, Berlin 2002.

Schäfer, Armin: *Die Intensität der Form. Stefan Georges Lyrik*, Köln, Weimar, Wien 2005.

Squires, Claire: „A common ground? Book prize culture in Europe", in: *The Public* 11:4 (2004), S. 37–48.

Steinen, Hajo: „Schutzzone nachts. Über Drawert, Grünbein, Idel, Rosenlöcher", in: *Die Zeit*, 08.12.1989.

Szyrocki, Marian: „Zu Gottfried Benns Gedicht ‚Nachtcafé'", Planet Lyrik, URL: http://www.planetlyrik.de/marian-szyrocki-zu-gottfried-benns-gedicht-nachtcafe/2013/09/, letzter Zugriff: 12.08.2019.

Theatertexte, URL: https://www.theatertexte.de/nav/2/2/3/werk?verlag_id=verlag_der_autoren&wid=27&ebex3=3, letzter Zugriff: 10.06.2019.

Theobaldy, Jürgen, Zürcher, Gustav: *Veränderung der Lyrik. Über westdeutsche Gedichte seit 1965*, München 1976.

Törne, Dorothea von: „Vater, Mutter, Gedicht", in: *Freitag*, 14.03.2008.

Töteberg, Michael: Konrad Bayer, in: KLG. *Kritisches Lexikon der deutschsprachigen Gegenwartsliteratur*, Stand: 01.10.2010.

Weibel, Peter: „die wiener gruppe im internationalen kontext", in: Weibel: *Die Wiener Gruppe. A moment of modernity 1954–1960*, Wien, New York 1997, S. 763–783.

Weiss, Christina: „Peter Huchel Preisträger Oswald Egger. Radikal an dem Markt vorbei", in: *Die Welt*, 25.03.2007.

Wieczorek, Alfred (Hg.): *Schädelkult. Kopf und Schädel in der Kulturgeschichte des Menschen*, Regensburg 2011.

Wieland, Magnus: „Exzerpte aus Eden. Sekundäre Schöpfung bei Jean Paul", in: *KulturPoetik. Zeitschrift für kulturgeschichtliche Literaturwissenschaft* 13:1 (2013), S. 26–40.

# Namensregister

1 Autor*innen

Artmann, H.C.   2, 3, 105–110, 140, 219, 222, 228

Bayer, Konrad   95–97, 283
Beach, Christopher   24–27
Benn, Gottfried   1, 85–90, 201, 202, 291
Berger, Joe   137–139, 286
Beyer, Marcel (siehe auch „Neue Kölner Dichterschule")   164–169, 174, 281–286
Bleutge, Nico   241
Bloom, Harold   1, 5, 6, 18–23, 26, 28, 29, 130, 188–189, 205, 273, 275, 278
Bourdieu, Pierre   6, 35–38, 158, 171, 174, 203–204, 209, 242–245, 273, 276
Brinkmann, Rolf Dieter   4, 19, 44, 111–114, 130–132, 187–189, 199, 288, 293–294

Catull   4, 59–60
Celan, Paul   19, 69, 115, 133–134, 208,
Czernin, Franz Josef   174, 176, 178–195, 204–206, 275, 286, 289, 306–307

Egger, Oswald   100, 174, 176
Eliot, T.S.   22–23, 25–27, 278

Falkner, Gerhard   176, 240, 243–244

Genschel, Mara   277
George, Stefan   83–85, 289–290
Gomringer, Ernst   91, 94
Gräf, Dieter M. (siehe auch „Neue Kölner Dichterschule")   153–159, 274, 292–297
Grünbein, Durs   195–218, 232–233, 276, 278–279, 290–291

Fauser, Jörg   126–127

Hölderlin, Friedrich   32, 115
Hummelt, Norbert (siehe auch „Neue Kölner Dichterschule")   159–164, 240, 274, 286–292

Jandl, Ernst   2, 3, 91, 92, 140–147, 277–279, 293

Kraus, Karl   146

Langanky, Ute   48, 54, 59, 61–63, 74, 173
Lange, Norbert   241
Leß, Georg   277
Lethem, Jonathan   4–5

Marinetti, Filippo Tommaso   4, 278
Mayröcker, Friederike   31–32, 106, 111–128, 169–170, 281–283, 285

O'Hara, Frank   4, 132

Pastior, Oskar   98–102
Paul, Jean   31
Perloff, Marjorie   13–16
Piringer, Jörg   20n69
Pound, Ezra   23–30, 32–33, 228, 274, 275
Priessnitz, Reinhard   102–106, 279, 286, 289

Reich-Ranicki, Marcel   194–195, 276
Rilke, Rainer Maria   1, 3

Scho, Sabine   241, 245, 247–255, 276, 277
Schrott, Raoul   219–238
Stolterfoht, Ulf   150–151, 205, 239
Stramm, August   302–303

Tawada, Yoko   174, 176
Theobaldy, Jürgen   126, 175
Trakl, Georg   2, 3, 66, 82–83, 114,

Utler, Anja   34, 241, 246–247, 255–272, 276, 277, 297–302
Waterhouse, Peter   158–159, 176, 296
Wiener, Oswald   135–136

Zwetajewa, Marina   261–270, 297–298

2 Begriffe

Antike 56–61, 67, 72–73, 78, 208–216, 227–228, 303
Autorschaft 17n, 18, 130
Avantgarden 20–21, 44, 107, 109, 112, 278–279
　historische Avantgarden 4, 33, 135, 141, 219–220, 223, 273
　Wiener Nachkriegsavantgarde 3, 15, 106, 222, 232, 273, 303

Barock 107
Berlin 244, 295
Bildende Kunst 48, 54–55, 173, 304, 308

Conceptual Poetry 16, 254–255

Dichter-Seher 43, 94, 115

Einfluss 6, 8, 12, 12n47, 18, 27, 34, 35–37, 79, 274–277, 279, 289–290, 296

Fotografie 42, 44, 48, 63, 65, 67–68, 74–75, 97n74, 168, 217, 251–252

Gemäldegedicht 42, 57–58, 71, 76
Generation 7
Genieästhetik 3, 5, 20, 31, 50
Geschichte, deutsche 51–53, 62, 64–66, 68, 101–102, 166–168, 217, 252–254
Gruppe 47 132–134

Interpunktion 117–118, 124, 127, 268, 269

Kanon
　Umwertung des 107–108, 174, 216, 231
Klanglichkeit 99–100, 124, 127, 155, 160–161, 187, 193, 219, 221–222, 225, 230, 235, 257–258, 267–268
Krieg 51, 53, 62–63, 68
　Erster Weltkrieg 45, 47–48, 64–66
Köln 287, 295
Konkrete Poesie 90–94, 102–104, 106, 180, 283
Konzeptuelle Kunst 254

Language Poetry 13
Literaturpreise 203–204

Mediengeschichte 14, 145
Metapher 43, 230
Montage 11, 15, 20n69, 41, 64, 88–90, 94–97, 108, 112–113, 116–124, 125–128, 156–157, 160–161, 164, 166–168, 187, 190, 207, 283
Mündlichkeit 14–15, 42, 105–106, 113, 118, 123, 127, 250, 259–260, 300

Naturwissenschaften 200–203
Neue, das 8, 29, 30, 79, 193, 273–275
Neue Kölner Dichterschule 151–153, 170–172, 294–295
Neue Subjektivität 3, 14, 175–176, 288, 297

Originalität 27, 231
O-Ton 15, 249–250, 282

Performativität
　Brinkmann, Rolf Dieter 130–132
　Gruppe 47 132–134
　Jandl, Ernst 140–147
　Kling, Thomas 46–47, 137–140, 142–147, 301–302
　Scho, Sabine 250–251
　Utler, Anja 260–261, 301–302
　Wiener Gruppe 134–137

Raketenstation Hombroich 172–175, 287
Realität 26, 33, 94, 300–301
Recherche 34, 50
Rhizom 32
Rhythmus 230, 258–259, 268
Romantik 20, 206
Russische Moderne 303

Schamanismus 77–78, 97
Selbstinszenierung 84, 97, 109–110, 175, 228, 274
Sprache 41, 45, 112, 175–177, 191–192, 230–231, 279, 281, 300–301
Spracharchäologie 55

Tradition, Traditionsverhalten 3–6, 8, 17–26, 28, 30–35, 46, 61, 106–110, 150, 204–205, 209–210, 228–229, 274, 291–292, 298, 302

Wien 2, 3, 137–139, 244, 284–285
Wiener Gruppe 94–98, 107, 134–139, 283, 285, 289

3  Gedichte und Werke

Benn, Gottfried
  „Nachtcafé 1"  88–90
Beyer, Marcel
  *Falsches Futter*  166–169
  „Kirchstettner Klima"  166–169
Brinkmann, Rolf Dieter
  „Westwärts"  111–113

Czernin, Franz Josef
  *elemente, sonette*  182–184
  *Marcel Reich-Ranicki*  194–195
  „sonett, mit rössern"  182–184

Gräf, Dieter M.
  „LUDWIXHAFEN"  155–157
  *Rauschstudie: Vater + Sohn*  153–158
  „SACCO FÜR VANZETTI"  154–155
  *Treibender Kopf*  158–159
Grünbein, Durs
  *Graunzone morgens*  196–200
  *Jenseits der Literatur*  217
  „MUNDTOT FRÜHMORGENS"  196–198
  „Schädelbasislektion"  200–201
  *Vom Stellenwert der Worte*  206–207
  „Zwischen Antike und X"  214–215

Hummelt, Norbert
  *knackige codes*  160–162
  „SCHWARZER VOGEL"  162
  *singtrieb*  163–164
  „STATIONSSTÜCK"  160–161

Kling, Thomas
  „Actaeon. 1–5"  66–67
  „Aufnahme Mai 1914"  48
  *Auswertung der Flugdaten*  74–78, 287
  „Bärengesang"  77, 287
  „blikk durchs geöffnete garagentor"  47, 92
  „brandenburger wetterbericht"  53
  *brennstabm*  47–50
  „Catull 51"  60–61
  *Das Haar der Berenice*  59–61
  „Der Erste Weltkrieg"  64–66

  *der zustand vor dem untergang*  41, 81–83, 222, 274
  „di alpm?"  234–237
  „di zerstörtn. ein gesang"  48, 284
  „di weite sucht"  49–50
  „Die Anachoretische Landschaft"  76
  „Die Hexen"  71
  „Eine Hombroich-Elegie"  72, 284
  „EINS, STOCK-IM-EISN-"  185–186
  *erprobung herzstärkender mittel*  41–43, 46
  „erprobung herzstärkender mittel"  42–43, 202
  *Fernhandel*  64–68
  GELÄNDE *camouflage*  62–64
  „Gesang von der Bronchoskopie"  74–75
  *geschmacksverstärker*  43–47, 288
  „gewebeprobe"  56–57
  „Greek Anthology. Nach Kenneth Rexroth"  72–73
  „Mahlbezirk"  74–75
  „Manhattan Mundraum"  56, 58
  „Manhattan Mundraum Zwei"  68–69
  „mittel rhein"  50–52
  *morsch*  55–59, 284, 296
  *nacht. sicht. gerät*  50–53
  „Nachtwache"  72
  „Neues vom Wespenbanner"  75
  „-paßbild (polke, ,the copyist', 1982)"  52–53
  „pathologischer boom"  110–118
  „Projekt Vorzeitbelebung"  75, 210–214
  „rattinger hof, zettbeh (3)"  125–127
  „ruma. etruskisches alphabet"  58–59
  „russischer digest"  53
  „Schiefrunde Perlen"  71
  *Sondagen*  68–73, 284
  „stifterfiguren, charts-gräber"  49
  „stromernde alpmschrift"  53, 234–237
  „Vergil. Aeneis – Triggerpunkte"  78
  „Villa im Rheinland"  73
  *wände machn*  54–55
  „wien. arcimboldieisches zeitalter"  44–46
  *wolkenstein. mobilisierun'*  61–62, 228

Mayröcker, Friederike
    „Register zu den geheimen Schmerzen meiner Mitbrüder"  118–124
    *Tod durch Musen*  117–124, 273, 281–282

Pastior, Oskar
    „Böhmen liegt in Finnland"  98–99

Scho, Sabine
    *Album*  247–255
    „Richtfest für den Sortiermaschinen-Anbau"  247–250

Schrott, Raoul
    *Die Erfindung der Poesie*  228–231
    „gegen fünf uhr nachmittags wirft die sonne die träume"  223–227
    „GRAUKOGEL"  233–237
    *Hotels*  223–228
    *Makame*  220–222
    „so nett so franz so zötig"  221–222
    *Tropen*  233–237

Utler, Anja
    „[entgegen zu stehen IV]"  256–260
    *münden – entzüngeln*  255–272
    „sibylle – gedicht in acht silben"  264–270

Zwetajewa, Marina
    „Sivilla"  262–270